Schriftenreihe des Instituts für Stadtgeschichte –
Materialien, Band 12

Daniel Schmidt (Hrsg.)

Gelsenkirchen im Nationalsozialismus

Katalog zur Dauerausstellung

Dokumentationsstätte
„Gelsenkirchen im
Nationalsozialismus“

Titelabbildung:
Gauparteitag der nordwestfälischen NSDAP in Gelsenkirchen, 1937:
Gelsenkirchener Bevölkerung mit Hitler-Gruß (ISG, FS I 06011, Foto: Kurt Müller)

1. Auflage August 2017

Gestaltung und Umschlaggestaltung:
Nicole Cub, Essen (http://www.cub-artwork.de)

Realisation und Reinzeichnung:
Frank Münschke dwb, Klartext Medienwerkstatt GmbH, Essen (http://www.k-mw.de)

Druck und Bindung:
Beltz Bad Langensalza GmbH, Am Fliegerhorst 8, 99947 Bad Langensalza

ISBN 978-3-8375-1672-2

KLARTEXT

Jakob Funke Medien Beteiligungs GmbH & Co. KG
Friedrichstr. 34–38, 45128 Essen
info@klartext-verlag.de, www.klartext-verlag.de

Inhalt

Anhang

Biografische Schlaglichter

Einführung

Die Dokumentationsstätte »Gelsenkirchen im Nationalsozialismus« befindet sich in einem Gebäude, das die Gemeinde Buer im Jahr 1907 ursprünglich als Polizeidienststelle errichtete. Die erste Adresse lautete Bismarckstraße 187. Da infolge der kommunalen Neugliederung, d. h. des Zusammenschlusses der Städte Gelsenkirchen und Buer sowie des Amtes Horst im Jahr 1928, doppelte Straßennamen beseitigt wurden, änderte sich die Anschrift des Hauses in den 1930er Jahren in Cranger Straße 323. Unter dieser Adresse verzeichnet das Gelsenkirchener Adressbuch von 1939 nicht nur das 14. Polizeirevier des Schutzpolizeiabschnitts Buer, sondern auch die Ortsgruppen Buer-Erle und Buer-Forsthaus der NSDAP. Die Nationalsozialisten waren bereits unmittelbar nach der sogenannten »Machtergreifung« in das Obergeschoss dieser städtischen Immobilie eingezogen, die mittlerweile um einen Anbau erweitert worden war. Neben der NSDAP nutzte auch die Erler SA das Gebäude. In einem Verhörraum auf der Südseite des Hauses sollen politische Gegner des Nationalsozialismus gefoltert worden sein. Mitte der 1930er Jahre wurde das größte Zimmer im Obergeschoss zu einem Schulungsraum umgestaltet, in dessen Mittelpunkt eine Wandinschrift stand, die das 25-Punkte-Programm der NSDAP von 1920 abbildet. Die lokale NS-Presse feierte die Ortsgruppe Buer-Erle 1938 daher als »vorbildliche Dienststelle«.

Nach der Befreiung vom Nationalsozialismus wurde die Wandinschrift übermalt und geriet ebenso in Vergessenheit wie die zwischenzeitliche Nutzung des Gebäudes durch die NS-Bewegung. In den folgenden Jahrzehnten nutzten Polizei und Stadtsparkasse das Gebäude, in den 1980er Jahren zog schließlich eine Zweigstelle der Stadtbücherei ein. Als die Räume des Obergeschosses der neu gegründeten Gruppe »Gelsenkirchener Autoren« zur Verfügung gestellt wurden, wurde die Wandinschrift 1986

[1] Bismarckstraße in Buer-Erle, im Vordergrund das Polizeigebäude, um 1912.

wiederentdeckt. Da es sich um einen der wenigen authentischen nationalsozialistischen Überreste in Gelsenkirchen handelt, entstand die Idee, das Haus in einen Ort umzuwandeln, an dem die Geschichte der NS-Zeit in Gelsenkirchen dokumentiert wird. Am 20. Januar 1989 beschloss der Rat der Stadt Gelsenkirchen die »Errichtung eines Dokumentationszentrums für die Zeit von 1933 bis 1945 durch Umbau des städtischen Gebäudes Cranger Straße 323«. Kurz darauf wurde die Wandinschrift unter Denkmalschutz gestellt.

Das am 1. September 1989 gegründete Institut für Stadtgeschichte Gelsenkirchen (ISG) erhielt den Auftrag, eine Dauerausstellung zu entwickeln, die im Obergeschoss des Gebäudes, das mit Mitteln des Landes Nordrhein-Westfalen umgebaut und saniert wurde, gezeigt werden sollte. Diese erste Dauerausstellung konnte in der Dokumentationsstätte »Gelsenkirchen im Nationalsozialismus« am 8. Mai 1994 eröffnet werden. Entsprechend der historischen Funktion des Gebäudes als »Täterort« sowie entlang des Forschungsstandes und des Erkenntnisinteresses der frühen 1990er Jahre legte diese Ausstellung ihre Schwerpunkte auf den Aufstieg der NS-Bewegung in Gelsenkirchen, auf den Prozess von »Machtergreifung« und »Gleichschaltung«, auf Widerstand und Resistenz, auf völkischen Terror und auf politische und rassische Verfolgung. Nachdem die Ausstellung über nahezu zwei Jahrzehnte in weitgehend unveränderter Form zu besichtigen gewesen war, nahm das ISG ab 2013 eine grundlegende Überarbeitung in Angriff. Eine mit finanzieller Unterstützung der Landeszentrale für politische Bildung Nordrhein-Westfalen realisierte zweite Dauerausstellung »Gelsenkirchen im Nationalsozialismus« wurde schließlich am 8. Mai 2015 eröffnet – am 70. Jahrestag der Befreiung vom Nationalsozialismus und exakt 21 Jahre nach der ersten Ausstellung.

Für die runderneuerte Dauerausstellung in der Dokumentationsstätte »Gelsenkirchen im Nationalsozialismus« waren folgende Ausgangsüberlegungen maßgeblich: Zum einen sollte die Ausstellung in ihrem modernisierten Erscheinungsbild sowohl den sich wandelnden Seh- und Lesegewohnheiten als auch den damit verknüpften Erwartungshaltungen einer überwiegend jungen Besucherschaft Rechnung tragen. Dies beinhaltet insbesondere die Erweiterung von Optionen für entdeckendes Lernen, neue Präsentationsformen für historische Objekte und Quellen, ein verändertes Verhältnis von Bild- und Textinformationen sowie den Ausbau des medialen Angebotes unter maßvoller Berücksichtigung der vielfältigen Möglichkeiten, die das digitale Zeitalter mittlerweile für historische Ausstellungen bereithält. Zum anderen galt es, für die Neukonzeption der Ausstellung die vielfältigen neuen Ergebnisse, die die historische Forschung zum »Dritten Reich« in den zwei Jahrzehnten nach der ersten Eröffnung erzielt hat, zu berücksichtigen und umzusetzen. Dies

[2] Bericht über die NSDAP-Ortsgruppe Buer-Erle in der »National-Zeitung«, 1938.

Eine vorbildliche Dienststelle der Ortsgruppe Buer-Erle

Beispielhafte Verwirklichung der Forderung nach Schönheit der Arbeit

bu. Schon seit langer Zeit ging das Streben der Ortsgruppe Erle dahin, eine würdige Dienststelle für die Ortsgruppe und ihre Gliederungen zu schaffen. Doch dieser Wunsch war leichter zu äußern, als in die Tat umzusetzen. Die Ortsgruppen der NSDAP. verfügen nicht über wohlgefüllte Geldschränke, von Bankkonten ganz zu schweigen. Allein die finanzielle Frage mußte daher schon erhebliche Schwierigkeiten mit sich bringen. Dazu kam der Mangel an geeigneten Räumen, der sich in Erle ebenso wie anderwärts sehr bemerkbar macht.

Wenn alle diese Schwierigkeiten nunmehr überwunden sind und die Ortsgruppe Erle heute über eine Dienststelle verfügt, wie sie vielleicht im ganzen Gau Westfalen-Nord ein zweites Mal nicht vorhanden ist, so dürfen die Partei- und Volksgenossen Erles dies der Initiative ihres Ortsgruppenleiters Pg. Switala verdanken, dem es gelungen ist, hier eine Dienststelle zu schaffen, die ihresgleichen sucht. Die neuen Räume befinden sich in dem städtischen Hause in der Bismarckstraße in Erle, in dem auch die Städtische Sparkasse untergebracht ist. Zwar konnten noch nicht alle Wünsche erfüllt werden, aber immerhin verfügt die Ortsgruppe jetzt über drei vorbildlich eingerichtete Räume, die in ihrer ganzen Ausgestaltung erkennen lassen, daß Ortsgruppenleiter Pg. Switala auch Kreiswart der NS.-Gemeinschaft „Kraft durch Freude" ist, denn **besser als hier hätte man die Forderung nach der Schönheit des Arbeitsplatzes wohl kaum verwirklichen können.**

Wenn uns ein politischer Leiter der Ortsgruppe versicherte, daß er am liebsten die Dienststelle gar nicht mehr verlassen würde, so gut gefiele es ihm hier und so viel Freude mache ihm die Arbeit in den neuen Räumen, so hat er gewiß nicht zuviel damit behauptet.

Zunächst sind drei Räume vollkommen neu eingerichtet und ausgestattet worden. Das kleinste Zimmer ist als Arbeitsraum für den Ortsgruppenleiter bestimmt. Anschließend befindet sich ein großes Zimmer mit hohen Fenstern, durch die das Tageslicht in breiten Strömen hereinflutet. Hier sind die Organisation, Kasse und Hilfskasse untergebracht. Das Prunkstück der neuen Dienststelle ist aber ohne Zweifel der dritte Raum, der in der Hauptsache als Sitzungszimmer vorgesehen ist und außerdem noch drei Arbeitsplätze — Schulung und Propaganda — enthält. Auch hier große, weite Fenster, die [illegible] und geschmackvoll dekoriert sind. Von der Querwand grüßt das Bild des Führers, rechts und links davon sind die 25 Punkte des Parteiprogramms unmittelbar auf die weiße Fläche aufgemalt. Ein Parteigenosse hat seine kargen Feierstunden geopfert, um in unermüdlicher Arbeit die 25 Punkte hier aufzuzeichnen. So werden den verantwortlichen Männern der Ortsgruppe Erle diese 25 Punkte täglich vor Augen stehen, sie immer an die große Aufgabe erinnernd, die der Führer seiner Gefolgschaft gestellt hat.

Die Möbel, die Dekorationen, überhaupt alles, was zur Ausstattung der neuen Dienststelle gehört, ist zum überwiegenden Teil von Parteigenossen gestiftet oder unentgeltlich geschaffen worden. Es war eine Volksgemeinschaft im kleinen, so möchten wir sagen, die hier am Werk war und in einer vorbildlichen Gemeinschaftsleistung den verantwortlichen Männern der Ortsgruppe Erle und ihrer Gliederungen eine Arbeitsstätte zur Verfügung gestellt hat, an der sie mit vermehrter Freude nach des Tages Arbeit ihre Pflicht tun werden für die ihrer Führung anvertrauten Volksgenossen.

Zur Zeit sind in dem gleichen Hause noch die SA., die Hitler-Jugend, die NS.-Frauenschaft und die Deutsche Arbeitsfront untergebracht. Allerdings sind die Räume unzulänglich und bedürfen einer gründlichen Erneuerung, die für die nächste Zeit geplant ist. Wenn es der Ortsgruppe Erle auch noch nicht gelungen ist, alle Dienststellen — auch die der Gliederungen der Bewegung — in einem Hause zu vereinen, so ist hier doch schon der Beweis erbracht, daß die Ortsgruppe nicht ruhen wird, bis auch dieser Wunsch eines Tages in Erfüllung gegangen ist.

Links: Blick in das Sitzungszimmer — Rechts: Der große Arbeitsraum

Aufnahmen: Kley

betraf einerseits den übergreifenden Forschungsstand, der mittlerweile unter anderem zu Tätern und Tatkomplexen, zu Kriegsgesellschaft und Bombenkrieg oder zum Nachleben des Nationalsozialismus substantiell erweitert worden war. Andererseits entstanden in diesem Zeitraum, zumeist im Zusammenhang des ISG, auch neue Erkenntnisse zur Geschichte Gelsenkirchens in der NS-Zeit, beispielsweise zur Verfolgung der jüdischen Bevölkerung, zur Verfolgung der Sinti und Roma, zur Ausbeutung von Zwangsarbeiterinnen und Zwangsarbeitern in der Gelsenkirchener Kriegsindustrie sowie zur Rolle und Funktion so unterschiedlicher Akteure wie der Polizei, des FC Schalke 04 und der Künstlerkolonie Halfmannshof im nationalsozialistischen Herrschaftssystem vor Ort.

Um die jüngeren Forschungsergebnisse systematisch in den vorhandenen Kenntnisstand einzufügen, folgt die neue Ausstellung der leitenden Frage nach den Bedingungen, unter denen die von den Nationalsozialisten propagierte *Volksgemeinschaft* – insbesondere in einer Industrieregion, deren Bevölkerung der NSDAP ursprünglich überwiegend ablehnend begegnete – bereit war, im Namen einer rassistischen und menschenverachtenden Ideologie an Verbrechen mitzuwirken, die mit alltäglicher Ausgrenzung begannen und schließlich in Krieg und Massenmord gipfelten. Mit dem Begriff der *Volksgemeinschaft* nimmt die Dokumentationsstätte »Gelsenkirchen im Nationalsozialismus« ein aktuelles Forschungsparadigma auf, das in der Ausstellung als roter Faden und als Schlüssel zu einer umfassenden Geschichte der Gelsenkirchener Gesellschaft im Nationalsozialismus dient.

Im Fokus stehen dabei keineswegs nur die propagandistische Inszenierung der nationalsozialistischen Gemeinschaftsideologie, sondern vielmehr die konkreten Mechanismen vor Ort, die dazu beitrugen, einen breiten sozialen Konsens im »Dritten Reich« herzustellen. Mit dieser gesellschaftsgeschichtlichen Perspektive setzt die Dokumentationsstätte »Gelsenkirchen im Nationalsozialismus« einen über die Darstellung der lokalen NS-Geschichte hinausweisenden inhaltlichen und konzeptionellen Schwerpunkt, der ihr innerhalb der nordrhein-westfälischen Gedenkstättenlandschaft ein spezifisches Profil verleiht.

[3] Das Gebäude Cranger Straße 323 wurde Mitte der 1950er Jahre auch als Zweigstelle der Sparkasse genutzt.

Die Ausstellung »Gelsenkirchen im Nationalsozialismus« ist an einem Ort zu besichtigen, an dem laut der Bueraner Ausgabe der »National-Zeitung« vom 6. Februar 1938 in Gestalt der NSDAP-Ortsgruppe Erle »eine *Volksgemeinschaft* im kleinen« [!] sichtbar wurde. Diese Räumlichkeiten wurden für die Ausstellung zu sieben Abteilungen umgestaltet, in denen sie sich – dem Anspruch einer Dokumentationsstätte gemäß – das Ziel setzt, die Gelsenkirchener NS-Geschichte mit ihren Vorbedingungen und Nachwirkungen möglichst umfassend zu dokumentieren. Dabei folgt sie in ihrer Struktur der Geschichte des Nationalsozialismus weitgehend chronologisch. Die Ausstellung befasst sich im ersten Raum mit dem Aufstieg des Nationalsozialismus und der sogenannten »Machtergreifung«, im zweiten Raum mit der »Gleichschal-

[4] Das sanierte und erweiterte Gebäude Cranger Straße 323 nach der Eröffnung der Dokumentationsstätte »Gelsenkirchen im Nationalsozialismus«, 1994.

[5] Ein Blick in den Raum 6 der alten Dauerausstellung, 1994.

tung« und dem Postulat einer »nationalen Revolution«, im dritten Raum mit Anspruch und Wirklichkeit der NS-*Volksgemeinschaft*, wie sie sich in der Friedensphase des Regimes darstellten, im vierten Raum mit den Herrschaftsstrukturen und Verfolgungspraktiken des »Dritten Reiches« bis zum Kriegsbeginn, im fünften Raum mit dem nationalsozialistischen Krieg, in dem die »kämpfende *Volksgemeinschaft*« mehr denn je zur »Verbrechensgemeinschaft« wurde, im sechsten Raum mit Befreiung und unmittelbarer Nachkriegszeit und im siebten Raum schließlich mit den Auseinandersetzungen um die und mit der NS-Vergangenheit, die auch stets das Nachleben der *Volksgemeinschaft* beinhalteten, beispielsweise innerhalb der lokalen Erinnerungskultur. Diese chronologische Darstellungsweise bietet nicht nur didaktische Vorteile, denn sie ermöglicht umfangreichere Optionen für entdeckendes Lernen, sie trägt zudem auch der Gleichzeitigkeit der gesellschaftlichen Realität des »Dritten Reiches« Rechnung, in der es eben keine strikte Trennung zwischen der Durchherrschung der Gesellschaft und den Handlungsoptionen der Akteure gab.

Die sieben Abteilungen der Ausstellung nehmen in sich jeweils das Thema *Volksgemeinschaft* auf und fokussieren dabei vor allem auf drei Aspekte: Erstens auf die Funktion der *Volksgemeinschafts*-Vision für die Integration einer industriell und proletarisch geprägten städtischen Gesellschaft, zweitens auf die Frage nach den konkreten Maßnahmen, mit denen die *Volksgemeinschaft* vor Ort Gestalt annehmen und somit soziale Realität werden sollte, und drittens auf die Verbindung von Inklusion und Exklusion in der sozialen Praxis des »Dritten Reiches«, d. h. auf die Rolle von »Volksgenossinnen und Volksgenossen« einerseits, »Gemeinschaftsfremden« andererseits. Dabei zeigt die Ausstellung, wie sich die Nationalsozialisten die Sehnsucht nach einer Überwindung der Klassengegensätze, die sich bereits in der Weimarer Republik in allen politischen Lagern mit dem Zauberwort *Volksgemeinschaft* verband, erfolgreich programmatisch und propagandistisch aneignen konnten. Entscheidend für die – zwar labile, aber dennoch breite – Popularität des Nationalsozialismus war es, dass das NS-Regime den subjektiven Eindruck vieler Deutscher wecken konnte, eine klassenlose Leistungsgesellschaft geschaffen zu haben, in der sich ihre Lebensverhältnisse grundsätzlich verbessert hatten und die ihnen attraktive Lebens- und Aufstiegschancen bot. Dabei verweisen die sozialen »Wohltaten« des »Dritten Reiches«, so begrenzt ihre Reichweite im Regelfall auch war, stets auf die enge Verbindung zwischen gesellschaftlicher Ausgrenzung und Integration im Zeichen der *Volksgemeinschaft*, war doch der Kreis derjenigen, die von ihnen profitieren sollten, auf solche Menschen beschränkt, die nach Maßgabe der NS-Ideologie als wertvoll galten. Die sogenannten »Gemeinschaftsfremden« waren davon aus »rassischen«, gesundheitlichen, sozialen oder politischen Gründen ausgeschlossen. Diese Gesellschaftspolitik auf der Grundlage biologistischen Denkens löste letztlich eine »moralische Erosionsdynamik« aus, die in eine »umgedrehte Wertewelt« (Norbert Frei) führte. Um dies zu verdeutlichen,

[6] Teilansicht des ersten Raumes der neuen Dauerausstellung »Gelsenkirchen im Nationalsozialismus«, 2015.

[7] Zehnjährige Gelsenkirchener Jungen bei der Aufnahme in das Deutsche Jungvolk, 1938.

zeigt die Ausstellung durchgängig die Parallelität von Integrationsangeboten und Ausgrenzungsmechanismen im gesellschaftlichen Alltag Gelsenkirchens. Dabei verliert sie aber weder die Grenzen des gesellschaftlichen Konsenses und die Handlungsspielräume für abweichendes Verhalten und Dissens aus dem Blick noch die Bedeutung des ausufernden Terror- und Unterdrückungsapparates, d. h. des massiven und brutalen Zwangs, den das NS-Regime ausübte, um eine *Volksgemeinschaft* nach seinen Vorstellungen zu formen.

Der vorliegende Katalog präsentiert den überwiegenden Teil der in der Ausstellung gezeigten Abbildungen und Dokumente sowie die für diese Darstellungsweise überarbeiteten und erweiterten Ausstellungstexte. Er verzichtet auf einen eigenen Anmerkungsapparat – Hinweise für eine vertiefende Beschäftigung mit einzelnen Themenfeldern finden sich im Anhang sowohl im Abbildungsnachweis als auch in der Auswahlbibliographie. Dementsprechend kann die Lektüre dieses Bandes weder den Besuch der Ausstellung ersetzen noch die Auseinandersetzung mit der einschlägigen Forschungsliteratur. Bei der Zusammenstellung dieses Katalogs konnte der Herausgeber auf die Arbeitsergebnisse von Sara Demiriz, Stefan Goch und Birgit Klein zurückgreifen, die mit ihm gemeinsam die Ausstellung konzipiert und realisiert haben. Die gestalterische Umsetzung der im ISG erarbeiteten Ausstellungsinhalte oblag Nicole Cub vom Essener Design-Büro cub-artwork.

[8] Angetretene Massen beim Gauparteitag der NSDAP Westfalen-Nord im Jahr 1938: Auf dem Gelsenkirchener Wildenbruchplatz formierte sich die *Volksgemeinschaft* nach den Vorstellungen der Nationalsozialisten.

1914-1933

Der Aufstieg des Nationalsozialismus

Die Niederlage im Ersten Weltkrieg überschattete die Weimarer Republik. Das Trauma des verlorenen Krieges, die Sehnsucht nach nationaler Erweckung und die verbreitete Skepsis gegenüber der Demokratie bedeuteten schwerwiegende Erblasten. Dennoch war die Republik nicht chancenlos.

Völkische, antisemitische und nationalistische Gruppierungen, die sich in der zweiten Hälfte der 1920er Jahre vermehrt unter der Hakenkreuzfahne der NSDAP sammelten, blieben lange in der Minderheit – zumal in der Arbeiterstadt Gelsenkirchen. Erst als die Weltwirtschaftskrise zu sozialem Elend und politischer Radikalisierung führte, schlug die Stunde der NS-Bewegung. Flankiert von der Straßengewalt der Parteiarmee SA und beispielloser Propaganda stieg die NSDAP bis 1932 zur stärksten Partei in Deutschland auf.

Am 30. Januar 1933 schließlich wurde Adolf Hitler zum Reichskanzler ernannt. Rücksichtslos setzten die Nationalsozialisten ihre neue Macht ein: Zur Unterdrückung und Verfolgung Andersdenkender ebenso wie zur Diskriminierung der jüdischen Bevölkerung. Schon im Frühjahr 1933 nahm der Unrechtsstaat Gestalt an.

[9] Eine nationalsozialistische Kundgebung im Ruhrgebiet, 1926.

1.1 Der Erste Weltkrieg

Im Sommer 1914 führte die angespannte politische Situation Europas zum Krieg zwischen den Kaiserreichen Deutschland und Österreich-Ungarn auf der einen, Frankreich, Russland und Großbritannien auf der anderen Seite. Im Oktober 1914 trat auch das Osmanische Reich auf Seiten der Mittelmächte in den Krieg ein.

Mit Kriegsbeginn rief Kaiser Wilhelm II. den »Burgfrieden« aus, der Parteienstreitigkeiten für beendet und gesellschaftliche Konflikte für nichtig erklärte. Der Krieg sollte »gemeinsame Sache« aller Deutschen sein. Als das Deutsche Reich im August 1914 mobil machte, zogen seine Soldaten siegessicher in den Krieg. Der Lehrer Franz Gerlach aus Wanne wurde 1914 zum Reserve-Infanterieregiment 56 nach Gelsenkirchen einberufen. In seinen Kriegserinnerungen schildert er den Abmarsch seines Bataillons aus der Stadt:

»Der Abmarsch erfolgte am 5. August nachmittags 1 Uhr. Er bedeutete wiederum für uns einen schwer empfundenen Schritt. Die Gelsenkirchener standen auf der Straße und sahen ihre Lieben dahin marschieren. Ich bemerkte manchen Bekannten und manches Auge war mit Tränen

Buersche Zeitung

33. Jahrgang.

Bewährtes Insertionsorgan.

General-Anzeiger.

Amtliches Kreisblatt für den Stadtkreis Buer i. Westf.

Verbreitungsgebiet: Stadtkreis Buer und Landkreis Recklinghausen mit mehr als 260 000 Einwohnern.

Amtliches Organ des Amtsgerichts Buer und der Gemeinde Polsum.

Fernsprech-Anschluß: Amt Horst-Emscher Nr. 48. — Telegramm-Adresse: Zeitung Buerwestfalen.

Jeder Abonnent dieser Zeitung ist mit 400 M. gegen Unfall mit tödlichem Ausgang nach Maßgabe der in unserm Verlag einzusehenden Bedingungen versichert.

Nr. 176. 1. Blatt. Montag, den 3. August 1914.

Der Krieg eröffnet!

Berlin, 1. Aug. Se. Majestät der Kaiser haben um 5,15 Uhr die Mobilmachung der gesamten deutschen Streitkräfte angeordnet.

Mobilmachung befohlen! Erster Mobilmachungstag 2. August.

Der Erste Bürgermeister.

*

Samstag abend 6½ Uhr wurde die Anordnung der allgemeinen Mobilmachung bekannt, und es trat damit im Volke ein Gemütszustand ein, der, verglichen mit dem in den Tagen der vorhergegangenen aufregenden Spannung, eher als beruhigt bezeichnet werden konnte. Dabei wurde im Auge behalten, daß die Mobilmachung noch nicht unmittelbar der Krieg sei, wohl eine ernste, sehr ernste Kundgebung an diejenigen, die Deutschland im Interesse seiner Selbsterhaltung und Ehre einen solchen schwerwiegenden Schritt aufgezwungen haben, eine Kundgebung, aus der sich in kürzester Frist der Krieg entwickeln könne oder müsse.

Diese Verantwortlichen und Schuldigen sind die Russen und an ihrer Spitze der Zar, der offenbar ganz in den Händen der Kriegspartei ist. Man ist in diesem Augenblick noch im Unklaren darüber, ob Rußland zu dem in dem deutschen Ultimatum gestellten Zeitpunkte überhaupt eine Antwort gegeben hat oder nicht. Keine Antwort unter so überaus ernsten Umständen war auch eine Antwort, und das Deutsche Reich mußte dann ebenso, wie wenn eine unbefriedigende Antwort ergangen war, die Folgerungen aus der Behandlung seiner dringlichen Aufforderung zur Erklärung ziehen.

Das ist mit der Mobilmachung geschehen. Diese wurde beschlossen, mußte in dieser Lage sofort beschlossen werden, nachdem Rußland seit Wochen gerüstet und durch seine allgemeine Mobilmachung auch Deutschland als das Ziel seines Angriffes bezeichnet hatte. Der Beschluß war ein sehr ernster, und es ist ihm deshalb eine sehr eingehende Beratung des Bundesrates vorhergegangen. Ueber diese war man am Samstag nachmittag unterrichtet, und die Spannung stieg aufs höchste.

Nach der Seite Rußlands hin ist somit Klarheit geschaffen. Wie Frankreich sich entscheiden wird, steht noch dahin. Die nach Paris gerichtete Anfrage war kurz und bündig, aber sie ließ der Leitung der französischen Politik Freiheit hinsichtlich des Zeitpunktes ihrer Stellungnahme und Antwort. Man wird sich in Paris wohl Zeit zur Ueberlegung nehmen, auf welch letztere die neueste Erklärung über die Haltung Italiens nicht ohne Einfluß sein dürfte.

Berlin unter dem Eindruck der Mobilmachung.

* Berlin, 1. Aug. Endlich hat sich der Druck der ungeheuren Spannung, die heute den ganzen Tag Berlin umfangen hielt, gelöst. Die Extrablätter verkünden die Mobilmachung, die zu erwarten war. Es ist nicht der Krieg, aber doch der nächste Schritt dazu. In dem Ultimatum an Rußland hatte Deutschland verlangt, daß Rußland innerhalb zwölf Stunden seine Vorbereitungen einstellen oder eine genügende Erklärung abgeben solle.

In dem Ultimatum war nichts enthalten von einer Kriegserklärung, nichts über Eröffnung von Feindseligkeiten gegen Rußland. Der Erfolg des angenommenen Ultimatums ist, wie er angekündigt war: Deutschland macht mobil. Wir setzen der russische Mobilmachung die deutsche Mobilmachung. Mit vieltausendstimmigen Hurras und [illegible] wurde die Bekanntgabe der Mobilmachung von den Tausenden unter den Linden und in den Straßen aufgenommen.

Hunderttausende stehen unter den Linden und [illegible] zum Schloß, ein Meer von Menschen. So oft der Kaiser oder ein Prinz sich zeigt, brausen ihnen [illegible] Begeisterungsrufe entgegen. Ein Massen[illegible] flutet durch die Straßen. So sind die Heimkehrenden aus den Seebädern und aus den Stätten der Erholung. Die Züge fahren zwei- oder dreifach. [illegible] Bahnhöfen stehen die Koffer bergehoch. [illegible] von den Eingezogenen ziehen durch die Straßen [illegible] werden von den Massen mit freudigem Zurufen [illegible]. Groß ist der Zugang der Freiwilligen in [illegible]

[illegible] Nachmittag von [illegible] Menschenmenge [illegible]

Die ersten Schüsse!

w Berlin, 1. August. (Drahtbericht.) Heute nachmittag wurde auf eine deutsche Patrouille bei Prostken, 300 Meter diesseits der russischen Grenze, von einer russischen Patrouille geschossen. Das Feuer wurde erwidert. Auf beiden Seiten sind keine Verluste zu verzeichnen.

w Berlin, 2. August. Telegramm. Nachdem die Kunde von einer allgemeinen russischen Mobilmachung hierher gelangt war, wurde der deutsche Botschafter in Petersburg beauftragt, die russische Regierung aufzufordern, die Mobilmachung gegen uns und den österreichischen Bundesgenossen einzustellen. Hierüber ist eine bündige Erklärung binnen 12 Stunden abzugeben. Dieser Auftrag ist nach Meldung des Grafen Pourtales nachts vom 31. zum 1. um Mitternacht ausgeführt. Falls die Antwort der russischen Regierung ungenügend sein sollte, war der deutsche Botschafter ferner beauftragt, der russischen Regierung zu erklären, daß wir uns als mit Rußland im Kriegszustande befindlich betrachten.

Eine Meldung des Botschafters über die Antwort der russischen Regierung auf unsere befristete Anfrage ist hier nicht eingelaufen.

Ebensowenig ist eine Nachricht über die Ausführung eines zweiten Auftrages bekannt, obwohl wir konstatiert haben,

daß der russische Telegraphenverkehr noch funktioniert.

Dagegen sind in dieser Nacht bis 4 Uhr früh folgende Meldungen beim großen Generalstab eingegangen:

Heute nacht fand

fand ein Angriff russischer Patrouillen gegen die Eisenbahnbrücke

über die Warthe bei Eisenrich an der Strecke Jarotschin–Wreschen statt.

Der Angriff wurde abgewiesen.

Deutscherseits wurden 2 leicht verwundet. Die Verluste der Russen sind noch nicht festgestellt. Die von den Russen gegen den Bahnhof Miloslaw

eingeleitete Unternehmung ist verhindert.

Der Stationsvorsteher von Johannisburg und die Forstverwaltung von Bialla melden, daß heute nacht (vom 1. zum 2.)

eine stärkere russische Kolonne mit Geschützen die Grenze bei Schwidden, südöstlich von Bialla, überschritten hatten,

daß zwei Schwadronen Kosaken nach der Richtung Johannisburg reiten.

Die Fernsprechverbindung Lyck—Bialla ist unterbrochen. Hiernach hat Rußland deutsches Reichsgebiet angegriffen. Krieg eröffnet!!

Allenstein, 2. Aug., 6 Uhr abds. Bisher fanden nur kleinere Kavallerie-Gefechte statt. — In dem Gefecht bei Johannisburg hatten die Russen 20 Tote, auf deutscher Seite waren nur 2 Leichtverwundete.

[illegible] hat der Zar an Kaiser Wilhelm ein Telegramm gerichtet, das die ausdrücklichste Bitte enthielt, Seine Majestät möge eine Vermittlungsaktion übernehmen. Der Kaiser hat diesem Wunsche entsprochen und seine Schritte auch fortgesetzt, trotzdem Meldungen von einer russischen Teilmobilisierung eingelaufen waren und obwohl man schon unter dem Eindruck stand, daß die russische Gesinnung durchaus nicht freundlich war. Dank den Bemühungen Edward Greys hat diese von unserem Kaiser in die Wege geleitete Vermittlungsaktion noch in der letzten Nacht eine Formel gezeitigt, die sich dem gewünschten Ziel zu nähern schien und die vielleicht trotz der russischen Haltung Aussicht auf Erfolg bot. Unter diesen Umständen muß die totale Mobilisierung von Heer und Flotte Rußlands als eine Herausforderung schärfster Art betrachtet werden. Es muß hervorgehoben werden, daß schon in den letzten Tagen Gerüchte von einer drohenden Haltung Rußlands an der deutschen Grenze zur Kenntnis Kaiser Wilhelms gelangten, und es war ein ganz besonderer Vertrauensbeweis in die Loyalität des Zaren, daß Kaiser Wilhelm das von ihm vertretene Vermittelungsamt nicht sofort niederlegte und vorläufig noch von Gegenmaßregeln absah. Dieses Vertrauen unseres Kaisers ist von russischer Seite in schmählichster Weise betrogen worden und die Wucht der Verantwortung jeder Loyalität ins Gesicht schlagenden Verhaltens der russischen Krone fällt auf diese zurück. Kaiser Wilhelm hat bisher gezeigt, daß er ein Friedensfürst war. Nun soll sich zeigen, daß der Abkomme Friedrichs des Großen auch ein Kriegsfürst sein wird.

Rußlands weitere Schritte.

*** Petersburg, 1. August. Ein kaiserlicher Ukas ordnet an, daß Finnland und die finnischen Gewässer in Kriegszustand gesetzt werden.**

Die Kriegserklärung überreicht!

w Kopenhagen, 2. August. Der deutsche Botschafter hat dem russischen Minister des Aeußern gestern abend 7½ Uhr in Petersburg die Kriegserklärung überreicht. — (Notiz des Wolff-Bureaus: Die amtliche Meldung des deutschen Botschafters in Petersburg ist an zuständiger Stelle noch nicht eingegangen.)

Der Landsturm aufgeboten.

w Berlin, 2. Aug. Der Landsturm vom 17. bis 45. Lebensjahre ist in den Bezirken des 1., 2., 5., 6., 8., 9., 14. bis 18. und 20. und 21. Armeekorps aufgeboten. — Für das 7. Armeekorps ist das Aufgebot noch nicht ergangen.

Luxemburg von deutschen Truppen besetzt.

w Berlin, 2. Aug. 3,45 Uhr. Das Großherzogtum Luxemburg wurde zum Schutze der dort befindlichen deutschen Eisenbahnen von Truppenteilen des 8. Armeekorps besetzt. (Luxemburg ist als neutrale Monarchie anerkannt, hat 2588 Quadratkilometer Flächeninhalt (etwa so viel wie Mecklenburg-Strelitz) und 250 000 Einwohner, davon 15 Prozent Reichsdeutsche.)

Die Franzosen machen mobil.

w Berlin, 2. Aug. Wie wir erfahren, ist gestern nachmittag um 5 Uhr die volle Mobilmachung der französischen Streitkräfte angeordnet.

Ein Bruch des Völkerrechts.

w Berlin, 2. Aug. 5.20 Uhr nachm. Soeben läuft die militärische Meldung ein, daß ein französischer Flieger in der Nähe von Nürnberg Bomben abwarf. Da noch keine Kriegserklärung an Frankreich erfolgt ist, liegt ein Bruch des Völkerrechts vor.

Oesterreichs Protest

Ungarn ist eine Friedensmacht und hat immer wieder bewiesen, daß es weder von Eroberungssucht noch von eitler Ruhmgier erfüllt ist. „Wir führen," sagt das Blatt, „Krieg für den Frieden, und der Friede, den wir für uns wollen, ist zugleich der Friede für den ganzen Weltteil. Wenn Serbien, das durch seine Politik maßlosen Ehrgeizes Europa nicht zum Gefühl der Friedenssicherheit kommen läßt, [illegible] wird, so wird dies ein Gewinn für alle Kulturvölker sein. Daher ist es unbegründet, daß das russische Reich in den Streit, den wir mit unserem ungebärdigen Nachbar auszutragen haben, durch Aufbietung militärischer Kräfte eingreift. Wir haben gegen Rußland niemals, in der Gegenwart ebensowenig wie in der Vergangenheit, eine aggressive Politik geführt. Wir vermögen nicht zu finden, daß unser Konflikt mit Serbien den Interessenkreis Rußlands verletzen könne. Serbien ist ein unabhängiger Staat und eine Abhängigkeit dieses an unserer Flanke gelegenen Königreichs von irgend einer Macht könnten wir nicht zugeben. Wenn wir uns anschicken, die Verschwörergruppe, von der es sich leiten und [illegible] lässt, zu stürzen, wenn jetzt, weil wir zu diesem Werke ansetzen, Rußland so auftritt, als würden wir uns anschicken, einen russischen Vasallenstaat anzugreifen, den es zu beschützen hat, so antworten wir darauf, daß Serbien kein russischer Vasallenstaat ist. Rußland hat mit seiner Mobilmachung eine schwere Last nicht nur sich selbst, sondern ganz Europa, vor allem unserer Bevölkerung auferlegt, aber wir sind überzeugt, daß unser Volk auch dieses Opfer mit jenem Mut tragen wird, der in diesen Tagen so herrlich zum Durchbruch kam."

Französische Offiziere in Deutschland.

Koblenz, 2. Aug., Wolffs Telegr. Heute nachmittag versuchten französische Offiziere in preußischer Uniform im Kraftwagen die Grenze zu überschreiten. Der Versuch mißglückte.

Norwegen neutral.

w Christiania, 1. August. Wie das Ministerium des Aeußeren mitteilt, werden die Anstalten zum Schutze der Neutralität heute morgen veröffentlicht.

Die Schweiz macht mobil!

w Bern, 1. Aug. Das schweizerische Militärdepartement teilt mit, der schweizerische Bundesrat habe in seiner Sitzung vom 31. Juli im Hinblick auf die ernste Lage die Pikettstellung der ganzen Armee, den Auszug der Landwehr und des Landsturms, sowie das Aufgebot für die erste Grenzbesetzung und das für die Bewachung der wichtigsten Kommunikationen erforderlichen Landsturms verfügt. Diese militärischen Maßregeln sind nicht die Folge der Bedrohung unseres Landes von irgend welcher Seite, sondern nur eine militärische Vorsichtsmaßregel, die im gegenwärtigen Augenblick unbedingt geboten erscheint. Grund zu weiteren Befürchtungen der Bevölkerung in irgend einem Landesteil liegt nicht vor. Der an der Grenze verwendete Landsturm hat lediglich die Bewachungsaufgabe zur Aufrechterhaltung eines geordneten Grenzverkehrs. Weitere militärische Aufgaben sind der Armee vorbehalten.

Will Japan Rußland Schwierigkeiten machen?

w Wien, 1. Aug. Das Wiener Korr.-Bureau erhält von besonderer Stelle folgende Meldung aus Tokio: Die Zeitung [illegible] eventuelle Schwierigkeiten Rußlands [illegible] *gefüllt. Auf dem Bahnhof wurden wir verladen und gegen 2 Uhr verließ der Zug die Halle. Wir sangen ›Die Wacht am Rhein‹ und ›Deutschland über alles‹ und die Zurückbleibenden winkten uns noch lange mit den Taschentüchern nach.«*

[11] »Morgen marschieren wir in Feindesland. Wir wollen ordentlich dazwischen hauen.« Postkarte des Bueraner Soldaten Otto Schlatholt an seinen Freund August Schossier, 15. August 1914.

Während der Mobilmachung im August 1914 wurden viele Deutsche von einer euphorischen Kriegsbegeisterung ergriffen. Schnell war vom »Augusterlebnis« die Rede – ein Rausch der Gemeinschaft und der nationalen Einheit, der soziale Probleme, Klassenkämpfe und politische Auseinandersetzungen für kurze Zeit in den Hintergrund treten ließ.

Die Mobilisierung der Heimatfront

Während der Krieg in den Schützengräben tobte, wurde auch die Heimatfront mobilisiert. Frauen, aber auch Kriegsgefangene und Zwangsarbeiter, übernahmen in den Gelsenkirchener Fabriken und Zechen die Arbeit der eingezogenen Soldaten. Die Bevölkerung beteiligte sich mit Kriegsanleihen, mit der Sammlung kriegswichtiger Rohstoffe und mit Spendenaktionen, z. B. durch die Benagelung des »Schwertes von Gelsenkirchen«, an den Kriegsanstrengungen.

Der Krieg brachte Zerstörung und Grauen in einem bis dahin nicht gekanntem Ausmaß über die Welt: Tod, Gewalt, Hungersnot und Krankheit wurden zum Alltag. Bis zuletzt glaubten die Deutschen an einen Sieg, auch noch nach dem Kriegseintritt der USA 1917. Erst das Scheitern der letzten deutschen Offensiven 1918 änderte die Situation.

Zwischen 1914 und 1918 verloren etwa 8.000 Soldaten aus Gelsenkirchen, Buer, Horst und Rotthausen ihr Leben. Auch an der Heimatfront starben Frauen, Kinder und alte Menschen an Hunger, Erschöpfung und Krankheiten. Am Ende des Krieges verweigerten die Matrosen den militärisch sinnlosen Auslaufbefehl der Marineleitung. Nach vier Jahren fegte die Novemberrevolution die alte obrigkeitsstaatliche Ordnung hinweg. Sie eröffnete den Weg für politische Veränderungen. Unter den schwierigen Bedin-

[12] Soldaten in Gelsenkirchen während der Mobilmachung, 1914.

[13] Arbeiterinnen der Gutehoffnungshütte in Gelsenkirchen-Schalke, 1916.

gungen der Kriegsniederlage entstand die Weimarer Republik – alte soziale und politische Konflikte traten neu zu Tage. Das »Augusterlebnis« und die »Schützengrabengemeinschaft« wurden zum Mythos. Es blieb die Sehnsucht nach der *Volksgemeinschaft*.

[14] Für eine Spende in die Kriegswohlfahrtskasse konnte im Jahr 1915 das »Schwert von Gelsenkirchen« benagelt werden.

1.2 Der lange Schatten des Weltkrieges

Die vier Kriegsjahre hinterließen ihre Spuren in Gelsenkirchen. Die Soldaten kehrten besiegt zurück in die Heimat und fanden diese verändert vor. Obwohl endlich der ersehnte Frieden herrschte, zeigten sich nun die Folgen des Krieges im politischen, wirtschaftlichen und privaten Leben. Sie bedeuteten eine schwere Hypothek.

Nach der Niederlage unterzeichnete Deutschland auf Druck der Alliierten 1919 den Versailler Vertrag. Er schrieb Deutschland die Kriegsschuld zu und legte hohe Reparationsforderungen der Alliierten fest. In Deutschland galt der Vertrag als »Diktat- und Schandfrieden«. Ihn akzeptiert zu haben, wurde zur schweren Belastung für die Republik, der die Schuld an der Kriegsniederlage zugeschoben wurde. So prägte die militärische Führung um Hindenburg und Ludendorff die Vorstellung von einem »Dolchstoß« der Heimat in den Rücken des »unbesiegten« Heeres. Konservative und Deutschnationale griffen dieses Bild auf und verwendeten es gegen die demokratischen Kräfte der Weimarer Republik. Auch die Nationalsozialisten übernahmen die »Dolchstoßlegende« für ihre Propaganda gegen Demokraten, Kommunisten und Juden.

Zu den als ungerecht empfundenen Friedensbedingungen und den heftigen politischen Auseinandersetzungen trat zu allem Überfluss eine galoppierende Inflation, über die Sebastian Haffner später schrieb:

[15] Besiegte deutsche Truppen auf der Horster Straße in Buer, 1918.

»Wer ein Sparkonto, eine Hypothek oder sonst eine Geldanlage besaß, sah es über Nacht verschwinden. Bald machte es nichts aus, ob es sich um einen Spargroschen oder ein Großvermögen handelte. Alles wurde ausgelöscht.«

So wurde die Kriegsniederlage zum Trauma für große Teile der Bevölkerung, das den Weg zurück in eine friedliche Normalität erschwerte. Sie hinterließ bei vielen Deutschen die Sehnsucht, Ansehen und Großmachtstellung Deutschlands wiederherzustellen.

1.3 ▸Nachkrieg im Ruhrgebiet: Revolution, ...

Obwohl der Krieg vorbei war, bestimmte Gewalt weiterhin den Alltag der Deutschen. Die junge Republik wurde zwischen 1918 und 1923 immer wieder von Streiks, bewaffneten Aufständen und Putschversuchen erschüttert. Neben Berlin und München war vor allem das Ruhrgebiet umkämpfter Schauplatz von gewalttätigen Auseinandersetzungen. Die Arbeiter an Rhein und Ruhr begehrten gegen die soziale Ungleichheit auf und forderten konkrete Verbesserungen ihrer Lebensverhältnisse. Sie wollten, so formulierte es der Große Gelsenkirchener Arbeiterrat am 27. November 1918, »nicht eine bürgerliche, sondern eine sozialistische Republik.« Die erhoffte Revolution blieb aber unvollendet – Regierungstruppen übernahmen im Jahr 1919 die Kontrolle über das Ruhrgebiet.

[16] Deutsches Plakat zum Friedensvertrag von Versailles, 1919.

[17] Die Legende vom »Dolchstoß« in einer antisemitischen Karikatur, 1919.

… Bürgerkrieg …

Im März 1920 richtete sich der rechtsextreme Kapp-Lüttwitz-Putsch gegen die Republik und bedrohte die rechtsstaatliche Ordnung. Ehemalige Frontsoldaten, die sich in Freikorps formiert hatten, übernahmen kurzzeitig die Macht in Berlin. Sie unterstützten die Bildung einer autoritären Regierung. Ein Generalstreik ließ den Putsch allerdings schnell scheitern. Im Ruhrgebiet sammelte sich die Arbeiterschaft in der Roten Ruhr-Armee und lieferte sich blutige Kämpfe mit den reaktionären Freikorps. Es herrschte Bürgerkrieg, in dem binnen weniger Wochen mehr als 1.000 Menschen starben. Die Rote Ruhr-Armee wurde zerschlagen.

… und Besatzungszeit

Im Januar 1923 besetzten französische und belgische Truppen das Ruhrgebiet. Die Siegermächte des Weltkrieges wollten Deutschland wegen ausstehender Reparationszahlungen unter Druck setzen. Der »Ruhreinbruch« führte zu einer Welle nationaler Emotionen. Die Reichsregierung rief zum passiven Widerstand auf, der vielfach in aktive Gewalt umschlug. Mit Propaganda-Flugblättern und Plakaten sollte die Konfrontation mit den Besatzungsmächten gefördert werden. Dabei wurden vor allem anti-französische Vorurteile geschürt. Dieser »Ruhrkampf« wurde für viele spätere Gelsenkirchener Nationalsozialisten zu einer einschneidenden Erfahrung und zum politischen Erweckungserlebnis.

1.4 Neuer Radikalismus – die völkische Bewegung und die Frühphase der NSDAP

Die Enttäuschung nach dem verlorenen Weltkrieg, die Angst vor einer kommunistischen Revolution sowie ökonomische und soziale Probleme führten zur Stärkung antidemokratischer, völkischer und nationalistischer Bewegungen. Im Ruhrgebiet wurden der Kampf der Roten Ruhr-Armee gegen den Kapp-Lüttwitz-Putsch

[18] Inflationsgeld, 1923.

[19] Obwohl afrikanische Truppen im Ruhrgebiet kaum zum Einsatz kamen, bediente sich die deutsche Propaganda mit Vorliebe rassistischer Klischees.

und die Ruhrbesetzung zum Anstoß für die völkischen Verbände. Der neue Rechtsextremismus knüpfte an Ideen des 19. Jahrhunderts an und verband übersteigerten Nationalismus mit rassistischem und antisemitischem Gedankengut. Vor allem im Raum Buer waren verschiedene rechtsextreme und völkische Gruppen aktiv. Buer galt später als »Keimzelle des Gaues Westfalen-Nord überhaupt«, weil sich dort bereits 1923 eine erste Ortsgruppe der Nationalsozialistischen Deutschen Arbeiterpartei (NSDAP) gründete. Sie hatte zunächst nur eine Handvoll Mitglieder. Nach dem Hitlerputsch und dem Verbot der Partei im November 1923 wurde sie aufgelöst. Die Aktivisten trafen sich jedoch illegal weiter. Sie schlossen sich zum »Völkisch Sozialen Block« zusammen und traten gemeinsam zu den Reichstagswahlen 1924 an. Auf der Wahlliste standen auch die Bueraner Peter Stangier und Fritz Florian. Mit rassistischer Propaganda versuchte der Block, die Bevölkerung anzusprechen. Obwohl die Resonanz gering war, gelang es den Völkischen, bei den Stadtverordnetenwahlen im Mai 1924 einen Kandidaten durchzubringen. Einfluss auf politische Entscheidungen konnten sie nicht nehmen. Ab 1925 reorganisierte sich die NSDAP im Raum Gelsenkirchen, ihre Mitgliederzahl stieg jedoch kaum an. Erst mit der Wirtschaftskrise am Ende des Jahrzehnts begann der eigentliche Aufstieg der Partei.

Deutsche
Volksgenossen wachet auf!!
Es geht um Deutschlands Volksbestand!

Jahrzehntelang und besonders in der ordnungslosen Zeit nach der Revolution hat sich fremdrassiges Gelichter, dessen Wesen in vollkommenem Gegensatz zu dem der Deutschen steht, bei uns eingenistet und verrichtet ungestört sein Zersetzungswerk, daß dem deutschen Volke gilt.

Warum ist das deutsche Volk so uneinig und in so viele Parteien zerrissen? Es muß doch etwas Deutschfremdes gewirkt haben, sonst wäre das nicht möglich!

Wären wir ganz unter uns, daß heißt unter deutschen Blutsbrüdern und gänzlich frei von allen fremden Einflüssen, dann hätten wir das, wonach das ganze deutsche Volk lechzt: die deutsche

Einigkeit

Die deutsch=völkische Freiheitsbewegung fordert deshalb Gesetze zur Reinigung des deutschen Volkes. Fremdgeist und Fremdrassige müssen dorthin gedrängt werden, wohin sie gehören: außerhalb des deutschen Wirkungskreises. — Elend und Not treiben jährlich tausende und abertausende deutsche Männer und Frauen aus dem deutschen Vaterlande, die das Heil bei ungewisser Zukunft im Auslande versuchen müssen. Unzählige Deutschfremde sind in unser deutsches Vaterland eingewandert und wandern noch ein. Sie fassen festen Fuß auf deutschem Boden und maßen sich sogar an, Deutschlands Geschicke zu lenken.

Ist das Recht? — Nein und abermals Nein!

Jedem deutschen Volksgenossen muß in seinem Vaterlande unbedingt das Vorrecht eingeräumt werden, sich v o r jedem Fremdrassigen zu stellen.

Die deutsch=völkische Freiheitsbewegung wird sich rücksichtslos für dieses natürlichste Verlangen

und Recht

einsetzen. Haben wir erst die deutsche Einigkeit und dieses Recht erkämpft, dann sind wir innerlich frei, u. getragen von echt deutschem Geist u. echt deutschem Wesen beginnt der Aufbau des deutschen Volkes.

Nur dieser Weg allein führt zur Gesundung Deutschlands, zu Deutschlands Größe

und Freiheit!

Die deutsch=völkische Freiheitsbewegung schreitet auf diesem Wege mit festem Schritte vorwärts, sie bildet das Fundament zu Deutschlands starkem Volkstum; ihre deutschen Helfer sammelt sie im

„Völkisch Sozialen Block"

[20] Wahlaufruf des Völkisch Sozialen Blocks zur Reichstagswahl im Mai 1924.

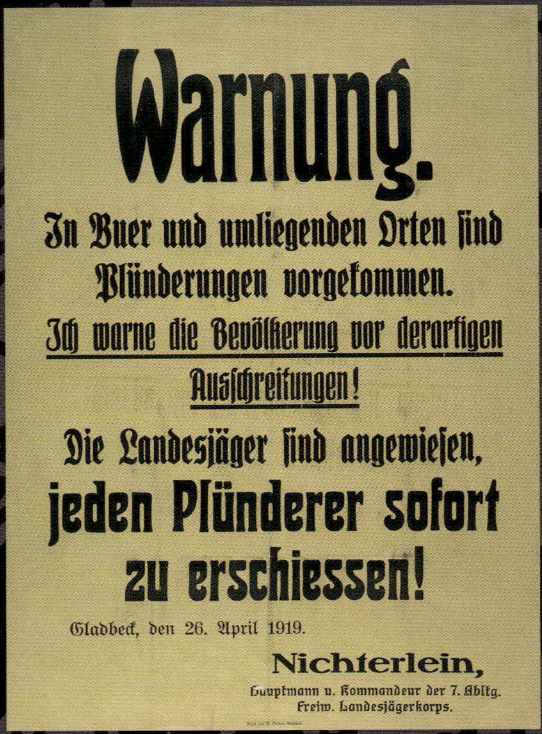

Warnung.

In Buer und umliegenden Orten sind Plünderungen vorgekommen.

Ich warne die Bevölkerung vor derartigen Ausschreitungen!

Die Landesjäger sind angewiesen,

jeden Plünderer sofort zu erschiessen!

Gladbeck, den 26. April 1919.

Nichterlein,

Hauptmann u. Kommandeur der 7. Abtlg. Freiw. Landesjägerkorps.

[21] Öffentliche Ankündigung eines Freikorps, 1919: Androhung von Schusswaffeneinsatz im Falle von Plünderungen, 1919.

[22] Wachtposten des Arbeiter- und Soldatenrates, 1918.

[23] Reichswehrsoldaten auf der Hochstraße in Buer vor dem geplünderten Kaufhaus Althoff, 1919.

[24] Mitglieder der Roten Ruhr-Armee in Buer, 1920.

162 Berliner Illustrirte Zeitung Nr. 9

Die große militärische Aktion der Franzosen gegen Gelsenkirchen am 18. Februar: Das Tank-Aufgebot zur Absperrung des besetzten Rathauses!
Phot. Frankl.

Die Gelsenkirchener.

Die ungeheure Nervenprobe, die es bedeutet, Woche nach Woche unter dem schweren Druck einer fremden militärischen Besetzung zu leben, und trotzdem unbeirrt nur der nationalen Parole des eigenen Volkes zu gehorchen, davon gibt aus dem aufregenden Kapitel der Ruhrbesetzung die Geschichte der Stadt Gelsenkirchen das eindringlichste Beispiel. Die Stadt war die ersten Wochen unbesetzt, die fremden Soldaten standen rings an der Stadtgrenze. Eines Tages wird wegen eines Zwischenfalles eine „Strafaktion“ mit einer großen Truppenmenge gegen die Stadt unternommen, man entwaffnet alle Schutzpolizisten und führt sie gefangen ab. Zwei Tage später kommen die Truppen wieder, diesmal um eine der Stadt aufgelegte Buße von 100 Millionen Mark einzutreiben. Die Stadtväter lehnen getreu den Weisungen ihres eigenen Landes die Forderung ab. Das Stadtoberhaupt wird verhaftet, ausgewiesen, fortgeführt, der Befehl an seine Vertreter wiederholt. Die Stadt lehnt wieder ab. — Die Gelsenkirchener haben ihre deutsche Pflicht unverzagt erfüllt.

Aufhalten der Züge an der Uebergangsstelle vom besetzten ins unbesetzte Gebiet bei Scharnhorst.
Phot. Frankl.

In der Mitte: Beschlagnahme eines Privat-Autos durch eine französische Patrouille in Gelsenkirchen.
Phot. Sennecke.

Gesperrte Bürgersteige.
Phot. Frankl.

[25] Pressebericht über das Vorgehen der französischen Besatzungstruppen in Gelsenkirchen, 1923.

[26] Deutsches Propagandaplakat gegen die Ruhrbesetzung, 1923.

[27] In diesem Haus an der Westerholter Straße in Buer befand sich die erste Geschäftsstelle der Gauleitung Westfalen-Nord, bis sie später nach Münster umsiedelte.

Nationalsozialistische Netzwerke und nationalsozialistische Karrieren

Aus der NSDAP in Buer und Gelsenkirchen gingen einige Nationalsozialisten hervor, die später im »Dritten Reich« eine führende Rolle spielten. Neben Florian, der 1930 Gauleiter von Düsseldorf wurde, und Stangier, der zum Stellvertretenden Gauleiter von Westfalen-Nord aufstieg, gehörte auch Viktor Lutze zu den eifrigsten Agitatoren der NS-Bewegung im Emscher-Lippe-Raum. Er ersetzte 1934 den ermordeten Ernst Röhm als Stabschef der SA. Solche Karrieren stehen beispielhaft für die Aufstiegsmöglichkeiten innerhalb des NS-Systems. Die NSDAP versorgte die frühen Getreuen und belohnte sie mit lukrativen und einflussreichen Posten.

1.5 ▸ Die NSDAP in Gelsenkirchen – von der Splitterpartei zum Wählermagneten

Nach ihrer Wiederzulassung 1925 konnte die NSDAP in der Arbeiterstadt Gelsenkirchen nur schwer Fuß fassen. Dennoch galt die Gelsenkirchener NSDAP mit ihren rund 350 Mitgliedern 1929 als führende rechtsextreme Kraft im Emscher-Lippe-Raum. Neben lokalen NSDAP-Agitatoren kämpften auch Parteigrößen wie Gregor Strasser (1892–1934) in Gelsenkirchen um Aufmerksamkeit für den Nationalsozialismus. Trotz intensiver Propaganda wurden die Nationalsozialisten bis Ende der 1920er Jahre aber kaum beachtet. Die NSDAP verbesserte in dieser Zeit jedoch ihre Organisation, unter anderem indem sie vermehrt Frauen einband, die sich für den Nationalsozialismus engagierten – wie zum Beispiel Elisabeth Polster aus Buer, die bald zur Führerin der NS-Frauenschaft im Gau Westfalen-Nord aufstieg.

[28] *(links)* Fritz Florian (1894–1975).

[29] *(rechts)* Viktor Lutze (1890–1943).

[30] Nationalsozialistische Netzwerke: Die Wegbereiter des Gelsenkirchener Nationalsozialismus trafen sich auch nach ihrem Fortgang regelmäßig an ihrer alten Wirkungsstätte, wie hier am Rathaus Buer anlässlich des Gauparteitages 1936: Dr. Alfred Meyer, Karl Jackstien, Peter Stangier, Fritz Florian (von links).

BIOGRAFIE

Karl Jackstien –
Vom Kampfgefährten Knickmanns zum SA-Führer von Gelsenkirchen

[31] Karl Jackstien (1899–1943).

Der Schlossergeselle und Kriegsveteran Karl Jackstien (1899–1943) schloss sich nach dem Ende des Ersten Weltkrieges einem Freikorps an und nahm 1919 an den brutalen Kämpfen im baltischen Bürgerkrieg teil. Im Jahr 1923 gehörte er zu einem »Sprengkommando«, das in Buer Anschläge gegen die französisch-belgische Besatzungsmacht verübte. Am 21. Juni 1923 versuchte er gemeinsam mit seinem Komplizen Ludwig Knickmann, bei Marl die Grenze zwischen dem besetzten und dem unbesetzten Gebiet zu überqueren. Dabei kam es zu einem Schusswechsel mit belgischen Soldaten, bei dem drei Belgier und Knickmann starben. Danach wurde Knickmann zum »Blutzeugen« der westfälischen NS-Bewegung aufgebaut. Von diesem Totenkult profitierte auch Jackstien, sein »letzter Gefährte im Todeskampf«. Er galt ebenso wie Knickmann als Held im »nationalsozialistischen Befreiungskampf«.

Jackstien selbst trat 1925 in die NSDAP und die SA ein. Er erwarb sich als SA-Sturmführer in Ahlen den Ruf als brutaler Schläger und stieg nach der sogenannten »Machtergreifung« zum SA-Standartenführer auf. 1936 übernahm er in Gelsenkirchen die Führung der nach Ludwig Knickmann benannten SA-Standarte 137, wurde Ratsherr und zog schließlich 1937 sogar in den Reichstag ein. Am 9. November 1938 waren es vor allem Jackstiens SA-Männer, die die jüdische Bevölkerung Gelsenkirchens mit Terror überzogen. Im Nachkriegsprozess um die Brandstiftung an der Gelsenkirchener Synagoge galt Jackstien später als Hauptverdächtiger. Persönlich konnte er aber nicht mehr zur Verantwortung gezogen werden, weil er 1943 als Soldat an der Ostfront ums Leben gekommen war.

[32] Der Nationalsozialist Peter Stangier (1898–1962) bei einer Wahlkampfveranstaltung in Buer-Resse, 1928.

[33] Veranstaltungsankündigung der NSDAP, 1926.

Oeffentl. Versammlung

Am Dienstag, den 7. Dezember 1926
spricht im Kaldeweyschen Saal
Reichstagsabgeordneter

Gregor Strasser

über

„Die Sklavenpeitsche der goldenen Internationale"

Arbeiter der Stirn und Faust
erscheint in Massen!

Unkostenbeitrag 30 Pfennig, Erwerbslose 10 Pfennig.

National-Soz. Deutsche Arb.-Partei.

[34] Dr. Alfred Meyer, NSDAP-Stadtverordneter in Gelsenkirchen, bei einer Kundgebung gegen den Young-Plan, 1929.

[35] Frühe Nationalsozialistinnen: Elisabeth Polster (rechts) und Amalie Alexander (2. von rechts) bei einer Kundgebung der NS-Frauenschaft, um 1932.

BIOGRAFIE

Emil Kirdorf – ein »Ruhrbaron« als Unterstützer des Nationalsozialismus

Emil Kirdorf (1847–1938) wurde bereits 1873 kaufmännischer Direktor bei der Gelsenkirchener Bergwerks-Aktiengesellschaft (GBAG). In den folgenden Jahrzehnten stieg er zum Generaldirektor der GBAG und zu einem der bedeutendsten Ruhrindustriellen auf. Unter seiner Leitung entwickelte sich die GBAG zwischenzeitlich zum größten Montankonzern Europas. Seinen Beinamen »Bismarck des Ruhrbergbaus« verdiente sich Kirdorf nicht nur durch seinen wirtschaftlichen Erfolg, sondern auch durch die harte Linie, die er gegenüber der Arbeiterbewegung vertrat: Der autoritäre »Ruhrbaron« kämpfte Zeit seines Lebens entschieden gegen Gewerkschaften und Demokratie. Im Jahr 1891 gehörte Kirdorf zu den Gründungsmitgliedern des nationalistischen »Alldeutschen Verbandes«, der im Kaiserreich großen Einfluss erlangte. Während des Ersten Weltkrieges forderte Kirdorf für den Fall eines deutschen Sieges weitreichende Gebietsgewinne in Belgien und Nordfrankreich. Im Jahr 1926 schied er schließlich hochbetagt aus dem Vorstand der GBAG aus, nachdem er den Konzern in die Vereinigte Stahlwerke AG geführt hatte. Seit 1927 unterstützte Kirdorf offen die Nationalsozialisten. Er brachte Hitler mit Vertretern der Ruhrindustrie zusammen und organisierte finanzielle Unterstützung für die NSDAP. Im »Dritten Reich« wurde Kirdorf daher in höchsten Ehren gehalten: Er erhielt nicht nur hohe Auszeichnungen, auch Straßen, Plätze und Schulen wurden nach ihm benannt – so auch in Gelsenkirchen. Als er 1938 starb, richtete das NS-Regime ein Staatsbegräbnis für Kirdorf aus. Zu den Trauerfeierlichkeiten auf dem Gelände der Zeche Rheinelbe kam auch der »Führer« persönlich – es war sein einziger Besuch in Gelsenkirchen.

[36] Emil Kirdorf (1847–1938).

Wirtschaftliche Krise, soziale Not und politische Radikalisierung

Erst die weltweite Wirtschaftskrise verschaffte der NSDAP ab 1930 neuen Zulauf. In Gelsenkirchen, wo 70 Prozent der Erwerbstätigen im Bergbau, in der Eisen- und Stahlindustrie sowie in Glas- oder Chemiefabriken arbeiteten, kam es zu Betriebsstilllegungen und Massenentlassungen. Die steigende Arbeitslosigkeit wurde zur sozialen Belastungsprobe. Etwa ein Drittel der Gelsenkirchener Bevölkerung musste durch das Arbeits- und das Wohlfahrtsamt unterstützt werden – und auch diese öffentlichen Zuwendungen konnten nicht verhindern, dass viele Gelsenkirchener Familien verelendeten. Das Ruhrgebiet wurde angesichts der ökonomischen Katastrophe zum Notstandsgebiet. Immer mehr Menschen

[Grafik 1] Hauptunterstützungsempfänger von Arbeits- und Wohlfahrtsamt in Gelsenkirchen (in Tausend), 1929–1933. Am 1. April 1933 erhielten 111.881 Personen in Gelsenkirchen Unterstützungszahlungen durch die öffentliche Hand.

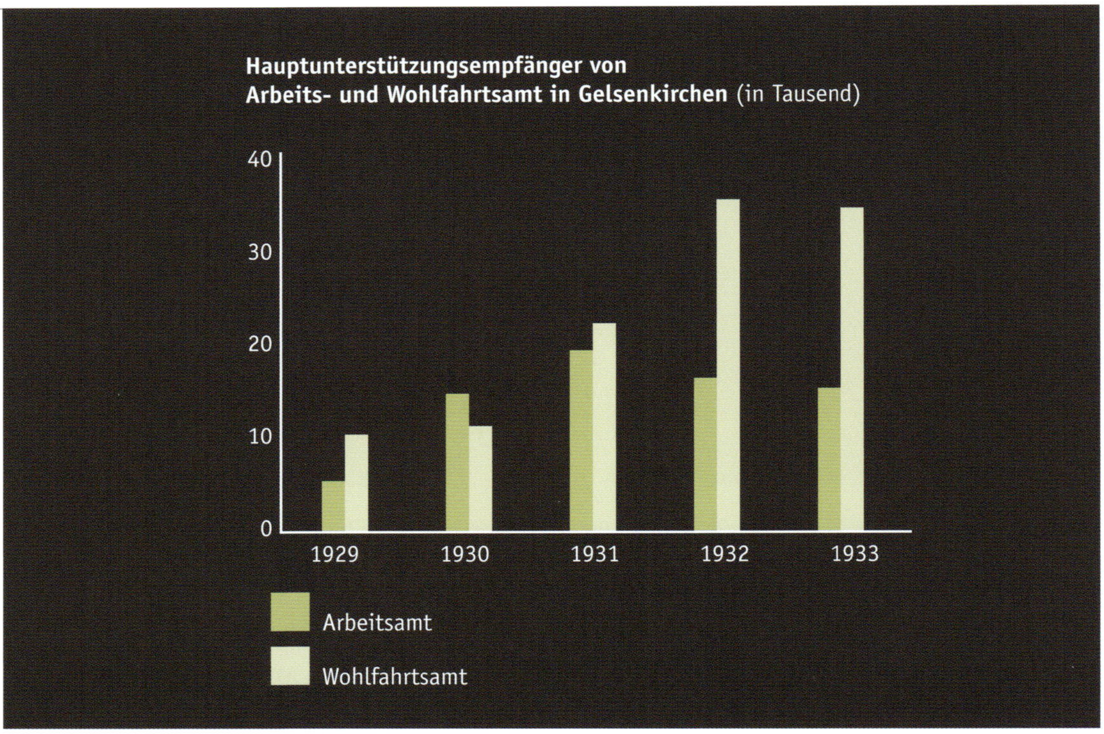

[Grafik 2] Unterstützungsempfänger in Gelsenkirchen (in Tausend), 1929–1933. Arbeitslose erhielten zunächst Arbeitslosenunterstützung und anschließend nach Ablauf einer durch die Beschäftigungszeit bestimmten Frist Krisenunterstützung. Um ihre Familien zu ernähren, mussten die Arbeitslosen zumeist auch zusätzliche Hilfe beim Wohlfahrtsamt beantragen. Da die Unterstützung durch das Arbeitsamt nach längerer Arbeitslosigkeit entfiel, waren viele Menschen bald vollkommen auf die Leistungen des Wohlfahrtsamtes angewiesen.

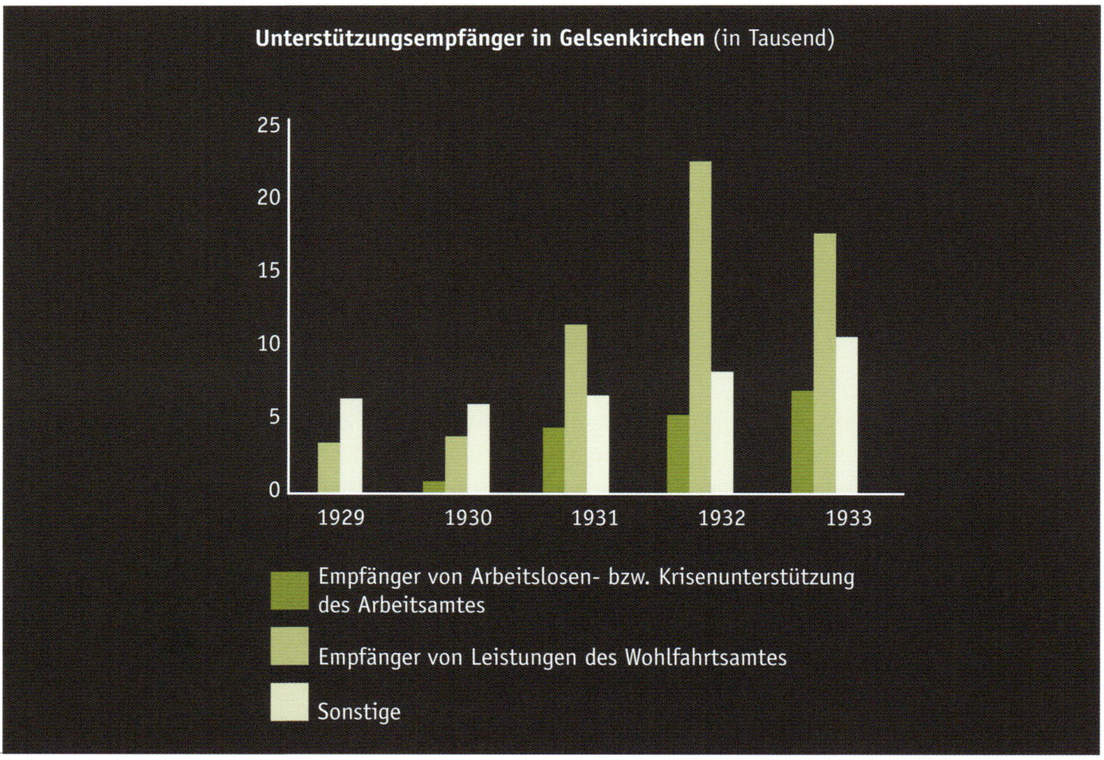

schenkten den Versprechungen und radikalen Parolen der Nationalsozialisten Glauben.

Daher brachten die Wahlen der Jahre 1930 bis 1932 der NSDAP enorme Zugewinne. Ihre Anhänger und Wähler kamen vor allem aus bürgerlich-protestantischen Kreisen, aber auch Menschen aus anderen Schichten stimmten für die Nationalsozialisten. In Gelsenkirchen schnitt die Partei im Verhältnis zum Gesamtergebnis der Reichstagswahlen schlechter ab. Die katholische Zentrumspartei und die Kommunisten erhielten hier bis 1932 die meisten Stimmen.

Politische Gewalt

Ab 1930 verschärften sich die Auseinandersetzungen zwischen den politischen Gegnern. Zeitweise herrschten auf deutschen Straßen,

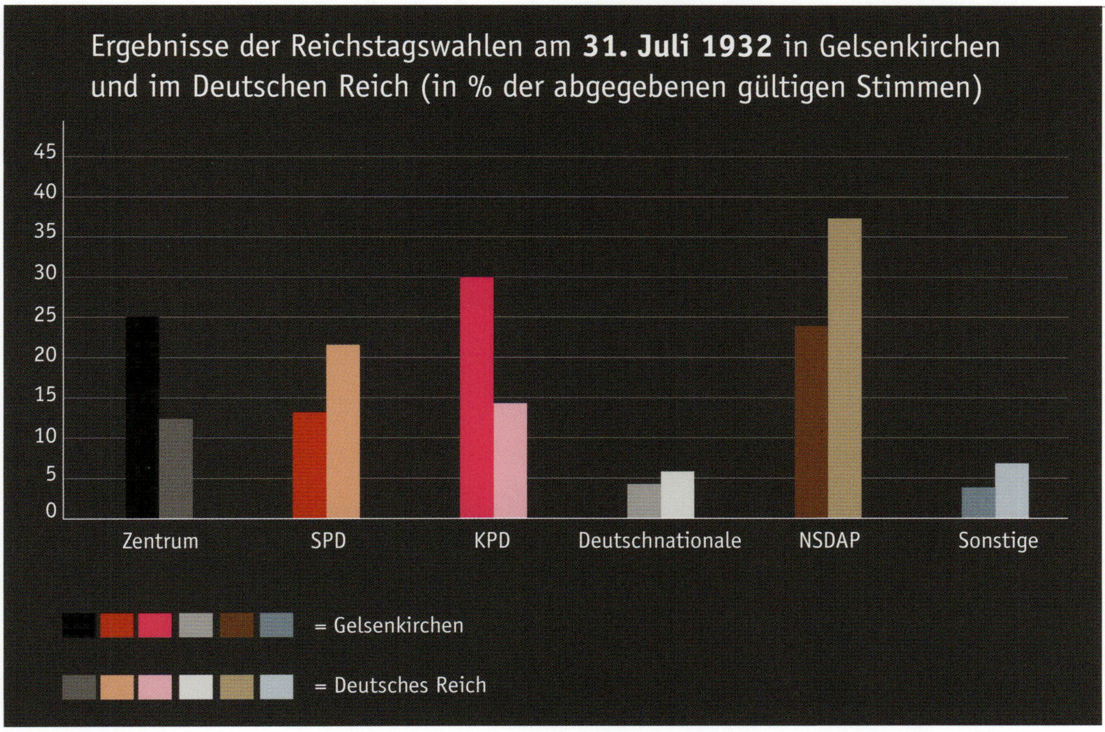

[Grafik 3] Ergebnisse der Reichstagswahlen vom 31. Juli 1932 in Gelsenkirchen und im Deutschen Reich (in % der abgegebenen gültigen Stimmen).

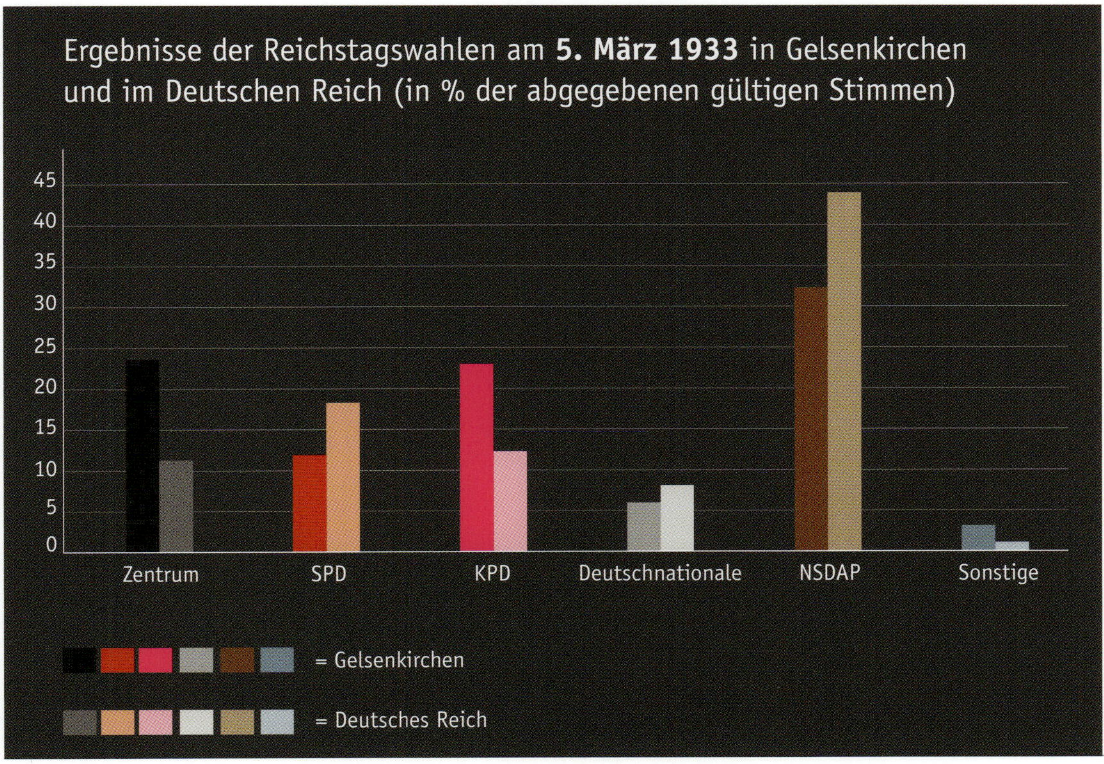

[Grafik 4] Ergebnisse der Reichstagswahlen vom 5. März 1933 in Gelsenkirchen und im Deutschen Reich (in % der abgegebenen gültigen Stimmen).

[37] *(links)* Wahlplakat der SPD zu den Reichstagswahlen am 31. Juli 1932.

[38] *(rechts)* Wahlplakat des Zentrums zu den Reichstagswahlen am 31. Juli 1932.

auch in Gelsenkirchen, bürgerkriegsähnliche Zustände. Gewaltsame Zusammenstöße politischer Kampfbünde, zwischen der nationalsozialistischen SA, dem kommunistischen Kampfbund gegen den Faschismus und dem demokratischen Reichsbanner Schwarz-Rot-Gold, waren an der Tagesordnung. Dabei richteten sich Kommunisten und Sozialdemokraten nicht nur gegen die Nationalsozialisten, sondern bekämpften sich auch gegenseitig. Im Herbst 1931 schlossen

[39] Wahlpropaganda an Mauern, um 1932.

[40] *(links)* Wahlplakat der NSDAP zu den Reichstagswahlen am 6. November 1932.

[41] *(rechts)* Wahlplakat der KPD zu den Reichstagswahlen am 31. Juli 1932.

sich SPD, sozialdemokratische Gewerkschaften und das Reichsbanner zur Eisernen Front zusammen, um der nationalsozialistischen Gewalt Paroli zu bieten. Die Schlägertrupps der SA wurden immer brutaler: Von ihren Sturmlokalen und Stützpunkten aus, beispielsweise dem »Braunen Haus« in der Gelsenkirchener Altstadt, terrorisierten sie politische Gegner und die Bevölkerung. Bei Straßenkämpfen starben auch in Gelsenkirchen mehrere Menschen: So wurde

[42] Reichsbannerleute im Wahlkampfeinsatz, 1924.

[43] SA-Kundgebung in Gelsenkirchen, um 1932: Da der SA zeitweise das Auftreten in Uniform untersagt war, trugen die SA-Männer weiße »Verbotshemden«.

[44] Gelsenkirchener SA bei einem Aufmarsch in Braunschweig, 1931.

[45] Das Hauptquartier der Gelsenkirchener NSDAP befand sich ab November 1931 an der Hochstraße 48, der heutigen Hauptstraße. Das »Braune Haus« beherbergte nicht nur die Geschäftsstelle der Partei, sondern auch ein SA-Heim.

3. Blatt. Nr. 196. 29. Jahrgang. Gelsenkirchener Allgemeine Zeitung Samstag, den 18. Juli 1931.

Die Unruhen dauern an.

Fünf Verletzte unter den Ruhestörern bei den Freitagsdemonstrationen. — Aufruhrversuche in Bismarck und Schalke. — Brandherd diesmal an der Schützenstraße. — Scharfes Durchgreifen der Polizei. Gegen Mitternacht die Ruhe vorläufig wieder hergestellt.

Die Polizei Herr der Lage.

Momentbilder aus der Freitagnacht.

Man kann nicht vorsichtig genug sein, wenn es in der Stadt unruhig ist, man muß aber um so vorsichtiger sein, je dringender die Polizei ihre Warnungen an Neugierige ergehen läßt. Man kann schon, wenn man von Berufswegen unterwegs ist, in die heikelsten Situationen hineinschliddern. Das geschieht ganz plötzlich ...

*

Unser Wagen flitzt durch die Kronprinzenstraße nach Norden. An der Grillostraße gehts rechts um die Ecke, durch die Oststraße zur Bismarckstraße. Dieser folgen wir in mäßigem Tempo, um die Zerstörungen an den Geschäften in Augenschein nehmen zu können. Gegenüber der Grabenstraße liegen die ersten Trümmer. An der Ecke Grenzstraße wischt in der Dunkelheit eine rote Winterfahne vor unsern Scheinwerfern her. — „Machen Sie das Licht aus!“ — Wir halten unsern Presseausweis zum Wagenfenster hinaus. Zwei Passanten kommen aus dem Dunkel über den Bürgersteig. — „Hände hoch!“ — Karabiner strecken sich vor. Die Leute folgen vernünftigerweise .. werden untersucht. „Sehen Sie zu, daß Sie möglichst schnell an der Olgastraße vorbeikommen. Es wird dort geschossen!“

Langsam pendelt unser Wagen der Olgastraße zu. Schutzleute stehen in Gruppen rechts und links. Ein paar liegen auf dem Bürgersteig. Die Olgastraße ist in Dunkel gehüllt. Man sieht gerade ein paar Zigarettenreste aus den verdunkelten Fenstern auf die Straße fliegen. Schüsse fegen durch die Luft und klatschen auf.

*

Ein Auto wird angehalten. Zwischen Liborius- und Walpurgisstraße. Noch ein zweiter Wagen. Die Lichter sind schnell abgeblendet. „Treten Sie beiseite!“ — Es entspinnt sich ein erregter Wortwechsel. „Seien Sie doch vernünftig! Sie müssen sich ausweisen!“ — — Ein Wagen darf die Fahrt fortsetzen. Der andere wird angehalten. „Wir sind friedliche Bürger, Herr Wachtmeister ...“ — Das Aufbegehren des Mannes erstickt schließlich in der Energie der Beamten.

Notabene: so dürfen sich friedliche Bürger, wenns ernst wird, nicht benehmen!

*

Unser Wagen fährt der Emschertalbahn zu.

Kurz hinter dem Stern stehen zwei Schutzleute in Pelerine und Mütze. Sie winken unsern Wagen an. Wir halten den Ausweis zum Fenster heraus. „Nee, lassen Sie man. Aber sie können uns einen Gefallen tun ... Wir wurden aus der Falle herausgeholt und müssen zu unserm Revier. Wir wissen garnicht, was los ist? — Wenn Sie uns mitnehmen würden, wären wir Ihnen dankbar ...“ — „Also los, rein in die gute Stube!“

Ohne aufgehalten zu werden, passieren wir die Bismarckstraße. An der Oststraße brennt die erste Gaslaterne. An der Sophienstraße lassen wir halten. Hier sind wir aus der Gefahrenzone. Die Beamten sichern ihre Pistolen und steigen aus. „Danke schön — und gute Nacht.“

*

Später schlendern wir zu zweit die Bismarckstraße vom Stern kommend hinunter. Es ist so gegen drei Uhr nachts; alles ruhig. Man sieht keinen einzigen Schutzmann auf den Straßen. An der Ecke Paulinenstraße steht ein junger Bursche. Er hat irgendetwas Auffallendes an sich, drückt sich scheu in die Ecke, als wir vorübergehen ...

Dann gehen wir zur anderen Seite hinüber, kehren um, da allem Anschein nach nichts mehr zu sehen ist. Hinter uns kommen wieder junge Leute, tuscheln ... Wir bleiben stehen und lassen die Leute zwischen uns durchpassieren. Nach zehn Schritt machen sie sich an ihren Schuhen zu schaffen. So an der Walpurgisstraße. Sie sind wieder hinter uns, treffen wir auf vier, fünf andere Personen. Eine Frau ist dabei, ein junges Ding von höchstens siebzehn, achtzehn Jahren ... Bei Röper, gegenüber der Industriestraße, bleiben wir stehen. Hunderte von Margarinepaketen liegen zerquetscht umher, zwischen Glasscherben liegen Hülsenfrüchte und Bonbons, geleerte Kisten, in unmöglicher Einsamkeit eine noch volle Margarinekiste ...

Die Leute, die uns verfolgten, machen sich an den Waren zu schaffen, poltern in den Trümmern und Splittern umher. „Lassen Sie das doch sein! Nachher haben Sie die Polizei auf dem Hals!“

Gutes Zureden hilft nichts, leider!

*

An der Ecke Flora- und Hochstraße vor dem zerschlagenen und ausgeraubten Röpelschen Geschäft steht eine Gruppe Männer.

Wir kommen hinzu. Unsere Gefolgschaft — es hat sich noch eine „Frau“ hinzugesellt — ebenfalls. Indem wir ein paar Worte mit dem Geschäftsinhaber durch die zertrümmerte Spiegelscheibe wechseln, prescht das Ueberfallkommando heran ...

„Hände hoch!“ — Ehe man sichs versieht, jagen hinter sechs, sieben Flüchtenden — die „Frauen“ sind auch dabei! — aus drei Pistolen die Geschosse her ... „Nehmen Sie die Hände hoch!“ — „Das Gesicht zur Wand!“ — Man folgt der Aufforderung. Einer opponiert: „Ich bin Beamter!“ — „Sie sollen die Hände hoch nehmen!“ — Die nächste Aufforderung erhält ihre nun einmal notwendige Unterstreichung. Dann fliegt auch das letzte paar Hände in die Luft.

Wir weisen uns aus.

Auch die übrigen können es.

Die Beamten besteigen wieder den Wagen und fahren in die Schützenstraße hinein, den Flüchtenden nach ...

Quintessenz: man folge den Aufforderungen der Polizei. Sie hat in solchen Momenten wirklich nicht Zeit, jeden Menschen erst höflich nach seinem Berufe zu fragen. Und überhaupt: was spielt der überhaupt für eine Rolle? (el)

Die obigen Bilder zeigen, in welch fürchterlicher Weise an drei Stellen gehaust wurde. Das obere Bild zeigt die Ecke Hoch- und Florastraße. Hier zerstörten am Donnerstag nach 23 Uhr die Plünderer den Zigarrenladen Vöpel, das danebenliegende Fleischwarengeschäft Cahn und an der Hochstraße die Spiegelscheibe eines leerstehenden Lokales und das Schaufenster des neuen Tapetengeschäfts. Diese Stelle war die äußerste zur Innenstadt, wo am Donnerstag nacht Rufe laut wurden, wie: „Heute geht's noch nicht zur Bahnhofstraße!“ — Die unteren Bilder zeigen links die aufgerissene Olgastraße und rechts das Lebensmittelgeschäft Klüsener. Die davorliegenden Steine stammen von der Olgastraße und wurden dazu benutzt, um die Rolladen und Fensterscheiben zu zertrümmern.

Die Polizei meldet:

Nach den Ausschreitungen am Mittwoch war Ruhe eingetreten. Auch eine kommunistische Versammlung, die am Donnerstagabend stattgefunden hat, verlief ziemlich ruhig. In den Abendstunden des Donnerstags war alles ruhig. Nach 23 Uhr wurde der Verkehr auf den Straßen lebhafter, besonders in der Olga- und der angrenzenden Bismarckstraße. Trupps junger Burschen durchzogen die Bismarckstraße, im Nu waren sämtliche Straßenlaternen auf der Bismarckstraße zwischen Oststraße und Stern ausgelöscht. Das Straßenpflaster der Olgastraße wurde teilweise aufgerissen und die Steine dazu verwandt, um in einzelnen Geschäften die Schaufensterscheiben einzuwerfen und dann zu plündern. In der Hauptsache handelt es sich um Lebensmittelgeschäfte, aber auch um Zigarrenläden usw. Auf der Straße sah es übel aus. Die Polizei, die bisher von mehreren Stellen keineswegs alarmierende Nachrichten erhalten hatte, wurde beim Eintreffen der Mitteilung sofort in Großalarmzustand versetzt. Die Täter, sicherlich auch teilweise von auswärts herbeigeströmtes Gesindel, waren schnell in den Häusern verschwunden. Beim Eintreffen der Polizei entwickelte sich ein lebhaftes Feuergefecht. Angesichts der völligen Dunkelheit, in die die Straße gehüllt war, erschien ein sofortiges Vorgehen der Polizei nicht zweckmäßig. Die Schutzpolizei beschränkte sich vielmehr darauf, die Straßenzüge abzuriegeln und den Verkehr einer scharfen Kontrolle zu unterziehen. Sehr bedauerlich war es, daß einzelne Personen, die keineswegs zu den Unruhestiftern gehörten, unvernünftiger Weise sich der polizeilichen Kontrolle zu widersetzen suchten. Die einzelnen Straßenzüge waren gleich beim Eintreffen der Polizei mit Scheinwerfern abgesucht worden, um etwaiger Plünderer habhaft zu werden. Gegen 2 Uhr war vollkommene Ruhe eingetreten. Die Polizei hielt die Absperrung aufrecht, um gegen 5 Uhr eine systematische Aktion gegen die Aufrührer vorzunehmen. Es wurden scharfe Haussuchungen planmäßig vorgenommen. Alle Verstecke und Behältnisse, in denen sich möglicherweise Waffen usw. hätten befinden können, wurden durchsucht. Diese Durchsuchungen, die bis in die späten Vormittagsstunden des Freitags andauerten, förderten mehrere Totschläger und Trommelrevolver, ein Luftgewehr, ein 6-Millimeter-Teschina, sowie viele der geraubten Sachen, Würste, sowie andere Lebensmittel, Zigarren, Zigaretten, Seife usw. zutage.

Es wurden 27 Personen festgenommen und in Polizeigewahrsam

überführt. Die Untersuchung ist im Gange. Von der Polizei wurde niemand verletzt. Ob es bei den Aufrührern Verletzte gab, konnte bis jetzt nicht ermittelt werden.

21 000 Mark Schaden.

Der bei den Ausschreitungen in der Nacht zum Freitag entstandene Sachschaden, der durch Zertrümmerung der Schaufenster, vernichtete Dekorationen usw. entstanden ist, wird von den Geschäftsinhabern auf

insgesamt 21 000 RM.

angegeben. Blindwütige Zerstörungswut hat diesen Schaden angerichtet, der in keinem Verhältnis zu dem Wert des Warenraubes steht, der nur 2400 RM. beträgt und von dem nur ein geringer Bruchteil auf Lebensmittel entfällt. Auch kleine Läden, die leer stehen, wurden nicht verschont.

*

Schnelle Erledigung. An der Ecke Olga- und Bismarckstraße hatten die unruhigen Elemente, die in der gestrigen Nacht verschiedene Läden der Bismarckstraße und am Stern demolierten, die Straßendecke aufgerissen, um sich mit Steinen zu bewaffnen. Die entstandene Lücke in der Straße, die den durchgehenden Verkehr natürlich stark beeinträchtigte, wurde gestern mittag wieder in Ordnung gebracht, sodaß am Nachmittag wieder der geregelte Verkehr durch die Olgastraße aufgenommen werden konnte.

Die Lage am Freitag.

Wie nicht anders zu erwarten, war die Bismarckstraße mit den zerstörten und ausgeplünderten Läden gestern das Ziel ungezählter Menschen. Immer neue Massen strömten hinzu, so daß die Polizei gezwungen war, den Verkehr vorübergehend etwas zu bewegen. Auch das Ueberfallkommando mußte mehrfach eingesetzt werden, um gefährlich auslebende Ansammlungen zu zerstreuen. Besonders stark war der Menschenandrang in den Nachmittagsstunden. Die Geschäfte hatten die zerschlagenen Schaufenster mit Brettern zuschlagen lassen. Viele Kaufleute hielten, da ihre Läden völlig ausgeraubt waren und neue Waren noch nicht eingegangen waren, geschlossen. Bei der Regelung des Verkehrs durch die Polizei kam es vorübergehend zu ernsteren Zusammenstößen mit einem Teil der Passanten, wobei häufig von der Hiebwaffe Gebrauch gemacht werden mußte.

Die unruhige Stimmung

hielt während des ganzen Tages an, die natürlich durch die verschiedensten Gerüchte noch in gewaltigem Umfange gesteigert wurde. Die Polizei war den ganzen Tag über in lebhafter Bewegung.

Die Ermittlungsaktion

in der Frühe des gestrigen Freitags in der Olgastraße vereinigte wohl den größten Teil der Schutzmannschaft des ganzen Bezirks. Von anderen Präsidialbezirken waren Mannschaften und Geräte zur Verfügung gestellt worden, wie auch die Kriminalpolizei in großem Umfange verstärkt worden war. Durch die Ereignisse der vorhergegangenen Nacht war der Polizei genau bekannt geworden, aus welchen Häusern in der Olgastraße geschossen worden war. Diese Häuser wurden besonders scharf durchsucht. Dabei kam es hier und dort zu Weigerungen durch die Einwohner, die nachdrücklichst daran erinnert wurden, daß man polizeilichen Anordnungen Folge leisten muß.

Ein eigenartiger Zufall

führte in der Olgastraße zur Herbeischaffung einer Kiste Wurstwaren. Den kontrollierenden Beamten war bekannt, daß Plündergut in das in Frage kommende Haus getragen worden war. Alle Einwohner leugneten, bis ein Beamter an die Durchsuchung der Klosettanlagen ging. Er trat die Holzverkleidung ein; herausgeholt wurde eine große Kiste bis oben mit gestohlenen Fleischwaren gefüllt. Auf diese und ähnliche Weise kamen größere Mengen gestohlenen Gutes zusammen. Allerdings darf nicht verschwiegen werden, daß es einem größeren Teil der Plünderer, wohl dem größten, gelang, sich durch die Flucht für den Augenblick der Verantwortung zu entziehen.

Das großzügig durchgeführte Werk der Polizei kann als durchaus gelungen angesehen werden.

Im Laufe des Tages kam es durch die Vernehmungen der Festgenommenen noch zu weiteren Festnahmen solcher Personen, die einwandfrei als Plünderer, sogar als Anführer bei den Aktionen, in Frage kommen.

Im Laufe des Tages wurden die Straßenlaternen wieder in Ordnung gebracht, die am Abend wieder wie gewöhnlich ihr Licht spendeten.

Etwa nach 20 Uhr wurde ein bestimmter Angriffsplan bekannt.

Die Polizei sorgte für Gegenmaßnahmen. Gegen 21 Uhr zeigten sich in der oberen Schalkerstraße, am Schalker Markt, in der Bismarckstraße, am Stern und in der Hochstraße Ansammlungen. Von etwa fünfzig zu fünfzig Meter standen Trupps von Männer, denen von der Polizei besondere Aufmerksamkeit entgegengebracht wurde. Als die Bewegung stärker wurde, war die Polizei gezwungen, einzuschreiten. Eine Stunde später fielen die ersten Schüsse in der Grabenstraße. Die Beamten griffen ein und drängten die Passanten zur Florastraße, wo es an der Ecke Margaretenstraße zu einem scharfen Zusammenstoß kam.

In größter Bedrängnis macht die Polizei von der Schußwaffe Gebrauch.

Drei Personen wurden angeschossen, und zwar ein Karl Lausermen, der einen Bauchschuß erhielt, ein Mann namens Kritscheck, der einen Beckenschuß davontrug und ein Heinrich Engels, der am Knie verletzt wurde. Trotzdem wich die Menge nur Schritt für Schritt zurück. Noch während der Säuberungsaktion wurden die drei Verletzten in das evangelische Krankenhaus gebracht. Während auf der einen Seite die Säuberungsaktion fortgesetzt wurde, sammelten sich neue Massen am Stern. Auch hier mußte die Polizei mit schärfsten Mitteln vorgehen, wobei es zu einer

Abriegelung der Schützenstraße

an der Hildegardstraße und Wannerstraße kam. Ein beträchtlicher Teil der Demonstranten wurde in Polizeigewahrsam gebracht. Zu gleicher Zeit kam es zu unruhigen Bewegungen am Schalker Markt, wo ebenfalls von der Schußwaffe Gebrauch gemacht ...

[46] Die Gelsenkirchener Presse berichtete über politische Unruhen in Schalke und Bismarck, 1931.

während des besonders blutigen Reichstagswahlkampfes im Juli 1932 der Bueraner Sozialdemokrat Johann Schlenkhoff durch die Schüsse eines SA-Mannes getötet.

1.6 Die »Machtergreifung« vor Ort – Hakenkreuz über Gelsenkirchen

Am 30. Januar 1933 wurde Hitler zum Reichskanzler ernannt. Bei den folgenden Wahlen im März 1933 fuhr die NSDAP satte Gewinne ein. Viele Stimmen kamen auch aus der Arbeiterschaft. Die Partei verpasste aber die erhoffte absolute Mehrheit – trotz massiver Propaganda und einem terroristischen Wahlkampf. Auch in Gelsenkirchen verweigerte eine Mehrheit den Nationalsozialisten die Stimme. Davon ließ sich die NSDAP aber nicht aufhalten. Mit Hilfe deutschnationaler Unterstützer in Presse, Politik und Verwaltung griff die Partei auch in Gelsenkirchen nach der Macht. Bereits unmittelbar nach der Reichstagswahl vom 5. März 1933 wurde auf dem Polizeiamt an der Ahstraße die Hakenkreuzfahne aufgezogen, die dort ebenso wie über anderen öffentlichen Gebäuden als Zeichen des nationalsozialistischen Sieges weithin sichtbar über der Stadt wehte. Bombastische Propagandainszenierungen, vor allem am 21. März, dem »Tag von Potsdam«, erzeugten den Eindruck einer »nationalen Revolution« im Zeichen des Hakenkreuzes. Eine »neue Zeit« schien anzubrechen: Die Nationalsozialisten erweckten die Illusion einer klassenlosen *Volksgemeinschaft* und zogen so viele Menschen in ihren Bann.

Am 6. April 1933 übernahm die NSDAP die Kontrolle über die Gelsenkirchener Stadtverordnetenversammlung – die Annullierung der KPD-Sitze hatte den Nationalsozialisten nach der Kommunalwahl vom 12. März dort die Mehrheit gesichert. An diesem Tag marschierte die neue NSDAP-Fraktion unter der Führung von Gauleiter Dr. Alfred Meyer in das Rathaus Buer ein. Aus Protest und aus Angst vor Repressalien blieben neben den Kommunisten auch die Mitglieder der SPD-Fraktion der konstituierenden Sitzung der Stadtverordnetenversammlung fern. Im Ratssaal stieß Meyer wüste Drohungen gegen SPD und KPD aus. So kündigte er an, dass die »KPD als Moskauer Fremdenlegion […] dieses Haus nie

[47] Namensgeber des Gelsenkirchener NSDAP-Hauptquartiers war Ludwig Knickmann, der von der NSDAP wegen seines Todes während des »Ruhrkampfes« zum »Märtyrer« verklärt wurde.

Groß-Gelsenkirchener Rundschau

Reichsbannermann Johann Schlenkhoff von SA. erschossen

Adjutant des SA.-Führers Stuppi ermordet Reichsbannerführer – Bestialische nächtliche Bluttat in Buer – Erzürnte Reichsbannerkameraden schlagen den Mörder nieder
Der Mörder ist mit einer längeren Zuchthausstrafe vorbestraft

Die Nacht zum 19. Juli wird mit blutigen Zeichen in die Geschichte des Reichsbanners und der Eisernen Front von Buer eingehen. Die Nacht zum 19. Juli brennt wie ein glühendes Schandmal auf den Braunjacken des Dritten Reiches. Die Nacht zum 19. Juli ließ einen furchtbaren Morgen erwachen, in dessen trübem Dämmern das Zeichen „Mord" stand. Mord, kalter Mord, verübt von einem Sendling des Dritten Reiches, an einem Reichsbannermann, an dem Treuesten der Kämpfer für die Sache des Arbeitervolkes, an Johann Schlenkhoff. Johann Schlenkhoff ist nicht mehr. Feige Nazibande hat ihn in Ausübung seiner Pflicht für die Sache des Volkes, mitten in der Arbeit für den Kampf der Eisernen Front, erschossen. Er ist gestorben für die Idee des Sozialismus und der Demokratie, für ein freies Volk in einem freien Lande. Ueber seinem Leichnam aber schwebt das blutende Banner der drei Pfeile. Johann Schlenkhoff, dein Tod soll nicht ungesühnt bleiben!

Wie der Mord geschah

In der Nacht zum 19. Juli, in der Nacht zum Dienstag, machen sich drei Reichsbannerleute auf den Weg zum Plakatkleben für die Eiserne Front und die SPD., gesichert durch eine zweite Kolonne, die aus den Reichsbannerkameraden Schlenkhoff, Hildebrandt, Urban und Kreutzberg besteht. Bis etwa gegen 3 Uhr verläuft die Propagandaarbeit störungslos. Plötzlich in der Höhe des Hauses Nr. 42 in der Sedanstraße tritt der Klebekolonne

der SA.-Mann Fritz Werner

entgegen mit den Worten:

„Weiter kommt ihr aber nicht mit eurem Kleben. Jetzt ist Schluß!"

Und sofort bricht der SA.-Mann mit der Klebekolonne einen Streit vom Zaune. Die Sicherungsgruppe eilt hinzu. Und während sich die Klebekolonne entfernt, gelangen der Nazimann und Schlenkhoff und Genossen in den Hofraum eines Hauses. Der Nazimann versetzt ohne vorausgegangenen weiteren Wortwechsel dem Reichsbannermann Urban, offenbar mit seiner Pistole, einen Schlag auf die rechte Hand, so daß diese dick anschwoll. Unmittelbar darauf hält der Nazimann seine mit mehreren Schuß geladene Pistole auf Johann Schlenkhoff, zielt, drückt ab. Der Schuß knallt.

Johann Schlenkhoff stürzt lautlos zu Boden, durch einen Herzschuß getötet.

Aber damit schien die Mordlust des SA.-Mannes noch nicht gestillt zu sein. Er legt ein zweitesmal an, und zwar auf Hildebrandt. Aber wie durch ein Wunder bleibt ihm der Schuß im Lauf stecken. Immer wieder drückt er auf den Hahn, während Urban hinzuspringt und ihm die Arme hochreißt. Als die Reichsbannerkameraden, einen Augenblick sich zur Seite wendend, sehen, daß der Körper Schlenkhoffs entseelt am Boden liegt, faßt sie ingrimmiger Zorn und zugleich der Wille zur Notwehr gegen den immer noch mit seiner Pistole fuchtelnden Werner. Mit einem Spazierstock versetzt Hildebrandt dem mordlustigen SA.-Mann einen Schlag über den Kopf, daß ihm die entsicherte Pistole aus der Hand sinkt. In berechtigtem Zorn schlagen ihn dann die drei Reichsbannerkameraden kampfunfähig und zu Boden.

Polizei erscheint und die Unfallwache.

Es besteht bei der klaren Situation kein Zweifel: das war überlegter politischer Mord. In schwerverletztem Zustande muß der Mörder zum Marienhospital geschafft werden. Das Wunder der im Lauf steckengebliebenen Patrone hat es verhindert, daß auch die anderen Reichsbannerkameraden den Kugeln des Mörders zum Opfer fielen.

Die Leiche Johann Schlenkhoffs wurde zum Leichenhaus des Zentralfriedhofes gebracht und einstweilen beschlagnahmt. Johann Schlenkhoff war 59 Jahre alt, verheiratet und Vater eines zwölfjährigen Mädchens. Er wohnte in der Schalker Straße 42 in Buer.

Sein Mörder

ist der 37jährige SA.-Mann Fritz Werner aus der Wrangelstraße 1 in Buer. Er gehört zum engeren Stabe des Buerschen SA.-Führers Stuppi und spielt in der Buerschen Nazibewegung eine führende Rolle.

Im Hause des toten Kameraden

Schalker Straße 42. Im Souterrain des Hinterhauses sitzen die Menschen zusammen. Der grauenvolle Mord an dem Hausgenossen hat ihre Glieder gelähmt. Die Frau des Ermordeten steht draußen am Gartenzaun. Frauen aus dem Nachbarhause in ihrer Nähe. Sie scheint das Furchtbare dieser Nacht noch nicht ganz fassen zu können. Der Schlag, der sie traf, war zu hart, zu schwer. Mit weinenden Augen blickt sie in den leeren Morgen hinein. Worte ringen sich von ihren Lippen: „Und er hat doch immer so gestrebt für seine Sache, für das Reichsbanner und für die SPD." Die Tochter kommt über den Hof gelaufen. Das Kind ahnt noch nicht, was geschehen ist. Noch weiß es nur, daß man auf den Vater geschossen hat. Noch weiß es nicht, daß er tot ist, daß sie nie mehr mit ihm sprechen wird, daß er sie nie mehr mit den freundlichen Vateraugen ansehen wird. Erst später erfährt sie von dem furchtbaren Geschehen und seinen grauenvollen Folgen.

Von den Freunden, die Schlenkhoff begleitet haben, erfährt man Einzelheiten. Noch am Sonntag sah man ihn unter den Anführern der Freiheitsfahrt der Eisernen Front in den Buerschen Straßen. Und am Montag verabschiedete er sich von dem Genossen Waldau, als hätte er eine dunkle Ahnung dessen, was in der darauffolgenden Nacht sich an ihm so entsetzlich vollziehen werde, mit den Worten: „Hans, wenn ich auch für die Idee falle, die Hauptsache ist, die Idee siegt!"

Schräg gegenüber dem Hause des Toten wohnt Urban. Er will gerade aufbrechen zur polizeilichen Vernehmung. Während er sich ankleidet, zeigt er seine geschwollene Hand, auf die ihn der Mörder schlug. Und dabei erzählt er von dem toten Kameraden: „Er war der treueste Kamerad, den wir gehabt haben. Immer hat er alles, das Letzte, mit uns geteilt und alles für uns und die Sache geopfert." Und auch Hildebrandt, der mit Johann Schlenkhoff unter einem Dache wohnt, rühmt die Herzens- und Gesinnungslauterkeit des Toten.

Und so haben wir ihn alle gekannt, alle. Er war ein aufrechter, ehrlicher Kämpfer, ein guter Mensch, ein treuer Freund, unantastbar und tapfer. Er war kein politischer Hetzer, kein Schreier. Aber er war ein harter Kämpfer, der wußte, was er wollte. Seit mehr als 30 Jahren diente er vornean der Partei und der Gewerkschaftsbewegung. Als das Reichsbanner gegründet wurde, war er einer der Ersten, die mitmachten. Und als die Eiserne Front auftrat, stellte er sich sofort in ihre Reihen. Und so errang er sich in seinem Kreise eine Führerschaft, die für alle Genossen und Kameraden Vorbild und nacheiferungswürdiges Beispiel war.

Nun liegt er entseelt da, mitten im Kampf für die Sache der Arbeiterschaft und der Volksrepublik gefallen, aber nicht in ehrlichem Kampfe Mann gegen Mann, sondern als wehrloser, waffenloser Mann blindwütig niedergestreckt von der Kugel eines Hitlerschergen, dessen sich Schlenkhoffs Freunde, da sie keinerlei Waffen bei sich trugen, nur mit Stöcken und mit den natürlichen Waffen des Menschen erwehren konnten, wollten nicht auch sie in gleicher Weise hingemordet werden.

Johann Schlenkhoff ist tot, hingestreckt von feiger Mörderhand. Aber die Fahne der Freiheit, für die er sein Leben lassen mußte, steht. Und sie wird niemals fallen. Sie wird siegen. Sie muß siegen allein schon um solcher Opfer willen, wie dieser Mann eines ist.

•

Hierzu meldet die Polizei folgendes:

Buer-Erle, den 19. Juli 1932.

Am Montagabend befanden sich sieben Reichsbannerleute in der Wohnung des Reichsbannermannes Josef Schlenkhoff an der Schalker Straße. Es wurde beschlossen, in der Morgenfrühe des Dienstags Wahlplakate zu kleben. Um vor der Polizei und anderen Ueberraschungen sicher zu sein, gingen drei von den Reichsbannerleuten als Klebekolonne voraus, und vier weitere Männer folgten ihnen in einem gewissen Abstand. Nach der Darstellung der Reichsbannerleute kam in der Sedanstraße plötzlich ein Mann, schlug den Reichsbannermann Urban auf die Hand und ergriff dann die Flucht. Nun verfolgten die drei Reichsbannerleute den Mann, der in der Toreinfahrt eines Hauses verschwand. Als sich die Reichsbannerleute ihm näherten, drehte er sich plötzlich um und gab aus seiner Pistole einen Schuß ab. Schlenkhoff brach getroffen sofort zusammen. Er hatte einen Bruststeckschuß erhalten und war auf der Stelle tot. Der Täter wollte noch einen zweiten Schuß abgeben, der aber im Lauf steckenblieb. Einer der beiden Reichsbannerleute packte nun den Schützen von hinten und konnte ihm mit Hilfe seines Kameraden die Waffe entreißen. Er erhielt von den Reichsbannerleuten derartige Schläge auf den Kopf, daß er bewußtlos zusammenbrach. Er wurde durch die Städtische Unfallwache nach dem Marienhospital transportiert. Schlenkhoff stand im 59. Lebensjahre.

Bei dem Schützen handelt es sich um den 37jährigen erwerbslosen Maschinisten Fritz Werner, Wrangelstraße Nr. 1 wohnhaft, der SA.-Mann ist. Lebensgefahr besteht bei ihm nicht; jedoch ist er noch nicht vernehmungsfähig. Die polizeiliche Untersuchung, die sofort eingeleitet wurde, ist noch nicht abgeschlossen. Werner ist mit Zuchthaus vorbestraft.

Abgesehen von den Reichsbannerleuten, sind weitere Zeugen des tieftraurigen Vorfalles nicht vorhanden.

Die Schußwaffe, in der sich noch 5 Schuß befanden, wurde polizeilich beschlagnahmt.

•

Einem Zufall war es zu verdanken, daß unser Redakteur gestern mittag einem Mitarbeiter der „Gelsenkirchener Allgemeinen Zeitung" begegnete. Er fragte diesen, was wohl die „GAZ.", die ja bloß immer davon schreibe, daß Kommunisten Ueberfälle ausführten, nun in diesem Falle schreiben würde. Der Mitarbeiter der „GAZ." gab die bezeichnende Antwort:

„Es ist doch recht merkwürdig, daß ein Nationalsozialist sieben Reichsbannerleute überfällt!"

Aus dieser Wendung ist ohne weiteres ersichtlich, daß auch in diesem Falle die „GAZ." wieder bemüht sein wird, den Nationalsozialisten reinzuwaschen, zumal der Mitarbeiter dieses Blattes noch erklärte, der Polizeibericht stimme ja gar nicht und sei für die Zeitung nicht maßgebend.

[48] Die SPD-Zeitschrift Volkswille berichtete über die Ermordung des Reichsbannermannes Schlenkhoff in Buer, 1932.

▸ BIOGRAFIE

Alfred Meyer – Aufstieg und Fall eines Gauleiters

Alfred Meyer (1891–1945) schlug nach seinem Abitur ab 1912 die Offizierslaufbahn ein. Im Ersten Weltkrieg war er an der Westfront eingesetzt und geriet 1917 in französische Gefangenschaft. Als er 1920 entlassen wurde, hatte die Reichswehr keine Verwendung mehr für ihn. Sein Abschied aus dem Militärdienst bedeutete, dass seine Lebensplanung vorerst gescheitert war. Meyer nahm ein Studium der Rechts- und Staatswissenschaften auf, wurde 1922 promoviert und fand danach eine Anstellung in der Rechtsabteilung der Zeche Graf Bismarck in Gelsenkirchen. Politisch trat der Zechenbeamte Dr. Meyer zunächst nur als Vorsitzender eines örtlichen Kriegervereins hervor. Dies änderte sich im April 1928, als Meyer der NSDAP beitrat und bald zum bekanntesten Nationalsozialisten Gelsenkirchens wurde. Ab 1929 war er der einzige NSDAP-Vertreter in der Stadtverordnetenversammlung. Er nutzte dieses Mandat für scharfe Angriffe gegen die Weimarer Republik. In rascher Abfolge übernahm Meyer die Leitung der Ortsgruppe, des Bezirkes Emscher-Lippe und schließlich ab 1931 die des Gaues Westfalen-Nord. Seit September 1930 war er zudem Reichstagsabgeordneter. Im »Dritten Reich« stieg Meyer langsam, aber stetig zum mächtigsten NS-Politiker in Westfalen-Lippe auf, wurde Reichsstatthalter in Lippe und Schaumburg-Lippe, Oberpräsident der Provinz Westfalen und schließlich auch Reichsverteidigungskommissar für Westfalen-Nord. Den Höhepunkt erreichte seine Karriere, als er im Juli 1941 zum Stellvertreter des Ministers für die besetzten Ostgebiete, Alfred Rosenberg, ernannt wurde. In dieser Funktion nahm er auch am 20. Januar 1942 an der berüchtigten »Wannseekonferenz« teil, auf der die Organisation der »Endlösung der Judenfrage« besprochen wurde. Meyer trug nicht nur Mitverantwortung für die Vernichtung der jüdischen Bevölkerung im Osten Europas, sondern auch für die Ausbeutung sowjetischer Zwangsarbeiterinnen und Zwangsarbeiter. Als der Untergang des »Dritten Reiches« bevorstand, beging Meyer im April 1945 in der Nähe von Hessisch Oldendorf Selbstmord. Bei seiner Leiche fand man ein politisches Testament, in dem er sich fanatisch zum »Führer« bekannte.

[49] Dr. Alfred Meyer (1891–1945).

wieder betreten« werde. Die SPD werde, so Meyer laut Protokoll der Ratssitzung, »in diesem Stadtparlament nur geduldet«. Meyer drohte abschließend:

»Nationale Würdelosigkeit, wie sie in diesem Hause jahrelang erlaubt waren, dulden wir nicht. Ihre Frechheiten werden wir im Keime ersticken und sollten Sie es dennoch nicht gelernt haben, sich in einem deutschen Rathaus zu benehmen, so wird unsere Hilfspolizei Ihnen den guten Ton beibringen.«

Huldigungen für den »Führer«

In einer ihrer ersten Amtshandlungen ernannten die Stadtverordneten Reichspräsident Paul von Hindenburg und Reichskanzler Adolf Hitler zu Ehrenbürgern der Stadt Gelsenkirchen. Als »dem begeisternden Führer des neuen Deutschland, dem bewundernswerten Erwecker eines sieghaften nationalen Willens« trugen die Gel-

[50] Adolf Hitler und Dr. Alfred Meyer auf dem SA-Treffen in Braunschweig, 1931.

[51] Plakatierungen in der Stadt während des Wahlkampfes zur Reichstagswahl vom 5. März 1933 – diese Wahl fand nicht mehr unter freien Bedingungen statt.

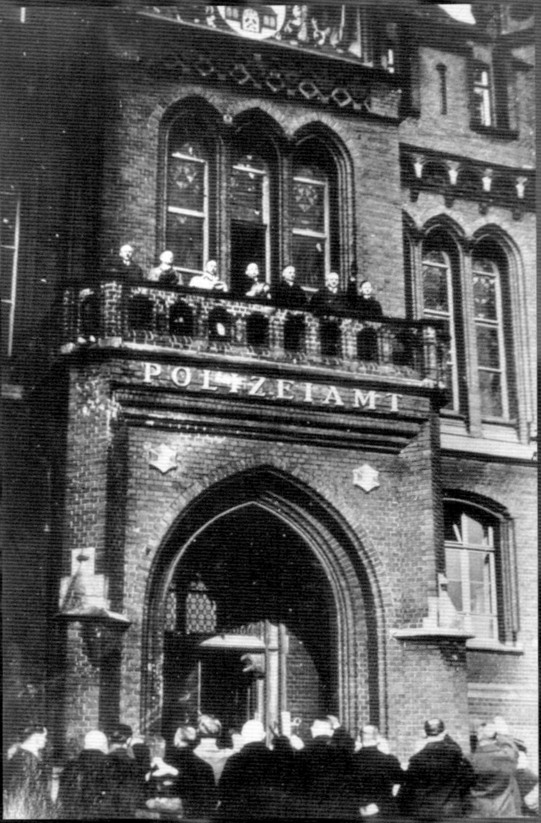

[52] Hissung der Hakenkreuzfahne über dem Polizeigebäude an der Ahstraße, dem früheren Gelsenkirchener Rathaus. Bei diesem Anlass inszenierte die Polizei ihren Schulterschluss mit der SA und anderen »nationalen Verbänden«.

[53] Gemeinsamer Aufmarsch von SA und Polizei am 21. März 1933 in Gelsenkirchen: Am »Tag von Potsdam« wurde das Bündnis zwischen Parteiarmee und Staatsmacht bekräftigt.

[54] Einzug der uniformierten NSDAP-Fraktion in das Rathaus Buer am 6. April 1933.

[55] Die Spitze der Gelsenkirchener Stadtverwaltung während einer Ratssitzung, 1933: Der Hitlergruß war nun eine Selbstverständlichkeit.

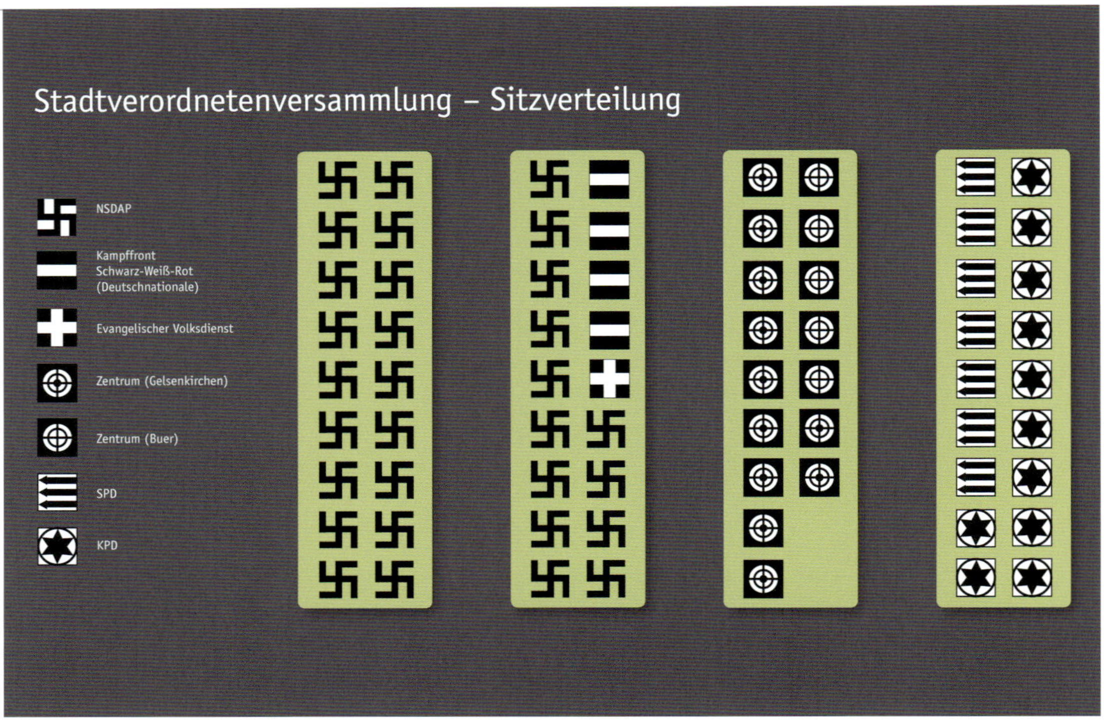

[Grafik 5] Stadtverordnetenversammlung Gelsenkirchen: Sitzverteilung nach den Kommunalwahlen vom 12. März 1933.

senkirchener Stadtverordneten Hitler im April 1933 die Ehrenbürgerwürde der Stadt an. Ein Jahr später überreichte ihm eine Delegation aus Gelsenkirchen den Ehrenbürgerbrief, gestaltet vom Bildhauer Hubert Nietsch, einem Bewohner der Gelsenkirchener Künstlersiedlung Halfmannshof.

[56] Ehrenbürgerbrief der Stadt Gelsenkirchen für Adolf Hitler, 1934.

Auch die Straßennamen in Gelsenkirchen änderten sich, da die Nationalsozialisten so ihre neue Macht im öffentlichen Raum demonstrieren wollten. Namensgeber waren führende Politiker, aber auch »Märtyrer« der NS-Bewegung. So wurde die Hauptstraße zur Adolf-Hitler-Straße, die Olgastraße zur Horst-Wessel-Straße.

1.7 ▸ Die Zerschlagung der Arbeiterbewegung

Die Arbeiterbewegungen waren bis 1933 die stärksten Gegner der Nationalsozialisten. Grundlegende politische Differenzen verhinderten aber ein gemeinsames Vorgehen von Sozialdemokraten und Kommunisten. Die katholischen Arbeiter grenzten sich wiederum von allen sozialistischen Bestrebungen ab. Diese Zersplitterung und der sofort mit der Übergabe der Macht einsetzende Terror führten zu einer raschen Zerschlagung der Arbeiterorganisationen.

Bereits am 3. Februar kündigte der neue Reichskanzler Hitler vor hohen Militärs die »Ausrottung des Marxismus mit Stumpf und Stiel« und die »Beseitigung des Krebsschadens der Demokratie« an: Wer sich nicht bekehren lasse, müsse gebeugt werden. Diese Devise bedeutete nackten Terror. Zum Inbegriff des Terrors wurde bald

Gelsenkirchen überreicht dem Führer den Ehrenbürgerbrief

Das erste Geburtstagsgeschenk für den Führer.

Die Vertreter der Stadt Gelsenkirchen überreichen dem Führer am Vorabend seines Geburtstages in der Reichskanzlei den kunstvoll ausgeführten Ehrenbürgerbrief aus Kohle und Eisen. Unser Bild zeigt (von links nach rechts) den stellvertretenden Gauleiter Stangier, Schmied Leininger, Kreisbetriebszellenobmann aus Gelsenkirchen, im ledernen Schurzfell, Bergmann Lenz aus Resse in Knappentracht, Oberbürgermeister Böhmer. Neben dem Führer, der die Mappe mit den dem Ehrenbürgerbrief beigefügten Erklärungen durchsieht, Reichsstatthalter Gauleiter Dr. Meyer. Außer diesen befinden sich bei dem Empfang Abordnungen der Gemeinden Dülmen und Kaldorf, die dem Kanzler gleichfalls ein Dokument der Ehrenbürgerschaft übereichen.

[57] Eine Delegation aus Gelsenkirchen überreichte dem »Führer« 1934 den Ehrenbürgerbrief.

die Geheime Staatspolizei (Gestapo), die weitreichende Kompetenzen erhielt, um Jagd auf die Gegner des NS-Staates zu machen. Unterstützung erfuhr sie nicht nur von der ganz normalen Polizei, sondern auch von den zur Hilfspolizei bestellten Schlägertrupps der Nationalsozialisten, SA und SS. In Gelsenkirchen richtete die Gestapo zwei Dienststellen in den Polizeiämtern Gelsenkirchen und Buer ein, von denen aus sie den Alltag der Bevölkerung kontrollierte. Dabei halfen ihr viele Spitzel und Denunzianten. Schon 1933 machte sich ein Klima von Angst und Misstrauen in Gelsenkirchen breit.

[58] Das Polizeiamt in Gelsenkirchen, untergebracht im früheren Rathaus an der Ahstraße, ...

Menschenjagd auf »Bolschewisten«

Die Verfolgungswelle des Frühjahrs 1933 richtete sich vor allem gegen Kommunisten. So hieß es nach dem Reichstagsbrand, für den die KPD verantwortlich gemacht wurde, dass *»gegen kommunistische Terrorakte und Überfälle mit aller Strenge vorzugehen und wenn nötig, rücksichtslos von der Waffe Gebrauch zu machen«* sei. Neben den Kommunisten wurden aber auch zahlreiche Mitglieder und Funktionäre der SPD verhaftet

[59] ... und das Polizeiamt in Buer beherbergten ab 1933 jeweils Außendienststellen der Gestapo.

[60] Gewalt und Terror waren von Beginn an Kennzeichen der nationalsozialistischen Herrschaft. Politischen Gegnern und anderen missliebigen Menschen drohten Verfolgung, Verhaftung, Folter und Tod: Zeichnung des aus Gelsenkirchen stammenden Künstlers Karl Schwesig (1898–1955), der 1933 selbst im berüchtigten Düsseldorfer »Schlegelkeller« misshandelt wurde.

und misshandelt. Die Gelsenkirchener SA richtete ihre eigenen Prügelkeller ein, so beispielsweise in der Gaststätte »Terboven« in Erle, einem »Sturmlokal« der nationalsozialistischen Parteiarmee. Aber auch in öffentlichen Gebäuden wurden politische Gegner des Nationalsozialismus gequält: So zog im Zimmer 71 des Rathauses Buer die sogenannte »Exekutive« der SA ein, die Andersdenkende brutal folterte. Auch im Gelsenkirchener Gerichtsgefängnis an der Munckelstraße, in dem die Gestapo die 1933 neu eingeführte »Schutzhaft« vollstreckte, waren

[61] Im Wirtshaus Terboven an der Cranger Straße 206 folterte die Gelsenkirchener SA nach der »Machtergreifung« politische Gegner.

[62] *(links)*
Im Gelsenkirchener Gerichtsgefängnis an der Munckelstraße hielt die Gestapo »Schutzhäftlinge« fest.

[63] *(rechts)*
Völlig ungehindert konnte die SA 1933 das Zimmer 71 im Rathaus Buer nutzen, um Andersdenkende zu verprügeln.

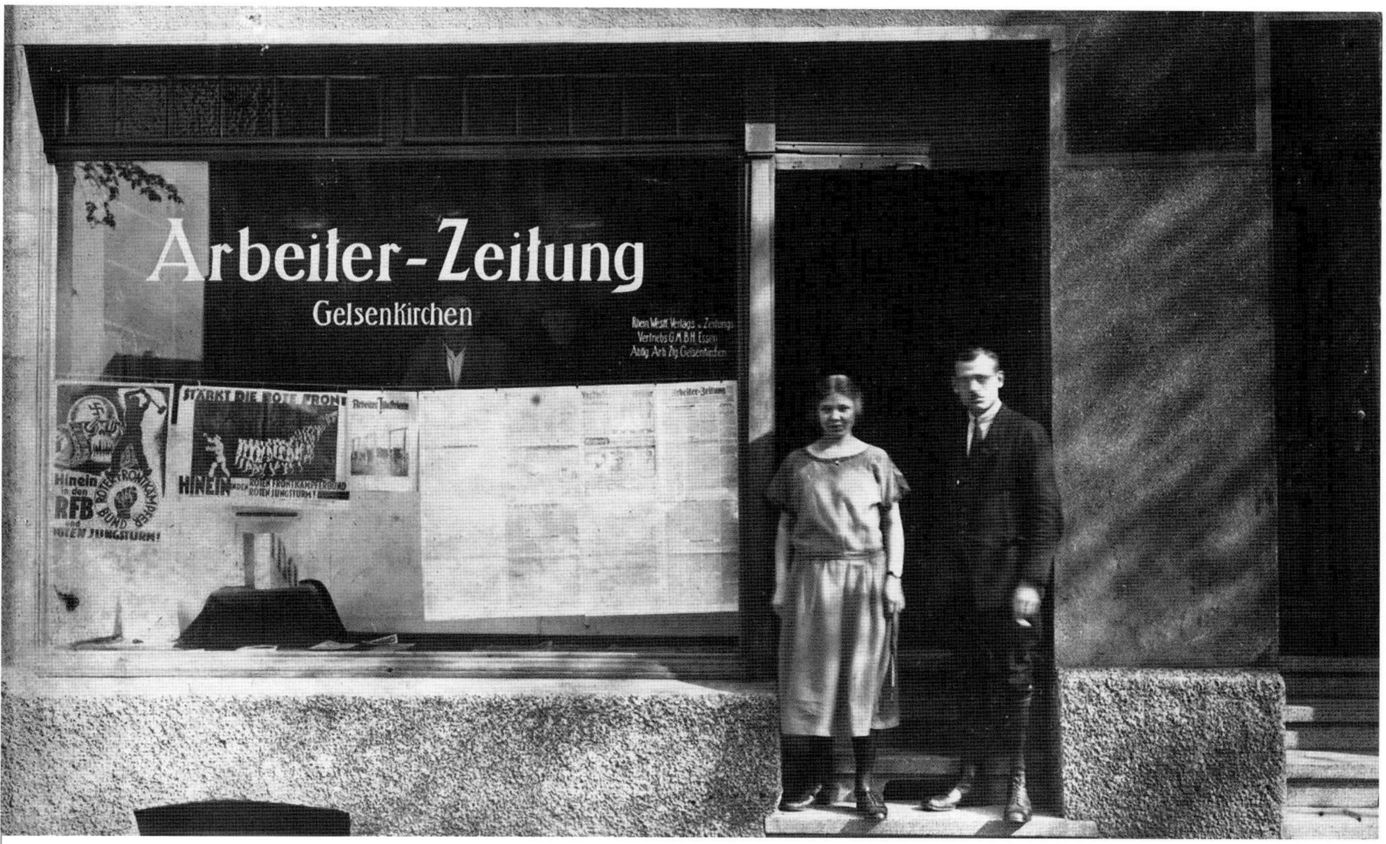

[64] Oskar Behrendt (rechts) vor der Redaktion der »Arbeiter-Zeitung« in Gelsenkirchen. Behrendt (1902–1933) war im August 1933 verhaftet und in das Gerichtsgefängnis eingeliefert worden, wo er wenige Tage später starb, offiziell an Herzschlag. Zur wahren Todesursache hieß es in einem Gutachten, das nach dem Krieg in einem Wiedergutmachungsverfahren erstellt wurde: *»Die Leiche war vollkommen bestialisch verstümmelt! Der Kopf und das Gesicht waren durch äußere Gewalteinwirkung bis tief auf die Muskulatur und Knochen viehisch beschädigt. Der Hals, Brust und Knochen wiesen taler- bis faustgroße Löcher auf, aus denen noch teilweise Blut sickerte, obgleich es bei normalen Leichen gerinnt. Das allergräßlichste Bild aber wies der Rücken des Toten auf. Mehr als die Hälfte, ich bin sehr vorsichtig in meiner Äußerung, es war bestimmt mehr, war eine einzige blutige Masse, aus der die Muskulatur nur so herausquoll und vollkommen zerfetzt war. Die Wirbelsäule war mehrmals gebrochen, wenn nicht stellenweise zerbrochen. Meine Folgerung ist: Die Haupttodesursache kann unmöglich Herzschlag gewesen sein. Herzschlag war gewiß die sekundäre Todesursache der primären. Die primäre Todesursache war ein ganz gemeiner, langsam vollzogener Mord.«*

[65] Polizeifotos des führenden Gelsenkirchener Kommunisten Walter Jarreck (1903–1973): Er leitete bis Juli 1933 die Parteiorganisation der KPD in Gelsenkirchen und danach bis zu seiner Verhaftung im November 1933 den Bezirk Ruhrgebiet der illegalen »Revolutionären Gewerkschaftsopposition«. Jarreck verbrachte zwischen 1933 und 1941 sieben Jahre in Haft, unter anderem auch in den Emslandlagern. Zwischen 1941 und 1945 arbeitete er als Bergmann in Buer. Nach dem Krieg war er führend am Wiederaufbau der Industriegewerkschaft Bergbau und der KPD im Ruhrgebiet beteiligt. In den 1950er Jahren musste erneut wegen seiner kommunistischen Überzeugung ins Gefängnis.

[66] Schnellbrief des Preußischen Innenministeriums an den Regierungspräsidenten in Osnabrück, in dessen Zuständigkeitsbereich sich die Emslandlager befanden. Im Juli 1933 wurde ein Transport von 700 politischen Häftlingen zusammengestellt, die überwiegend aus dem Ruhrgebiet stammten.

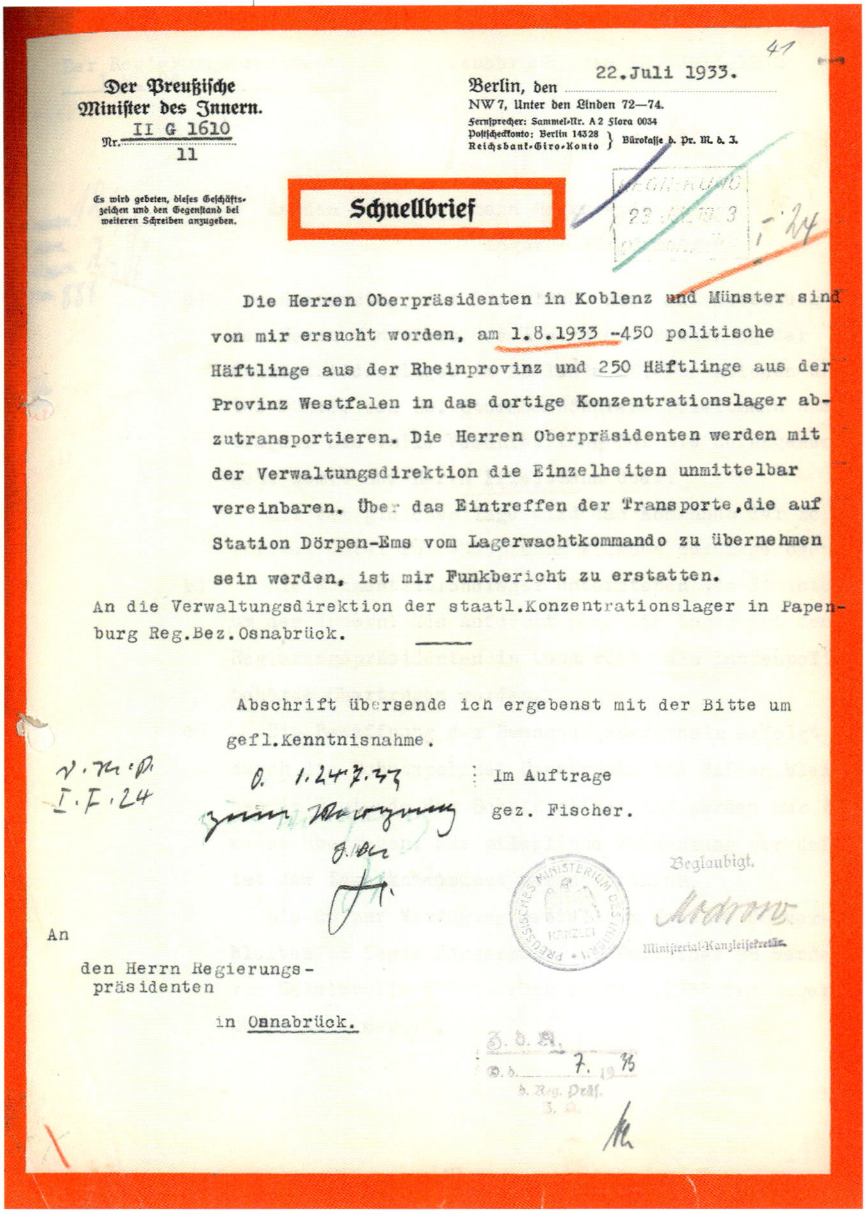

Der Preußische Minister des Innern.
Nr. II G 1610 / 11

Es wird gebeten, dieses Geschäftszeichen und den Gegenstand bei weiteren Schreiben anzugeben.

Berlin, den 22.Juli 1933.
NW 7, Unter den Linden 72–74.
Fernsprecher: Sammel-Nr. A 2 Flora 0034
Postscheckkonto: Berlin 14328 } Bürokasse d. Pr. M. d. J.
Reichsbank-Giro-Konto

Schnellbrief

Die Herren Oberpräsidenten in Koblenz und Münster sind von mir ersucht worden, am 1.8.1933 -450 politische Häftlinge aus der Rheinprovinz und 250 Häftlinge aus der Provinz Westfalen in das dortige Konzentrationslager abzutransportieren. Die Herren Oberpräsidenten werden mit der Verwaltungsdirektion die Einzelheiten unmittelbar vereinbaren. Über das Eintreffen der Transporte, die auf Station Dörpen-Ems vom Lagerwachtkommando zu übernehmen sein werden, ist mir Funkbericht zu erstatten.
An die Verwaltungsdirektion der staatl.Konzentrationslager in Papenburg Reg.Bez.Osnabrück.

Abschrift übersende ich ergebenst mit der Bitte um gefl.Kenntnisnahme.

Im Auftrage
gez. Fischer.

Beglaubigt.
Ministerial-Kanzleisekretär.

An
den Herrn Regierungspräsidenten
in Osnabrück.

[67] Bernhard Sawitzki (1898–1945) war Mitglied der KPD-Bezirksleitung Ruhr und Gelsenkirchener Stadtverordneter. Nachdem er im März 1933 nur knapp der Verhaftung entkommen war, lebte er ein Jahr in der Illegalität und organisierte kommunistischen Widerstand. Nach seiner Verhaftung wurde er zu zweieinhalb Jahren Gefängnis verurteilt. Während des Krieges verliert sich seine Spur – vermutlich wurde Sawitzki ermordet. Seine Angehörigen ließen ihn 1945 für tot erklären.

[68] Alfred Zingler (1885–1944), führender Gelsenkirchener Sozialdemokrat, floh im Mai 1933 vor dem Terror der Nationalsozialisten ins niederländische Exil. Nach dem deutschen Einmarsch wurde er dort verhaftet, wegen seiner Widerstandsaktivitäten zum Tode verurteilt und hingerichtet.

[69] Das August-Bebel-Haus der Gelsenkirchener SPD wurde im Februar 1933 geschlossen und später der Hitlerjugend zur Nutzung überlassen.

Misshandlungen bis zum Mord an der Tagesordnung. Dort wurde beispielsweise am 17. August 1933 der bekannte Gelsenkirchener Kommunist Oskar Behrendt zu Tode geprügelt. Andere kommunistische Funktionäre überstanden zwar die Misshandlungen, wurden aber zu langjährigen Haftstrafen verurteilt: So konnte die Gestapo im November 1933 den Leiter der Gelsenkirchener KPD, Walter Jarreck, verhaften, der nach dem Verbot seiner Partei im Untergrund weiter gearbeitet hatte. Er erhielt eine zweijährige Haftstrafe. Insgesamt wurden im Ruhrgebiet im Frühjahr und Sommer 1933 tausende Kommunisten und Sozialdemokraten festgenommen. Viele von ihnen kamen als »Schutzhäftlinge« in die neu eingerichteten Konzentrationslager im Emsland. Dort wurden die »Moorsoldaten« unter elenden Bedingungen zur Arbeit gezwungen – viele von ihnen starben.

Vernichtete Strukturen

Der Terror der Nationalsozialisten richtete sich nicht nur gegen die Menschen, sondern auch gegen die Strukturen der Arbeiterbewegung. So wurde die Gelsenkirchener SPD-Zentrale, das August-Bebel-Haus, am 23. Februar 1933 von

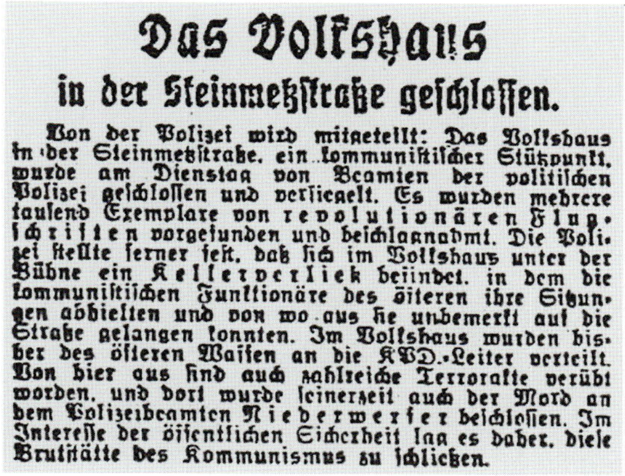

Das Volkshaus

in der Steinmetzstraße geschlossen.

Von der Polizei wird mitgeteilt: Das Volkshaus in der Steinmetzstraße, ein kommunistischer Stützpunkt, wurde am Dienstag von Beamten der politischen Polizei geschlossen und versiegelt. Es wurden mehrere tausend Exemplare von revolutionären Flugschriften vorgefunden und beschlagnahmt. Die Polizei stellte ferner fest, daß sich im Volkshaus unter der Bühne ein Kellerverließ befindet, in dem die kommunistischen Funktionäre des öfteren ihre Sitzungen abhielten und von wo aus sie unbemerkt auf die Straße gelangen konnten. Im Volkshaus wurden bisher des öfteren Waffen an die KPD.-Leiter verteilt. Von hier aus sind auch zahlreiche Terrorakte verübt worden, und dort wurde seinerzeit auch der Mord an dem Polizeibeamten Niederwerfer beschlossen. Im Interesse der öffentlichen Sicherheit lag es daher, diese Brutstätte des Kommunismus zu schließen.

[70] Die Gelsenkirchener Allgemeine Zeitung berichtete am 8. März 1933 über die Besetzung des KPD-Volkshauses.

Einzelpreis 10 Pf.

Ruhr-Echo

Organ der Kommunistischen Partei Deutschlands, Bezirk Ruhrgebiet • Sektion der Kommunistischen Internationale

Nr. 33 | Dienstag, den 21. Februar 1933 | 15. Jahrgang

Das Erscheinen des „Ruhr-Echo" ist mit sofortiger Wirkung bis zum 28. Februar 1933 verboten worden

[71] Das »Ruhr-Echo«, Zentralorgan der KPD im Ruhrgebiet, wurde zunächst zwischen dem 21. und 28. Februar 1933 verboten. Aber auch danach konnte die Zeitung nicht mehr erscheinen.

[72] Zu den Arbeitersportvereinen, die 1933 in Gelsenkirchen verboten wurden, gehörten unter anderem die Ruderer, …

[73] … die Radfahrer …

[74] … und die Schwimmer.

[75] Eine Gruppe der Naturfreunde Gelsenkirchen, um 1930: Im September 1933 löste die Gestapo ein Zeltlager in Wulfen auf, an dem über 200 jugendliche Naturfreunde aus Gelsenkirchen teilnahmen.

[76] Auch die christlichen Vereine und Verbände – wie hier der Gewerkverein Christlicher Bergarbeiter – wurden schrittweise »gleichgeschaltet« und mussten sich in den Schutzraum der Kirchen zurückziehen.

[77] Konfessionelle Arbeiter- und Knappenvereine – wie hier in Horst – waren in der *Volksgemeinschaft* des »Dritten Reiches« nicht mehr vorgesehen.

[78] Am »Tag der nationalen Arbeit« 1933 versammelten sich auf dem Flugplatz Gelsenkirchen angeblich 100.000 Teilnehmer. So viele Menschen hatten die freien, christlichen oder kommunistischen Gewerkschaften zuvor nie zusammengebracht. Die Massen waren allerdings noch etwas ungeordnet ...

[79] ... Drei Jahre später waren die Massen am »Tag der nationalen Arbeit« vorbildlich formiert. Die Nationalsozialisten hatten die Inszenierung der *Volksgemeinschaft* mittlerweile perfektioniert.

den Nationalsozialisten geschlossen. Kurz darauf besetzte die SA auch das KPD-Volkshaus an der Steinmetzstraße in Schalke. Materialien, Bücher, Fahnen und Inventar wurden beschlagnahmt bzw. verbrannt. Das frühere Versammlungslokal der Kommunisten wurde in »Nationales Eck« umbenannt. Bereits einige Tage zuvor war die kommunistische Arbeiter-Zeitung »Ruhr-Echo« verboten worden. Zerschlagen, verboten und aufgelöst wurden auch die Vorfeldorganisationen der Parteien und die verschiedenen Vereine der Arbeitersport- bzw. Arbeiterkulturbewegung, also Arbeiterturner, -schwimmer und -radfahrer ebenso wie Chöre, Gesangvereine und Theatergruppen. Viele Organisationen lösten sich zum Schutze ihrer Mitglieder auch freiwillig auf, andere versuchten, in Untergrund und Illegalität weiter zu existieren. Die Schläge der

▶ BIOGRAFIE

Alfred Schröer – ein verfolgter Kommunist aus Gelsenkirchen

[80] Alfred Schröer (1895–1970).

Alfred Schröer (1895–1970) kam kurz vor dem Ersten Weltkrieg aus Schlesien ins Ruhrgebiet. Dort arbeitete er als Bergmann, wurde Gewerkschafter und trat in die SPD ein. Nach dem Kriegsdienst kehrte er nach Essen zurück und schloss sich der KPD an. Zunächst arbeitete Schröer weiter als Bergmann, wurde dann aber hauptamtlicher Parteifunktionär. Zwischen 1923 und 1933 war er Geschäftsführer der kommunistischen Parteizeitung »Ruhr-Echo«. Im Mai 1924 zog Schröer als Kandidat der KPD in den Reichstag ein, dem er aber nur bis zur erneuten Wahl im Dezember des gleichen Jahres angehörte. Danach ging er als Parteisekretär und Unterbezirksleiter nach Gelsenkirchen. Dort wurde er Mitglied der Stadtverordnetenversammlung, in der er den Vorsitz der KPD-Fraktion übernahm. Schröer kandidierte auch erneut für den Reichstag, allerdings erfolgslos.

Unmittelbar nach der nationalsozialistischen »Machtergreifung« wurde der bekannte Kommunist verhaftet. Nach seiner Freilassung war er arbeitslos, wurde 1935 erneut verhaftet und durch das Oberlandesgericht Hamm wegen »Vorbereitung zum Hochverrat« zu zwei Jahren Gefängnis verurteilt. Schröer kam 1937 frei und schlug sich in den nächsten Jahren als Bauarbeiter durch. Am Ende des Zweiten Weltkrieges wurde er noch zu einem Strafbataillon eingezogen. Nach der Befreiung vom Nationalsozialismus betrieb Schröer als Wirt die kommunistische Traditionskneipe »Grenzeck«. Er nahm seine politische Tätigkeit wieder auf und engagierte sich in der Vereinigung der Verfolgten des Naziregimes (VVN) sowie in der KPD, für die er 1948 in den Gelsenkirchener Rat gewählt wurde. Vier Jahre später schloss die Partei Schröer, einen ihrer prominentesten Vertreter in Gelsenkirchen, wegen Meinungsverschiedenheiten über den Stalinkult und die Ostgrenzen aus. Danach eröffnete er eine kleine Wirtschaft in Schalke und kehrte in die SPD zurück.

Nationalsozialisten richteten sich auch gegen die Gewerkschaften, deren Anpassungsversuche scheiterten. Nachdem sie noch am 1. Mai 1933 gemeinsam mit den Nationalsozialisten zum »Tag der nationalen Arbeit« aufgerufen hatten, wurden sie tags darauf verboten, ihre Funktionäre verhaftet, ihre Häuser besetzt, ihr Vermögen beschlagnahmt.

1.8 ▶ Antisemitismus der Tat

Antisemitismus und Judenhass waren zentrale Elemente der nationalsozialistischen Ideologie. Bald nachdem sie an die Macht gelangt waren, schritten die Nationalsozialisten zur Tat. Zum 1. April 1933 riefen sie die »arischen Volksgenossen« zum reichsweiten »Boykott« jüdischer Geschäfte, Rechtsanwälte und Ärzte auf. SA und SS zogen beispielsweise auch vor dem Kaufhaus Althoff auf der Hochstraße in Buer auf und versuchten, Kundschaft von Geschäften in der Gelsenkirchener Altstadt abzuhalten, beispielsweise vom Kaufhaus Alsberg und von der Möbelhandlung Hugo Broch auf der Bahnhofstraße, von den Manufakturwarenläden der Gebrüder Wolf bzw. der Familie Diamant an der Vereinsstraße (heute Weberstraße) oder von der Wild- und Geflügelhandlung de Vries und dem Bettengeschäft Neuwald an der Arminstraße. Konkurrenten der jüdischen Inhaber nutzten die Gelegenheit, um wirtschaftliche Vorteile zu erzielen. Widerstände gab es kaum, in die Tat umgesetzter Antisemitismus gehörte fortan zum Alltag. Der Aprilboykott ebnete den Weg für weitere Maßnahmen gegen die jüdische Bevölkerung.

Der Fall Grüneberg: Entrechtung und Verfolgung einer Familie

Eine der jüdischen Familien, die ein Geschäft in der Gelsenkirchener Innenstadt betrieben, waren die Grünebergs: Sie führten eine Fleisch-Markthalle auf der Bahnhofstraße. Der Metzgermeister Paul Grüneberg war ein geschätztes

[81] Die Bahnhofstraße im Jahr 1930: Jüdische Geschäftsleute hatten wesentlich dazu beigetragen, sie zu einer beliebten Einkaufsmeile zu machen. Das NS-Regime zwang sie nach und nach zur Geschäftsaufgabe.

BIOGRAFIE

August Halbfell – verfolgter Gewerkschafter und erster Arbeitsminister Nordrhein-Westfalens

August Halbfell (1889–1965) fuhr mit 15 Jahren seine erste Schicht als Bergmann auf der Zeche Zentrum 4/6 in Bochum. Gleichzeitig schloss er sich dem freigewerkschaftlichen »Alten Verband« an, in dem bereits sein Vater aktiv war. Er stieg zum Grubensteiger auf und kam kurz vor dem Ersten Weltkrieg auf die Staatszeche Scholven in Buer. Während des Krieges war er die meiste Zeit in der Türkei eingesetzt, wo er dem deutschen Verbündeten als Bergbaufachmann zu Seite stehen sollte. Im Jahr 1918 kehrte er als Steiger auf die Zeche Scholven zurück und wurde Mitglied der SPD sowie des »Bundes der technischen Angestellten und Beamten«. Als Vertreter dieser sozialdemokratisch orientierten Angestelltengewerkschaft war Halbfell zwischen 1920 und 1933 Mitglied von wirtschafts- und sozialpolitischen Regierungsausschüssen und saß auch im Aufsichtsrat des Reichskohlensyndikates. Er galt als Experte für Lohn- und Arbeitszeitfragen. Ab 1924 vertrat er die SPD in der Stadtverordnetenversammlung von Buer und später auch in der von Gelsenkirchen. 1928 übernahm er die Leitung des Gelsenkirchener Arbeitsamtes.

Nach der nationalsozialistischen »Machtergreifung« wurde Halbfell entlassen und in »Schutzhaft« genommen. Bis Anfang 1934 blieb er im KZ Esterwegen, einem der berüchtigten Emslandlager, inhaftiert. Nach seiner Freilassung suchte sich Halbfell eine neue berufliche Perspektive und baute in Essen eine Feinkostfabrik auf. Er wurde weiter überwacht, immer wieder für kurze Zeit festgenommen und von der Gestapo verhört, zuletzt im Jahr 1944 nach dem Attentat auf Hitler.

Nach der Befreiung vom Nationalsozialismus beteiligte sich Halbfell im Ruhrgebiet am Wiederaufbau einer Bergbau-Einheitsgewerkschaft. In Essen wurde er wieder Arbeitsamtsdirektor und kurz darauf Präsident des Landesarbeitsamtes Westfalen. Nach Gründung des Landes Nordrhein-Westfalen wurde der Sozialdemokrat 1946 Arbeitsminister im ersten Landeskabinett. Bei den ersten Landtagswahlen konnte Halbfell den Wahlkreis Gelsenkirchen-Ost direkt für die SPD gewinnen. In der CDU-geführten Landesregierung blieb er bis 1950 Arbeitsminister und prägte maßgeblich den Aufbau der nordrhein-westfälischen Arbeits- und Sozialverwaltung.

[82] August Halbfell (1889–1965).

[83] Ein Geschäft in Buer warb 1933 mit dem Slogan »Deutsche Waren für deutsche Hausfrauen«.

[84] Die Bahnhofsstraße im Zeichen des Hakenkreuzes, 1936.

[85] Die Familie Gompertz betrieb auf der Bahnhofsstraße die größte Pelzfachhandlung des Ruhrgebietes. Ende 1938 zwangen die Nationalsozialisten den Inhaber Leo Gompertz, das Geschäft aufzulösen.

[86] Die Metzgerei Grüneberg, um 1930.

Mitglied der jüdischen Gemeinde. Aber bald nach der Machtübernahme durch die Nationalsozialisten bekam die bislang angesehene Familie den Judenhass in aller Schärfe zu spüren: In der antisemitischen Zeitschrift »Der Stürmer« wurde Paul Grüneberg im Herbst 1934 zum »Judenmetzger von Gelsenkirchen« gemacht. Er sollte angeblich seinen Kunden verdorbenes Fleisch verkauft und seine Angestellten ausgebeutet haben. Paul Grüneberg klagte vor Gericht gegen diese Verleumdungen. Obwohl er Recht bekam, war sein Ruf ruiniert. Später musste die Familie ihr Geschäft aufgeben und einen Großteil ihres Besitzes verkaufen. Allen Diskriminierungen zum Trotz blieben die Grünebergs in Gelsenkirchen. Am 27. Januar 1942 wurde die Familie in das Ghetto Riga deportiert. Paul Grüneberg und seine Frau Helene kamen im KZ Stutthof um. Die Tochter Helene ist seither verschollen. Nur die Tochter Hannelore überlebte den Völkermord an den Juden. Nach der Befreiung kehrte Hannelore Grüneberg für einige Monate nach Gelsenkirchen zurück. Im Jahr 1948 verließ sie Deutschland endgültig, wanderte nach Südamerika aus, heiratete dort und ließ sich schließlich 1953 in den USA nieder. Dort eröffnete sie zwei Bäckereien. Im Jahr 1997 besuchte Hannelore Buchheim mit einer Gruppe ehemaliger Gelsenkirchener Juden ihre Heimatstadt, aus der sie brutal vertrieben worden war.

Der Stürmer

Deutsches Wochenblatt zum Kampfe um die Wahrheit

HERAUSGEBER: JULIUS STREICHER

Nummer 43	Erscheint wöchentl. Einzel-Nr. 20 Pfg. Bezugspreis monatl. 84 Pfg. zuzügl. Postbestellgeld. Bestellungen bei dem Briefträger oder der zuständig. Postanstalt. Nachbestellungen a. d. Verlag. Schluß der Anzeigenannahme: Montag vorm. 9 Uhr. Preis für Geschäfts-Anz.: Die ca. 25 mm breite, 1 mm hohe Raum-Zeile im Anzeigenteil —.15 RM.	Nürnberg im Oktober 1934	Verlag: Hanns König, Nürnberg-A, Pfannenschmiedsgasse 19. Verlagsleitung: Max Fink, Nürnberg-A, Pfannenschmiedsgasse 19. Fernsprecher 21830. Postscheckkonto Amt Nürnberg Nr. 105. Schriftleitung: Nürnberg-A, Pfannenschmiedsgasse 19. Fernsprecher 21872. Redaktionsschluß: Montag (nachmittags)	12. Jahr 1934

Paul Grüneberg

Der Judenmetzger von Gelsenkirchen

Der Haß des Juden

In Gelsenkirchen, in der Adolf-Hitler-Straße 16, hat der Jude Paul Grüneberg eine Metzgerei. Die Arbeit machen ihm ein paar deutsche Gesellen. Die Jüdin Grüneberg steht im Laden und verkauft an die Gojims (Nichtjuden) die Brocken, die ihre Rassegenossen nicht mögen. Der Jude ißt bekanntlich nur Fleisch vom Vorderteil des geschächteten Viehes. Er nennt es koscher (rein). Die „treferen" Hinterteile der geschlachteten Tiere trachtet der Judenmetzger an die Nichtjuden loszubringen. Für sie ist das „unreine" Fleisch gut genug. Die Nichtjuden gelten dem Juden ja nicht als Menschen. Der Talmud nennt die Nichtjuden „Tiere", „Schweine" und „Hunde". Ihnen kann man Aas zum Fraße vorwerfen. Darum steht im 5. Mos. 14, 21 geschrieben:

„**Du sollst kein Aas essen. Dem Fremdling (Nichtjuden) in Deinem Orte gib es zu essen oder verkaufe es an Nichtjuden.**"

Und im 2. M. 22, 30 steht geschrieben:

„**Das Fleisch, das unrein ist, sollst Du nicht essen, sondern es den Hunden vorwerfen.**"

Unter den Hunden versteht der Jude die Nichtjuden. Denn im Talmud heißt es:

„**Der Nichtjude ist wie ein Hund. Und wenn in der Schrift steht: Werfe das Aas den Hunden vor, so ist damit gesagt, daß der Hund mehr zu ehren ist, als der Nichtjude.**" (Raschi zu Exeg. 22, 30).

Die Geheimnisse der Wurstküche

Wenn der Judenmetzger Grüneberg und seine Frau den dummen Nichtjuden, die in seinen Laden kamen, recht schön ins Gesicht tat, dann tat er es des Geldes wegen. In Wirklichkeit steckte hinter seinem falschen freundlichen Getue eine riesige Gaunerei. Er verkaufte an die Gelsenkirchener einen Dreck, vor dem einem Hund gegraust hätte.

Was in der Wurstküche der Judenmetzgerei Grüneberg vor sich ging, blieb lange ein Geheimnis. Einer der deutschen Metzgerburschen, die für den Juden schuften mußten, hat vor ein paar Tagen den Schleier gelüftet. Er war Zeuge, wie der Jude Paul Grüneberg ein ganzes Faß voll Fleischresten und Kuttelflecken, die von fingerdicken Maden nur so wimmelten, in einen Wurstkessel mit kochendem Wasser schüttete. Die an die Wasseroberfläche aufquellenden Maden schöpfte er mit einem

Zum Kuckuck

Nebbich, es findet sich bei der Witterung kein Vogel mehr der unsere Eier ausbrütet

Aus dem Inhalt

Die Juden sind unser Unglück!

[87] Die gegen Paul Grüneberg gerichtete Titelseite der antisemitischen Hetzzeitung »Der Stürmer«, Oktober 1934.

Ausfahrt

1933

»Gleichschaltung« – Auswirkungen einer »nationalen Revolution«

Die »Machtergreifung« der Nationalsozialisten fand im Gegensatz zur Selbstdarstellung des Regimes nicht schlagartig statt. Es handelte sich vielmehr um einen schrittweisen Prozess – vor allem in Gestalt einer Vielzahl verschiedener Verordnungen und Gesetze. Sie entzogen anderen Parteien und Organisationen ihre Rechte, übertrugen die politische Macht auf die NSDAP und zielten letztlich auf die »Gleichschaltung« aller Lebensbereiche ab.

Mit der Verordnung »zum Schutze des Deutschen Volkes« (4. Februar 1933) und der »Reichstagsbrandverordnung« (28. Februar 1933) wurden die Grundrechte der Weimarer Verfassung außer Kraft gesetzt und gegnerische Parteien in ihrem Wirken behindert. Durch das »Ermächtigungsgesetz« vom 24. März 1933 übergab der Reichstag seine Vollmachten an die Regierung Adolf Hitlers. Das Parlament war damit entmachtet.

Es folgte die »Gleichschaltung« von Verwaltung, Medien und Kultur. Nach der gesetzlichen »Gleichschaltung der Länder mit dem Reich« wurde mit Hilfe des »Gesetzes zur Wiederherstellung des Berufsbeamtentums« die Verwaltung »gesäubert«. Medienlandschaft und Kulturleben wurden ebenfalls rasant der NS-Ideologie unterworfen. Die Nationalsozialisten redeten von einer »nationalen Revolution«, die zu einer neuen *Volksgemeinschaft* führen würde. Letztlich handelte es sich um den Auftakt eines radikalen Ausgrenzungsprozesses.

[88] Das Rathaus in Buer im Zeichen des Hakenkreuzes, um 1935.

2.1 Die »Gleichschaltung« der Stadtverwaltung

Schon in den ersten Tagen nach der »Machtergreifung« begannen die Nationalsozialisten mit der Beseitigung ihrer Gegner in Politik, Verwaltung und Gesellschaft. Ihre Ziele waren ein politisch »gleichgeschalteter« Staat und eine *Volksgemeinschaft* auf rassistischer Grundlage. Das »Gesetz zur Wiederherstellung des Berufsbeamtentums« (BBG) vom 7. April 1933 gab den neuen Machthabern die Möglichkeit, Personal in den öffentlichen Verwaltungen fast nach Belieben zu versetzen oder zu entlassen. Darin hieß es unter anderem:

§ 3 »(1) Beamte, die nicht arischer Abstammung sind, sind in den Ruhestand zu versetzen; […]
§ 4 Beamte, die nach ihrer bisherigen politischen Betätigung nicht die Gewähr dafür bieten, daß sie jederzeit rückhaltlos für den nationalen Staat eintreten, können aus dem Dienst entlassen werden. […]«

Die Betroffenen erhielten keine oder nur stark reduzierte Pensionsbezüge. In den Amtsstuben ging daher die Angst um.

Tatsächlich wurde in der Gelsenkirchener Stadtverwaltung etwa jeder zehnte Angestellte oder Beamte entlassen. Von den Angehörigen der Stadtspitze verlor sogar mehr als die Hälfte ihre Stelle: Neben Oberbürgermeister Emil Zimmermann wurden die städtischen Beigeordneten Dr. Karl Greve, Karl Kornemann, Jacob Sieglar und Josef Sprenger verdrängt. Betroffen waren vor allem Sozialdemokraten, aber auch Anhänger des politischen Katholizismus und Kommunisten. Auch alle Bediensteten »nicht-arischer

[89] Oberbürgermeister Emil Zimmermann und die Beigeordneten der Stadt Gelsenkirchen bei der Amtseinführung 1928 durch den Regierungspräsidenten von Münster, Dr. Rudolf Amelunxen. Von links nach rechts: Josef Sprenger, unbekannt, Karl Kornemann, Regierungspräsident Dr. Rudolf Amelunxen, Paul Schossier, Hermann Fuchslocher, Jacob Sieglar, Oberbürgermeister Emil Zimmermann, Dr. Friedrich Wendenburg und Dr. Karl Greve. Amelunxen wurde bereits nach dem »Preußenschlag« 1932 entlassen. Nach der »Machtergreifung« blieben in Gelsenkirchen nur Schossier, Fuchslocher und Wendenburg im Amt.

Der eiserne Besen des Staatskommissars

Juppchen Sprenger und andere Systemlinge flogen

Gelsenkirchen. Der Staatskommissar für die Stadt Gelsenkirchen, Stadtverordneter Böhmer, hat auf Grund des § 2 des Gesetzes zur Wiederherstellung des Berufsbeamtentums vom 7. 4. 1933 den Bürgermeister Sprenger, den Beigeordneten Sieglar und den Amtsbeigeordneten Rothemann als sogenannte Parteibuchbeamte mit Wirkung vom 1. Juni 1933 aus den städtischen Diensten entlassen.

Außerdem werden auf Grund des § 4 des Gesetzes zur Wiederherstellung des Berufsbeamtentums Stadtturnwart Schröter und stellvertretender Schuldirektor Hasenclever mit Wirkung vom 1. 6. ab entlassen; ferner ist Rektor Oppermann vom 3. Mai ab beurlaubt worden, weil die drei Genannten nach ihrer bisherigen politischen Betätigung nicht die Gewähr dafür bieten, daß sie sich jederzeit rückhaltlos für den nationalen Staat einsetzen. Weitere Entlassungen stehen bevor.

Die bereits infolge des Zusammenschlusses von Gelsenkirchen, Buer und Horst seinerzeit aus dem aktiven städtischen Dienst geschiedenen Bürgermeister Antoni, Bürgermeister Ruhr, und Bürgermeister Hohoff, sind nunmehr in den Ruhestand versetzt.

[90] Die nationalsozialistische »National-Zeitung« berichtete im Mai 1933 triumphierend über Entlassungen in der Stadtverwaltung.

[91] Der städtische Beigeordnete Jacob Sieglar (1876–1939) wurde nach den Kommunalwahlen vom 12. März 1933 beurlaubt. Zum 1. Juni wurde der Sozialdemokrat auf der Grundlage des BBG entlassen.

Abstammung« fielen ohne weitere Prüfung unter das Gesetz. Jüdische Frontkämpfer des Ersten Weltkrieges blieben zunächst ausgenommen, da nach Absatz 2 des »Arierparagraphen« 3:

»Beamte, die bereits seit dem 1. August 1914 Beamte gewesen sind oder die im Weltkrieg an der Front für das Deutsche Reich oder für seine Verbündeten gekämpft haben oder deren Vater oder Söhne im Weltkrieg gefallen sind«,

vorerst im Dienst verbleiben durften. Als Teil der »Frontgemeinschaft« genossen sie zunächst gewisse Privilegien, später wurden auch sie entlassen und aus der *Volksgemeinschaft* ausgeschlossen.

BIOGRAFIE

Emil Zimmermann – Oberbürgermeister von Gelsenkirchen vor 1933 und nach 1945

[92] Emil Zimmermann (1884–1951).

Emil Zimmermann (1884–1951) schlug nach seinem Jurastudium die Verwaltungslaufbahn ein. Im Jahr 1915 wurde er Zweiter Bürgermeister in Rendsburg, kurz darauf wählte ihn die damalige Stadt Buer in Westfalen zum Beigeordneten. Nach dem Ersten Weltkrieg wurde er zunächst Erster Bürgermeister und ab 1921 Oberbürgermeister der jungen Großstadt Buer. Als Mitglied der Deutschen Demokratischen Partei (DDP) scheiterte Zimmermann in den 1920er Jahren mit Kandidaturen für den Landtag und den Reichstag. Erfolgreicher war er auf kommunaler Ebene: Nach dem Zusammenschluss von Horst, Buer und Gelsenkirchen wurde er 1928 zum Oberbürgermeister der neuen Großstadt Gelsenkirchen gewählt.
Während seiner Amtszeit geriet Zimmermann mehrmals mit dem einzigen Stadtverordneten der NSDAP, Dr. Alfred Meyer, in Konflikt. Nach dem Erfolg der Nationalsozialisten bei den Kommunalwahlen im März 1933 beantragte er zunächst seine Beurlaubung. Kurze Zeit später versuchte er, wieder in sein Amt zurückzukehren, da er möglicherweise die politische Situation zu diesem Zeitpunkt falsch einschätzte. Mit dem BBG wurde Zimmermann als Vertreter des von den Nationalsozialisten gehassten »Systems« in den Ruhestand versetzt. Von 1933 bis 1945 arbeitete er als freiberuflicher »Verwaltungsrechtsrat«. In dieser Zeit erhielt er auch öffentliche Aufträge, vermutlich sah ihn das NS-Regime nicht als gefährlichen Gegner an.
Nach Ende des Zweiten Weltkrieges trat Emil Zimmermann im Mai 1945 mit Genehmigung der britischen Besatzungsbehörde wieder sein früheres Amt als Oberbürgermeister in Gelsenkirchen an. Unterschiedliche kommunalpolitische Vorstellungen zum Wiederaufbau der Stadt führten ihn in Konflikt mit einigen Dezernenten, die nicht an Traditionen der Weimarer Zeit anknüpfen wollten, sondern einen klaren Neuanfang anstrebten. Mit Inkrafttreten der durch die britische Militärregierung revidierten Gemeindeordnung zum 1. April 1946 erhielt Gelsenkirchen eine doppelte Stadtspitze, den Oberbürgermeister als Vertreter des Rates und den Oberstadtdirektor als Verwaltungschef. Emil Zimmermann wurde erster Oberstadtdirektor in der Geschichte Gelsenkirchens und behielt dieses Am bis 1950.

Denunziationen, Ämterdiebstahl und die »Selbstgleichschaltung« der Verwaltung

Häufig lieferten Denunziationen den Anlass oder den Vorwand, um politisch missliebige Personen aus dem öffentlichen Dienst zu drängen. Die freien Stellen vergab die Stadtführung vorzugsweise an NSDAP-Mitglieder. So erhielt der SA-Mann Lothar Pretzschner 1933 eine Stelle im Leihamt, weil ein jüdischer Taxator entlassen worden war. Ohne die Mithilfe aus der Verwaltung selbst wären »Säuberung« und »Gleichschaltung« zum Scheitern verurteilt gewesen. Aber viele Beamte dienten sich dem NS-Regime an. Sie hatten sich mit der Republik nicht abgefunden und sich nie mit ihren Werten identifiziert. Stattdessen wünschten sich viele Bedienstete des öffentlichen Dienstes eine Rückkehr zu autoritären Strukturen. Andere hofften darauf,

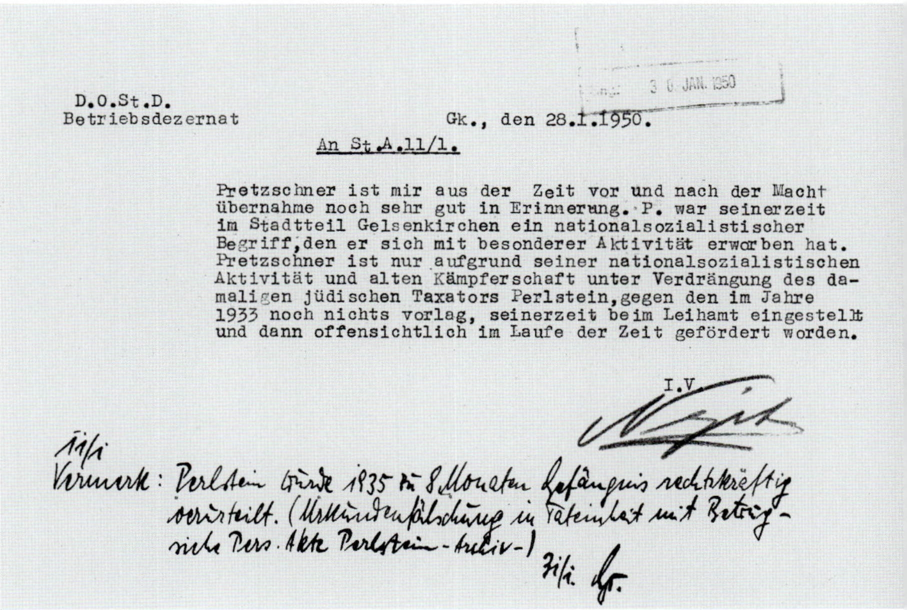

30. JAN. 1950

D.O.St.D.
Betriebsdezernat

Gk., den 28.1.1950.

An St.A.11/1.

Pretzschner ist mir aus der Zeit vor und nach der Machtübernahme noch sehr gut in Erinnerung. P. war seinerzeit im Stadtteil Gelsenkirchen ein nationalsozialistischer Begriff, den er sich mit besonderer Aktivität erworben hat. Pretzschner ist nur aufgrund seiner nationalsozialistischen Aktivität und alten Kämpferschaft unter Verdrängung des damaligen jüdischen Taxators Perlstein, gegen den im Jahre 1933 noch nichts vorlag, seinerzeit beim Leihamt eingestellt und dann offensichtlich im Laufe der Zeit gefördert worden.

I.V.

Vermerk: Perlstein wurde 1935 zu 8 Monaten Gefängnis rechtskräftig verurteilt. (Urkundenfälschung in Tateinheit mit Betrug – siehe Pers. Akte Perlstein – Archiv –)

[93] Vermerk in der Personalakte des SA-Mannes Lothar Pretzschner aus der Nachkriegszeit: Er verdankte seine Stelle bei der Stadt seinem Ruf als überzeugter Nationalsozialist.

BIOGRAFIE

**Josef Sprenger –
ein verdrängter Vertreter des politischen Katholizismus**

Josef Sprenger (1877–1951) erlernte das Schreinerhandwerk und schloss sich früh der katholischen Arbeiterbewegung an. Er bildete sich zum Gewerkschaftssekretär fort und kam schließlich im Jahr 1907 nach Gelsenkirchen, um den Vorsitz des örtlichen Kartells der christlichen Gewerkschaften zu übernehmen. Seit 1908 vertrat er die Zentrumspartei in der Gelsenkirchener Stadtverordnetenversammlung. Später wurde Sprenger Fraktionsvorsitzender und zog in den Gelsenkirchener Parteivorstand ein. Ab 1919 war er Beigeordneter der Stadt Gelsenkirchen. Zwischen 1921 und 1928 vertrat er die Zentrumspartei auch im Preußischen Landtag. Nach dem Zusammenschluss der Städte Gelsenkirchen und Buer wurde Sprenger zum Bürgermeister gewählt. Dabei setzte er sich gegen den von der politischen Rechten getragenen Dr. Wilhelm Schumacher durch. Während sein Gegenkandidat Schumacher auch im »Dritten Reich« in der Stadtverwaltung Karriere machte, wurde Sprenger im Frühjahr 1933 aus dem Amt gedrängt. Nachdem er zunächst beurlaubt worden war, wurde der siebenfache Vater im Mai 1933 nach § 2 des BBG zwangsweise in den Ruhestand versetzt – unter Verlust sämtlicher Pensionsansprüche. Dafür sorgte vor allem der neue nationalsozialistische Oberbürgermeister Carl Böhmer, dem Sprenger als angeblicher »Parteibuchbeamter« besonders verhasst war. Sprenger zog gedemütigt aus Gelsenkirchen fort und ließ sich in Essen-Steele nieder. Im Jahr 1935 gelang es ihm noch, auf dem Gnadenweg ein Drittel seiner eigentlichen Pension zu erhalten. Bis 1945 wurde er von der Gestapo beobachtet.

[94] Josef Sprenger (1877–1951).

[95] Das städtische Schalker Gymnasium für Jungen wurde im Frühjahr 1933 auf Initiative der Lehrerschaft mit den Stimmen von NSDAP und DNVP in »Adolf-Hitler-Gymnasium« umbenannt.

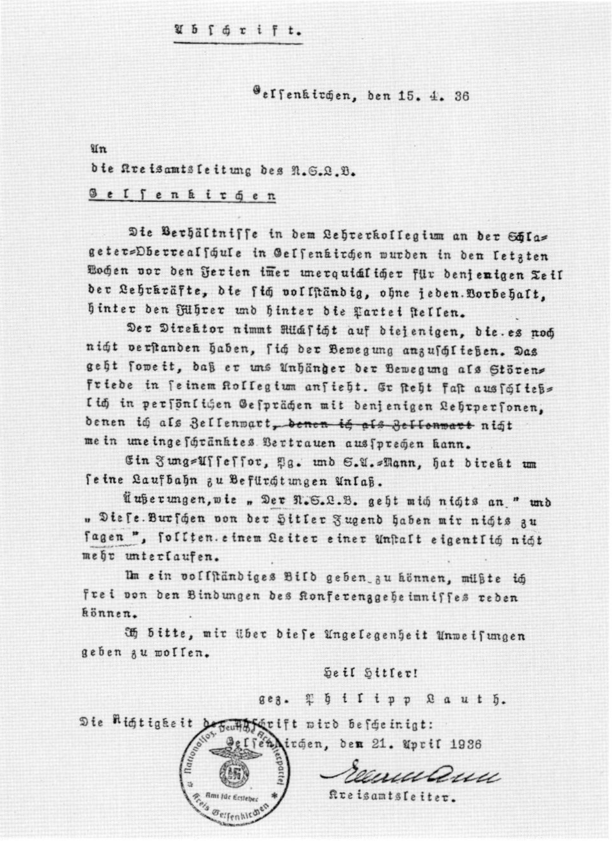

Abschrift.

Gelsenkirchen, den 15. 4. 36

An
die Kreisamtsleitung des N.S.L.B.
Gelsenkirchen

Die Verhältnisse in dem Lehrerkollegium an der Schlageter-Oberrealschule in Gelsenkirchen wurden in den letzten Wochen vor den Ferien immer unerquicklicher für denjenigen Teil der Lehrkräfte, die sich vollständig, ohne jeden Vorbehalt, hinter den Führer und hinter die Partei stellen.

Der Direktor nimmt Rücksicht auf diejenigen, die es noch nicht verstanden haben, sich der Bewegung anzuschließen. Das geht soweit, daß er uns Anhänger der Bewegung als Störenfriede in seinem Kollegium ansieht. Er steht fast ausschließlich in persönlichen Gesprächen mit denjenigen Lehrpersonen, denen ich als Zellenwart, ~~denen ich als Zellenwart~~ nicht mein uneingeschränktes Vertrauen aussprechen kann.

Ein Jung-Assessor, Pg. und S.A.-Mann, hat direkt um seine Laufbahn zu Befürchtungen Anlaß.

Äußerungen, wie „Der N.S.L.B. geht mich nichts an" und „Diese Burschen von der Hitler Jugend haben mir nichts zu sagen", sollten einem Leiter einer Anstalt eigentlich nicht mehr unterlaufen.

Um ein vollständiges Bild geben zu können, müßte ich frei von den Bindungen des Konferenzgeheimnisses reden können.

Ich bitte, mir über diese Angelegenheit Anweisungen geben zu wollen.

Heil Hitler!

gez. Philipp Lauth.

Die Richtigkeit der Abschrift wird bescheinigt:
Gelsenkirchen, dem 21. April 1936

Kreisamtsleiter.

[96] Ein Lehrer der Schlageter-Oberrealschule in Gelsenkirchen denunzierte 1936 seinen Direktor und seine Kollegen bei der NSDAP. Denunziationen gehörten zum Alltag der nationalsozialistischen Volksgemeinschaft.

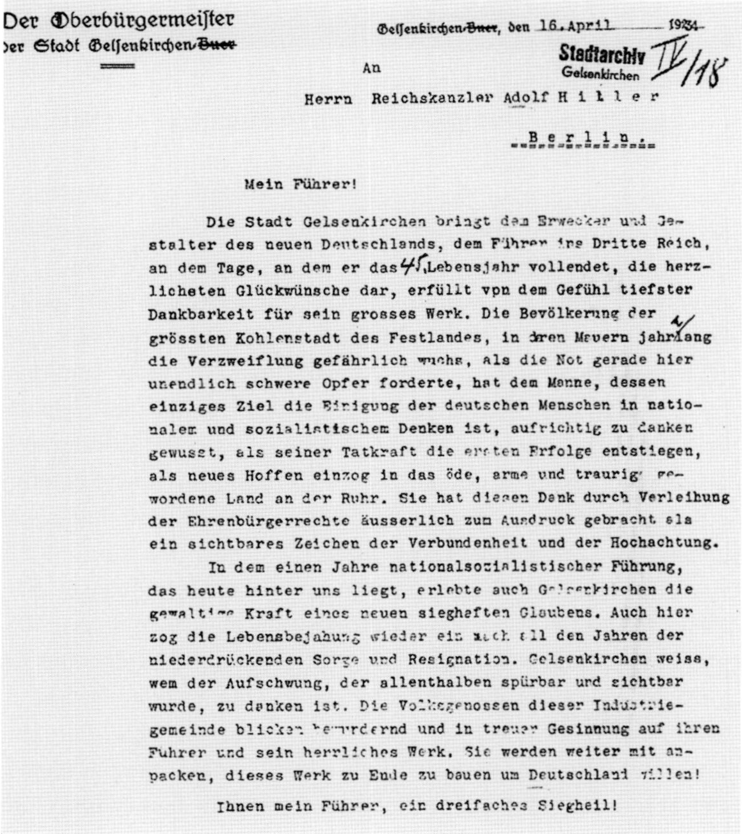

Der Oberbürgermeister
der Stadt Gelsenkirchen-~~Buer~~

Gelsenkirchen-~~Buer~~, den 16. April 1934.

Stadtarchiv Gelsenkirchen IV/18

An
Herrn Reichskanzler Adolf H i t l e r
B e r l i n.

Mein Führer!

Die Stadt Gelsenkirchen bringt dem Erwecker und Gestalter des neuen Deutschlands, dem Führer ins Dritte Reich, an dem Tage, an dem er das 45. Lebensjahr vollendet, die herzlichsten Glückwünsche dar, erfüllt vpn dem Gefühl tiefster Dankbarkeit für sein grosses Werk. Die Bevölkerung der grössten Kohlenstadt des Festlandes, in deren Mauern jahrelang die Verzweiflung gefährlich wuchs, als die Not gerade hier unendlich schwere Opfer forderte, hat dem Manne, dessen einziges Ziel die Einigung der deutschen Menschen in nationalem und sozialistischem Denken ist, aufrichtig zu danken gewusst, als seiner Tatkraft die ersten Erfolge entstiegen, als neues Hoffen einzog in das öde, arme und traurig gewordene Land an der Ruhr. Sie hat diesen Dank durch Verleihung der Ehrenbürgerrechte äusserlich zum Ausdruck gebracht als ein sichtbares Zeichen der Verbundenheit und der Hochachtung.

In dem einen Jahre nationalsozialistischer Führung, das heute hinter uns liegt, erlebte auch Gelsenkirchen die gewaltige Kraft eines neuen sieghaften Glaubens. Auch hier zog die Lebensbejahung wieder ein nach all den Jahren der niederdrückenden Sorge und Resignation. Gelsenkirchen weiss, wem der Aufschwung, der allenthalben spürbar und sichtbar wurde, zu danken ist. Die Volksgenossen dieser Industriegemeinde blicken bewundernd und in treuer Gesinnung auf ihren Führer und sein herrliches Werk. Sie werden weiter mit anpacken, dieses Werk zu Ende zu bauen um Deutschland willen!

Ihnen mein Führer, ein dreifaches Siegheil!

[97] Geburtstagsglückwünsche der Stadt Gelsenkirchen für Adolf Hitler, 1934.

[98] Das Hans-Sachs-Haus, Sitz der Gelsenkirchener Stadtverwaltung, im Zeichen des Hakenkreuzes, 1937.

BIOGRAFIE

Paul Schossier – ein katholischer »Poahlbürger« als Unterstützer der Nationalsozialisten

[99] Paul Schossier (1884–1964).

Paul Schossier (1884–1964) trat nach seinem Jurastudium im Jahr 1913 in die Stadtverwaltung von Buer ein. Im folgenden Jahr zog er in den Ersten Weltkrieg und geriet früh in französische Gefangenschaft, aus der er erst 1920 entlassen wurde. Nach Buer zurückgekehrt, machte der Sohn einer alteingesessenen Bueraner Familie eine steile Karriere in der kommunalen Verwaltung. Schon 1921 wurde Schossier Stadtrat und Finanzdezernent. Nach der Vereinigung von Gelsenkirchen, Buer und Horst übernahm er 1928 als gewählter Beigeordneter das Schul- und Kulturdezernat der neuen Großstadt Gelsenkirchen.

Obwohl er Mitglied der katholischen Zentrumspartei war, blieb Schossier 1933 im Amt. Er wurde »Förderndes Mitglied« der SS und trat schließlich 1939 auch der NSDAP bei. Die Nationalsozialisten wollten auf die Dienste dieses anpassungswilligen Verwaltungsbeamten nicht verzichten und übertrugen ihm 1942 zusätzlich das städtische Rechts- und Polizeidezernat. In dieser Funktion war Schossier direkt an der Deportation der als »Zigeuner« verfolgten Sinti und Roma nach Auschwitz beteiligt.

Nach der Befreiung vom Nationalsozialismus beurlaubte der kommissarische Oberbürgermeister Zimmermann Paul Schossier zunächst. Dank zahlreicher Fürsprecher, die ihn der Militärregierung als gläubigen Katholiken mit Distanz zum NS-Regime beschrieben, konnte Schossier nach kurzer Zeit wieder in den Dienst zurückkehren. Am 1. April 1946 wurde er vorzeitig pensioniert. Während seines Ruhestandes übte Schossier verschiedene Ehrenämter aus, unter anderem als Vorsitzender des Buerschen Orts- und Heimatvereins und als Ehrenvorsitzender des Buerschen Schützenvereins. Nach seinem Tod erhielt eine Straße in Buer seinen Namen. Allerdings wurde der »Paul-Schossier-Weg« später umbenannt, nachdem die Rolle des Namensgebers im NS-Staat öffentlich bekannt geworden war.

schneller Karriere zu machen, und stellten aus diesem Grund ihre Kenntnisse und ihre Arbeitskraft den Nationalsozialisten zur Verfügung. Letztlich handelte es sich um eine »Selbstgleichschaltung« der Stadtverwaltung, die sich auch symbolisch rasch auf die Seite der Nationalsozialisten schlug, sei es durch ergebene Geburtstagswünsche für den »Führer«, sei es durch Schulumbenennungen zu Ehren Adolf Hitlers oder anderer Nationalsozialisten. Letztlich vollzog sich die »Säuberung« der Stadtverwaltung nachhaltig und ohne große Probleme: Im Jahr 1944 waren 338 der 398 leitenden Beamten in Gelsenkirchen NSDAP-Mitglieder.

2.2 »Gleichgeschaltete« Medienlandschaft – Weltanschauungspresse, »braune« Literatur und »deutsches« Kino

Die Meinungsfreiheit gehörte zu den ersten Grundrechten, die die Nationalsozialisten außer Kraft setzten. Medienlandschaft und Literaturbetrieb wurden »gleichgeschaltet«. Zeitungen und Rundfunk berichteten nicht mehr unabhängig, sondern verkündeten die Sicht der Partei.

Eine vielfältige Presselandschaft gehörte in Gelsenkirchen spätestens im März 1933 der Vergangenheit an, nachdem der sozialdemokratische »Volkswille« und das kommunistische »Ruhr-Echo« verboten worden waren. Auch die bürgerlich-protestantischen und katholischen Zeitungen passten sich der NSDAP-Linie an, Nachrichten waren nur noch gefiltert zugänglich. Kritik an den Maßnahmen der Nationalsozialisten blieb aus. Die Deutungshoheit über alle gesellschaftlich, politisch und wirtschaftlich relevanten Themen lag fortan 1933 bei der NSDAP. Die »National-Zeitung«, offizielles Parteiorgan der NSDAP, wurde in Gelsenkirchen zur wichtigsten Zeitung.

Nicht nur die freie Presse, auch Bücher waren und sind für jede Diktatur eine Gefahr, da sie Gedankengut enthalten können, das den Vorgaben der Herrschenden widerspricht bzw. diese in

BIOGRAFIE

Carl Böhmer –
Gelsenkirchens Oberbürgermeister während des »Dritten Reiches«

Carl Böhmer (1884–1960) arbeitete vor dem Ersten Weltkrieg als kaufmännischer Angestellter. Nach seiner Rückkehr aus dem Krieg war er ab 1918 in der Verwaltung der Gelsenkirchener Zeche Graf Bismarck tätig, zuletzt als Leiter der betrieblichen Konsum-Anstalt. In den 1920er Jahren engagierte sich Böhmer in verschiedenen nationalen Verbänden, bevor er sich am 1. März 1928 der NSDAP anschloss. Als enger Vertrauter des Gelsenkirchener Ortsgruppenleiters und späteren Gauleiters Dr. Alfred Meyer, der ebenfalls auf der Zeche Graf Bismarck beschäftigt war, übernahm er wichtige Posten in der Partei, unter anderem als Geschäftsführer des NSDAP-Kreises Emscher-Lippe und als Gauamtsleiter. Auf Betreiben seines Mentors Meyer wurde Böhmer 1933 Oberbürgermeister von Gelsenkirchen. Bis 1945 leitete er die Stadtverwaltung, organisierte zunächst deren politische Säuberung und hatte dann maßgeblichen Anteil an der Umsetzung nationalsozialistischer Politik vor Ort. Unter seiner Regie wurde Gelsenkirchen von der NS-Propaganda als linientreue Arbeiterstadt und Musterbeispiel für die Verwirklichung der nationalsozialistischen *Volksgemeinschaft* inszeniert. Im April 1945 floh Böhmer aus der Stadt, wurde aber von den Briten verhaftet und zwei Jahre im Lager Staumühle bei Paderborn interniert. Bei seiner Entlassung wurde er zunächst als »Mitläufer« (Kategorie IV) eingereiht, der Gelsenkirchener Entnazifizierungsausschuss rollte das Verfahren aber wieder auf und stufte Böhmer 1949 als einen der »aktivsten Nationalsozialisten unserer Stadt« in die Kategorie III ein. Böhmer ging in Berufung und wurde ein Jahr später endgültig als »Mitläufer« entnazifiziert. Somit hatte er Anspruch auf eine Pension, die Stadt Gelsenkirchen weigerte sich aber, diese auszuzahlen. Der Rechtsstreit zwischen der Stadt und dem früheren Oberbürgermeister zog sich bis 1960 hin, als das Bundesverwaltungsgericht in letzter Instanz zu Böhmers Gunsten entschied. Bis zu Böhmers Tod wurde seine Pension Monat für Monat durch Zwangsvollstreckung aus der Gelsenkirchener Stadtkasse eingetrieben.

[100] Carl Böhmer (1884–1960).

Frage stellt. Daher sollten die Deutschen nur noch Zugang zu ideologisch unbedenklichen Bücher haben. Im Frühjahr 1933 begannen die Nationalsozialisten mit der »Säuberung« von Bibliotheken. Missbilligte Bücher wurden ausgesondert und auf vielen deutschen Marktplätzen auf regelrechten Scheiterhaufen verbrannt, so beispielsweise am 10. Mai in Berlin. Dort wurden die Werke zahlreicher Schriftsteller, die, so Erich Kästner, der der Verbrennung seiner eigenen Werke beiwohnte, »symbolisch für immer ausgetilgt werden sollten«, unter Hetztiraden in die Flammen geworfen. Zu den verfemten Autoren zählten neben Kästner unter anderem Heinrich Mann, Ernst Glaeser, Emil Ludwig, Kurt Tucholsky und Erich Maria Remarque. In Gelsenkirchen fand keine öffentliche Bücherverbren-

Die neue Geschäftsstelle der NZ Buer

Buer. Die „National-Zeitung“ Buer ist in ihr neues Haus, Essener Straße 14, neben der Drogerie Löbbert, eingezogen. Die letzten Umzugsarbeiten sind nunmehr vollendet. Vor allem begrüßenswert ist die Zusammenlegung der Schriftleitung mit der Geschäftsstelle, wodurch nach langgehegtem Wunsch ein unzulänglicher Zustand behoben ist und eine reibungslosere Arbeit gewährleistet wird. Die Telephonnummer bleibt 306 80. Außer dieser Hauptgeschäftsstelle sind folgende Anzeigenannahmestellen eingerichtet worden:

Buchhandlung Franz Arenhold, Buer-Mitte, Hochstraße 19, Telephon 308 45
Druckerei W. Büttgen, Erle, Bismarckstraße 116, Telephon 300 32
Buchhandlung G. Klei, Resse, Ewaldstraße 33
Druckerei A. Lechtenberg, Erle, Bismarckstraße 173, Telephon 310 43
Buchhandlung F. Simon, Scholven, Feldhauser Straße 211
Druckerei W. Wessels, Beckhausen, Horster Straße 177, Telephon 377 89.

[101] Die »National-Zeitung« bezog 1935 eine neue Geschäftsstelle in Buer.

Volkswille

ORGAN FÜR DAS ARBEITENDE VOLK

MITTEILUNGSBLATT DER FREIEN GEWERKSCHAFTEN, DER ARBEITERSPORTVEREINE UND DES REICHSBANNERS

Bezugspreis: Durch Boten halbmonatlich 1.00 RM., durch die Post monatlich 2.00 RM. Erscheint jeden Werktag vormittags. Preis der Einzelnummer 10 Rpf. Bankkonto: Städtische Sparkasse Gelsenkirchen. Postscheckkonto: 5405 Dortmund. Hauptgeschäftsstelle, Verlag und Schriftleitung: Gelsenkirchen, Ringstraße 38. Fernruf Sammelnummer 25841.

Anzeigenpreis im Verbreitungsgebiet 8 Rpf., außerhalb 12 Rpf., für 1 mm Raumhöhe bei 27 mm Breite. Reklamen 1 mm Raumhöhe bei 90 mm Breite 50 Rpf. Kleine Anzeigen 5 Rpf. Inseratenannahme bis 19 Uhr. Bei gerichtlichen Klagen, Zwangsvergleichen und Konkursen erlischt jeder Rabattanspruch. Erfüllungsort und Gerichtsstand ist Gelsenkirchen

Verantwortlich für den Anzeigenteil: [illegible], Gelsenkirchen — 16. Jahrgang — Druck und Verlag: [illegible] G. m. b. H., Gelsenkirchen

Nr. 49 — Montag, den 27. Februar — 1933

Westfalen antwortet Hitler

Nie gesehener Aufmarsch in Dortmund - 35000 Männer und Frauen marschieren zur Westfalenhalle

Die Westfalenhalle ist schon seit langer Zeit sportlicher und politischer Kampfboden.

Auch Hitler und Göring haben dort ihre Agitationsreden gehalten, aber was die Nationalsozialisten auch bei ihren Kundgebungen aus ganz Westfalen, aus Lippe und aus dem Rheinland herangeholt haben, es war ein trauriges Nichts gegenüber den vielen Tausenden, die am Sonntag aus Dortmund und seiner näheren Umgebung zur Kundgebung der Eisernen Front zur Westfalenhalle strömten.

Schon Sonntag mittag steht ganz Dortmund im Zeichen der drei Pfeile.

Singende Jugend mit roten Fahnen zieht durch die Stadt, sozialdemokratische Parteiorganisationen sammeln sich, Lastautos, gesteckt voll, rollen die Reichsbannerformationen heran, Trommeln wirbeln, Fanfaren klingen, Tausende über Tausende sammeln sich auf dem Viehmarkt zum Freiheitsmarsch zur Westfalenhalle.

Bald formiert sich der Zug und strebt durch die Schützen-, Sedan-, Rheinische, Humboldt-, Duden- und Hohe Straße der Riesenhalle zu.

Unten am Hansaplatz sind Nazis aufmarschiert. Aus Dortmund, aus Menden, aus Hohenlimburg und Werdohl und sonst woher, wie das die Schilder auf den Lastautos beweisen. Und doch nur ganze 600 Mann! Ein schmählich kleines Häuflein, das sich auf den weiten Platz verliert und das gegenüber den tausenden Männern und Frauen, die von allen Seiten her am Hansaplatz vorüber zur Westfalenhalle strömen, einen kläglichen Eindruck macht.

Wo man auch hinblickt, überall die drei Pfeile, überall geballte Fäuste und Freiheitsrufe, überall Kampfbereitschaft bis zum äußersten, um Hitler und Papen zu schlagen.

Oben, südlich vom Grafenhof, dort wo die Dudenstraße in die Hohe Straße einmündet, ein einziges gewaltiges Hin- und Herwogen und jetzt, als der Zug des Reichsbanners aus der Dudenstraße in die Hohe Straße einbiegt, und die schwarzrotgoldenen Fahnen voranleuchten, frohe Gesichter bei allen, die südwärts vorwärts streben und auch bei denen, die die Bürgersteige wie lebendige Mauern umsäumen.

Das Reichsbanner kommt, unsere Freiheitsarmee marschiert

und Tausende über Tausende ziehen vorüber, im Takt der wirbelnden Trommeln, in musterhafter Ordnung. Reife Männer, aber noch viel mehr Jugend.

Jugend, die seit Jahren arbeitslos ist, Jugend, die aber trotz Not und Elend, hart an den Rand der Verzweiflung gebracht, allem Faschismus und Putschismus den Kampf ansagt und für die Demokratie und den Sozialismus marschiert.

Freiwillige Disziplin, Ordnung, die sich aus dem Gemeinschaftssinn von selber formt, proletarische Solidarität, nicht Kadavergehorsam wie bei den Nazis ist's, was hier alles zusammenhält.

Was sind die paar Hakenkreuzsoldaten da unten am Hansaplatz in den neuen braungelben Uniformen gegenüber diesen zehntausend gut uniformierten Reichsbannerkameraden, die hier durch den „vornehmen" Dortmunder Süden marschieren!

Was sind sie gegen die vielen Tausenden, die jetzt von allen Richtungen her eiligen Schrittes nach der Westfalenhalle ziehen!

Gegen 3 Uhr, und die Riesenhalle ist, abgesehen vom Innenraum, schon lange überfüllt. Männer und Frauen, keine Kinder, wie so oft bei den nationalsozialistischen Kundgebungen, Männer und Frauen der Arbeit, oft seit Jahren arbeitslos und in Kummer und Not, die nicht verzweifeln und für den Sieg der Demokratie arbeiten.

Jetzt tönen Fanfaren und wirbeln Trommeln.

Das Reichsbanner rückt ein. Ein schwarzrotgoldener Fahnenwald leuchtet durch die Halle. 70 Reichsbannerfahnen sind's, die hier paradieren! Ein Spielmannszug nach dem andern postiert sich vor dem Rednerpult, eine Formation des Reichsbanners nach der andern rückt ein. Hundert, vierhundert, achthundert, tausend Spielleute wirbeln in immerwährender Ablösung ununterbrochen ihre packenden Rhythmen durch den Saal. Die Halle ist überfüllt und die Polizei scheint die Absicht zu haben, sie zu schließen.

Die Kundgebung soll beginnen.

Das tausend Mann starke Spielmannskorps

intoniert unter einheitlicher Stabführung die zeitgemäße Weise zu Freiligraths Fahnenlied und jubelt den Sieg der Freiheit über die Reaktion in wuchtigen Akkorden in die Riesenhalle. Tausend Spielleute! Für alle ein Erlebnis. Wie ein einziger Schlag wirbelt es auf fünfhundert Trommeln. Wie ein einziger Jubelruf frohlockt es aus fünfhundert Pfeifen.

Und immer noch strömen neue Menschenmassen in die weite Halle. Das Reichsbanner rückt enger und enger zusammen und der Innenraum ist beängstigend dicht gefüllt.

Draußen sind inzwischen 15 000 Männer und Frauen aufmarschiert, die Einlaß begehren. Nur die Fahnengruppe der Arbeiter-Jugend mit ihren großen leuchtenden roten Fahnen wird noch eingelassen. Dann ist die Halle überfüllt und wird polizeilich geschlossen, so daß große Formationen des Reichsbanners, fast die ganze Arbeiterjugend und viele Gruppen der Sozialdemokratischen Partei draußen bleiben müssen.

15000 Demonstranten müssen umkehren

während drin in der Halle eine politische Kundgebung beginnt, wie sie die Westfalenhalle bisher noch niemals gesehen hat.

Hitler, Papen, Brüning, Göring, Kaas, wer auch hier im Verlaufe der letzten politischen Kämpfe geredet hat, keiner hatte ein so zahlreiches Auditorium wie unser Freund Wilhelm Sollmann, und noch niemals, so lange die Halle steht, war eine so große Menschenmasse in ihr und vor ihr versammelt wie heute.

Arbeitersänger singen das Lied vom Banner, das steht, wenn der Mann auch fällt. Heinrich Wenke spricht Karl Henkels Prolog „An Deutschland" mit dem packenden Schluß:

> Es zerrten und rissen die Fluten der Lüge,
> der Sturm der Zerstörung an deinem Gebein —
> Du hieltest gewaltig in deinem Gefüge
> und botst der Verleumdung ein ehernes Nein.
> Festgeschlossen, in Erz gegossen,
> Deutschland, menschheitsgläubiges, steh!
> Eins im Wehrbann der Werkgenossen,
> eins im Wahrheitsbund der Idee.
> Deines verbündeten Geistes Mauer
> sei der Gerechtigkeit schützendes Tor —
> Unter bir der Vernichtung Schauer,
> wachse zur Wartburg der Freiheit empor!

Fritz Henßler eröffnet die Kundgebung

Herzlichen Dank an die vielen Ungekannten und Ungenannten im Reichsbanner und in den Parteiorganisationen, die heute in der Riesenzahl von 35 000 hier zusammengeströmt sind. Eine sachliche, aber doch schneidige Polemik gegen Minister Göring, der am Samstag von hier aus durch den Rundfunk gesprochen und den Schutzpolizeibeamten verkündet hat, daß jede Kugel, die den politischen Gegner treffe, von ihm komme. Eine scharfe Zurückweisung der nationalsozialistischen Agitationslüge mit dem gefälschten Aufruf der Volksbeauftragten. Ein sachlich wohlbegründeter Nachweis, daß die verfemten und verleumdeten Marxisten August Bebel, Wilhelm Liebknecht und Karl Marx in ebenso glühender Begeisterung für die große freie deutsche Nation wie für den internationalen Sozialismus gekämpft haben. Ein packender Hinweis auf die goldenen Worte des großen französischen Sozialisten Jean Jaurès, nach denen die Nationen die Schatzkästlein der menschlichen Kultur sind. Anerkennende Worte für den von Minister Göring in den Ruhestand versetzten Regierungspräsidenten Max König, von dem das Volk weiß, was er für die Arbeiterschaft getan hat. Rauschender Beifall und brausende Freiheitsrufe. 20 000 geballte Fäuste, die sich kampfesfroh und kampfentschlossen emporrecken! Genau so emporrecken, wie der Riese Proletariat.

Sollmann steht am Rednerpult

Freiheitsrufe, die kein Ende nehmen wollen, und dann spricht Wilhelm Sollmann, der Führer der rheinischen Sozialdemokratie:

Wir sind stolz darauf, daß sich der ganze Haß der Faschisten gegen die Eiserne Front austobt, so ruft er kampfesfroh in das Riesenrund, und der vieltausendstimmige Beifall, der die Antwort ist, zeigt die vortreffliche Kampfstimmung seines Auditoriums.

Wir erblicken in dem Feldzug gegen die Republikaner und Sozialisten keinen Beweis der Stärke. Wir erkennen vielmehr daraus, daß die heutigen Machthaber am 5. März vom Volkssturm hinweggefegt würden, wenn ein freier Wahlkampf möglich wäre.

Die Sozialdemokratie, die das Heldenzeitalter unter dem Sozialistengesetz erlebt hat, schüchtert man durch alles das nicht ein. Sie wird allen Widerständen zum Trotz unsere kampffrohe Jugend der neuen Sturmzeit entgegenführen.

Tosender Beifall, der nicht enden will, wird zum Gelöbnis und zum heiligen Schwur.

Wir sind zu stolz, um, wie Ludendorff mit der blauen Brille nach Schweden und wie Wilhelm II. nach Holland zu fliehen. Wir werden uns auch nicht, wie irgendein anderer Mann, wenn wir in Gefahr sind, mit unbekanntem Reiseziel in die Berge der Alpen verkriechen, wir bleiben in Deutschland und führen den Kampf gegen den Mann, der erst seit einem Jahr die Ehre hat, deutscher Staatsbürger zu sein. Wir bleiben in Deutschland und führen den Kampf mit dem Ziel „Freiheit".

20 000 geballte Fäuste recken sich empor und werden, begleitet von sich immer wiederholenden Freiheitsrufen, zum Massenschwur der Riesenkundgebung.

Wir ruhen nicht eher, als bis das deutsche Land geführt und regiert wird von Männern und Frauen des arbeitenden Volkes.

Langanhaltender, nicht endenwollender Beifall macht auch diese Worte für viele Tausende zum Gelöbnis.

Wenn die Herren auf der Rechten von uns sagen, daß wir nicht national sind, so streiten wir mit ihnen darüber nicht, so schleudern wir ihnen unsere eisige Verachtung entgegen. Die Tausende der Erwerbslosen, die Opfer der Krise, die hier in der Halle sind, haben weit mehr für das Vaterland getan und gelitten als alle die, die vaterländische Phrasen dreschen, sich an der Osthilfe bereichern und den Staat um seine Steuern betrügen.

Ein Zuruf „Aufhängen" kommt. Sollmann geht darauf ein:

„Nein, wir werden sie nicht aufhängen! Wir werden sie zwingen, Arbeit für die deutsche Nation zu leisten."

Und dann wird Adolf Hitler recht nachdrücklich darauf aufmerksam gemacht, daß er nicht an der Spitze seiner braunen Bataillone, sondern mit Hilfe der von ihm so viel geschmähten feinen Leute und der Bank- und Börsenfürsten zur Macht gekommen ist, die er einst enteignen wollte.

Die Regierung Hitler ist gestartet im Haus des Bank- und Börsenfürsten Baron von Schröder. Dann ist Papen ins Ruhrgebiet gefahren, und hat mit Thyssen und Vögler und schließlich mit Hugenberg und mit den Stipendiaten der Osthilfe, den Köckeritzen und Itzenplitzen, mit den Oldenburgern und Eulenburgern verhandelt.

Wir gestehen Ihnen, Herr Reichskanzler, den redlichen Willen zu, wir sagen Ihnen aber auch, von Ihren Verbündeten, den Großkapitalisten und Junkern, erwarten wir alles mögliche, nur keine sozialen Taten für das deutsche Arbeitsvolk!

Die Nazis haben Adolf Hitler am Abend des ersten Tages seiner Regierungszeit einen Fackelzug gebracht, weil sie sich offenbar nicht ganz klar darüber waren, ob am Ende des Vierjahresplanes die Deutschen noch für einen Fackelzug für Hitler zu haben wären.

Wie 1914 das deutsche Volk in den Weltkrieg hineingeschliddert ist, so schliddern jetzt Millionen Deutsche in das Dritte Reich hinein. Dem nationalistischen Rausch von 1914 folgten die Marneschlacht, die Hungerjahre, der Steckrübenwinter, der Zusammenbruch, die Inflation und die Weltkrise.

Den Berauschten des Januar von 1933 sagen wir: Wir von der Eisernen Front wollen auf der Wacht stehen,

[102] Die letzte Ausgabe der sozialdemokratischen Zeitung »Volkswille« vom 27. Februar 1933.

[103] Der Unterhaltungsfilm »Truxa« von 1937 war typisch für die deutsche Kinoproduktion der späten 1930er Jahre. Er lief auch im Apollokino in Gelsenkirchen.

[104] Filmplakat »Der ewige Jude«, 1940.

[105] Der erfolgreiche Propagandafilm »Der große König« lief 1942 auch im Apollokino auf der Gelsenkirchener Bahnhofstraße.

[106] Ankündigung des Filmes »Olympia – Fest der Völker«, 1936.

Triumph des Willens

REICHSPARTEITAGFILM DER NSDAP

GESAMTLEITUNG UND REGIE: **LENI RIEFENSTAHL**

Der Film, den Leni Riefenstahl beim Reichsparteitag in Nürnberg 1934 im Auftrage des Führers hergestellt hat. Der Wille des Führers ist:

Jeder Deutsche soll, jeder Deutsche muß diesen Film sehen!

Aufführungszeiten: Heute, Dienstag, 4, 6, 8.30 Uhr. Heute, Dienstag, abend, 8.30 Uhr (Einlaß 8 Uhr) Festvorstellung mit Aufmarsch, großem Orchester, Ansprachen in Gegenwart der Spitzen der Behörden und der Parteileitung

Um es jedem zu ermöglichen, von den Einheitspreisen Gebrauch zu machen, haben wir in den einzelnen Stadtteilen Vorverkaufsstellen eingerichtet; weil an der Kasse nur gegen Vorzeigung des DAF-Ausweises verbilligte Karten abgegeben werden. Einheitskarten für alle Vorstellungen zu allen Plätzen zum Preise von 40 Rpf. ab heute, Dienstag, in folgenden **Vorverkaufsstellen:**

Beckhausen: Horster Straße 167
Scholven: Bülsestraße und Nienkampstraße 27
Hassel: Zechengasthaus und Ecke Velsen- und Mühlenstraße
Erle: Bismarckstraße 67 und 187
Buer-Mitte: De-la-Chevallerie-Straße 23
Resse: Am Markt 13 und Ewaldstraße 40
Hugo: Essener Straße 123 und 122

Anmeldungen für verbilligte Eintrittskarten werden an das Büro, Telefon 308 55 oder 272 65, erbeten

K.-V.-THEATER
BUER

[107] Werbeanzeige für »Triumph des Willens« im K.-V.-Theater in Buer, 1935.

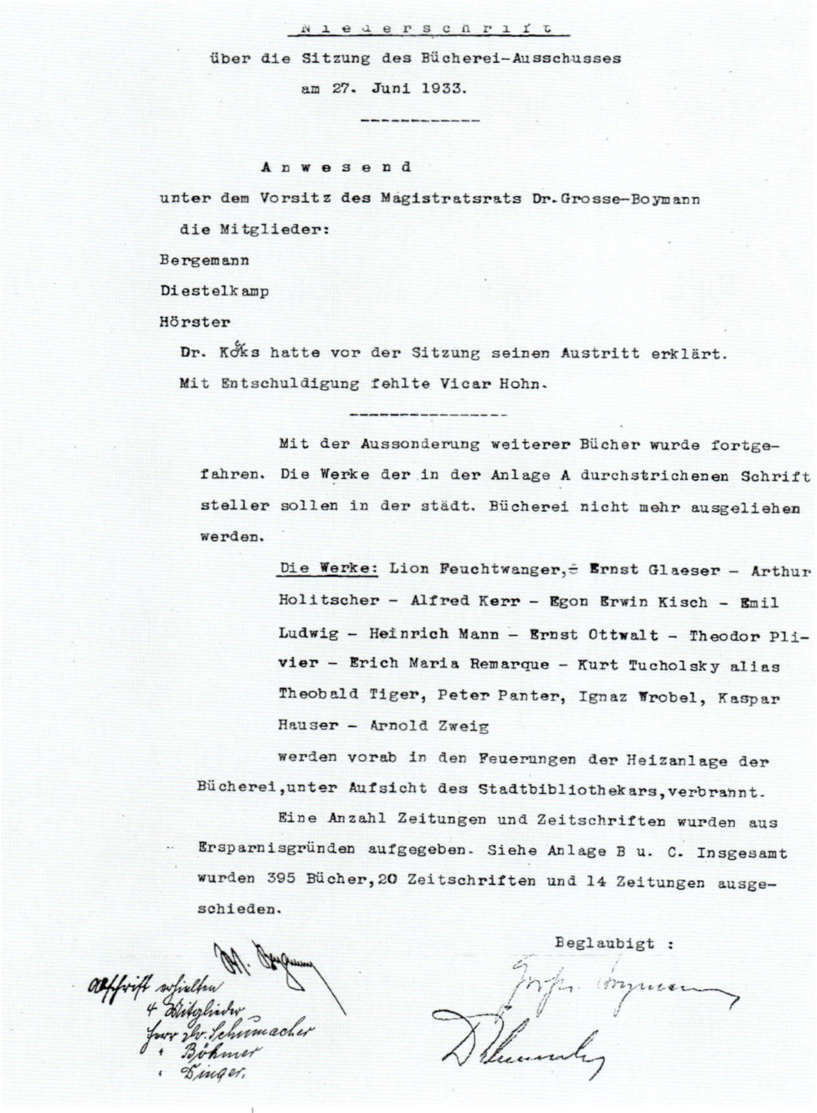

Niederschrift

über die Sitzung des Bücherei-Ausschusses

am 27. Juni 1933.

Anwesend

unter dem Vorsitz des Magistratsrats Dr. Grosse-Boymann

die Mitglieder:

Bergemann

Diestelkamp

Hörster

Dr. Koks hatte vor der Sitzung seinen Austritt erklärt.

Mit Entschuldigung fehlte Vicar Hohn.

Mit der Aussonderung weiterer Bücher wurde fortgefahren. Die Werke der in der Anlage A durchstrichenen Schriftsteller sollen in der städt. Bücherei nicht mehr ausgeliehen werden.

Die Werke: Lion Feuchtwanger, – Ernst Glaeser – Arthur Holitscher – Alfred Kerr – Egon Erwin Kisch – Emil Ludwig – Heinrich Mann – Ernst Ottwalt – Theodor Plivier – Erich Maria Remarque – Kurt Tucholsky alias Theobald Tiger, Peter Panter, Ignaz Wrobel, Kaspar Hauser – Arnold Zweig

werden vorab in den Feuerungen der Heizanlage der Bücherei, unter Aufsicht des Stadtbibliothekars, verbrannt.

Eine Anzahl Zeitungen und Zeitschriften wurden aus Ersparnisgründen aufgegeben. Siehe Anlage B u. C. Insgesamt wurden 395 Bücher, 20 Zeitschriften und 14 Zeitungen ausgeschieden.

Beglaubigt :

[108] Niederschrift über die Sitzung des städtischen Bücherei-Ausschusses zur »Aussonderung« von Büchern aus der städtischen Bücherei, 1933.

nung statt – die missliebigen Bücher wurden unter Ausschluss der Öffentlichkeit im Heizofen der Stadtbibliothek verfeuert. Während regimekritische Stimmen so zum Schweigen gebracht wurden, förderten die Nationalsozialisten Schriften, die ihrem Welt- und Gesellschaftsbild entsprachen. Hoch im Kurs standen Blut-und-Boden-Romane und kriegsverherrlichende Bücher. Literarische Vielfalt gehörte der Vergangenheit an. So schaffte die Gelsenkirchener Stadtbücherei 1937 unter anderem Titel an wie »Die Straßen Adolf Hitlers« von Ernst Vollbehr, »Wir alle helfen dem Führer« von Robert Ley, »Rasse, Weltanschauung, Wissenschaft« von Walter Groß oder »Volkstum im Ruhrgebiet« von Eberhard Franke.

»Arisch, deutsch, völkisch« lautete das Integrationsangebot der Nationalsozialisten. Es galt auch für das Kino, das ab 1933 fester Bestandteil der nationalsozialistischen Propagandamaschinerie war. Die Filmindustrie zeigte den Deutschen mit modernster Technik faszinierende Bilder – das Kino erreichte Millionen, insbesondere auch die Jugend, und überführte in Goebbels' Propagandafilmen die *Volksgemeinschaft* scheinbar in die Realität. Die Gelsenkirchener Lichtspielhäuser zeigten seichte Heimatfilme, deren ideologische Botschaft eher unterschwellig war, aber auch verhetzende und antisemitische Filme wie »Der ewige Jude«. In Gelsenkirchen fand 1935 mit großem Parteiaufgebot die Uraufführung von Leni Riefenstahls Reichsparteitagfilm »Triumph des Willens« für den Gau Westfalen-Nord statt. Ihr Olympia-Film »Fest der Völker« wurde 1938 von 27.000 Gelsenkirchener Schülern gesehen.

2.3 ▸ Das Ende der Vielfalt im Kulturleben

Kunst, Theater und Musik fielen ab 1933 in die Zuständigkeit des Propagandaministers Dr. Joseph Goebbels. Er rief die Reichskulturkammer ins Leben, bei deren Eröffnung im November 1933 er verkündete:

»Die Revolution, die wir gemacht haben, ist eine totale. Sie hat alle Gebiete des öffentlichen Lebens erfasst und von Grund auf umgestellt.«

Künstler mussten fortan Mitglied dieser Kammer sein, um einem Berufsverbot zu entgehen. Viele Künstler wurden zur Emigration gezwungen, einige sogar ermordet. Andere unterstützten das Regime, das »völkisch-deutsche« Kultur förderte und die »jüdisch-kommunistische« als »entartet« darstellte.

Nationalsozialistische Kulturpolitik in Gelsenkirchen: Bildende Kunst, …

Die Bewohner der seit 1931 bestehenden Gelsenkirchener Künstlersiedlung Halfmannshof passten sich rasch der neuen Zeit an. Sie übernahmen zahlreiche öffentliche Aufträge und bedienten das vorherrschende Kunstverständnis. So fertigte der Bildhauer Hubert Nietsch 1937 im Auftrag der NSDAP die drei Plastiken »Arbeiter, Bauer und Soldat« für das Gelsenkirchener Gautreffen an. Nietsch gehörte ab 1936 der Kreiskulturkammer für Bildende Kunst in Gelsen-

[109] Der Halfmannshöfer Puppenspieler Heinrich Maria Denneborg (1909–1987, links), NSDAP-Mitglied seit 1937, stellte seine Kunst in den Dienst des NS-Regimes.

BIOGRAFIE

Hubert Nietsch – Kunst und Politik im »Dritten Reich«

[110] Hubert Nietsch (1893–1965).

Der Bildhauer Hubert Nietsch (1893–1965) vertiefte Ende der 1920er Jahre seine künstlerische Ausbildung an der Kunstakademie Düsseldorf. Dort lernte er die angehenden Architekten Ludwig Schwickert (1902-1970) und Otto Prinz (1902-1958) kennen. Mit ihnen und dem Maler Josef Arens (1901-1979) gründete er 1931 die Gelsenkirchener Künstlersiedlung Halfmannshof, in der er in den folgenden Jahrzehnten lebte und arbeitete. Kurz nach der sogenannten »Machtergreifung« schloss sich Nietsch der NSDAP. Er war nicht bloß Mitglied der Partei, sondern gestaltete als Obmann der Reichskammer für bildende Künste, als Leiter des Bereiches »Bildende Künste« in der Kreiskulturkammer Gelsenkirchen und als Mitglied des Beirates für kulturelle Angelegenheiten der Stadt Gelsenkirchen aktiv die NS-Kunst- und Kulturpolitik vor Ort mit. Als die Stadt Gelsenkirchen 1933 die Ehrenbürgerwürde an Adolf Hitler verlieh, erhielt er den Auftrag, einen Ehrenbürgerbrief zu gestalten, der aus einem 70 Kilogramm schweren Kohlerelief bestand, das zwei Bergleute darstellte. Dieser ersten Auftragsarbeit für das NS-Regime folgten noch zahlreiche weitere, insbesondere für die Wehrmacht. Nietsch fertigte Plastiken für Kasernengebäude, aber auch verschiedene Kriegerdenkmäler in Gelsenkirchen. Seinen größten Erfolg im »Dritten Reich« erzielte Nietsch im Jahr 1941: Eine von ihm gestaltete Bergmannsbüste wurde im Rahmen der »Großen Deutschen Kunstausstellung« im Münchener Haus der Deutschen Kunst gezeigt. Nach Kriegsdienst und Kriegsgefangenschaft kehrte Nietsch nach Gelsenkirchen zurück. Im Entnazifizierungsverfahren wurde er 1946 mit der Begründung »tragbar, da nur nominelle Mitgliedschaft« als »Mitläufer« eingestuft. Er blieb ein öffentlich anerkannter Künstler, der zahlreiche weitere Werke schuf, die heute noch im öffentlichen Raum in Gelsenkirchen zu sehen sind.

[111] Die Plastiken »Arbeiter, Bauer und Soldat« von Hubert Nietsch, 1937.

Arbeiter, Bauer und Soldat

Drei neue Plastiken des heimischen Bildhauers Nietsch / Ein wirkungsvoller Schmuck am Bahnhofsvorplatz während des Gautreffens

Die drei Plastiken des heimischen Bildhauers Nietsch

Aufnahmen: Donner

g. Erst kürzlich berichteten wir über ein neues Werk des Gelsenkirchener Bildhauers Pg. Nietsch von der Künstlersiedlung Halfmannshof, das einen zwei Meter großen knienden Bogenschützen im Anschlag darstellt, der für die Jägerkaserne in Arnsberg bestimmt ist. Heute können wir weitere interessante Einzelheiten aus dem emsigen Schaffen dieses Gelsenkirchener Bildhauers mitteilen, der in den letzten Jahren vornehmlich durch die künstlerische Ausgestaltung der Kasernenbauten des neuen Deutschland bekannt geworden ist. Bei Bildhauer Nietsch wird ein Wort Dr. Goebbels in sichtbarer Weise Wahrheit, daß der Staat der wohlwollendste Mäzen aller Künstler sein müsse. Kunst kann weder befohlen, noch in starre Formen gepreßt werden. Das schließt jedoch nicht aus, sondern bedeutet sogar eine Forderung, daß den jungen Künstlern Aufgaben gestellt werden, mit deren Lösung und Verwirklichung sie den Geist und die Haltung der Epoche gestalten, in der sie leben.

So erhielt Bildhauer Nietsch vor einiger Zeit einen neuen ehrenvollen Auftrag vom Heeresbauamt Bielefeld, Bauleitung Rußheide. Es handelt sich bei diesen neuen Arbeiten um die künstlerische Ausgestaltung der Kasernen für die Nachrichtentruppen. So hat der Gelsenkirchener Künstler für das Wirtschaftsgebäude dieser Kasernen in der Werkstatt der Westfalia-Keramik, Inhaber Schmidts-Hohenschutz, Dessauer Straße, drei Plastiken hergestellt, den Kopf eines Arbeiters, Bauern und Soldaten.

Arbeiter, Bauer und Soldat, das sind die Grundpfeiler des neuen Staates, die der Nationalsozialismus zu gemeinsamem Schaffen für Deutschland auf einer Ebene zusammengeführt hat. Der Arbeiter trägt als Symbol einen Hammer, der Bauer als Zeichen der Fruchtbarkeit eine Aehre und zwischen diesen beiden steht als beider Schutz und Hort der deutsche Soldat.

In technischer Hinsicht mögen über die Anfertigung der drei Plastiken folgende Einzelheiten von Interesse sein. Die Köpfe wurden zunächst modelliert. Danach erfolgte die Anfertigung einer negativen Keilform. Auf diese Keilform wurde das Positiv ausgedrückt. Der aus Klinkerton fertig ausgeformte Kopf wurde dann bei einer Hitze von 1300 Grad im Ofen gebrannt. Jeder Kopf hat das respektable Gewicht von etwa zwei Zentner.

Die Plastiken sind jetzt fertiggestellt und werden demnächst an ihren Bestimmungsort abgeliefert. Das Heeresbauamt Bielefeld hat sich in liebenswürdiger Weise bereit erklärt, die Köpfe noch bis nach dem Gautreffen in Gelsenkirchen zu belassen.

Wie wir hierzu von unterrichteter Seite erfahren, sollen die Plastiken am kommenden Samstag und Sonntag auf 1,60 Meter großen Holzpostamenten auf der Grünanlage vor unserem Bahnhof aufgestellt werden.

Wir sind gewiß, daß sie gerade hier während des Gautreffens einen wirkungsvollen Schmuck abgeben werden und die besondere Aufmerksamkeit der Zehntausende von Gästen aus dem gesamten Gaugebiet Westfalen-Nord finden sollten. Neben der brennenden Grubenlampe als Wahrzeichen der größten Kohlenstadt des Kontinents die mit künstlerischem Können gestalteten Köpfe des Arbeiters, Bauern und Soldaten, drei verschiedene Begriffe, aber eine mit Kraft geballte Einheit, die zusammen das neue Deutschland verkörpern. Arbeiter, Bauern und Soldaten, von ihren Schritten werden die Straßen unserer Stadt der Arbeit am Gautreffen widerhallen. ko.

[112] Das Atelier von Hubert Nietsch auf dem Halfmannshof, um 1940.

[113] Die Lithographie »Zigeunermusik« von George Grosz aus dem Jahr 1925 stand auf der Gelsenkirchener Liste »entarteter« Kunst und wurde 1937 aus der städtischen Kunstsammlung entfernt.

[114] Die Büste »Bergmannskopf«, die Nietsch im Münchener »Haus der Deutschen Kunst« ausstellte, 1941.

[115] Der NS-Funktionär Hugo Degenhard (1894–1973), hier bei einer Veranstaltung der Nationalsozialistischen Volkswohlfahrt, setzte sich für die Einrichtung eines eigenen Stadttheaters in Gelsenkirchen ein, um die aus seiner Sicht kulturferne Arbeiterbevölkerung zu erziehen.

kirchen an, die im Rahmen des Erlasses über »entartete Kunst« 153 Kunstwerke aus der Stadt entfernen ließ. Darunter befanden sich u.a. Arbeiten von Marc Chagall, Max Beckmann und George Grosz.

[116] Die nationalsozialistische Propaganda feierte die Gründung des Stadttheaters als »Wendepunkt im Kulturleben der Stadt Gelsenkirchen«, 1935.

... Theater...

Ihr restriktives Kunst- und Kulturverständnis wollte die NSDAP besonders innerhalb der Arbeiterschaft verbreiten. Die zunächst mehrheitlich regimekritischen Arbeiter sollten mit kontrollierten Kulturangeboten an die NS-Ideologie herangeführt und kulturell in die uniforme *Volksgemeinschaft* integriert werden. Daher setzten sich der städtische Kulturamtsleiter Dr. Paul Große-Boymann und der Obmann des NS-»Kampfbundes für deutsche Kultur«, Hugo Degenhard dafür ein, in Gelsenkirchen ein eigenes Stadttheater zu eröffnen, um »kulturpolitische Erziehungsarbeit« zu leisten. In ihrem Antrag an das preußische Wissenschaftsministerium schrieben sie: »Kaum eine andere Stadt hat aber planmäßige kulturelle Erziehungsarbeit so notwendig wie Gelsenkirchen.« Tatsächlich gelang es trotz der schlechten Wirtschaftslage, mit der Formel »Alles für die *Volksgemeinschaft*« Gelder für das neue Stadttheater einzuwerben. Unterstützt wurde die Stadt dabei von NSDAP-Gauleiter Dr. Alfred Meyer, der seine Position nutzte, um Gelsenkirchen zu einem kulturellen Zentrum des Gaues Westfalen-Nord auszubauen. Im Jahr 1935 wurde die Stadthalle zum klassischen Theater umgebaut. Bis zur

[117] Die nach einem Umbau zum Stadttheater umfunktionierte Stadthalle von Gelsenkirchen im Jahr 1939: Das Gebäude befand sich in der Nähe des Stadtgartens und wurde 1945 vollständig durch Bombentreffer zerstört.

Die deutsche Kunst ist nicht nur für die „Gebildeten" da, sondern sie ist eine Angelegenheit des ganzen deutschen Volkes und vor allen Dingen der schaffenden deutschen Menschen, des Arbeiters der Faust und der Stirn.

In diesem Sinne wünsche ich dem Stadttheater Gelsenkirchen, daß es ihm gelingt, der im schwersten Existenzkampf stehenden Bevölkerung Gelsenkirchens Kraft durch Freude an deutschen Kulturgütern zu schaffen.

Gauleiter und Reichsstatthalter Dr. Alfred Meyer

Mein Wunsch ist, daß das Theater sich zu einem nicht mehr weg zu denkenden Kulturfaktor in unserer Stadt entwickelt und j e d e r Gelsenkirchener mit ihm recht innig verbunden werden möge.

Möge das Theater den Zügen der Kultur gerecht werden, die Jahrtausende hindurch das Wesen des nordisch-germanischen Menschen bildeten, mit denen er die Welt gewann.

Oberbürgermeister K. Böhmer

Die nationalsozialistische Bewegung hat Schluß gemacht mit der Phrase einer vergangenen Zeit, nach der die Kunst dem Volke gehören sollte.

Nie sind aber die Massen der schaffenden Menschen der Kunst mehr entfremdet worden wie in der Zeit, als man mit diesem Schlagwort den deutschen Arbeiter betrog.

Mögen die Arbeiter der Faust und der Stirn deshalb vom Stadttheater Gelsenkirchen Besitz ergreifen und so zu den Werten deutscher Kultur zurückfinden!

Kossol

Kreisleiter K. Kossol

Unser Einsatz für das „Theater des Volkes" soll geleitet werden vom heiligen Glauben, opferfreudigen Willen und von hinreißender Begeisterung.

Für uns muß der Begriff „Theater des Volkes" in Fleisch und Blut übergehen.

Wie es Schiller vorgeschwebt hat, eine vom germanischen Geiste erfüllte Bühne, auf der wir Menschen unseres Fleisches und unseres Blutes sehen, die unsere ureigenen Sorgen und Nöte haben und sie durch die Kraft ihres deutschen, ihres heldischen und ihres ehrbesessenen Menschentums sieghaft überwinden, so wollen wir unser eigenes Dasein opferfreudig für das letzte und größte Ziel hingeben, für unser Volk und Vaterland.

Intendant C. F. Braun

[118] Geleitworte von Gauleiter Dr. Alfred Meyer, Kreisleiter Karl Kossol, Oberbürgermeister Carl Böhmer und Intendant Curt Franz Braun zum ersten Programm des Stadttheaters Gelsenkirchen, 1935.

kriegsbedingten Schließung 1944 wurden vor allem unpolitische oder NS-konforme Stücke gespielt.

… und Musikleben

Auch das städtische Musikleben wurde im nationalsozialistischen Sinne umgestaltet. Doch war die Musik nicht vollständig kontrollierbar, sie blieb – wenngleich eingedeutscht – »beschwingt«. Das Regime nahm allerdings durch Verbote und Entlassungen großen Einfluss. So wurde 1933 der »Volkschor Buer« geschlossen und der »unliebsam« gewordene städtische Musikdirektor Paul Belker gegen das linientreue NSDAP-Mitglied Dr. Hero Folkerts ausgetauscht. Sogenannter »Nigger-Jazz« und Stücke jüdischer Komponisten wie Arnold Schönberg galten fortan als unerwünscht.

[119] Broschüre zur Ausstellung »Entartete Musik«, die 1938 im Rahmen der Reichsmusiktage in Düsseldorf gezeigt wurde.

[120] Generalprobe des städtischen Orchesters Gelsenkirchen zum Oratorium »Der Feldherr« im Jahr 1942, in der Mitte Musikdirektor Dr. Hero Folkerts (1898–1959).

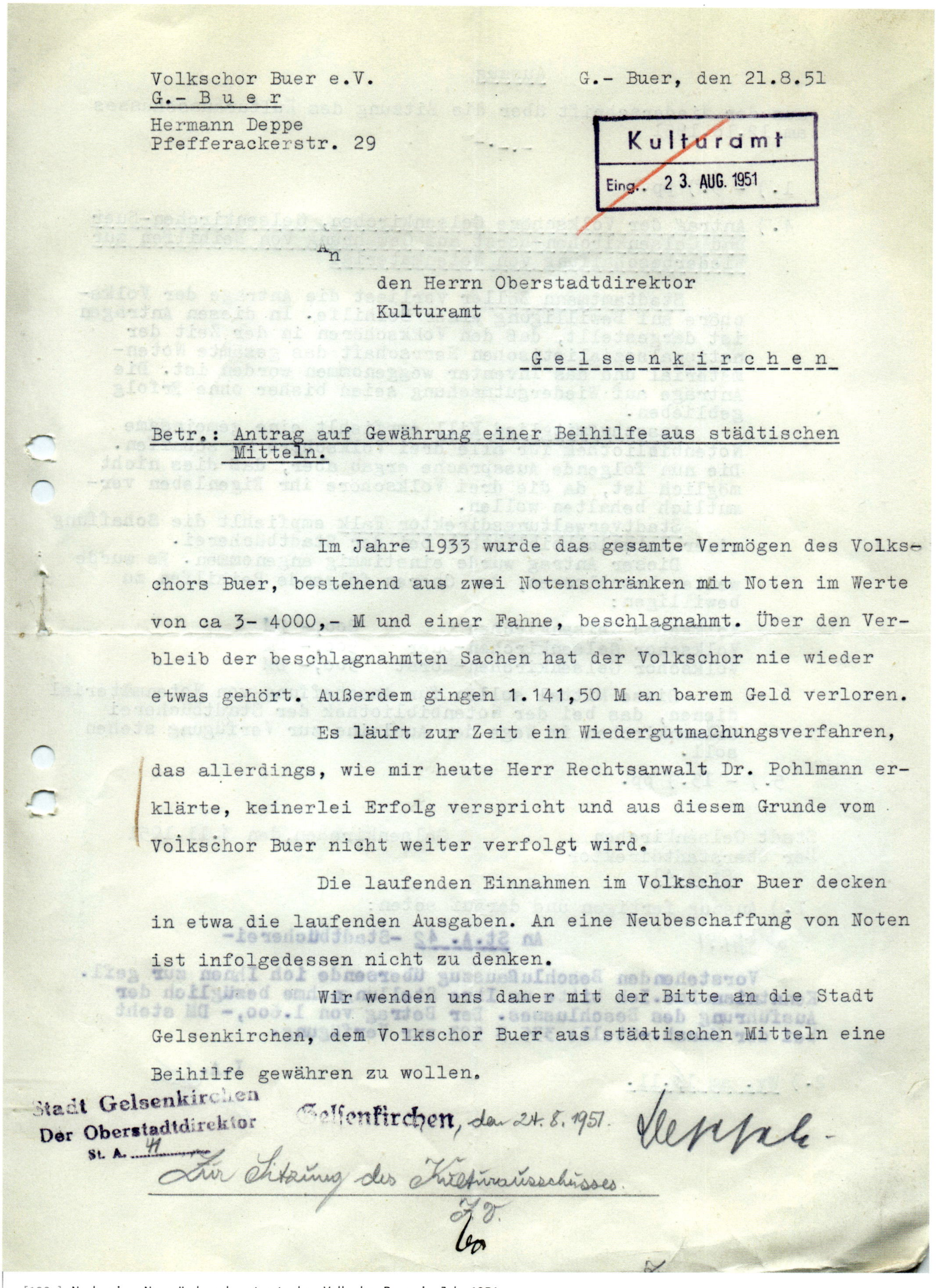

Volkschor Buer e.V. G.- Buer, den 21.8.51
G.- B u e r
Hermann Deppe
Pfefferackerstr. 29

Kulturamt
Eing.: 23. AUG. 1951

An
den Herrn Oberstadtdirektor
Kulturamt

G e l s e n k i r c h e n

Betr.: Antrag auf Gewährung einer Beihilfe aus städtischen Mitteln.

Im Jahre 1933 wurde das gesamte Vermögen des Volkschors Buer, bestehend aus zwei Notenschränken mit Noten im Werte von ca 3- 4000,- M und einer Fahne, beschlagnahmt. Über den Verbleib der beschlagnahmten Sachen hat der Volkschor nie wieder etwas gehört. Außerdem gingen 1.141,50 M an barem Geld verloren.

Es läuft zur Zeit ein Wiedergutmachungsverfahren, das allerdings, wie mir heute Herr Rechtsanwalt Dr. Pohlmann erklärte, keinerlei Erfolg verspricht und aus diesem Grunde vom Volkschor Buer nicht weiter verfolgt wird.

Die laufenden Einnahmen im Volkschor Buer decken in etwa die laufenden Ausgaben. An eine Neubeschaffung von Noten ist infolgedessen nicht zu denken.

Wir wenden uns daher mit der Bitte an die Stadt Gelsenkirchen, dem Volkschor Buer aus städtischen Mitteln eine Beihilfe gewähren zu wollen.

Stadt Gelsenkirchen
Der Oberstadtdirektor
St. A. 41

Gelsenkirchen, den 24. 8. 1951

Zur Sitzung des Kulturausschusses

[120a] Nach seiner Neugründung beantragte der »Volkschor Buer« im Jahr 1951 städtische Beihilfen, da ein Wiedergutmachungsverfahren aussichtslos erschien.

1933–1939

Die nationalsozialistische *Volksgemeinschaft* – Anspruch und Wirklichkeit

Volksgemeinschaft – hinter diesem Begriff verbarg sich schon in den 1920er Jahren die Sehnsucht nach der Überwindung sozialer Konflikte. Alle politischen Lager bekannten sich dazu – sie verknüpften damit aber unterschiedliche Visionen einer harmonischen Zukunft. Die Nationalsozialisten eigneten sich dieses »Zauberwort« programmatisch und propagandistisch an. *Volksgemeinschaft* wurde zu einem Schlüsselbegriff des »Dritten Reiches«.

In seiner Propaganda entwarf das NS-Regime die Verheißung einer befriedeten Leistungs- und Konsumgesellschaft. Es weckte Hoffnungen und sicherte sich so die Zustimmung vieler Deutscher. Ihre Versprechungen lösten die Nationalsozialisten jedoch nicht ein.

[121] Frühlingssingen des »Bundes Deutscher Mädel« in der Gelsenkirchener Altstadt, 1938.

»Du bist nichts, Dein Volk ist alles.« – unter diesem Leitmotiv forderte das »Dritte Reich« die unbedingte Unterordnung des Einzelnen unter die Gemeinschaft und griff in alle Lebensbereiche ein. Dabei bedeutete *Volksgemeinschaft* stets Ausgrenzungsgemeinschaft – die Privilegierung der »Volksgenossen« war eng verknüpft mit der Verfolgung der »Gemeinschaftsfremden«.

3.1 ▸ So stellten sich die Nationalsozialisten das Gelsenkirchen der Zukunft vor

Der Maler Andreas Wilhelm Ballin (1880–1957) schuf 1935 eine Karte der Stadt Gelsenkirchen, die von der lokalen Presse als »volkstümliche, großzügige Werbung für die Heimatstadt« begrüßt wurde. Ballin hatte in den 1920er Jahren als expressionistischer Kirchenmaler eng mit dem Gelsenkirchener Architekten Josef Franke zusammengearbeitet, unter anderem in der Ückendorfer Heilig Kreuz Kirche. Nach 1933 suchte er die Nähe zu den neuen Machthabern: So fertigte er Portraits führender NS-Politiker und gestaltete den Ehrenbürgerbrief der Stadt Gelsenkirchen für den Gauleiter Dr. Alfred Meyer. Im Jahr 1937 trat Ballin der NSDAP bei.

Der Bildplan zeigt mit seinen präzisen Miniaturen nicht nur markante Punkte des damals aktuellen Stadtbildes, sondern beinhaltet zugleich auch städtebauliche Zukunftsprojekte des Nationalsozialismus, die aus Gelsenkirchen als »Stadt der Arbeit und Erholung« eine nationalsozialistische Musterindustriestadt machen sollten. Manche dieser Projekte, wie der Gelsenkirchener Teilabschnitt der Reichsautobahn 2, wurden tatsächlich realisiert – andere, wie das Thingtheater auf dem Berger Feld oder ein um ein monumentales Kriegerdenkmal herum gestalteter

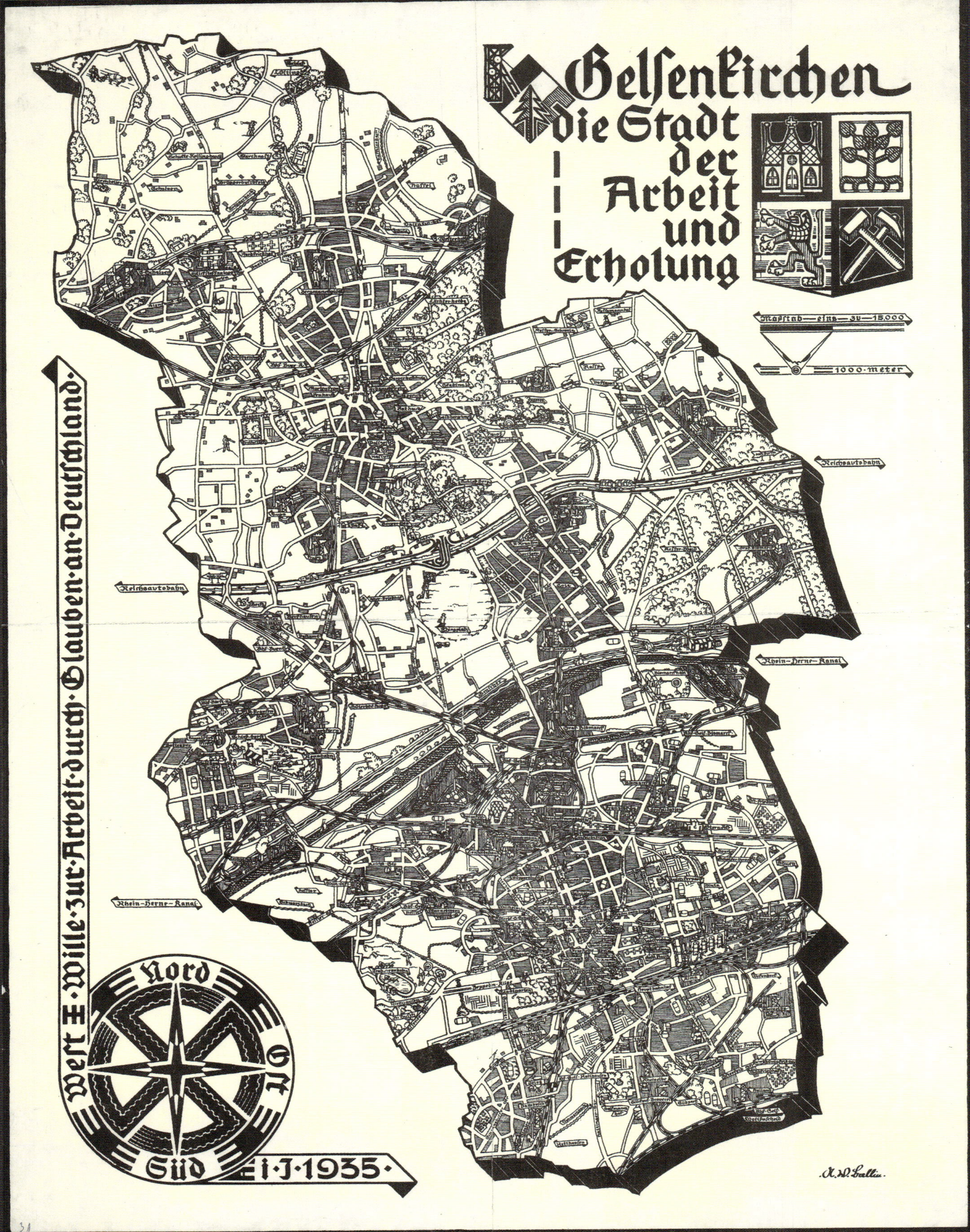

[122] »Gelsenkirchen – Stadt der Arbeit und Erholung. Wille zur Arbeit durch Glauben an Deutschland«, Kartenwerk von Andreas Wilhelm Ballin, 1935.

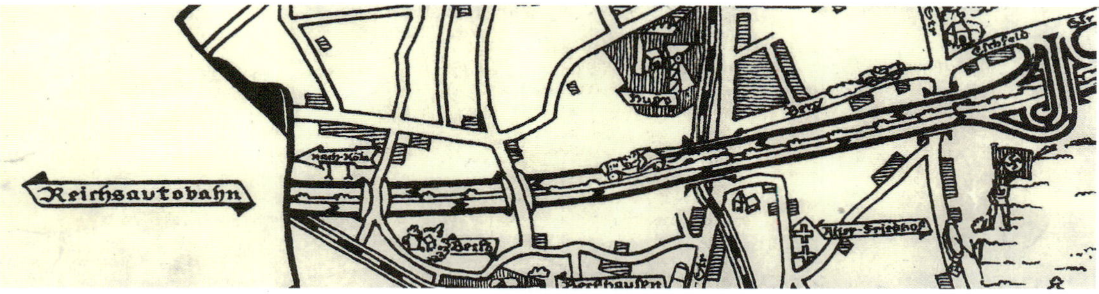

[123] Detailansicht aus der »Ballin-Karte« von 1935: Der geplante Teilabschnitt der Reichsautobahn 2 zwischen der westlichen Stadtgrenze und der heutigen Anschlussstelle Gelsenkirchen-Buer.

Aufmarschplatz in der Altstadt, blieben eine bloße Vision.

Autobahnbau – Das Versprechen einer motorisierten *Volksgemeinschaft*

Der Bau der Reichsautobahn diente als Maßnahme zur Arbeitsbeschaffung wie auch zur Kriegsvorbereitung. Auch in Gelsenkirchen entstand im Rahmen dieses Prestigeprojektes des »Dritten Reiches« eine Großbaustelle. Zum ersten Spatenstich im Jahr 1934, der im Mittelpunkt einer propagandistischen Großveranstaltung stand, brachte der Bueraner Heimatforscher Wilhelm Schmitt die Hoffnungen vieler Gelsenkirchener mit folgendem Satz zum Ausdruck:

»Wo einst die Wildrosse auf der Emscherbrucher Wildbahn in Rudeln dahinstrichen, werden nun bald auf der Reichsautobahn die blitzschnellen Wagen dahinsausen.«

Bis 1937 wurde im Stadtgebiet tatsächlich ein neun Kilometer langer Abschnitt der heutigen A 2 fertiggestellt. Allerdings trug der Autobahnbau nicht wesentlich zur Beseitigung der Arbeitslosigkeit bei – auch nicht in Gelsenkirchen.

Parallel zum Straßenbau entwickelte das NS-Regime die Idee eines »Volkswagens«. Plakate der NS-Gemeinschaft »Kraft durch Freude« (KdF) ließen die Deutschen von der Fahrt auf der

[124] Autobahnbau in Gelsenkirchen, 1935: Letzte Vorbereitungen für die Fertigstellung der Überführung im Bereich der Kronprinzenstraße in Gelsenkirchen-Erle.

[125] Die Reichsautobahn 2 im Stadtgebiet Gelsenkirchens, kurz vor der Eröffnung im Jahr 1937.

[126] Eröffnung des Gelsenkirchener Teilabschnitts der Reichsautobahn 2 im Dezember 1937: Zur Einweihung durchfuhr das Fahrzeug des Gauleiters Dr. Alfred Meyer ein seidenes Band.

[127] Werbung für den »KdF-Wagen«, 1939.

[128] Werbung der NS-Gemeinschaft »Kraft durch Freude«, 1938: Ein Sparsystem für den »Volkswagen«.

[129] Die Propaganda rief den »Volkswagen« zum Auto für Jedermann und zum Geschenk des »Führers« an das deutsche Volk aus: Plakat zur Volksabstimmung nach der Besetzung des entmilitarisierten Rheinlandes, 1936.

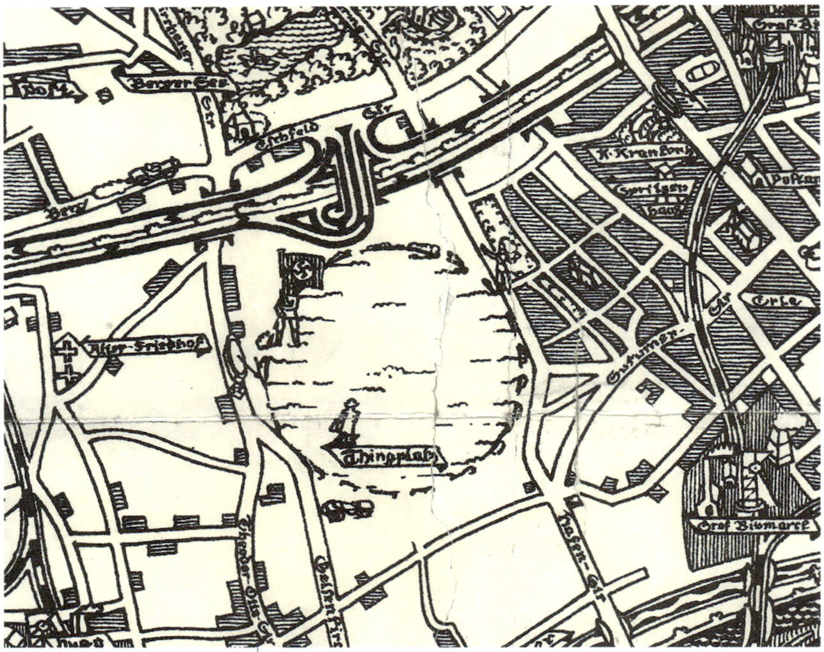

[130] Detailansicht aus der »Ballin-Karte« von 1935: Der geplante Thingplatz auf dem Berger Feld.

Reichsautobahn im eigenen »KdF-Wagen« träumen. Durch ein spezielles Sparsystem sollten die »Volksgenossen« in absehbarer Zeit die Möglichkeit bekommen, ein eigenes Automobil kaufen zu können. Wer daran teilnahm, wurde jedoch enttäuscht, denn das neue Autowerk in Wolfsburg produzierte ab 1939 nur noch für die Wehrmacht.

Der Bau der »Straßen in die große deutsche Zukunft« (Adolf Hitler) und die Vision der Massenmotorisierung versprachen den »Volksgenossen« die Teilhabe an der nationalsozialistischen Moderne. Sie sollten ein Symbol der verwirklichten *Volksgemeinschaft* sein – zumindest für alle »Arier«. Die nationalsozialistische Propaganda wirkt in den Mythen vom Autobahnbau und vom »Volkswagen« bis heute nach.

Brot und Spiele – Germanisches Theater auf dem »Berger Thingplatz«

Unter Federführung des Stadtbaurates Hermann Fuchslocher versuchte die Stadt Gelsenkirchen 1934, das erste Thingtheater des Gaues Westfalen-Nord bei Haus Berge zu errichten. Dieses monumentale Freilichttheater sollte 200.000 Personen und damit fast zwei Drittel der Stadtbevölkerung fassen können. Dort sollte sich die Gelsenkirchener Bevölkerung in ihrer Freizeitgestaltung als Gemeinschaft erleben können – »Brot und Spiele«. Das Prestigeobjekt war extremer Ausdruck der völkischen Germanenverklärung in der NS-Ideologie. In deren Sinne erstellte Prof. Wilhelm Schmitt, Leiter des Heimatmuseums Buer, ein Gutachten, in dem er eine ideologische Begründung formulierte. Dabei vermischte er historische Tatsachen mit nationalsozialistischer Utopie, um den Bau des Thingtheaters zwingend erscheinen zu lassen. So beschrieb er die »alte Freiheit Buer« als traditionell bedeutenden Verkehrsmittelpunkt »auf dem Höhenrücken zwischen Emscher und Lippe«, an dessen Abhang »das alte Rittergut Berge in abwechslungsreicher Stufenlandschaft [liege].

[131] Modell des »Berger Thingplatzes« in Gelsenkirchen, 1934.

[132] Hermann Fuchslocher (1889–1964) war einer der Vordenker des »Thingtheaters«. Der Ingenieur arbeitete seit 1914 für die Stadt Buer, seit 1923 als Stadtbaurat. Nach dem Zusammenschluss mit Gelsenkirchen und Horst wurde er auch Baudezernent der neuen Gesamtstadt. Obwohl er zwischenzeitlich Mitglied der DVP war, blieb er über 1933 hinaus in dieser Funktion tätig. Auch nach 1945 wurde er von der demokratischen Stadtverwaltung übernommen, nachdem er trotz seiner NSDAP-Mitgliedschaft als »Mitläufer« entnazifiziert worden war. Fuchslocher trat 1954 regulär in den Ruhestand.

[133] Wilhelm Schmitt (1879–1961) bei der Wiedereröffnung des Kulturmuseums »Heimaterde« in Buer, 1938. Schmitt war seit 1908 Lehrer an der Realschule und später am Gymnasium in Buer. Er engagierte sich intensiv im örtlichen Heimatverein und baute das Bueraner Heimatmuseum auf, das er seit 1935 ehrenamtlich leitete.

In diese soll der Thingplatz eingegliedert werden.« Dort werde der Thingplatz

»die Erinnerung an alte Geschichte und altes Volkstum leben lassen. Umgeben von Natur- und Industrieanlagen, inmitten einer reichen geschichtlichen Vergangenheit, zwischen einem alten Schlosse und dem neuen Reichsautobahnhof, möge das neue Volksthing wachsen.«

Letztlich scheiterte der Bau an den ausufernden Kosten. Dies vertuschte die Stadt Gelsenkirchen, indem sie das Projekt heimlich, still und leise beerdigte.

Blut und Boden – Agrarromantik und Kleingartenidyll

Zur Ideologie des Nationalsozialismus gehörte auch die Verherrlichung des »nordisch-germanischen« Bauerntums. Der mit seiner Scholle verbundene Bauer wurde zum Garanten der »rassereinen« *Volksgemeinschaft* stilisiert. Da im Raum Gelsenkirchen nur wenige Bauern, dafür umso mehr Arbeiter lebten, konzentrierte sich die »Blut und Boden«-Propaganda des »Dritten Reiches« auf die Kleingärtner. Sie erklärte die Kleingartenanlagen zur »Scholle des Arbeiters«. Verschiedene Ausstellungen wie die Gartenbauausstellung 1935 oder die Bauernhausausstellung 1938 sollten den Gelsenkirchener Arbeitern ländliches Leben und Bauerntum nahe bringen. Aus Proletariern sollten »bodenverwurzelte Arbeiter« werden. Tatsächlich stieg die Anzahl der Kleingärtner in Gelsenkirchen bis zum Zweiten Weltkrieg auf rund 4.000 an. Im Jahr 1938 gab es 38 Kleingartenanlagen in der Stadt. Laut Vierjahresplan sollten sie auch dazu beitragen, die Bevölkerung im Kriegsfall zu ernähren.

Trotz der Vereinnahmung durch die Nationalsozialisten blieben die Kleingartenvereine wichtige Rückzugsorte der Arbeiterbevölkerung.

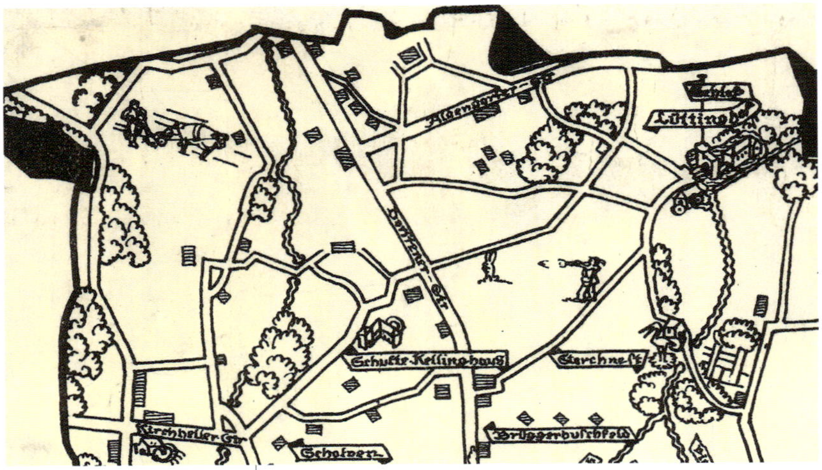

[134] Detailansicht aus der »Ballin-Karte« von 1935: Der Norden Gelsenkirchens als agrarisches Idyll.

Widerstandskämpfer konnten sich dort relativ unbeobachtet treffen. So verwahrte eine linkssozialistische Gruppe um Emil Samorei bis zu ihrer Verhaftung im Jahr 1935 wichtige Materialien in einer Gartenlaube in Rotthausen.

[135] Präsentation eines typischen Bauernhauses aus dem Kreis Ahaus-Coesfeld auf der Heimatausstellung in den Gelsenkirchener Ausstellungshallen, 1938.

[136] Kleingartenanlage an der Feldhauser Straße in Gelsenkirchen-Scholven, 1938.

[137] Emil Samorei (1891–1967, 2. von links) war nach dem Ersten Weltkrieg als Vertreter der USPD Mitglied des Arbeiterrates in Rotthausen. Kurz darauf schloss er sich der KPD an, die er 1924/25 auch in der Gelsenkirchener Stadtverordnetenversammlung vertrat. Wegen »Rechtsabweichung« wurde er aber bald aus der Partei ausgeschlossen. Er engagierte sich bei den sozialistischen Freidenkern und in der Sozialistischen Arbeiterpartei (SAP). Daher verlor er nachder »Machtergreifung« seine Stelle im Essener Wohlfahrtsamt. Samorei organisierte eine Widerstandsgruppe in Rotthausen, die illegale Schriften bezog und verteilte sowie Kontakte zu Genossen im Exil hielt. Er wurde im September 1935 verhaftet, verhört und gefoltert. Letztlich verurteilte ihn das Oberlandesgericht Hamm zu einer Zuchthausstrafe von viereinhalb Jahren – wegen »Hochverrates«. Nach dem Krieg arbeitete er wieder in der Essener Stadtverwaltung und blieb politisch im sozialistischen Spektrum aktiv.

Gauparteitage in Gelsenkirchen – Eine Partei feiert sich selbst

Zwischen 1936 und 1938 fanden in Gelsenkirchen jährlich die Gauparteitage der NSDAP Westfalen-Nord statt – etwas kleiner als die Reichsparteitage in Nürnberg, aber dennoch bombastisch inszeniert. Neben dem Gauleiter Dr. Alfred Meyer nahmen auch Parteigrößen wie Reichspropagandaminister Dr. Joseph Goebbels, Reichsarbeitsführer Dr. Robert Ley oder Reichsfrauenführerin Gertrud Scholtz-Klink an den Veranstaltungen in Gelsenkirchen teil. Die mehrtägigen Gauparteitage dienten den Nationalsozialisten zur Selbstdarstellung und als Spiegel einer gewünschten politischen Realität. Mit Aufmärschen, Fahnen, Fackeln, Sprechchören und Gesängen sowie aufpeitschenden Reden wurden bewusst Emotionen geweckt. Das Individuum verschwand in der formierten Masse, die zumindest für

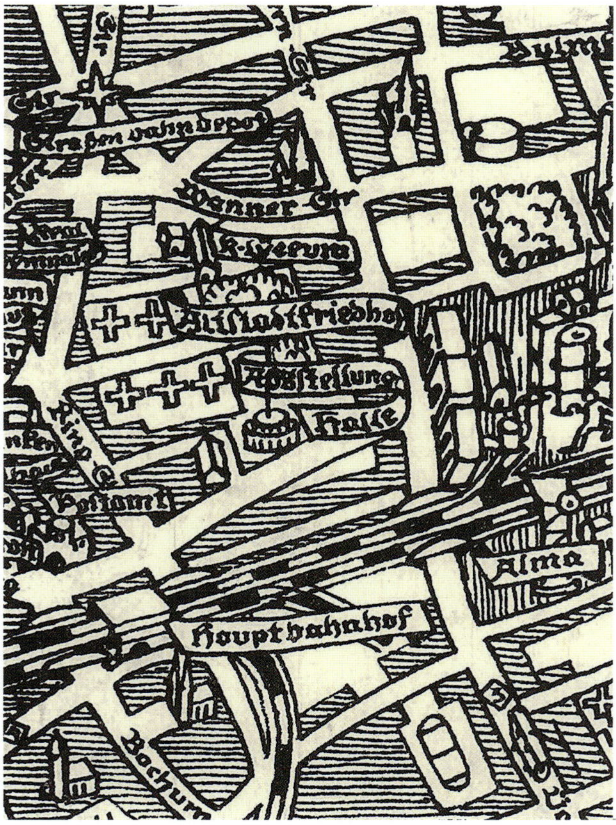

[138] Detailansicht aus der »Ballin-Karte« von 1935: Auf dem Wildenbruchplatz im Bereich zwischen Ausstellungshalle und »Schalker Verein« fanden die zentralen Kundgebungen der Gauparteitage statt.

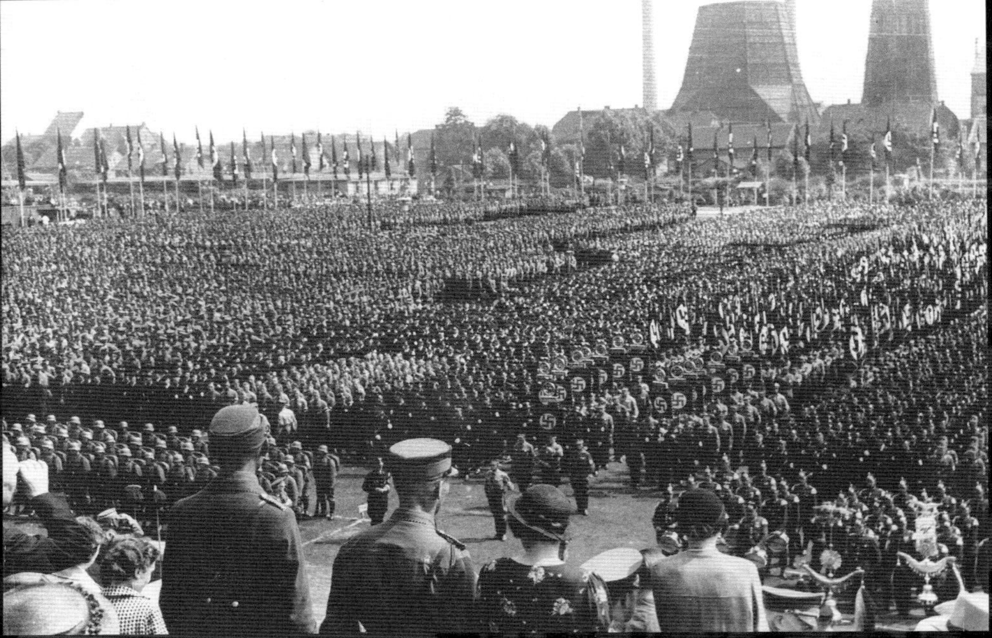

[139] Gauparteitag 1936:
Generalappell auf dem
Wildenbruchplatz.

[140] Empfang des Leiters der DAF, Dr. Robert Ley, beim Gauparteitag in Gelsenkirchen, 1937.

[141] Gauparteitag 1937: Angetretene Formationen vor Propagandaminister Goebbels.

[142] Gelsenkirchenerinnen und Gelsenkirchener bereiteten Dr. Ley beim Gauparteitag 1937 einen begeisterten Empfang.

[143] Die Gauparteitage waren eine Leistungsschau der formierten *Volksgemeinschaft* – die Wehrmacht präsentierte sich 1937 in Gelsenkirchen ...

[144] ... ebenso wie die Hitlerjugend.

[145] Plakat zum Gelsenkirchener Gauparteitag 1936.

den kurzen Moment der Inszenierung als *Volksgemeinschaft* präsentiert wurde. Jährlicher Höhepunkt war der Aufmarsch auf dem Wildenbruchplatz. Vor der monumentalen Kulisse des Hüttenwerkes »Schalker Verein« erschien Gelsenkirchen als »Stadt der 1000 Feuer« – als Industriestadt, von der die NSDAP behauptete, die Arbeiterschaft für das Regime gewonnen zu haben. In diesem Sinne hieß es in der offiziellen nordwestfälischen Parteigeschichte im Jahr 1940:

»Gerade der Bergmann hat es verdient, daß ihn die Partei besonders ehrt, und die Gautreffen in Gelsenkirchen sind der beste Beweis dafür, daß wohl keiner treuer zum Führer und seiner Idee steht, als der Kumpel.«

»Kraft durch Freude« – Freizeit für die »Volksgenossen«

Die Nationalsozialistische Gemeinschaft »Kraft durch Freude« (KdF) war eine Unterorganisation der »Deutschen Arbeitsfront« (DAF). Sie hatte die Aufgabe, die Freizeit der *Volksgemeinschaft* zu gestalten und »gleichzuschalten«. In Gelsenkirchen hatte die KdF ihren Sitz im Georgshaus im Stadtzentrum. Neben Theaterbesuchen und Konzerten organisierte sie auch Urlaubsreisen für ihre Mitglieder. Die Arbeiterbevölkerung, für die Reisen zuvor nahezu undenkbar gewesen waren, sollte auf diese Weise von den sozialen Errungenschaften des Nationalsozialismus überzeugt werden. Tatsächlich weckte die KdF Hoffnungen auf eine Zukunft in Wohlstand. Allerdings konnten nur die wenigsten Deutschen an KdF-Fahrten teilnehmen. Die Nationalsozialisten köderten die Menschen auf der einen Seite mit leeren Versprechungen und verschleierten auf der anderen Seite, dass sich die Entrechtung am Arbeitsplatz im »Dritten Reich« zuspitzte.

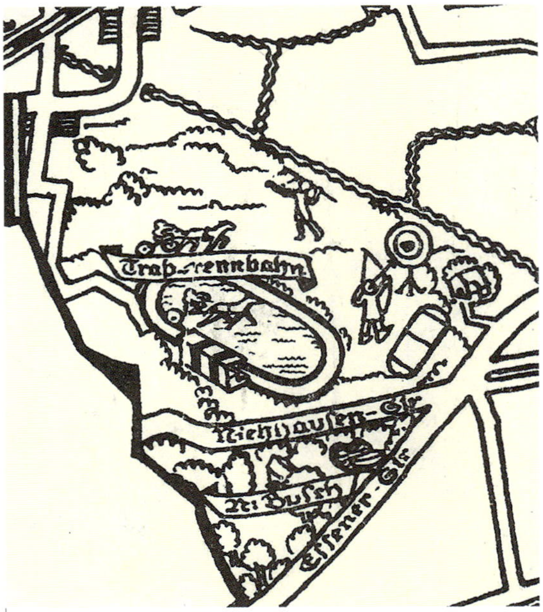

[146] Detailansicht aus der »Ballin-Karte« von 1935: Freizeiteinrichtungen im Bereich der Trabrennbahn in Gelsenkirchen-Feldmark.

[147] Die Gelsenkirchener Presse berichtete ausführlich über die KdF-Reisen. Angebote wie eine England-Fahrt im Frühjahr 1934 waren zwar besonders medienwirksam, aber auch kaum zu buchen. Eine übliche KdF-Reise ging im Regelfall in die nähere Umgebung. So nahmen an der parallel zur Reise nach England angebotenen Wochenfahrt nach Bielefeld und Herford weitaus mehr Gelsenkirchenerinnen und Gelsenkirchener teil.

Fort vom marxistischen Klassenkampf und materiellen Profitstreben

Die Vereinigung niederrheinisch-westfälischer Industrie- und Handelskammern zum 1. Mai

Die Vereinigung niederrheinisch-westfälischer Industrie- und Handelskammern erläßt zum 1. Mai folgende Kundgebung:

Jahrzehntelang war der 1. Mai mit seiner Klassenkampfhetze und seinen Phrasen von internationaler Verbrüderung des Proletariats ein Tag des Abscheus und der Sorge für alle die, die sich für die deutsche Gesellschafts- und Wirtschaftsordnung mit verantwortlich fühlten. Die tiefeingebrannte Erinnerung an solche undeutschen, unwürdigen Maifeiern war der Anlaß, daß manche zunächst sich gehemmt fühlten, als sie aufgerufen wurden, am 1. Mai 1933 mitzumarschieren. Als sie aber gläubigen Herzens mitmarschierten in den 1. Mai nach dem Aufbruch der Deutschen, erlebten sie das große Wunder der Volksgemeinschaft. Sie haben gesehen, wie der Spuk vergangener verderblicher Ideologien weggefegt worden ist vom frischen Wind nationalsozialistischen Denkens, haben gespürt, wie vom Nationalsozialismus die Quelle urdeutschen Gemeinschaftslebens angeschlagen und die Eisdecke, die eine

verkehrte Wirtschaftsgesinnung durch marxistischen Klassenkampf und materielles Profitstreben

in den Herzen so vieler Arbeiter und Unternehmer hatte entstehen lassen, aufgetaut worden ist. Nun ist Raum und Zeit für den deutschen Frühling nationalsozialistischer Wirtschaftsgesinnung, die die Führerverantwortung und Gefolgschaftstreue an die Stelle von Klassenkampf, Gemeinnutz vor eigensüchtiges Gewinnstreben setzt, die Arbeit nicht nur als Fluch ansieht, sondern sie zum Dienst an der deutschen Volksgemeinschaft adelt. Das erste Jahr dieser neuen Ordnung unter Hitlers Führung berechtigt uns, mit seinen bisher schon erzielten Erfolgen, den 1. Mai 1934 mit weit offenerem Herzen und zukunftsreicherer Freude zu feiern. Darum legen wir am 1. Mai ein Treuebekenntnis ab für Volksgemeinschaft und für Adolf Hitler.

Nur in Betriebsgemeinschaften wird heute marschiert

Eine Anordnung des Bezirksleiters der Deutschen Arbeitsfront

Der Bezirksleiter der Deutschen Arbeitsfront Westfalen, Pg Walter Nagel, teilt über die Beteiligung der Deutschen Arbeitsfront Westfalen an den Maifeiern mit, daß der Aufmarsch zu den Feiern nur in Betriebsgemeinschaften zu erfolgen hat. Erwerbslose sollen sich den Betrieben, denen sie einmal angehört haben, anschließen, um so der Volksverbundenheit sichtbaren Ausdruck zu verleihen. Verboten ist es den konfessionellen Vereinen und Verbänden, sich an der Maifeier zu beteiligen, ebenso dürfen die Fahnen und Embleme dieser Vereine und Verbände im Festzug nicht mitgeführt werden. Die Mißachtung dieser Anordnung hat zur Folge, daß der Betreffende als Störenfried betrachtet und dementsprechend auch behandelt wird. Die Polizeiorgane sind angewiesen, hierauf ihr Augenmerk zu richten und gegen derartige Personen einzuschreiten.

*

Fachgruppe Heimarbeiter und Hausgehilfen. Auch die Hausgehilfen nehmen geschlossen an der heutigen Kundgebung teil. Die Hausfrauen werden gebeten, auf Verlangen Freizeit für den ganzen Tag zu gewähren.

*

Die NSBO Fachgruppe Schneider sammelt sich, da der Aufmarsch pünktlich erfolgen muß, um 12,45 Uhr an der Hibernia-Straße (Bahnhofshotel).

Wo ist Fritz Walkenhorst?

Die Polizei auf einer Spur?

Nach den Ermittlungen der Kriminalpolizei ist der Jungvolkgenosse Fritz Walkenhorst am Tage seines spurlosen Verschwindens im Anschluß an die Jungvolkveranstaltung auf der Gewerkenstraße in der Nähe der alten Küppersbusch-Fabrik gesehen worden. Er befand sich in unmittelbarer Nähe von zwei jungen Männern, die wie folgt beschrieben werden:

1. Mann: Mitte der zwanziger Jahre, mittelgroß, gesetzt; er trug graue, stark verwaschene, fast helle Windjacke, pfeffer- und salzfarbene Knickerbocker und eine graue Schlägermütze.
2. Mann: Dieser war von jüngerem Aussehen, trug grauen Mantel und graue Schlägermütze.

Bemerkenswert ist, daß der erste Mann am 15. April in der Haldenstraße einen Jungvolkgenossen unter Versprechungen an sich zu locken versuchte.

Wer kennt diese beiden beschriebenen Leute?

Wer hat Fritz Walkenhorst am 21. April, abends, in der Nähe dieser Leute stehen sehen?

Unter Hinweis auf die für die Aufklärung des Falles ausgesetzte Belohnung von 500 RM wird das Publikum noch einmal um eifrige Mitarbeit gebeten. Mitteilungen und Bekundungen nimmt die Kriminalpolizei im Polizeiamt Gelsenkirchen entgegen.

Ein unsinniges Gerücht

Gestern durchliefen die Stadtteile Gelsenkirchen und Buer Gerüchte, nach denen die Leiche des kleinen Walkenhorst in der Nähe der Schleuse V oder „am toten Arm des Kanals" gefunden worden sei.

Auf Grund der Erkundigungen, die wir bei den zuständigen Stellen der Polizei eingezogen haben, können wir versichern, daß diese Gerüchte aus der Luft gegriffen sind. Der Erfolg der weiteren Ermittlungen hängt durchaus von der intensivsten Mitarbeit des Publikums ab, wie es ja auch aus der weiter oben wiedergegebenen Mitteilung zum Falle Walkenhorst klar erkennbar ist.

Mit „Kraft durch Freude" in den Frühling ...

Bild links: Auf der Fahrt zum Norden; Teilnehmer an der Englandfahrt.

Bild unten: Teilnehmer an der Wochenfahrt nach Bielefeld.

Gruß aus Bielefeld

Bielefeld, 29. April 1934

Liebe „Allgemeine"

Den Wunsch Ihrer Schriftleitung erfüllend, einige Zeilen von der Gelsenkirchener Fahrt „Kraft durch Freude" zu schreiben, mache ich Ihnen folgende Angaben: Pünktlich um 9,44 Uhr bewegte sich der Gelsenkirchener Transport in Stärke von ungefähr 130 Personen vom Hauptbahnhof nach Wanne, wo von Buer, Westerholt, Brauck und Recklinghausen sich noch 170 Personen anschlossen. Von hier aus wurde nach einem kleinen Aufenthalt in Dortmund und Hamm dem Ziel Bielefeld zugestrebt, wo wir um 1,20 Uhr anlangten. Bielefeld, im herrlichsten Fahnenschmuck und schönstem Frühlingswetter, zeigte die freundlichste Aufnahme. Unter Vorantritt einer Musikkapelle und vieler Fahnen gings zum Rathaus, wo zur Begrüßung die Spitzen der Behörden sich eingefunden hatten und Bürgermeister Budde sowie Kreisleiter Voß Ansprachen hielten. Nach dem Dank unserer Vertreter und einem dreifachen „Sieg-Heil" folgten alle der Einladung zum gemeinsamen Mittagessen, das in der Halle der Dürkopp-Werke eingenommen wurde. Während des Essens hielt Gauleiter Hetzel eine kurze Ansprache. Im übrigen: es ist sehr schön auf unserer Fahrt „Kraft durch Freude".

Ihr ....

[148] Werbeplakat der KdF für Kreuzfahrten nach Norwegen, 1934: Schiffsreisen galten als besonders luxuriös. Das »Dritte Reich« warb damit, solche Reisen auch für die Masse ganz normaler »Volksgenossen« zu erschwinglichen Preisen anzubieten.

Dinta – Nationalsozialistische »Menschenführung«

Das »Deutsche Institut für technische Arbeitsschulung« (Dinta) befasste sich im Auftrag der Ruhrkonzerne mit der »Menschenökonomie in Industrie und Bergbau«. Ziel war eine erhöhte Leistungsbereitschaft der Arbeiter bei gleichzeitiger klagloser Einordnung in die »Betriebsgemeinschaft«. Der Dortmunder Journalist Georg Schwarz, dessen Sympathien eindeutig bei den Arbeitern lagen, schrieb 1931 über das Dinta: *»Man will den Arbeiter dahin bringen, daß er freiwillig den Profit seines Ausbeuters vergrößert, ohne auch nur mit einem Pfennig an seiner gesteigerten Leistung beteiligt zu sein.«*

Bereits seit 1925 wurden am Stammsitz des Instituts in Düsseldorf unter Leitung des Ingenieurs Carl Arnhold, vormals Ausbildungsleiter beim »Schalker Verein«, neue Methoden der Wirtschaftspsychologie und -pädagogik entwickelt. Unter der Bezeichnung »Amt für Berufserziehung und Betriebsführung« gliederte die DAF das Dinta im Jahr 1934 in ihre Organisation ein. In einem Parkgelände an der Bulmker Straße unterhielt das DAF-Amt zwischen 1934 und 1938 eine »Reichsschule für Ingenieure«. Die Lehrgangsteilnehmer wurden zu »Berufsausbildern« weitergebildet und darin geschult, die »Gefolgschaften« ihrer Betriebe im nationalsozialistischen Sinne zu führen. Nach der Verlegung der Schule nach Braunschweig wurden in Gelsenkirchen weiterhin Werksmeister in die Grundlagen nationalsozialistischer »Menschenführung« eingewiesen.

[149] Gelsenkirchener Teilnehmer der England-Fahrt gemeinsam mit dem Leiter der DAF, Dr. Robert Ley, an Bord des Dampfers »Dresden«, 1934: Bilder von glücklichen Urlaubern waren Teil der propagandistischen Inszenierung des Regimes. Sie sollten den Eindruck erwecken, dass es reale Chancen auf die Teilnahme an einer solchen Fahrt gäbe.

[150] Carl Arnhold (1884–1970) unterstanden ab 1921 die Werksschulbetriebe des zur GBAG gehörigen »Schalker Vereins«. Zwischen 1925 und 1940 leitete er das Dinta bzw. dessen Nachfolgeorganisation in der DAF. Ab 1940 war Arnhold, NSDAP-Mitglied seit 1933, Generalreferent für Berufserziehung und Leistungssteigerung im Reichswirtschaftsministerium. Nachdem er zwischen 1945 und 1947 wegen seiner Rolle im »Dritten Reich« im Lager Staumühle bei Paderborn interniert gewesen war, machte er sich als Unternehmensberater selbstständig. In den 1950er und 1960er Jahren waren seine Dienste wieder sehr gefragt.

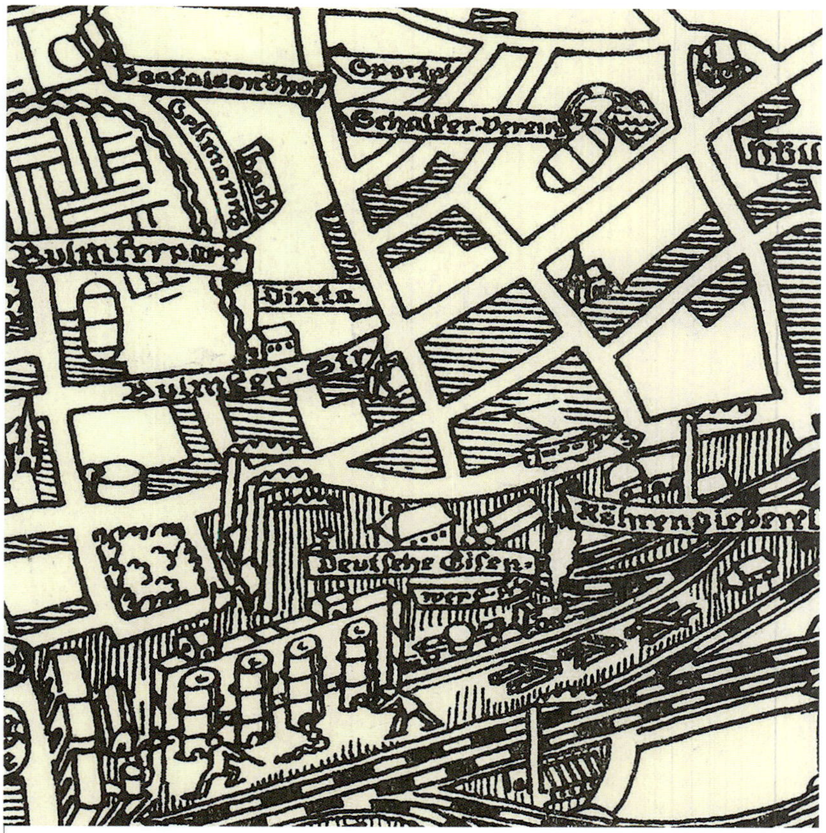

[151] Detailansicht aus der »Ballin-Karte« von 1935: Nördlich des »Schalker Vereins« ist die Gelsenkirchener Zweigstelle des Dinta eingezeichnet.

[152] Die »Reichsschule für Ingenieure« der DAF am Bulmker Park, 1937.

[153] Im »Schalker Verein«, einem nationalsozialistischen »Musterbetrieb«, verfügte die DAF über eigene Schulungsräume.

[154] Detailansicht aus der »Ballin-Karte« von 1935: Das nicht realisierte Ehrenmal in der Gelsenkirchener Altstadt.

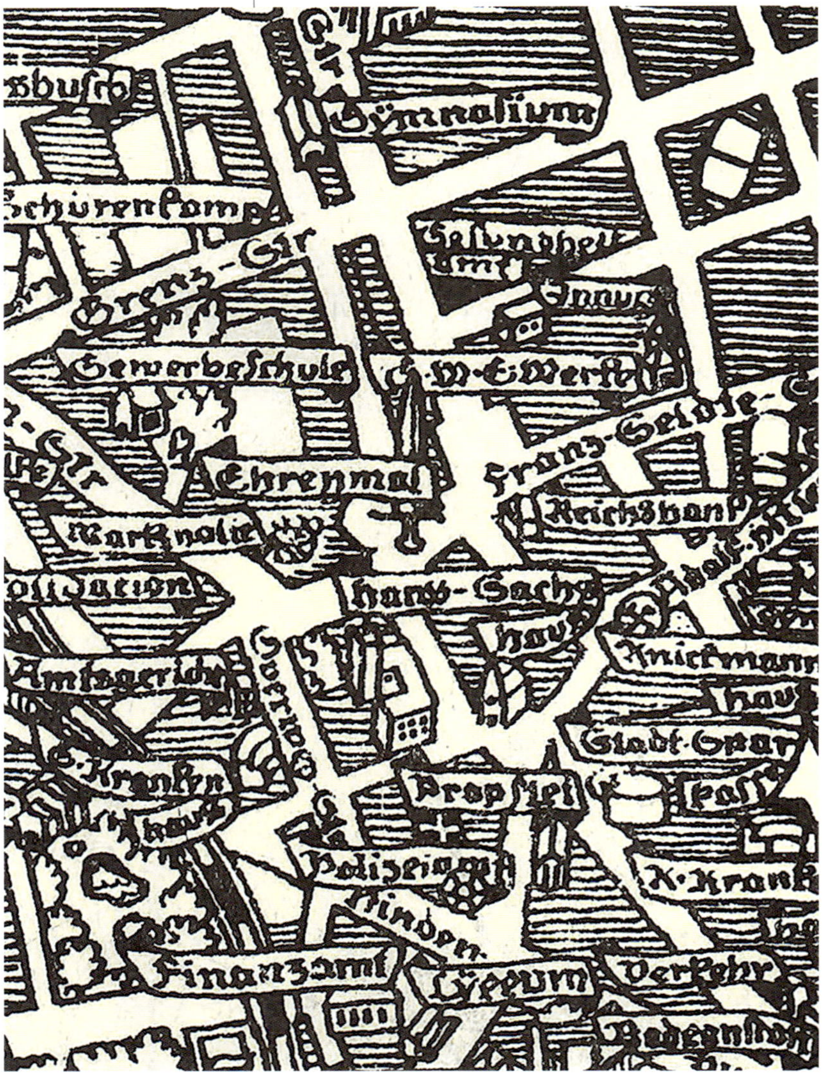

Heroische Orte – Totenkult und Heldenverehrung

Zur Herrschaftsausübung der Nationalsozialisten gehörte ein intensiver Toten- und Todeskult. In unzähligen Feiern und Ritualen verklärten sie die eigenen Todesopfer aus der »Kampfzeit der Bewegung« zu Märtyrern – vor allem jährlich am 9. November, dem Jahrestag des Marsches auf die Münchener Feldherrnhalle. Auch die gefallenen Soldaten des Ersten Weltkrieges wurden als Helden gefeiert – am »Heldengedenktag« im März ebenso wie am »Tag der nationalen Arbeit« im Mai und am Langemarck-Tag im November.

In Gelsenkirchen entstanden nach 1933 zahlreiche neue Gedenkorte für die Toten des Krieges ebenso wie für tote Nationalsozialisten. Während 1934 in Buer über dem Berger See ein monumentales Ehrenmal eingeweiht werden konnte, scheiterten aber die Pläne für ein zentrales Denkmal im Süden Gelsenkirchens. Die »Wiese« im Stadtzentrum sollte zu einem monumentalen Gedenkort für die Gelsenkirchener Gefallenen des Ersten Weltkrieges umgestaltet werden. Im Jahr 1933 schrieb ein »Ehrenmalausschuss« einen Ideenwettbewerb aus, in dem sich ein Entwurf der Halfmannshöfer Architekten Ludwig Schwickert und Otto Prinz durchsetzte. Sie wollten an der Stelle des heutigen Theaters

[155] Ein letztlich nicht realisierter Vorschlag für das Ehrenmal auf der »Wiese«: Eine überdimensionale MG-Stellung.

[156] Gedenkfeier im Saal des Hans-Sachs-Hauses für die »Gefallenen der Bewegung«, 9. November 1934.

Gelsenkirchener Allgemeine Zeitung — Sonntag, den 20. Januar 1935

Ehrenmal und Wiese / Oeffentliche Ausstellung der Wettbewerbsentwürfe im Georgshaus

Was uns die Ausstellung zeigt – Die Beurteilung des praktischen Werkes – Wie steht es um die Verwirklichung des preisgekrönten Entwurfes?

[157] Zeitungsbericht über den Wettbewerb zum Ehrenmal: oben links eine Zeichnung der Planungen von Schwickert und Prinz für das Ehrenmal auf der »Wiese«, 1935.

[158] Wenige Wochen nach der Einweihung des Ehrenmals Buer fand dort zum Todestag Ludwig Knickmanns am 21. Juni 1934 eine Gedenkfeier für diesen »Märtyrer der Bewegung« statt. Zu Ehren Knickmanns wurde eine Gedenkplakette am Ehrenmal angebracht.

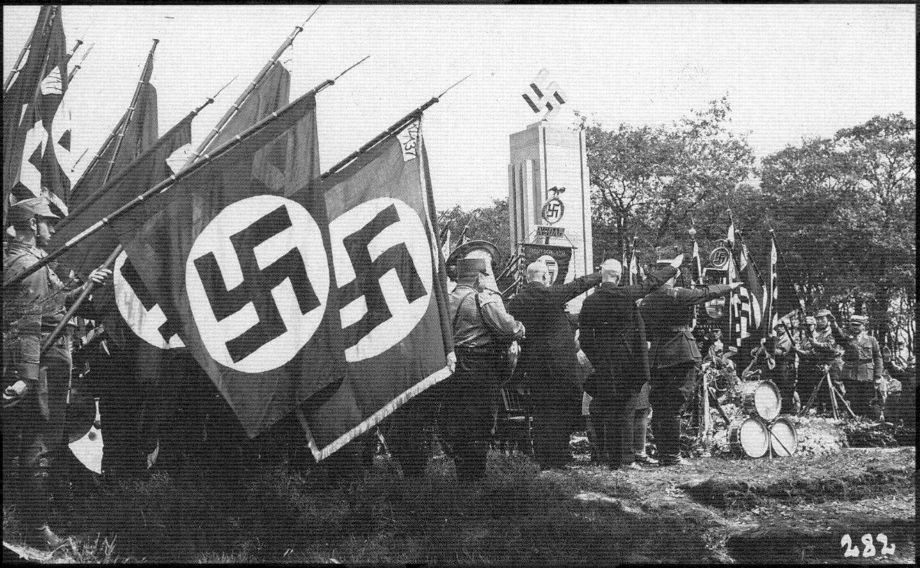

[159] Bereits ein Jahr zuvor war in Marl-Sickingmühle nahe der Stelle, an der Knickmann 1923 ums Leben gekommen war, ein Denkmal eingeweiht worden.

[160] Einweihung des Denkmals für die Gefallenen des Ersten-Weltkrieges auf dem Friedhof in Horst, 1933: Es ersetzte einen Gedenkstein, den die Horster Arbeiterbewegung für die Opfer des Kapp-Lüttwitz-Putsches aufgestellt hatte.

[161] Auf dem Machensplatz steht seit 1934 ein Denkmal für die Gefallenen des Reserve-Infanterie-regiments 56, dessen Soldaten vielfach aus Gelsenkirchen stammten.

[162] Die Zeche Dahlbusch errichtete 1937 nach einem Entwurf von Hubert Nietsch ein Denkmal für die Gefallenen des Betriebes im Ersten Weltkrieg.

„Sie starben für Deutschland"

Das Gefallenen-Ehrenmal auf „Dahlbusch"

Wuchtig erhebt sich im Ehrenhof der Zeche „Dahlbusch" in Gelsenkirchen-Rotthausen der massige Steinblock mit dem eindrucksstarken Relief — das Ehrenmal für die gefallenen Werksangehörigen. Am Sonntagmorgen wurde es in einer würdigen Feier enthüllt und steht nun, jedem, der das Zechengelände betritt, weithin sichtbar, zum steten ehrfürchtigen Gedenken. (Foto: Müller)

[163] Aufmarsch des Reichskriegerbundes in Gelsenkirchen zum »Heldengedenktag« im März 1939.

[164] Eine Abordnung der Polizei bei einer Kranzniederlegung am Kriegerdenkmal auf dem Friedhof in Gelsenkirchen-Heßler, 1937.

einen großen Aufmarschplatz schaffen, der auf ein bombastisches Denkmal ausgerichtet war. Das Projekt konnte aber aus Geldmangel nicht verwirklicht werden. Nur etwas mehr als ein Fünftel der benötigten Bausumme von 50.000 Mark wurde durch Spenden aufgebracht – obwohl selbst der FC Schalke 04 ein Benefizspiel für das Ehrenmal veranstaltete.

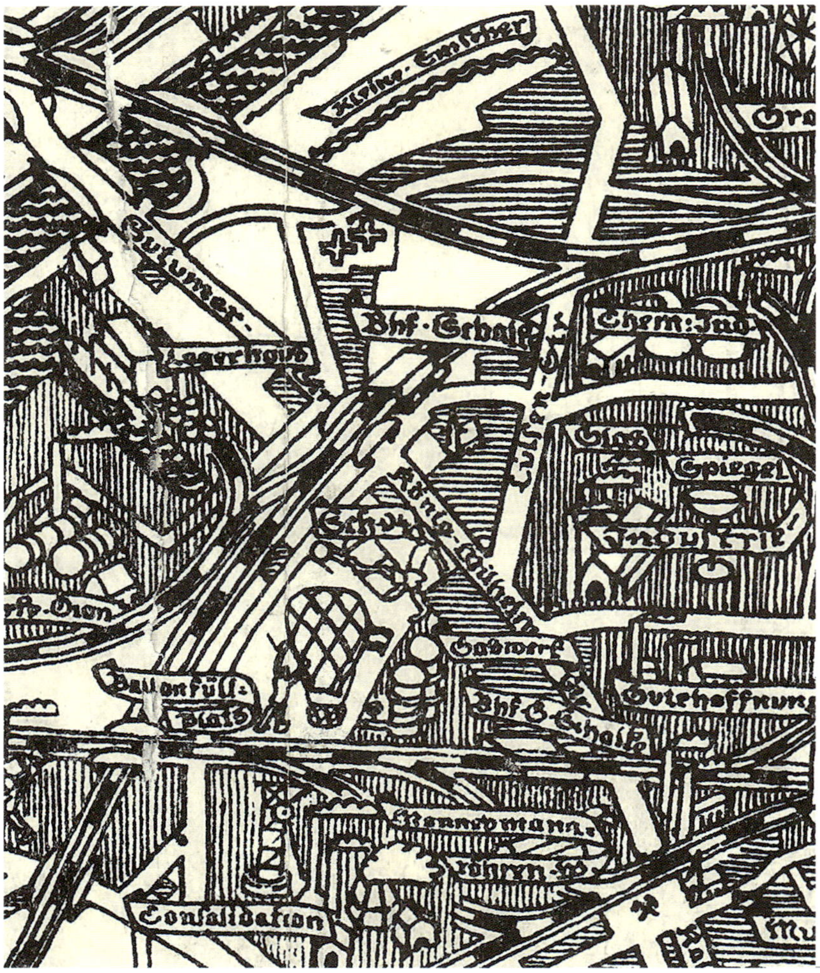

Daher wurde das Ehrenmal in Buer zum zentralen Ort des nationalsozialistischen Toten- und Heldenkults in Gelsenkirchen. Aber auch vor anderen Denkmälern, beispielsweise auf den Friedhöfen in Horst und Heßler oder auf den Werksgeländen der Zeche Dahlbusch und des »Schalker Vereins«, traten regelmäßig SA-Formationen, Hitlerjungen, Polizeieinheiten oder ganze »Betriebsgemeinschaften« zum Appell an. Die heroischen Feierlichkeiten verklärten die Toten zum Mythos. Letztlich sollten sie die Bereitschaft wecken, sich selbst für die *Volksgemeinschaft* zu opfern.

Der FC Schalke 04 im »Dritten Reich« – vom »Polackenverein« zum Deutschen Meister

Das NS-Regime inszenierte sich als jung und sportlich, um Tatkraft und Wehrhaftigkeit zu demonstrieren. Gerade der massenwirksame Fußballsport bot mit seiner schichtübergreifen-

[165] Detailansicht aus der »Ballin-Karte« von 1935: Die Kampfbahn Glückauf, seit 1928 Heimstadion des FC Schalke 04, inmitten der Schalker Industrie.

den Reichweite die Möglichkeit, den Gedanken der leistungsfähigen *Volksgemeinschaft* in die Bevölkerung zu tragen. So wurden auch die Erfolge des Gelsenkirchener Fußballclubs Schalke 04 in den Dienst der NS-Propaganda gestellt.

Die Herkunft der Spieler und der Ruf des Clubs als Arbeiterverein sollten die angebliche Integrationskraft der *Volksgemeinschaft* symbolisieren. So hieß es 1936 im »Buch vom Deutschen Fußballmeister«:

»Man möchte überhaupt feststellen, dass der Vollendung des Schalker Siegeszuges im ›Dritten Reich‹ geradezu symbolische Bedeutung zukommt. Denn hier, mit Schalke, errang eine Mannschaft, die aus der Tiefe des Volkstums emporsteigt und von einer Gemeinde und einer großen Gemeinschaft getragen wird, den goldenen Kranz des Sieges.«

Zwar boten sich Funktionäre und Spieler des Vereins der NS-Propaganda nicht aktiv an, ließen jedoch eine Instrumentalisierung durch das Regime widerspruchslos zu. Solange sportliche Belange unangetastet blieben, gab es keine Konflikte mit der NSDAP. So wurde der FC Schalke 04 – wie alle Vereine, die im Nationalsozialismus fortbestehen wollten – unter dem Dach des »Reichsbundes für Leibesübungen« gleichgeschaltet. Das bedeutete, dass jüdische Spieler und Funktionäre, beispielsweise der 2. Vorsitzende Dr. Paul Eichengrün (1899–1985), den Verein verlassen mussten.

Jede Siegesfeier des FC Schalke 04 wurde für Inszenierungen des Regimes genutzt. Da der Club während der NS-Zeit höchst erfolgreich war, gab es zahlreiche solcher Gelegenheiten. Mit Festumzug, Fahnenschmuck und Parteiaufgebot empfing die Stadt Gelsenkirchen den Deutschen Fußballmeister Schalke 04 zwischen 1934 und 1942 insgesamt sechs Mal. Bei den Zeremonien ging es jedoch nicht nur um Sport. Die Präsenz von Parteiabordnungen und lokalen NS-Größen, u. a. von Oberbürgermeister Carl Böhmer, machte die Meisterfeiern zur politischen Bühne. Der Ruhm der Schalker Spieler, vor allem der beiden Stars Ernst Kuzorra (1905–1990) und Fritz Szepan (1907–1974), sollte auf die Parteiprominenz ausstrahlen.

Sympathisanten und Anhänger der NSDAP gab es auch unter den Schalker Spielern. So rief Szepan als Spielführer der Nationalmannschaft bei den Reichstagswahlen 1938 zur Wahl der NSDAP auf. Allerdings hatten die Parteimitgliedschaften der Spieler politisch keine große Bedeutung. Eine größere Nähe zur NSDAP ließ sich bei den Vereinsfunktionären finden. Heinrich Pieneck

[166] Die Mannschaft des FC Schalke 04 nach dem Gewinn der Deutschen Meisterschaft 1940, links Reichssportführer Hans von Tschammer und Osten.

[167] Verleihung des Ehrenringes der Stadt Gelsenkirchen an die Meistermannschaft von 1940. In der ersten Reihe, von links: Fritz Szepan, Ehrenvorsitzender Fritz Unkel, Oberbürgermeister Carl Böhmer, Ernst Kuzorra.

[168] Ehrung trotz Niederlage: Auch nach der Niederlage im Endspiel um die Deutsche Meisterschaft 1938 wurde die Mannschaft des FC Schalke 04 feierlich in Gelsenkirchen empfangen. In der ersten Reihe, von links: Oberbürgermeister Böhmer, 2. Vorsitzender Tschenscher, Geschäftsführer Pieneck, NSDAP-Kreisleiter Scholdra.

[169] Ernst Kuzorra gehörte zu den wenigen NSDAP-Mitgliedern unter den Schalker Meisterspielern. Das Foto zeigt ihn vor einem Jugendspiel, das er als Schiedsrichter leitete.

Die Kapitäne des deutschen Fußballs!

Fritz Szepan von der alten Nationalelf:

Die Begeisterung der Fußballfreunde in den Stadien des Dritten Reiches zeugt von der Gesundheit und Kraft unseres Volkes. Ewig Dank dem Führer aller Deutschen, der uns die Zukunft sichert, weil er unsere Jugend stark erhält in Sport und Spiel.

Ein begeistertes „Ja" unserem Führer Adolf Hitler!

Fritz Szepan

Matthias Sindelar
von der deutschösterreichischen Elf:

Auch wir Fußballer danken dem Führer aus übervollem Herzen und stimmen geschlossen mit

Ja! Matthias Sindelar

[170] Wahlaufruf zur Reichstagswahl nach dem »Anschluss« Österreichs durch die »Kapitäne des deutschen Fußballs«, Fritz Szepan (DFB) und Matthias Sindelar (ÖFB), 1938.

[171] Die Schalker Meistermannschaft von 1939: Fußballer, die in der Wehrmacht dienten, wurden durch den Reichsadler mit Hakenkreuz auf den Trikots gekennzeichnet.

[172] Soldatengrab des Schalker Nationalstürmers Adolf Urban, der 1943 als Soldat in der Sowjetunion ums Leben kam.

(1890–1970), der Geschäftsführer des Vereins, trat beispielsweise bereits 1933 der Partei bei. Letztlich spiegelten die Verbindungen zwischen dem FC Schalke und der NSDAP die nationalsozialistische Durchdringung der deutschen Gesellschaft.

Im Krieg wurden die gefeierten Fußballer aber keineswegs geschont. Das Regime zog auch Schalker Spieler zur Wehrmacht ein. Neben Nationalstürmer Adolf Urban (1914–1943) starben mit Bernhard Füller (1921–1943), Rudolf Heim (1905–1945), Heinrich Kempen (1924–1943), Wilhelm Kostrzewa (1910–1944), Herbert Lichtner (1905–1942) und Wilhelm Schabram (1916–1942) mehrere Angehörige der Schalker Mannschaft im Zweiten Weltkrieg. Der Meistertrainer Otto Faist (1903–1946) kam ebenso wie Walter Berg (1916–1949) in sowjetischer Kriegsgefangenschaft ums Leben.

BIOGRAFIE

Fritz Szepan – ein Schalker Fußballstar im »Dritten Reich«

Fritz Szepan (1907–1974) stand gemeinsam mit seinem Schwager Ernst Kuzorra sinnbildlich für die erfolgreiche Meistermannschaft des FC Schalke 04 in den 1930er und 1940er Jahren.
Mit dem Spielsystem des »Schalker Kreisels« gingen sie in die Fußballgeschichte ein. Als Spielmacher war Szepan der Denker und Lenker der Schalker Mannschaft, die den deutschen Fußball jahrelang dominierte. Zwischen 1929 und 1939 spielte Szepan auch für die deutsche Nationalmannschaft, nahm an zwei Weltmeisterschaften teil und trug 30mal die Kapitänsbinde.
Im Zeichen der zunehmenden Professionalisierung des Fußballsportes mussten die Vereine sich darum bemühen, ihren Spitzenspielern ein Auskommen zu verschaffen, ohne gegen die Amateurrichtlinien des DFB zu verstoßen. Szepan versuchte sich zunächst als Gastwirt, wurde dann mit einem Arbeitsvertrag bei der Stadt Gelsenkirchen versorgt und scheiterte schließlich 1937 mit dem Versuch, sich mit einer Tankstelle selbstständig zu machen. Danach bemühten sich Förderer des FC Schalke 04 darum, ihrem Star eine gesicherte wirtschaftliche Existenzgrundlage zu besorgen. Im Jahr 1938 konnte Szepan das Textilgeschäft der jüdischen Kaufleute Sally Meyer und Julie Lichtmann am Schalker Markt zu sehr günstigen Bedingungen übernehmen – weil die bisherigen Geschäftsinhaber unter Druck gesetzt worden waren, profitierte der Fußballer von der gezielten Verdrängung jüdischer Deutscher aus dem Wirtschaftsleben, der sogenannten »Arisierung«. Auch darüber hinaus war Szepans Verhältnis zum Nationalsozialismus nicht von Distanz geprägt: Er war seit 1937 Mitglied der NSDAP und seit 1939 im Führerrat des Reichsamtes für Fußball.
Nach 1945 stuften ihn die Alliierten als »Mitläufer« ein. Wegen der fragwürdigen Geschäftsübernahme kam es zu einem Gerichtsverfahren, das mit einem Vergleich endete. Bis 1972 betrieb die Familie Szepan das Geschäft weiter. Szepan selbst wurde nach dem Ende seiner Spielerkarriere Trainer, betreute zunächst den FC Schalke 04 und führte dann Rot-Weiß Essen 1955 zur Deutscher Fußballmeisterschaft. In den 1960er Jahren war er lange Vorsitzender des FC Schalke 04. Trotz seiner Verdienste um den Fußball wurde in Gelsenkirchen anders als ursprünglich geplant keine Straße nach Szepan benannt, nachdem im Jahr 2001 seine »stille Teilhabe am NS-Regime« öffentlich diskutiert worden war.

[173] Fritz Szepan (1907–1974).

[174] Das Textilgeschäft der Familie Szepan am Schalker Markt im Jahr 1951.

[175] Musterbetrieb: Demonstratives Bekenntnis der Zeche Dahlbusch in Rotthausen zu Adolf Hitler, 1938.

3.2 Die *Volksgemeinschaft* – Mechanismen von Integration und Ausgrenzung …

… in der Arbeitswelt

Das »Dritte Reich« behauptete, die soziale Lage, die Arbeitsbedingungen und die Aufstiegschancen der Arbeiter zu verbessern. In der Realität der »nationalsozialistischen Betriebsgemeinschaft« schlug sich dies jedoch kaum nieder. Betriebe wurden nach dem Führerprinzip als »Gefolgschaften« organisiert. Propagandistische Inszenierungen sollten Leistungsbereitschaft und Gemeinschaftsgefühl stärken, vor allem aber den Abbau von Arbeitnehmerrechten verschleiern. »Gemeinschaftsfremde« wurden an der Berufsausübung gehindert.

… in der Freizeit

Freiräume, in denen Menschen unbehelligt Sport treiben, im Chor singen, radeln oder wandern konnten, wurden im »Dritten Reich« stark eingeschränkt. Ziel war vielmehr die organisierte Vergemeinschaftung der »Volksgenossen« auch in ihrer Freizeit. Dafür stand die Hitlerjugend ebenso wie die Feierabendgemeinschaft der NS-Gemeinschaft »Kraft durch Freude«. Die verblie-

[176] Mobilisierung der »Gefolgschaft«:
Sportappell des »Schalker Vereins«, 1941.

[177] Unter einem »Führer«-Bildnis und im Zeichen von DAF und HJ:
Lehrlinge des »Schalker Vereins« fertigten Spielzeug für das Winterhilfswerk, 1942.

[178] [179] Ein DAF-Funktionär denunzierte 1938 einen »Arbeitskameraden« des »Schalker Vereins« bei der Gestapo. Obwohl sich die Vorwürfe als haltlos erwiesen, verbrachte der Metallarbeiter mehrere Wochen in Haft.

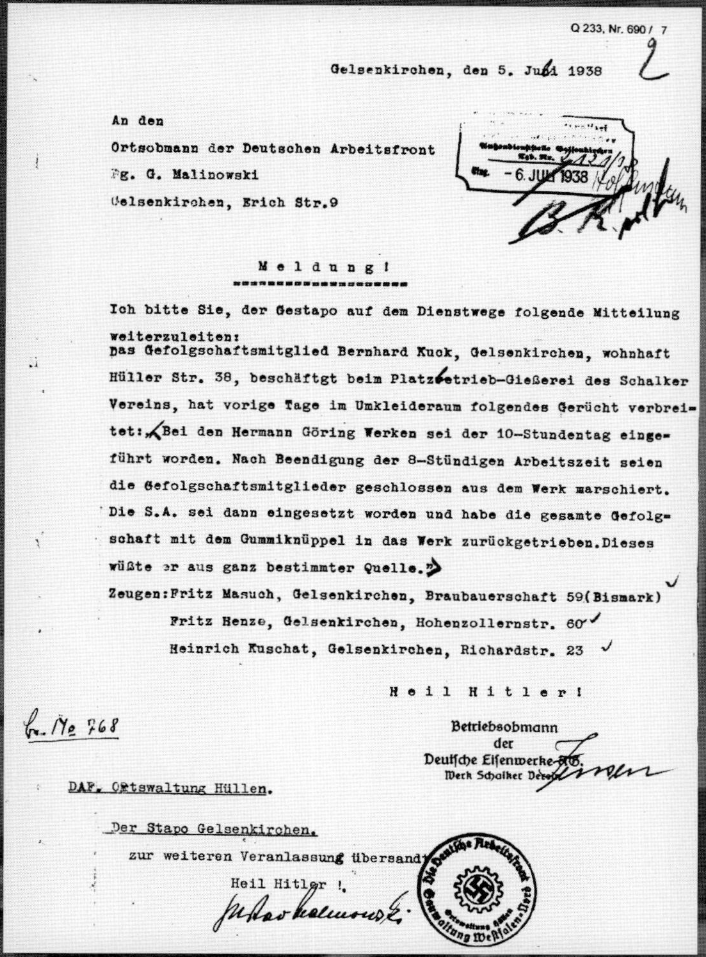

Q 233, Nr. 690 / 7

Gelsenkirchen, den 5. Juli 1938 2

An den

Ortsobmann der Deutschen Arbeitsfront

Pg. G. Malinowski

Gelsenkirchen, Erich Str.9

– 6. JULI 1938

Meldung!

Ich bitte Sie, der Gestapo auf dem Dienstwege folgende Mitteilung weiterzuleiten:

Das Gefolgschaftsmitglied Bernhard Kuck, Gelsenkirchen, wohnhaft Hüller Str. 38, beschäftgt beim Platzbetrieb-Gießerei des Schalker Vereins, hat vorige Tage im Umkleideraum folgendes Gerücht verbreitet: „Bei den Hermann Göring Werken sei der 10-Stundentag eingeführt worden. Nach Beendigung der 8-Stündigen Arbeitszeit seien die Gefolgschaftsmitglieder geschlossen aus dem Werk marschiert. Die S.A. sei dann eingesetzt worden und habe die gesamte Gefolgschaft mit dem Gummiknüppel in das Werk zurückgetrieben. Dieses wüßte er aus ganz bestimmter Quelle."

Zeugen: Fritz Masuch, Gelsenkirchen, Braubauerschaft 59 (Bismark)

Fritz Henze, Gelsenkirchen, Hohenzollernstr. 60

Heinrich Kuschat, Gelsenkirchen, Richardstr. 23

Heil Hitler!

Betriebsobmann der Deutsche Eisenwerke AG. Werk Schalker Verein

DAF. Ortswaltung Hüllen.

Der Stapo Gelsenkirchen.

zur weiteren Veranlassung übersandt

Heil Hitler!

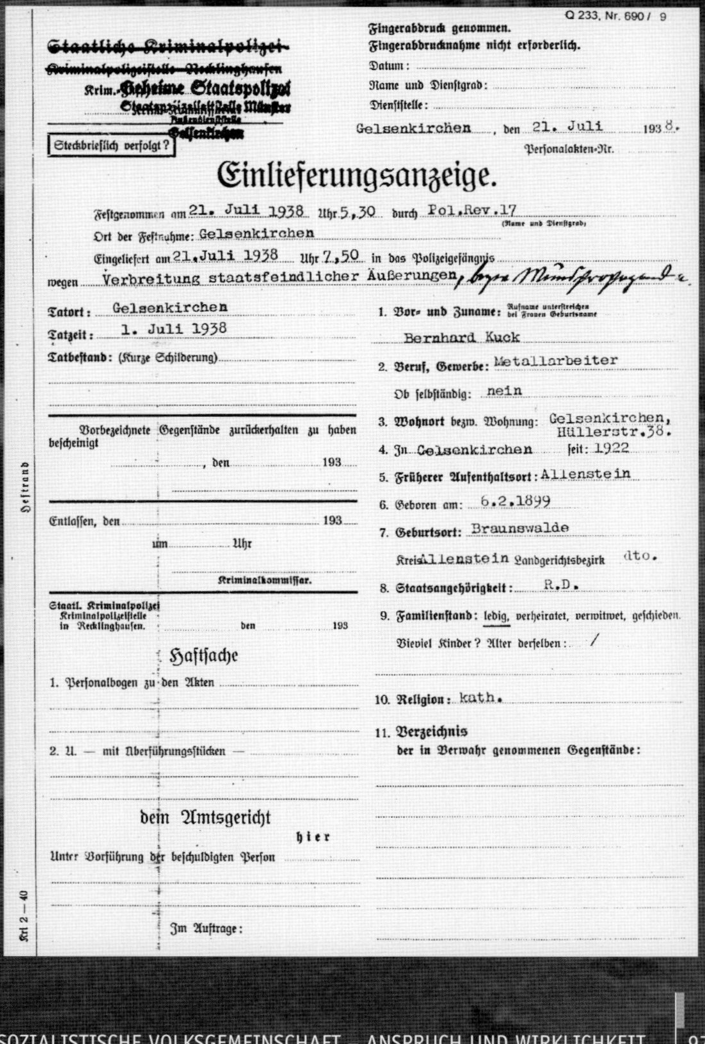

Q 233, Nr. 690 / 9

~~Staatliche Kriminalpolizei~~
~~Kriminalpolizeistelle Recklinghausen~~
Krim. Geheime Staatspolizei
Staatspolizeistelle Münster
Außendienststelle
Gelsenkirchen

Steckbrieflich verfolgt?

Fingerabdruck genommen.
Fingerabdrucknahme nicht erforderlich.
Datum:
Name und Dienstgrad:
Dienststelle:

Gelsenkirchen, den 21. Juli 1938.

Personalakten-Nr.

Einlieferungsanzeige.

Festgenommen am 21. Juli 1938 Uhr 5,30 durch Pol.Rev.17 (Name und Dienstgrad)

Ort der Festnahme: Gelsenkirchen

Eingeliefert am 21.Juli 1938 Uhr 7,50 in das Polizeigefängnis

wegen Verbreitung staatsfeindlicher Äußerungen

Tatort: Gelsenkirchen

Tatzeit: 1. Juli 1938

Tatbestand: (Kurze Schilderung)

Vorbezeichnete Gegenstände zurückerhalten zu haben bescheinigt

, den 193

Entlassen, den 193

um Uhr

Kriminalkommissar.

Staatl. Kriminalpolizei Kriminalpolizeistelle in Recklinghausen. den 193

Haftsache

1. Personalbogen zu den Akten

2. U. — mit Überführungsstücken —

dem Amtsgericht hier

Unter Vorführung der beschuldigten Person

Im Auftrage:

1. Vor- und Zuname: (Rufname unterstreichen bei Frauen Geburtsname) Bernhard Kuck

2. Beruf, Gewerbe: Metallarbeiter

Ob selbständig: nein

3. Wohnort bezw. Wohnung: Gelsenkirchen, Hüllerstr.38.

4. In Gelsenkirchen seit: 1922

5. Früherer Aufenthaltsort: Allenstein

6. Geboren am: 6.2.1899

7. Geburtsort: Braunswalde

Kreis Allenstein Landgerichtsbezirk dto.

8. Staatsangehörigkeit: R.D.

9. Familienstand: ledig, verheiratet, verwitwet, geschieden.

Wieviel Kinder? Alter derselben: /

10. Religion: kath.

11. Verzeichnis der in Verwahr genommenen Gegenstände:

Ostrand

Krl 2 — 40

Das Festspielhaus in Bayreuth, in dem sich das deutsche Volk zu seinem Meister, Richard Wagner, bekennt

Mit „Kraft durch Freude" nach Bayreuth

Bayreuth, der Inbegriff deutscher Kunst und Kultur! Jahr für Jahr ist diese Stadt, die zugleich Sitz des Gaues „Bayrische Ostmark" ist, der neuerdings vor wenigen Wochen durch Verfügung des Führers in „Gau Bayreuth der NSDAP." umbenannt wurde, das Ziel Tausender von Volksgenossen, die hier im Festspielhaus die unvergängliche Kunst des großen deutschen Meisters der Komposition, der Musik, Richard Wagner, erleben und bewundern.

Der Führer selbst als Schirmherr des Wagnerschen Erbes hat auch in diesem Jahre wiederum verfügt, daß unabhängig von dem großen Ringen um einen neuen Sinn der Weltgeschichte diese über allem stehende Kunst dem deutschen Volke weiterhin erschlossen wird. In vielen Sonderzügen trafen Tausende von Soldaten, von Rüstungsarbeitern und -arbeiterinnen aus allen Gauen Deutschlands in Bayreuth ein, um hier die einzigartige Kunst des großen Gestalters ewigen deutschen Lebens, Richard Wagner, zu erleben.

Auch unsere Betriebsgemeinschaft hatte das Glück, mit vier Teilnehmern bzw. Teilnehmerinnen Zeuge der historischen Größe dieser Festspielwoche zu sein. Ein Sonderzug, eingesetzt vom Gau Westfalen-Nord, brachte uns mit noch anderen Teilnehmern nach vierzehnstündiger Bahnfahrt ans Ziel. Die Reize der deutschen Lande konnten wir auf dieser Fahrt nicht besonders wahrnehmen, weil wir in beiden Fällen die Nacht benutzen mußten. Das tat unserer Stimmung aber keinen Abbruch. Mit acht Teilnehmern bildeten wir in unserem Abteil schon nach kürzester Frist eine frohe Gemeinschaft, in welcher der Humor zu seinem vollsten Recht kam und die Zeit im Fluge vergehen ließ.

Die Spannung strebte ihrem Höhepunkt zu, je mehr wir uns Bayreuth näherten. Kurz vor der Einfahrt in den Bahnhof grüßte uns rechter Hand von einem lieblichen Hügel herab das Festspielhaus und lenkte stärker als bisher unsere Gedanken auf das künstlerische Erlebnis, das uns dort oben beschieden werden sollte. Bei der Einfahrt auf den Bahnhof bot uns ein auf dem Bahnsteig aufgestelltes Musikkorps der Wehrmacht mit einem schmissigen Marsch den ersten Willkommensgruß. Dann ging's mit forschem Schritt zum Stadtbad, wo in einer großen Turnhalle bei einem ausgezeichneten Frühstück die NS.-Gemeinschaft „Kraft durch Freude", Bayreuth, uns als Gäste des Führers auf das herzlichste begrüßte. Anschließend erfolgte die Zuweisung und Führung in die Quartiere, die in jeder Beziehung vorbildlich waren. Punkt 12.30 Uhr fanden sich alle Teilnehmer in der Ludwig-Siebert-Festhalle, — einem ehemaligen Bestandteil des Markgräflichen Schlosses, — ein, wo unter festlichen Klängen einer Militärkapelle das Mittagessen gemeinsam eingenommen wurde. Ein besonderes Lob sei hier der Organisation der NS.-Gemeinschaft „Kraft durch Freude" hinsichtlich ihrer Betreuung aller Festspielteilnehmer ausgesprochen, die in jeder Beziehung während der ganzen Zeit vorbildlich war. Sie er-

Haus Wahnfried, Richard Wagners Wohnhaus

[180] [181] Aus der Werkszeitschrift des »Schalker Vereins«, 1940/1942: »Kraft durch Freude« organisierte die Freizeitgestaltung der »Gefolgschaftsmitglieder«.

Unser Feierabend mit KdF.

Wieder einmal laufen in diesen Tagen die Veranstaltungen der NS.-Gemeinschaft „Kraft durch Freude" an. Wie in jedem Jahr ist unsere Betriebsgemeinschaft auch in diesem Jahr mit einer großen Besucherzahl daran beteiligt. Viele unter unseren Arbeitskameraden haben sich für die Abnahme von Vormieten verpflichtet, um, wie immer, regelmäßig das Theater und die bunten Abende der Feierabendgemeinschaft zu besuchen.

Zwar ist es nicht so einfach, sich im voraus bereits für eine solche Reihe von Veranstaltungen festzulegen, denn sowohl die Arbeit als auch die Kriegsumstände machen es für diesen oder jenen schwierig, hier auf längere Sicht eine Entscheidung zu treffen. Für denjenigen aber, der sich nicht für eine Vormiete entschließen konnte, ist noch eine Möglichkeit gegeben, die Veranstaltungen zu besuchen. Denn der KdF.-Wart ist in der Lage, vor jeder Veranstaltung noch eine Anzahl Tageskarten an unsere Gefolgschaftsmitglieder abzugeben. Sicher wird dem einen odere anderen auf diese Weise die Möglichkeit gegeben, an einem Sonntagnachmittag doch einmal ins Theater zu gehen oder sich an einem Abend ein buntes Varietéprogramm anzusehen.

Gern erinnern wir uns heute des vorigen Programms und sind der Ueberzeugung, daß auch diesmal der Theaterspielplan für alle das Richtige bieten wird. Der eine freut sich auf die Operette, der andere auf die Schauspiele, und die Feinschmecker ziehen die Oper vor. So kann jeder im Laufe des Winters Entspannung und Erholung in den Veranstaltungen unserer Feierabendgemeinschaft finden.

Wenn nun KdF. und Werksleitung alles getan haben, um den Arbeitskameraden einen schönen Feierabend zu vermitteln, dann soll sich jeder darüber klar sein, daß er selbst auch zu einem kleinen Teil beitragen muß, damit alle an diesen Veranstaltungen Freude haben. Und dazu gehört vor allem und in erster Linie Rücksichtnahme auf den anderen. Erstes Gebot ist daher für jeden von uns, daß er sich bemüht, pünktlich zu den Veranstaltungen zu erscheinen. Mit gutem Willen ist das gewiß immer zu erreichen.

Eine Neuerung führt in diesem Jahr die NS.-Gemeinschaft „Kraft durch Freude' ein. Das ist der Konzertring. Er umfaßt fünf Kammerkonzerte, die auserlesene Solisten mit bester Musik bringen werden: Das Strub-Quartett mit Professor Amodio (Italien), das Berliner Frauen-Kammer-Orchester, das Kammer-Sextett der Berliner Staatsoper, Kammersänger Peter Anders und Professor Dr. Elly Ney.

Unter unseren Gefolgschaftsmitgliedern sind gewiß manche, die sich für eine derartige Veranstaltungsreihe interessieren. Sie seien besonders auf die Möglichkeit hingewiesen, erstklassige Kammermusik zu derartig günstigen Bedingungen zu hören. (7,50 RM., für Jugendliche 4 RM.). Diese Veranstaltungsreihe stellt eine wesentliche Bereicherung unseres Konzertprogramms dar und hat bereits regen Zuspruch von allen Seiten gefunden.

[182] Vereinsfahne des FC Schalke 04 innerhalb des »Nationalsozialistischen Reichsbundes für Leibesübungen«, 1938.

benen Vereine wurden »gleichgeschaltet« bzw. schalteten sich selbst gleich. Dies drückte sich vor allem im sogenannten »Arierparagraph« aus, der die jüdische Bevölkerung von der Mitgliedschaft ausschloss. Bald durften jüdische Gelsenkirchenerinnen und Gelsenkirchener auch nicht mehr als Zuschauer an Kultur- oder Sportveranstaltungen teilnehmen.

… in der Familie

Um das Ziel einer »rassereinen« *Volksgemeinschaft* zu erreichen, gab es im »Dritten Reich« strenge Regeln, wer Familien gründen durfte und wer nicht. Die NS-Propaganda überhöhte die »deutsche Mutter«, die dem »Führer« möglichst viele Kinder schenken sollte. Durch die Hitlerjugend verschaffte sich das NS-Regime einen

[183] Verleihung eines »Ehrenkreuzes der Deutschen Mutter« an eine Gelsenkirchenerin, 1944.

[184] Rassentrennung im Sport: Die Turnerriege des Gelsenkirchener »Reichsbundes jüdischer Frontsoldaten« (RjF) wurde nach 1933 zum Sammelbecken für die aus anderen Verbänden und Vereinen ausgeschlossenen Sportlerinnen und Sportler.

[185] Als »Gemeinschaftsfremde« stigmatisiert: Die Familie des Gelsenkirchener Kaufmannes Leo Gompertz im Jahr 1930.

[186] Sie galten als »Volksgenossen«: Die Familie des Landwirtes Johann Büscher aus Schaffrath im Jahr 1936.

Eing. 16.6.34.

Der Oberbürgermeister
Gesundheitsamt Buer.
Abt. X C.

Gelsenkirchen, den 15.6.34

Herrn Rektor Huss
der evang. Schule
Buer-Hassel

Fr. Frieda Feyerabend geb. Teichmann geb. 19. 7. 1910 hat einen Antrag auf Ehestandsdarlehen gestellt. Dieselbe ist aus dem 4. 6. Jahrgang der dortigen Schule entlassen. 1924.

Jch bitte um höfliche Mitteilung, ob das Zurückbleiben in der Schule auf geistige Minderwertigkeit zurückzuführen ist, oder ob sonstige Gründe vorliegen.

Ebenfalls bitte ich um eine Abschrift des Entlassungszeugnisses.

Stadtarzt.

Frau Frieda Feyerabend, geb. Teichmann, geb. 19.7.10, wurde vom Herrn Rektor Conrad zu Ostern 1924 aus dem 4. Schuljahr entlassen. Herr Conrad glaubt ihre geringen schulischen Leistungen auf körperliche Ursachen ([illegible] u. a.) zurückführen zu können. Ihr Betragen und sonstiges Verhalten waren einwandfrei.

Die Zensuren des Entlassungszeugnisses sind: Betragen: 1, Fleiß: 2, Aufmerksamkeit, Religion, Deutsch, Schreiben, Zeichnen, Singen, Turnen, Handarbeit: 3; Geschichte, Erdkunde, Naturgeschichte: 3/4; Rechnen: 4.

F. d. R.
Huss.

18/6. 34
an das Gesundheitsamt.

[187] [188] Wer ein Ehestandsdarlehen haben wollte, wurde zuvor durch die Behörden auf »geistige Minderwertigkeit« geprüft: Anschreiben des Gesundheitsamtes Buer und Gutachten der Mährfeldschule in Hassel, 1934.

E N T L A S S U N G S F E I E R AM ~~21.3.42.~~ Volksschule Mährfeldstr.9

LEITWORT: Aus : Mein Kampf :
AUF GOTTES EWIGE GESETZE ZU ACHTEN,
SEI UNSERE HEILIGSTE PFLICHT !

==

Einleitung : Trommel und Fanfare : "Ruf ".
Stimme : Auf Gottes ewige Gesetze zu achten .... (Bartholomae Kl.7(1)

I.

Kl.7 (1): DEUTSCHLAND – VATERLAND !
Lied : Heilig Vaterland... (Alle Lieder werden von den Entlasskindern gesungen)
Lesung : Brockmeier : Ewiges Deutschland (Lehrer Selm)
Stimme : Friedrich der Grosse spricht :
Helden haben ein neues Reich geschaffen! Haltet dieses Reic aufrecht, damit der Ruhm der Väter nicht eure Schande werde
(Polotzek Kl. 7(1)

\+

Trommel und Fanfare und Stimme (w.o.)

II.

Kl.7(1): FREIHEIT UND EINIGKEIT !
Lied , : Nur der Freiheit gehört unser Leben...
Spruch : Arndt : Von der Einigkeit (Lesebuch)
gespr. von 2 Knaben und 1 Mädchen. (kl.8a und 7(1).
Gedicht : 3. Strophe des Deutschlandliedes (1 Mädchen)
(Einigkeit und Recht und Freiheit...)

\+

Trommel und Fanfare und Stimme (w.o.)

III.

Kl.7(1) : TREUE UND PFLICHT !
Lied : Wenn alle untreu werden....
Gedicht : Anacker : T r e u e.(gespr. von Anni R ttger, Margit Neugebauer, Sigrid Stempdki)
Stimme : Adolf Hitler spricht : (Bartholomae)
Kl.7(1) : Auf Gotteseewige Gesetze zu achten, sei unsere heiligste Pflicht !

Lesung aus : Mein Kampf :
1. S. 434 : Vom Zweck des völkischen Staates (Lehrer/ Kregeler)
2. S. 556 : Die Hakenkreuzfahne, das Symbol des nat'soz. Staates (Frau Beckmann)
3. Und dieses fordert der Führer von jedem deutschen Menschen :...(S. 461,S.474) (Lehrer Dickel)

ANSPRACHE : REKTOR EIMKE !
Verteilung der Abgangszeugnisse und
Schlusswort und Hymnen. [illegible]

Di.

[193] »Und dieses fordert der Führer von jedem deutschen Menschen«: Entlassungsfeier der Volksschule Mährfeldstraße, 1942.

Der Kreisschulrat III.   Gelsenkirchen, den 1. Juli 1936.
Tgb.Nr. 924

An
den Herrn Oberbürgermeister,
Stadtamt 40.

In den Volksschulen des Aufsichtsbezirkes Gelsenkirchen III befinden sich noch 12 jüdische Kinder (Stand vom 1. 5. 1936). Diese Schüler sind in mancher Beziehung eine grosse Belastung für den Unterrichtsbetrieb. Es ist daher verständlich, wenn die deutschen Lehrer und Schüler nichts sehnlicher wünschen, als dass diese Fremdrassigen möglichst bald aus unseren Schulen verschwinden.

Dank der durch die Nationalsozialisten erfolgte Aufklärung sieht man den Juden heute eben so, wie er wirklich ist. Wiederholt ist man deshalb schon mit der Bitte an mich herangetreten, doch für die Entfernung der Judenkinder aus den hiesigen Schulen Sorge zu tragen. Ich verstehe es durchaus, dass die Eltern nur ungern ihre Kinder mit jüdischen Schülern zusammen in einer Klasse wissen. Bedeutet doch das Judenkind wegen seiner rassischen Sonderartung dauernd eine Gefahr für die Kinder deutschen Blutes. Darum muss eben überall dort, wo das möglich ist, die Trennung der jüdischen Kinder von den deutschen durchgeführt werden. Hier in Gelsenkirchen bietet sich die Möglichkeit dazu. Die Stadt besitzt eine israelitische Schule die sogar von jüdischen Kindern aus Wattenscheid besucht wird. Es muss sich ermöglichen lassen, dass auch die Judenkinder aus dem Stadtteil Buer dieser Schule zugeführt werden.

den. Falls von jüdischer Seite Einwendungen über zu weite Schulwege gemacht werden sollten, so ist dem entgegen zu halten, dass der Weg von Wattenscheid nach Gelsenkirchen ebenfalls weit ist und dass auch unsere Hilfsschüler teilweise weite Schulwege mit beträchtlich langer Strassenbahnfahrt haben. Ausserdem ist ja den Juden das Reisen ein Bedürfnis, was auch schon aus der Tatsache erhellt, dass sie vom Jordan bezw. von Polen nach hier kamen und als Händler und dergl. heute noch täglich unterwegs sind. In diesem Falle würde also eine angeborene Veranlagung nur berücksichtigt werden. Ausserdem entwickelt sich das Judenkind körperlich früher als unsere Kinder und kann deshalb auch die physischen Anstrengungen wohl ertragen. Einwendungen wegen der entstehenden Kosten werden ebenfalls nicht stichhaltig sein können.

Ich würde diesen Antrag bereits eher gestellt haben, wenn ich nicht auf Grund verschiedener Anzeichen geglaubt hätte, dass bereits ernsthafte Schritte zur Umschulung der hiesigen Judenkinder unternommen seien. Anscheinend ist das jedoch nicht der Fall. Ich bitte deshalb darum, nunmehr die Angelegenheit als dringlich behandeln zu wollen, damit möglichst bald die Schulen meines Bezirkes von den jüdischen Kindern gesäubert werden.

Zur weiteren Begründung meines Antrages füge ich den Schriftwechsel über den Vorfall an der hiesigen Röckschule gelegentlich des Plakettenverkaufs anlässlich des Deutschen Jugendfestes bei. Nach Regelung der Angelegenheit bitte ich um Rückgabe desselben.

Ellermann
k. Kreisschulrat.

5 Anlagen.

Verm.: Die Judenkinder sind ab 1.9.36 in die israelitische Schule in Ge. umgeschult worden. (Akten bei [illegible])

[194] (a und b) Im Zuge der »Rassentrennung« wurden die jüdischen Kinder aus den Schulen gedrängt – sie stellten laut eines Schreibens des Gelsenkirchener Kreisschulrates Wilhelm Ellermann an den Oberbürgermeister 1936 »eine Gefahr für die Kinder deutschen Blutes« dar.

[195] Das Gelsenkirchener Realgymnasium, um 1930: An dieser Schule unterrichtete Hohnroth zwischen 1920 und 1945.

(heute: Grillo-Gymnasium), später an Anfeindungen durch seine Lehrer:

»Die Schlimmsten waren Turnlehrer Hohnroth und besonders Paul Storsberg, unser Gesangslehrer. Er rief uns nie beim Namen, nur ›Jude Itzig Cohn‹, und schlug uns mit Händen und Rohrstock.«

Nach und nach wurden alle jüdischen Kinder gezwungen, die Gelsenkirchener Schulen verlassen.

[196] Schreiben des Schulkollegiums Münster an Paul Hohnroth, 1949: Die Stadt Gelsenkirchen hielt ihn als Lehrer in einem demokratischen Gemeinwesen für »ungeeignet«.

Schulkollegium in Münster

Akt.-Z. 5/9 b 79 Hohnroth

Münster (Westf.), den 31.Oktober 1949
Schloßplatz 5
Fernruf 7051

62

An Herrn

Oberschullehrer Paul H o h n r o t h

in Gelsenkirchen

Betrifft: Wiedereinstellung in Ihre frühere Planstelle.
Bezug: Ihre Beschwerde vom 7.10.1949, eingegangen am 7.10.49.

Ihre fristgerecht eingelegte Beschwerde vom 7.10.1949 gegen die von der Stadtverwaltung Gelsenkirchen über Ihren Wiedereinstellungsantrag getroffene ablehnende Entscheidung vom 27.9.1949 wird zurückgewiesen, weil Sie durch Ihren freiwilligen Übertritt vom "Stahlhelm" zur SS sogleich nach der Machtergreifung des Nazismus und Ihren Übereifer für eine vormilitärische und militärische Ausbildung der Jugend (laut Bericht des Oberbürgermeisters von Gelsenkirchen vom 21.8.1944) für eine demokratische Erziehung der Jugend im Völker versöhnendem Geiste als ungeeignet erscheinen.

Gegen diesen Bescheid können Sie innerhalb von 2 Wochen seit Zustellung gemäß § 5 Ziffer 5 Abs. 2 und 3 der 1. Sparverordnung vom 19.3.1949 Beschwerde beim Kultusministerium in Düsseldorf einlegen.

Im Auftrage:

gez. Bruchmann

An die
Stadtverwaltung in Gelsenkirchen

Stadt Gelsenkirchen Eing.: 14. NOV. 1949 St. A.

SCHULAMT Eing.: 15. NOV 1949

Abschrift zur gefl. Kenntnisnahme.

Im Auftrage:

gez. Bruchmann

Schulkollegium in Münster Kanzlei

Beglaubigt
Staatsangestellter

1933-1939

Macht und Ohnmacht im »Dritten Reich«

Schnell und konsequent beseitigten Adolf Hitler, seine Anhänger und seine Helfer die Demokratie in Deutschland und errichteten eine Gewaltherrschaft. Bald ging im »Dritten Reich« alle Macht vom »Führer« aus. Die NSDAP wurde zur Staatspartei, ihre Funktionäre und Mitglieder übernahmen einflussreiche Posten in allen Bereichen des öffentlichen Lebens.

Vor allem die SS, die sich nur dem »Führerwillen« und der nationalsozialistischen Idee verpflichtet sah, stieg zu einer machtvollen Einrichtung auf.

Alle Menschen, die nicht in das nationalsozialistische Weltbild passten, hatten mit Entrechtung und rücksichtsloser Verfolgung zu rechnen. Eine systematische Ausgrenzung, die sich immer weiter radikalisierte, wurde zur Staatsräson. Die Möglichkeiten, sich zur Wehr zu setzen, waren begrenzt. Mit harter Hand ging der nationalsozialistische Terrorapparat gegen diejenigen vor, die es dennoch wagten, Widerspruch zu äußern oder gar offenen Widerstand zu leisten. Selbst wenn sie die Ziele und Maßnahmen des NS-Staates ablehnten, zogen es die meisten »Volksgenossen« vor, sich anzupassen. Sie fürchteten

[197] Gauparteitag in Gelsenkirchen, 1936: Aufmarsch von Formationen der NSDAP vor der Ausstellungshalle am Wildenbruchplatz.

die neue Obrigkeit oder setzten auf die Vorteile, die ihnen eine geschmeidige Eingliederung in die durch den Nationalsozialismus propagierte *Volksgemeinschaft* versprach.

4.1 Macht und Mächtige im »Dritten Reich«: Personen, Strukturen, Organisationen

Das 25-Punkte-Programm der NSDAP

Am 24. Februar 1920, ein Jahr nach ihrer Gründung, verabschiedete die NSDAP in München ihr 25-Punkte-Programm:

Das Programm versammelte völkische, nationalistische, antikapitalistische, antisemitische und mittelständische Positionen, die sich gegenseitig teilweise widersprechen. Trotz seines konfusen Charakters skizziert es wichtige Eckpunkte der NS-Ideologie in Begriffen wie »Groß-Deutschland«, »Volksgenosse«, »deutsches Blut«, »Boden«, »germanische Rasse«, »Volksgesundheit« und »Führer«. Es benannte ebenso die Feinde des Nationalsozialismus: der »Jude«, »Nicht-Deutsche«, »Volksverbrecher«, der »jüdisch-materialistische Geist«.

Mit Hitlers Aufstieg zum »Führer« der Partei verlor das Programm an Bedeutung. Zwar wurde es 1926 für »unabänderlich« erklärt, es hatte aber keine verbindlichen Auswirkungen. Im Mittelpunkt der nationalsozialistischen Propaganda und Politik standen Hitlers

[198] Mitglieder der Gelsenkirchener NSDAP bei einer Feier in Ückendorf, 1933: Anlass war die Berufung von Wilhelm Heikhaus (1. Reihe, 4. von links) zum Abteilungsleiter im Reichssender Köln. Heikhaus (1892–1957) war ein »alter Kämpfer« der NSDAP, Ortsgruppenleiter in Gelsenkirchen und Bezirksleiter Emscher-Lippe. Obwohl er keinerlei Rundfunk-Erfahrung hatte, wechselte er als Günstling des Gauleiters Meyer nach Köln. Anfang 1935 wurde Heikhaus entlassen, nachdem der Sender Köln infolge der dilettantischen Personalpolitik und des chaotischen Führungsstils des NS-Intendanten Dr. Heinrich Glasmeier (1892–1945) in einer beispiellosen Korruptionsaffäre versunken war. Heikhaus kehrte nach Gelsenkirchen zurück und arbeitete als kaufmännischer Angestellter. Zwischen 1945 und 1947 wurde er wegen seiner NS-Belastung im Lager Staumühle bei Paderborn interniert.

[199] Die unter Denkmalschutz stehende Wandinschrift des 25-Punkte-Programms der NSDAP, eingebettet in die Dauerausstellung »Gelsenkirchen im Nationalsozialismus, 2015.

Weltanschauung und die Feindbilder des »Führers«.

Der »Führer«

Adolf Hitler war seit Juli 1921 Vorsitzender der NSDAP. Unter seiner Führung putschte die NSDAP 1923 gemeinsam mit anderen rechtsradikalen Kräften gegen die Republik. Danach wurde Hitler der Prozess gemacht, den er als Bühne für propagandistische Auftritte nutzte. In der Haft verfasste er seine politische Programmschrift »Mein Kampf«.

Kaum ein anderes Buch ist so berühmt wie berüchtigt. Es handelt sich um Hitlers Autobiographie, mit der er sich gleichzeitig als völkischer Ideologe profilieren wollte. Nach 1945 wurde oft behauptet, kaum jemand habe »Mein Kampf« gelesen. Das ist unzutreffend, denn mit Hitlers Erfolgen nahm das Interesse an seinem Buch zu. Seit 1930 stieg der Absatz, allein im Jahr 1932 verkauften sich 90.000 Exemplare. Im Jahr 1933 verzehnfachte sich der Verkauf. Ab 1936 wurde das Buch dann als Geschenk für Neuvermählte verteilt – das Image als Hochzeitsgabe bestimmte später die Annahmen über die Rezeption des Buches.

Nachdem Hitler Ende 1924 vorzeitig aus der Haft entlassen worden war, stieg er zum unumstrittenen »Führer« der NSDAP auf. Der Hitlerkult wurde rasch zum Dreh- und Angelpunkt der NS-Bewegung. Hitler betrachtete die Beziehung zu seiner Anhängerschaft als symbiotisch, wie er beispielsweise in einer Rede vor SA-Leuten im

[200] Personenkult in Gelsenkirchen-Erle: An der Hauswand des Gebäudes Bismarckstr. 187, dem Sitz der NSDAP-Ortsgruppe, warb 1937 ein überdimensionales Plakat mit dem Bildnis des »Führers« für den Eintritt in die »Nationalsozialistische Volkswohlfahrt«.

[201] Die »Adolf-Hitler-Kampfbahn« in Gelsenkirchen-Rotthausen: Das Stadion fasste 30.000 Zuschauer und wurde 1934 eingeweiht.

Jahr 1936 verdeutlichte: »Alles was ihr seid, seid ihr durch mich, und alles was ich bin, bin ich nur durch euch allein.«

Nach der »Machtergreifung« 1933 zog der Kult um den »Führer« immer weitere Kreise. Das »Dritte Reich« wurde 1933/34 komplett auf den »Führer« zugeschnitten. Seine Macht war seit dem Tode Hindenburgs im August 1934 uneingeschränkt.

Die Gründe für den beispiellosen Aufstieg dieses sozialen und politischen Niemands lagen nicht in seinen realen Fähigkeiten. Vielmehr schrieben ihm seine Partei und schließlich immer mehr Deutsche außerordentliche und außeralltägliche Eigenschaften zu: Als »Führer« sollte Hitler eine verunsicherte und orientierungslose Gesellschaft erlösen.

Mit propagandistischen Inszenierungen, die den »Führer« mythisch verklärten, verstärkte der NS-Staat diesen Eindruck. Hitlers Mythos erreichte in den Zeiten außenpolitischer und militärischer Triumphe bis 1941 seinen Höhepunkt. Mit den Rückschlägen in der zweiten Kriegshälfte ging seine Popularität zurück. Die NSDAP und deren Funktionäre blieben aber bis zum Schluss auf den »Führer« Hitler fixiert.

Die Partei

Aus der NSDAP wurde in der zweiten Hälfte der 1920er Jahre eine gut organisierte, aber bei Wahlen zunächst recht erfolglose rechtsextreme Sammlungsbewegung. Ab 1928 modernisierte der Reichsorganisationsleiter Gregor Strasser die Strukturen der Partei. Er reformierte die regionalen Gliederungen der Partei, die Gaue, baute die Parteizentrale aus und gründete Vorfeld- und Interessensorganisationen wie die NS-Frauenschaft oder den Nationalsozialistischen Lehrerbund (NSLB).

Die Partei blieb ausschließlich auf Hitler ausgerichtet – der »Führer« gab die politische Richtung vor, der Kult um ihn hielt die NSDAP zusammen. Auf Reichs- und Gauparteitagen feierte sich die NSDAP regelmäßig selbst und beschwor die Einheit von Führer, Partei und *Volksgemeinschaft*.

Seit 1930 stieg die Zahl der Mitglieder steil an – aus der NSDAP wurde eine Massenpartei. Nach

[202] Hitlers einziger Besuch in Gelsenkirchen fand aus Anlass der Beerdigung von Emil Kirdorf im Jahr 1938 statt: Der Autokonvoi des »Führers« auf dem Weg zur Zeche Rheinelbe, wo die zentrale Trauerfeier stattfand.

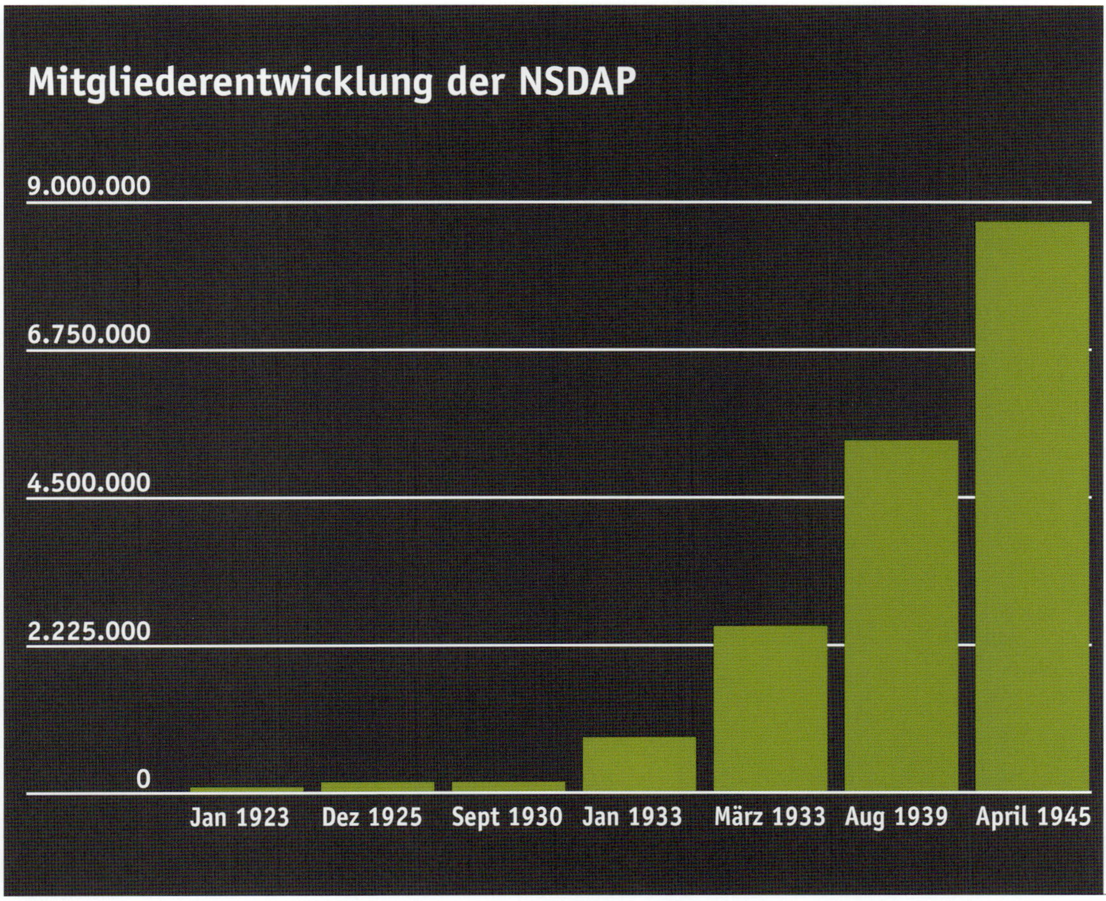

[Grafik 6] Die Mitgliederentwicklung der NSDAP 1923–1945.

[203] Gebäude der NSDAP-Ortsgruppe Gelsenkirchen-Altstadt in der Königstraße, 1935.

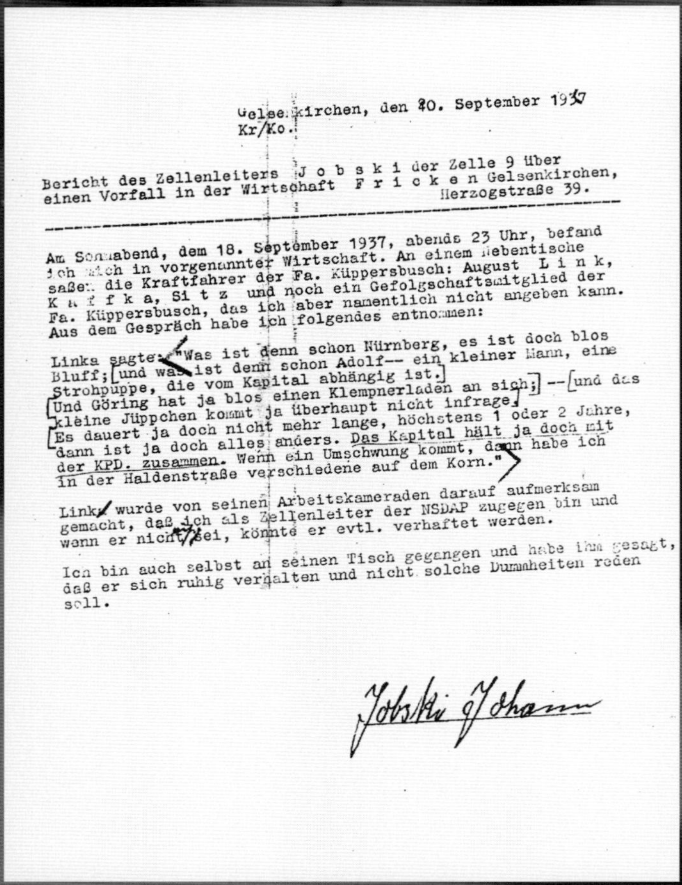

Gelsenkirchen, den 20. September 1937
Kr/Ko.

Bericht des Zellenleiters J o b s k i der Zelle 9 über einen Vorfall in der Wirtschaft F r i c k e n Gelsenkirchen, Herzogstraße 39.

Am Sonnabend, dem 18. September 1937, abends 23 Uhr, befand ich mich in vorgenannter Wirtschaft. An einem Nebentische saßen die Kraftfahrer der Fa. Küppersbusch: August L i n k, K a f f k a, S i t z und noch ein Gefolgschaftsmitglied der Fa. Küppersbusch, das ich aber namentlich nicht angeben kann. Aus dem Gespräch habe ich folgendes entnommen:

Linka sagte: "Was ist denn schon Nürnberg, es ist doch blos Bluff; [und was ist denn schon Adolf-- ein kleiner Mann, eine Strohpuppe, die vom Kapital abhängig ist.] Und Göring hat ja blos einen Klempnerladen an sich;] --[und das kleine Jüppchen kommt ja überhaupt nicht infrage.] Es dauert ja doch nicht mehr lange, höchstens 1 oder 2 Jahre, dann ist ja doch alles anders. Das Kapital hält ja doch mit der KPD. zusammen. Wenn ein Umschwung kommt, dann habe ich in der Haldenstraße verschiedene auf dem Korn."

Link wurde von seinen Arbeitskameraden darauf aufmerksam gemacht, daß ich als Zellenleiter der NSDAP zugegen bin und wenn er nicht still sei, könnte er evtl. verhaftet werden.

Ich bin auch selbst an seinen Tisch gegangen und habe ihm gesagt, daß er sich ruhig verhalten und nicht solche Dummheiten reden soll.

Jobski Johann

[204] Eine Denunziation im Jahr 1937: Ein Gelsenkirchener Zellenleiter der NSDAP meldete ein »staatsgefährdendes« Kneipengespräch der Kreisleitung, ...

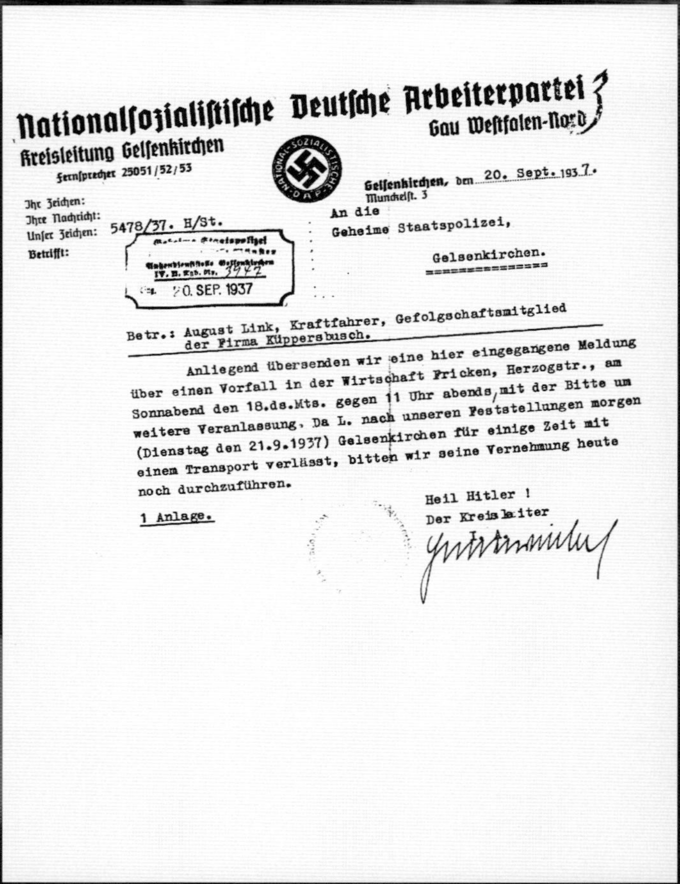

Nationalsozialistische Deutsche Arbeiterpartei
Gau Westfalen-Nord
Kreisleitung Gelsenkirchen
Fernsprecher 25051/52/53

Gelsenkirchen, den 20. Sept. 1937.
Munckelst. 3

Ihr Zeichen:
Ihre Nachricht:
Unser Zeichen: 5478/37. H/St.
Betrifft:

An die
Geheime Staatspolizei,
Gelsenkirchen.

20. SEP. 1937

Betr.: August Link, Kraftfahrer, Gefolgschaftsmitglied der Firma Küppersbusch.

Anliegend übersenden wir eine hier eingegangene Meldung über einen Vorfall in der Wirtschaft Fricken, Herzogstr., am Sonnabend den 18.ds.Mts. gegen 11 Uhr abends, mit der Bitte um weitere Veranlassung. Da L. nach unseren Feststellungen morgen (Dienstag den 21.9.1937) Gelsenkirchen für einige Zeit mit einem Transport verlässt, bitten wir seine Vernehmung heute noch durchzuführen.

Heil Hitler !
Der Kreisleiter

1 Anlage.

[205] ... die diese Information umgehend an die Gestapo weiterleitete.

[206] »Goldfasane« unter sich: Amtseinführung des neuen Leiters des Kreises Emscher-Lippe, Heinrich Scholdra (rechts), durch den Stellvertretenden Gauleiter Peter Stangier (2. von links), 1938. Scholdra (1899–1945) hatte dieses Amt zwischen 1938 und 1941 inne. Danach ging er als Gebietskommissar in die besetzte Ukraine. Er kam kurz vor Kriegsende als Soldat ums Leben.

[207] *(rechts)* Der Ingenieur Lorenz Tewes (1898–1970) war 1933/34 Kreisleiter der NSDAP in Gelsenkirchen und im Anschluss Kreisleiter in Warendorf und Ahaus/Coesfeld. Zwischen 1945 und 1947 tauchte er zunächst unter, danach verbrachte er seine Zeit bis Ende 1950 zum Großteil in Haft. Unter anderem war er wegen seiner aktiven Teilnahme am Pogrom vom 9./10 November 1938 in Ahaus verurteilt worden.

[208] *(links)* Ernst Schulte (1892–1963) betrieb als Elektrikermeister ein Geschäft in Buer. Er war zwischen 1932 und 1938 NSDAP-Kreisleiter von Buer und wurde danach auf Veranlassung von Gauleiter Dr. Meyer Verkehrs- und Wirtschaftsdezernent der Stadt Gelsenkirchen. Zwischen 1945 und 1948 befand er sich in einem Internierungslager der Alliierten. Im Rahmen seines Entnazifizierungsverfahrens wurde ihm sein Anspruch auf eine städtische Pension aberkannt.

[209] Jubiläumsfeier bei der NSDAP-Ortsgruppe Gelsenkirchen-Horst, um 1935: Neben Gauleiter Dr. Alfred Meyer (6. von rechts) nahm auch die Hebamme Amalie Alexander (1883–1962) teil, eine der frühesten und aktivsten Nationalsozialistinnen in Horst-Emscher.

der »Machtergreifung« erhielt die NSDAP einen derart großen Zulauf, dass im Mai 1933 ein Aufnahmestopp verhängt wurde. Erst ab 1937 war wieder ein Parteibeitritt möglich.

Die NSDAP war streng hierarchisch nach dem Führerprinzip gegliedert. Im »Dritten Reich« übte die Partei vor Ort strikte soziale und politische Kontrolle aus. NS-Funktionäre überwachten nicht nur die Parteimitglieder, sondern alle »Volksgenossen«. Die Leiter der Ortsgruppen sammelten Informationen über alle Menschen in ihrem Zuständigkeitsbereich. Abweichendes Verhalten wurde ohne zu zögern bei der Gestapo denunziert. Zudem schrieb die Ortsgruppe routinemäßig politische Beurteilungen, wenn Menschen Fürsorgeanträge stellten, zu Beförderungen anstanden oder auch eine Schankerlaubnis beantragten.

Die hauptamtlichen Funktionäre der Partei hießen offiziell »Politische Leiter«. Wegen ihrer hellbraunen Uniformen nannte sie der Volksmund »Goldfasane«. Sie standen im Ruf, zumeist unfähig und korrupt zu sein. Von Hitler persönlich ernannt, hatten die Politischen Leiter der NSDAP auf lokaler und regionaler Ebene einen breiten Handlungsspielraum – sofern ihre Loyalität zum »Führer« außer Frage stand. Vor allem die Gauleiter hatten eine beträchtliche Machtposition inne. Sie führten sich wie selbstherrliche Regionalfürsten auf, setzten sich über geltendes Recht hinweg und entfalteten in ihren Gauen eine Willkürherrschaft.

Trotz zahlreicher Überschneidungen verschmolzen Partei und Staat im »Dritten Reich« nicht vollständig miteinander, sie existierten vielmehr parallel zueinander.

BIOGRAFIE

Karl Kossol – ein Gelsenkirchener »Goldfasan«

Bereits als Jugendlicher schloss sich Karl Kossol (1909–1992) in Münster nationalistischen Jugendverbänden wie dem Jungdeutschen Orden an. Nachdem er 1929 durch das Abitur gefallen war, verlegte er sich bald auf eine politische Karriere. Im Februar 1931 trat er in die NSDAP ein und stieg rasch zum Kreisleiter auf. Nach verschiedenen Stationen im Münsterland kam er schließlich 1934 nach (Alt-)Gelsenkirchen, wo er als Kreisleiter vier Jahre der führende Vertreter der Partei vor Ort war. Dieser Posten war gut bezahlt, Kossol verdiente mehr als das Sechsfache seines früheren Bürogehilfengehaltes. In Gelsenkirchen präsentierte er sich als einhundertprozentiger Nationalsozialist. In einer Rede auf dem Gelsenkirchener Gautreffen im Jahr 1936 verkündete er: *»Die Nationalsozialisten Gelsenkirchens kennen aber nur ein Ziel, den letzten Volksgenossen zu einem fanatischen Fechter unserer politischen Glaubenslehre zu machen.«* Im Jahr 1938 stieg Kossol weiter die Karriereleiter hinauf und ging als Gauorganisationsleiter zurück nach Münster. Anfang 1939 fiel er wegen einer Schlägerei und einer Verurteilung wegen schwerer Körperverletzung in Ungnade: Kossol wurde entlassen und kam zum Arbeitseinsatz an den Westwall. Kurz nach Kriegsbeginn erinnerte sich die NSDAP allerdings wieder ihres »Alten Kämpfers« und schickte Kossol in die besetzten Ostgebiete, zunächst in den neu gegründeten Warthegau und ab Anfang 1942 in das Reichskommissariat »Ostland«: Er übernahm Aufgaben im Stab der baltischen Gebietskommissariate Libau und Mitau. Somit war er bis Mitte 1943 an einer entscheidenden Schnittstelle der deutschen Besatzungsverwaltung tätig, die mit nahezu uneingeschränkter Machtvollkommenheit die Ausplünderung der besetzten Gebiete sowie die Ausbeutung und Ermordung der Bevölkerung organisierte.

In den letzten beiden Kriegsjahren war Kossol Soldat. Er geriet im März 1945 in amerikanische Kriegsgefangenschaft. Im Anschluss wurde er von den Briten verhaftet und bis 1948 im Lager Recklinghausen-Hillerheide interniert. Nach seiner Entlassung und seiner Einstufung in die Entnazifizierungskategorie III schlug er sich zunächst als Hilfsarbeiter in Espelkamp durch und lebte dann ab 1952 wieder in Gelsenkirchen, wo er als Handelsvertreter arbeitete. Im Jahr 1959 verließ Kossol die Stadt endgültig und zog nach Senne bei Bielefeld.

[210] Karl Kossol (1909–1992).

Die Vorfeldorganisationen der NSDAP

Auf ihrem Weg zur Massenpartei stützte sich die NSDAP nicht nur auf ihre eigenen Mitglieder, sondern auch auf ein ganzes Netzwerk von Vorfeld- und Interessensorganisationen. Während die Partei zwischen 1933 und 1937 einen Aufnahmestopp verhängt hatte, nahmen die Gliederungen und angeschlossenen Verbände der

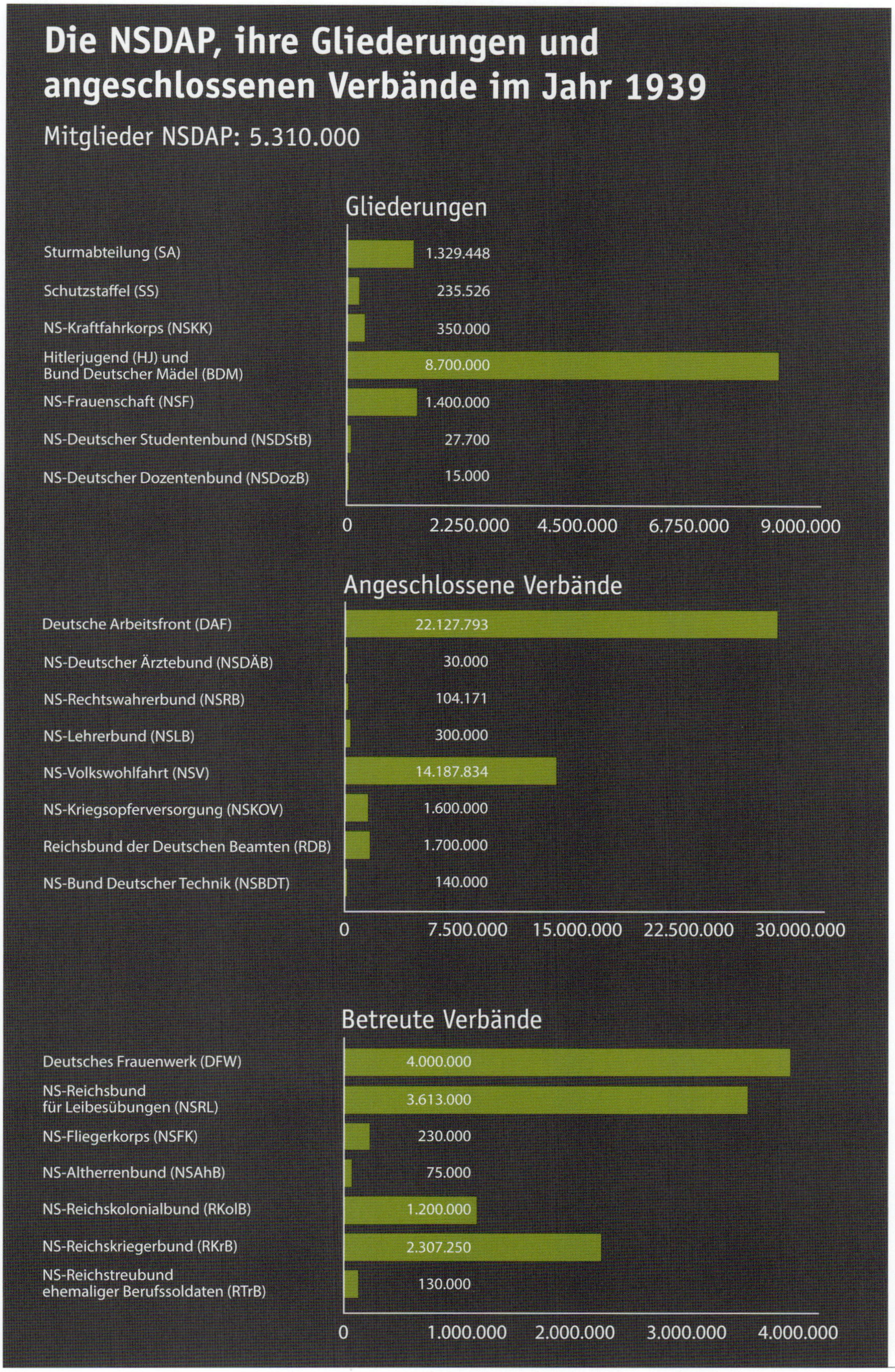

[Grafik 7] Die NSDAP, ihre Gliederungen und angeschlossenen Verbände im Jahr 1939.

[211] SA auf dem Schalker Markt, 1936.

NSDAP aber weiter neue Mitglieder auf. Diese nationalsozialistischen Vorfeldorganisationen waren mit der Partei teilweise personell verknüpft, aber nicht an ihre Weisungen gebunden. Sie verfügten über eigene Handlungsspielräume.

Sturmabteilung

Die Sturmabteilung (SA) wurde 1920 als Ordnerdienst der NSDAP gegründet. Von einem kleinen Schlägertrupp entwickelte sie sich zu einer paramilitärischen Massenorganisation. Kernaufgabe der SA war es zunächst, durch den Kampf um die Straße die Macht im Staat zu erobern. Nach der »Machtergreifung« schüchterte der brutale SA-Terror politische Gegner ein und hatte so maßgeblichen Anteil daran, dass Hitler seine Macht festigen konnte. Die SA sah sich als treibende Kraft der nationalsozialistischen »Revolution« und drängte nach größerer Macht. Die Beseitigung der SA-Führung aus Anlass des angeblichen »Röhm-Putsches« am 30. Juni 1934 setzte dem Aufstieg der Parteiarmee ein blutiges Ende. Die SA konzentrierte sich in den folgenden Jahren auf vormilitärische Ausbildung und propagandistische Auftritte. Während der antisemitischen Ausschreitungen im November 1938 zeigte sich, dass die Gewaltbereitschaft der SA ungebrochen war.

[212] *Volksgemeinschafts*-Propaganda an der Gulaschkanone: Gelsenkirchener SA in der Winterhilfswerkskampagne 1936/37.

[213] Angetretene Angehörige der Gelsenkirchener SA-Standarte 137 »Ludwig Knickmann« am Abend des 9. November 1938: Kurz darauf gingen diese Männer auf die jüdische Bevölkerung Gelsenkirchens los.

Schutzstaffel

Die Schutzstaffel (SS) entstand 1925 zum persönlichen Schutz des »Führers«. Sie war zunächst Teil der SA. Ab 1929 wurde die SS von Heinrich Himmler geführt. Sie verstand sich nun als »schwarzer Orden«, als rassische und weltanschauliche Elite des Nationalsozialismus. Im »Dritten Reich« baute Himmler seine Machtposition aus. Die SS war 1934 maßgeblich an der Ermordung der SA-Spitze beteiligt. Danach wurde sie zu einer »selbstständigen Organisation« der NSDAP. Nachdem Himmler 1936 zum »Chef der Deutschen Polizei« ernannt worden war, verschmolzen SS und Polizei unter seiner Regie zu einem neuartigen Staatsschutzkorps. Dieser ausschließlich dem Führerwillen unterworfene Machtblock hatte sich der Vernichtung der »Gemeinschaftsfremden« verschrieben. Während des Zweiten Weltkrieges wurde die SS, im Reichssicherheitshauptamt verschränkt mit Sicherheitsdienst (SD) und Gestapo, zum zentralen Akteur des Völkermordes. Sie betrieb die Vernichtungslager, in denen Millionen Menschen umgebracht wurden.

[214] Gelsenkirchener Braun- und Schwarzhemden, (noch) friedlich vereint: SA und SS im Jahr 1933.

[215] Das Volkshaus in Rotthausen wurde im Sommer 1933 zu einer »SS-Führerschule« umgewandelt. Dort absolvierten arbeitslose SS-Männer aus Westfalen und dem Ruhrgebiet eine vormilitärische Ausbildung in Verbindung mit weltanschaulicher Schulung. Als die SS ihr Ausbildungswesen im Jahr 1935 zentralisierte, wurde die Einrichtung in Gelsenkirchen-Rotthausen geschlossen.

[216] SS-Angehörige im Volkshaus in Rotthausen, um 1934.

[217] Feierliche Eröffnung des HJ-Heimes in Gelsenkirchen-Heßler durch den HJ-Gefolgschaftsführer Heinrich Peters (Mitte), 1936: Peters (1916–1998) trat bereits 1931 dem Nationalsozialistischen Schülerbund bei und kam zwei Jahre später zur HJ. Nach seinem Abitur wurde er hauptamtlicher HJ-Führer. Am Zweiten Weltkrieg nahm er als Offizier teil, bis er Ende 1943 nach zweifacher Verwundung aus der Wehrmacht entlassen wurde. Im letzten Kriegsjahr war er als HJ-Bannführer in Gronau verantwortlich für die Wehrertüchtigung der Jugend und die Aufstellung des Volkssturms. Nach dem Krieg machte er in Darmstadt als Beamter der Bundespost Karriere.

Hitlerjugend

Die Hitlerjugend (HJ) war für das NS-Regime das wichtigste Instrument, um die Jugend zu indoktrinieren. Sie sollte sich gegen Eltern und Schule als eigenständige Erziehungsmacht durchsetzen. Aus der Parteijugend wurde 1936 per Gesetz eine Staatsjugend, die Mitgliedschaft im Deutschen Jungvolk ab dem zehnten Lebensjahr war nun Pflicht. Mit 14 Jahren mussten die Jugendlichen in die HJ bzw. in den Bund Deutscher Mädel (BDM) wechseln. Im Jahr 1939 gehörten der HJ 8,7 Millionen Jugendliche an, sie war damit die größte Gliederung der NSDAP. Ihr Ziel einer Totalerfassung der deutschen Jugend erreichte die HJ aber nie. Mit ihrem Streifendienst verfolgte die HJ Jugendliche, die ihr Leben und ihre Freizeit eigenständig gestalten wollten. Bündische und konfessionelle Jugendgruppen wurden ebenso kriminalisiert wie »wilde« Jugendcliquen.

Die Jugendlichen hatten sich nach den Vorstellungen der HJ-Führung widerspruchslos in die *Volksgemeinschaft* einzureihen. So verkündete der aus Gelsenkirchen stammende Führer des HJ-Gebiets Westfalen, Gustav Adolf Langanke (1912–1941), im Jahr 1938: »*Gemeinsam wollen wir die Jugend in fanatischer Gläubigkeit und Liebe zum Führer erziehen.*« Die zentralen Werte der HJ verherrlichten das Soldatentum: Härte, Kameradschaft, Gefolgschaft, Pflichterfüllung, Willensstärke und körperliche Leistungsfähig-

[218] Angetretene Hitlerjungen auf dem Gauparteitag der NSDAP in Gelsenkirchen, 1937.

[219] Aufnahme des Jahrgangs 1928 in das Deutsche Jungvolk, Gelsenkirchen 1938.

[220] Sportfest des BDM-Obergaues Westfalen in der Glückauf-Kampfbahn, 1937: BDM-Angehörige als Zuschauerinnen.

keit. Hitlerjungen sollten ein Gefühl rassischer Überlegenheit entwickeln. Gleichzeitig sollten sie traditionelle Moralvorstellungen ablegen: Mitleid gegenüber Schwachen und Gegnern des Nationalsozialismus galt als verpönt. Sie lernten so die neue Moral des Nationalsozialismus: Recht war, was der *Volksgemeinschaft* nutzte.

Bund Deutscher Mädel

Die Erziehung zur »deutschen Mutter«, also zur idealen weiblichen Ergänzung des soldatischen Mannes, war das wichtigste Ziel des Bundes Deutscher Mädel (BDM). Dabei waren die Methoden des BDM widersprüchlich: Obwohl die Mädchen zukünftig auf den Haushalt und das Kinderkriegen beschränkt sein sollten, wurden sie durch Sport, soziale Aufgaben oder Ernteeinsätze aktiviert. Gerade BDM-Führerinnen entdeckten so neue Perspektiven der Selbständigkeit. Wie die HJ-Führer standen sie treu zum Regime. Bei vielen Jugendlichen – Mädchen wie Jungen – erzeugten der öde Alltagsdienst in BDM bzw. HJ, die strikte Hierarchie und die paramilitärische Disziplin allerdings Widerwillen.

[221] Gesangsvorführung bei einer Untergautagung des BDM in Gelsenkirchen

[222] Sportfest des BDM-Obergaues Westfalen in der Glückauf-Kampfbahn, 1937: Turnerriege des BDM. Der Gelsenkirchener Oberbürgermeister Carl Böhmer eröffnete diesen Sporttag des BDM mit einer Rede, in der es hieß: *»Gerade die systematische Pflege der Leibesübungen im BDM schafft gesunde, lebensfrohe und lebensstarke Mädel, die mit stolzer Freude die Pflicht erfüllen werden, die sie als deutsche Mütter für die Zukunft des deutschen Volkes dereinst zu erfüllen haben.«*

BIOGRAFIE

Hilde Löhr – ein Gelsenkirchener BDM-Mädel

Hilde Löhr wurde 1929 geboren und wuchs in der Gelsenkirchener Neustadt auf. Ihr Vater arbeitete als Schlosser im nahen Gussstahlwerk. Sie besuchte die Volksschule nahe der evangelischen Neustadtkirche. Mit zehn Jahren trat sie in den Jungmädelbund (JM) ein, in dem die Mitgliedschaft seit 1936 verpflichtend war. Mit 13 Jahren wurde Hilde Löhr in den BDM aufgenommen.

Bei den »Heimabenden« des BDM wurden in weltanschaulichen Schulungskursen »Volks- und Rassenkunde« unterrichtet und erzieherische Volkslieder gesungen. Auch Sport und Hauswirtschaft gehörten zum Programm, um Mädchen wie Hilde gemäß dem nationalsozialistischen Frauenbild zu erziehen. Das spielerische Beisammensein änderte sich mit Kriegsbeginn: Nun wurden Briefe an die Front geschrieben und Pakete für Soldaten verpackt. Als sich der Bombenkrieg zuspitzte, kam Hilde Löhr mit ihrer Schule in die Kinderlandverschickung (KLV) nach Stadthagen in Niedersachsen. Nach ihrem Schulabschluss musste sie mit 14 Jahren ihr »Pflichtjahr« absolvieren – sie ging auf ein Weingut bei Burg Layen an der Nahe. Nach dem Ende des Krieges kehrte sie nach Gelsenkirchen zurück und machte eine Lehre zur Friseurin. Später heiratete sie und bekam eine Tochter.

[223] Hilde Löhr (*1929).

NS-Frauenschaft

Im Oktober 1931 wurde die NS-Frauenschaft (NSF) gegründet, aber bereits zuvor gab es in Gelsenkirchen nationalsozialistische Frauengruppen, seit 1930 beispielswiese in Horst den »Deutschen Frauenorden Rotes Hakenkreuz« unter Leitung der Hebamme Amalie Alexander. Im Februar 1932 gründete die spätere Gaufrauenschaftsführerin Elisabeth Polster eine NSF-Gruppe in Buer – angeblich die erste im Gau Westfalen-Nord. Ab 1935 war die NSF eine offizielle Gliederung der NSDAP. »Reichsfrauenführerin« Gertrud Scholtz-Klink stand zugleich noch dem »Deutschen Frauenwerk«, in dem die Vereine der früheren bürgerlichen Frauenbewegung gleichgeschaltet worden waren, sowie den Frauenorganisationen der DAF, des Reichsarbeitsdienstes und des Deutschen Roten Kreuzes vor.

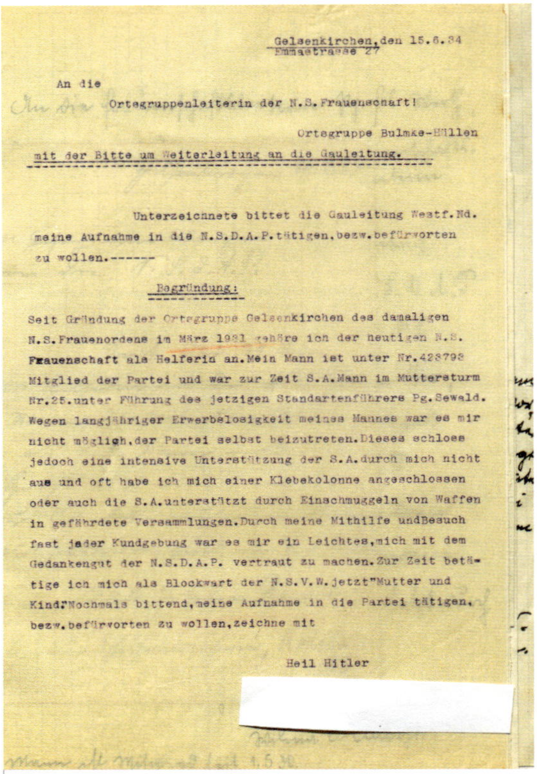

Gelsenkirchen, den 15.6.34
Emmastrasse 27

An die
Ortsgruppenleiterin der N.S. Frauenschaft!
Ortsgruppe Bulmke-Hüllen
mit der Bitte um Weiterleitung an die Gauleitung.

Unterzeichnete bittet die Gauleitung Westf. Nd. meine Aufnahme in die N.S.D.A.P. tätigen, bezw. befürworten zu wollen.------

Begründung:

Seit Gründung der Ortsgruppe Gelsenkirchen des damaligen N.S. Frauenordens im März 1931 gehöre ich der heutigen N.S. Frauenschaft als Helferin an. Mein Mann ist unter Nr. 428793 Mitglied der Partei und war zur Zeit S.A. Mann im Muttersturm Nr. 25. unter Führung des jetzigen Standartenführers Pg. Sewald. Wegen langjähriger Erwerbslosigkeit meines Mannes war es mir nicht möglich, der Partei selbst beizutreten. Dieses schloss jedoch eine intensive Unterstützung der S.A. durch mich nicht aus und oft habe ich mich einer Klebekolonne angeschlossen oder auch die S.A. unterstützt durch Einschmuggeln von Waffen in gefährdete Versammlungen. Durch meine Mithilfe und Besuch fast jeder Kundgebung war es mir ein Leichtes, mich mit dem Gedankengut der N.S.D.A.P. vertraut zu machen. Zur Zeit betätige ich mich als Blockwart der N.S.V.W. jetzt "Mutter und Kind." Nochmals bittend, meine Aufnahme in die Partei tätigen, bezw. befürworten zu wollen, zeichne mit

Heil Hitler

[225] Eine Gelsenkirchenerin bat 1934 in ihrer Ortsgruppe der NS-Frauenschaft unter Hinweis auf ihre Verdienste in der »Kampfzeit« um beschleunigte Aufnahme in die NSDAP.

Eine eigenständige politische Rolle sah der Nationalsozialismus für Frauen nicht vor. Daher zielte die Arbeit der NSF auf die ideologische

[224] Die Hebamme Amalie Alexander (sitzend, Mitte) im Kreise früher Nationalsozialistinnen aus Gelsenkirchen-Horst, um 1933.

[226] Versammlung der NS-Frauenschaft in Gelsenkirchen-Ückendorf, um 1935.

BIOGRAFIE

Elisabeth Polster – Frauen schaffen für die Volksgemeinschaft

[227] Elisabeth Polster (1891–1975).

Elisabeth Polster (1891–1975) kam Anfang der 1920er Jahre als Ehefrau des Bergrates Guntram Polster nach Buer. Dort trat sie 1931 zunächst der Nationalsozialistischen Frauenschaft, dann der NSDAP bei, der ihr Mann bereits seit 1931 angehörte. Im Herbst 1931 übernahm Polster die Führung der Gaufrauenschaft Westfalen-Nord mit Sitz in Buer. Die Organisation konnte sich nach der »Machtergreifung« zunächst in der Villa des ehemaligen Bürgermeisters Emil Zimmermann einrichten, verlegte ihren Sitz aber bereits 1934 nach Münster. Die Geschäfte der Frauenschaft führte Polster allerdings vornehmlich aus Dortmund, wohin sie 1933 aufgrund einer Beförderung ihres Ehemannes umgezogen war.

Die vordringlichste Aufgabe der Frauen sah die Gaufrauenschaftsführerin Polster in der »Kampfzeit« in der »Verpflegung der hungernden und kämpfenden SA«. Bei Propagandamärschen sorgten Nationalsozialistinnen für die Verpflegung der SA- und SS-Männer und halfen beim Verteilen der Flugblätter. Polster betrachtete diesen Einsatz vor allem als eine soziale Leistung. Im »Dritten Reich« organisierte sie Propagandaveranstaltungen, während des Krieges leitete sie Frauen zu Hilfsdiensten an und setzte sie als Erntehelferinnen ein. Im Jahr 1940 verzog sie nach Wien, wo ihr Mann die Stelle des Berghauptmannes der Ostmark übernahm. Ihre Funktionen in Westfalen gab sie auf.

Im eigentlich frauenfeindlichen NS-Staat nutzte Polster die NSF zur politischen Gestaltung und Selbstverwirklichung. Anderen Frauen vermittelte sie ebenfalls das Gefühl, Teil der Volksgemeinschaft zu sein. Ob sich Polster unmittelbarer Verbrechen schuldig gemacht hat, ist nicht belegt. Als Gaufrauenschaftsführerin hatte sie das »Dritte Reich« jedoch herbeigesehnt, an seiner Errichtung aktiv mitgearbeitet. Sie blieb keine Unwissende, Verbrechen nahm sie willentlich in Kauf. Strafverfahren gegen Polster sind nicht bekannt.

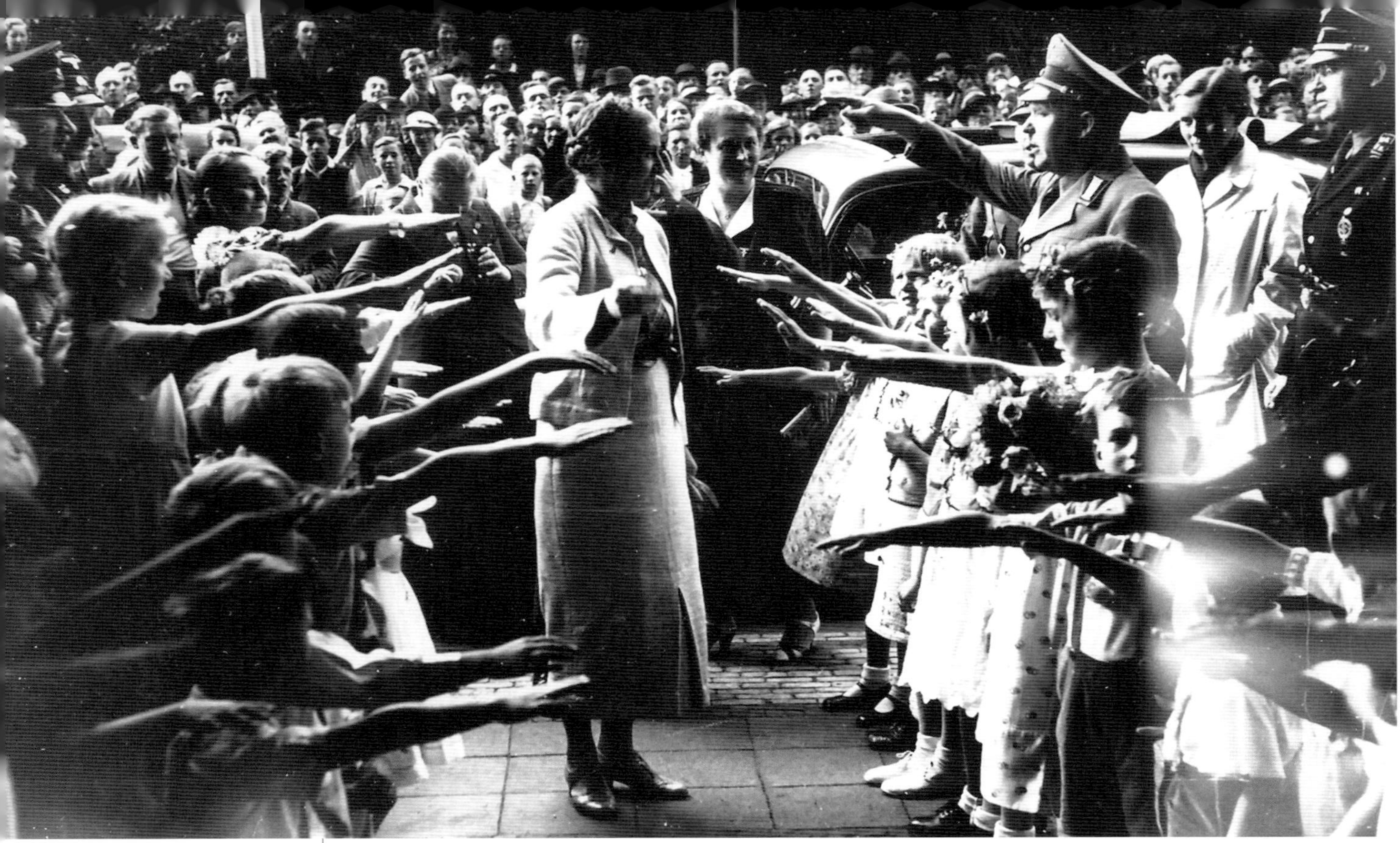

[228] Ankunft der »Reichsfrauenführerin« Gertrud Scholtz-Klink (1902–1999) bei einer Kundgebung der NS-Frauenschaft in der Gelsenkirchener Ausstellungshalle, 1935.

[229] Gaufrauenschaftsführerin Elisabeth Polster bei der Eröffnung des »Hauses der Frau« in Gelsenkirchen, 1938.

und praktische Schulung von Frauen im Hinblick auf die ihnen zugedachte Rolle als »deutsche Mutter«. Dementsprechend formulierte Oberbürgermeister Böhmer 1938 bei der Einweihung des Gelsenkirchener »Hauses der Frau«:

»Wenn dieses Haus sich in den Dienst der nationalsozialistischen Weltanschauung stellt und unsere Frauen und Mädchen zu der vom Schöpfer vorgezeichneten naturgemäßen Bestimmung erzieht, dann betrachte ich dieses Haus als das wertvollste Gebäude der Stadt.«

Nationalsozialistische Volkswohlfahrt

Die Nationalsozialistische Volkswohlfahrt (NSV) war im Jahr 1939 mit über 14 Millionen Mitgliedern die zweitgrößte NS-Organisation. Wegen ihres sozialen Engagements war die NSV populär. Sie organisierte beispielsweise das Winterhilfswerk (WHW), das Hilfswerk »Mutter und Kind«, später auch die Kinderlandverschickung und die Hilfe für ausgebombte Menschen. In der öffentlichen Wahrnehmung galt die NSV als unpolitisch. Daher traten ihr auch viele Menschen bei, die eine Mitgliedschaft in der NSDAP vermeiden wollten. Tatsächlich richtete die NSV ihre Arbeit nach rassistischen und erbbiologischen Kriterien aus. Der NSV-Reichsleiter Erich Hilgenfeldt (1897–1945) machte daraus 1934 kein Geheimnis:

»Völlig verfehlt ist es, Barmherzigkeit zu üben an einem Menschen, der Nation und Menschheit nichts mehr zu geben hat. Wir haben barmherzig zu sein mit dem starken, gesunden Menschen.«

Unterstützt wurden demnach nur die »wertvollen« Mitglieder der *Volksgemeinschaft*.

[230] Festwagen der NSV bei der Gelsenkirchener Maifeier auf der Trabrennbahn, 1939.

[231] Werbekampagne für das WHW, 1933: Im September 1933 rief die NSV das WHW ins Leben, um das soziale Engagement des NS-Regimes zu unterstreichen. Der Druck, sich durch Spenden oder den Kauf von Abzeichen zu beteiligen, war enorm. So kamen jedes Jahr beachtliche Summen zusammen. Davon profitierten nur »Volksgenossen«.

[232] Gemeinsame Kundgebung von NSV und NS-Frauenschaft in Gelsenkirchen, 1935. In der ersten Reihe von links nach rechts: unbekannt, Oberbürgermeister Carl Böhmer, NSV-Kreisleiter Hugo Degenhard, NSV-Reichsleiter Erich Hilgenfeldt, »Reichsfrauenführerin« Gertrud Scholtz-Klink, Gauleiter Dr. Alfred Meyer.

Deutsche Arbeitsfront

Die Deutsche Arbeitsfront (DAF) wurde am 10. Mai 1933 gegründet – kurz nach dem Verbot der freien Gewerkschaften, deren beträchtliches Vermögen sie sich einverleibte. Führer der DAF war Reichsleiter Robert Ley (1890–1945). Im Jahr 1939 war die DAF mit über 22 Millionen Mitgliedern die größte NS-Organisation. Sie beschäftigte 44.000 hauptamtliche und 1,3 Millionen ehrenamtliche Funktionäre.

Die DAF wollte sich die Kontrolle über alle »Schaffenden« sichern. Sie bestimmte das Arbeitsleben und beeinflusste auch darüber hinaus den Alltag der Menschen. In ihrer Propaganda wertete die DAF die Arbeiter auf und sagte ihnen für die Zukunft verbesserte Aufstiegschancen, Sozialleistungen und Arbeitsbedingungen zu. Es waren leere Versprechungen. Soziale Unterschiede blieben bestehen und die »Betriebsführer« konnten uneingeschränkt schalten und walten. Die Gewinne der Unternehmen stiegen, die Realeinkommen der Arbeiter jedoch kaum. Letztlich ging es der DAF vor allem um die Steigerung der Arbeitsleistung. Sie richtete zahlreiche »Wettkämpfe« aus und feierte den leistungsfähigen Arbeiter. Wer den Leistungserwartungen nicht entsprach, wer als »arbeitsscheu« oder »asozial« galt, dem drohten Ausgrenzung und »Ausmerze«.

[233] Angetretene Werksscharen der DAF auf dem Gauparteitag der NSDAP in Gelsenkirchen, 1936.

[234] Kundgebung der DAF-Reichsbetriebsgemeinschaft Bergbau im Hans-Sachs-Haus, Oktober 1936.

Die DAF baute ein verzweigtes Organisationsgeflecht auf und zielte darauf, maßgeblichen Einfluss in der Wirtschafts- und Sozialpolitik zu erlangen. Sie betrieb eigene Wirtschaftsunternehmen, u. a. das Volkswagen-Werk. Auch im Wohnungsbau war die DAF aktiv. Dabei verfolgte sie den Gedanken der »erdverbundenen« Kleinsiedlung, die sie als Gegenstück zur anonymen Mietskaserne propagierte. Eine solche »Robert-Ley-Siedlung« wurde ab 1938 in der Resser Mark in Gelsenkirchen errichtet, aber vor 1945 nicht fertiggestellt.

[235] Der erste Spatenstich für die »Robert-Ley-Siedlung« in der Resser Mark 1938: DAF-Leiter Ley (vorne links), Oberbürgermeister Böhmer (Mitte) und NSDAP-Kreisleiter Scholdra (am Spaten).

4.2 ▸ »Mensch ist nicht gleich Mensch« – Die Stigmatisierung und Verfolgung der »Gemeinschaftsfremden« 1933–1939

Das NS-Regime strebte die Neuordnung Deutschlands auf rassistischer und antisemitischer Grundlage an. Der Wert der einzelnen Menschen wurde nur noch an ihrer Bedeutung für das »Volksganze« gemessen. Wer aus der Norm herausfiel, wurde per Gesetz ausgegrenzt, verfolgt, weggesperrt und häufig ermordet. Als »Gemeinschaftsfremde« galten neben der jüdischen Bevölkerung vor allem körperlich und geistig Behinderte, Andersdenkende und Homosexuelle, aber auch als »Asoziale« stigmatisierte Sinti und Roma, aufsässige Jugendliche, Straffällige, Prostituierte und Wehrdienstgegner. Farbige Menschen oder solche slawischer Herkunft wurden vom NS-Regime als »Untermenschen« betrachtet.

Diagnose »erbkrank«

Die pseudowissenschaftlichen Lehren der »Erb- und Rassenkunde«, die bereits vor 1933 nicht nur in Deutschland, sondern auch in Europa und den USA kursierten, wurden im »Dritten Reich« radikalisiert und in Taten umgesetzt. Bereits am 14. Juli 1933 erließen die Nationalsozialisten das »Gesetz zur Verhütung erbkranken Nachwuchses«. Dessen Ziel hatte Reichsinnenminister Dr. Wilhelm Frick bereits am 28. Juni 1933 auf der ersten Sitzung des Sachverständigenbeirats für Bevölkerungs- und Rassenpolitik auf den Punkt gebracht:

»Wir müssen wieder den Mut haben, unseren Volkskörper nach seinem Erbwert zu gliedern [...]. *Ich sehe es als die größte Aufgabe und Pflicht* [...] *an, die Aufartung* [...] *unseres deutschen Volkes* [...] *zu gewährleisten.«*

Es war ein Gesetz der Unmenschlichkeit. Wer im Sinne des Gesetzes tatsächlich oder angeblich »erbkrank« war, galt als »minderwertige Belastung« für die *Volksgemeinschaft* und sollte zum

[236] Das Rassedenken der Nationalsozialisten spiegelte sich im Unterrichtsmaterial für Schulen: Jugendlichen sollte beigebracht werden, dass nicht alle Menschen den gleichen Wert hätten.

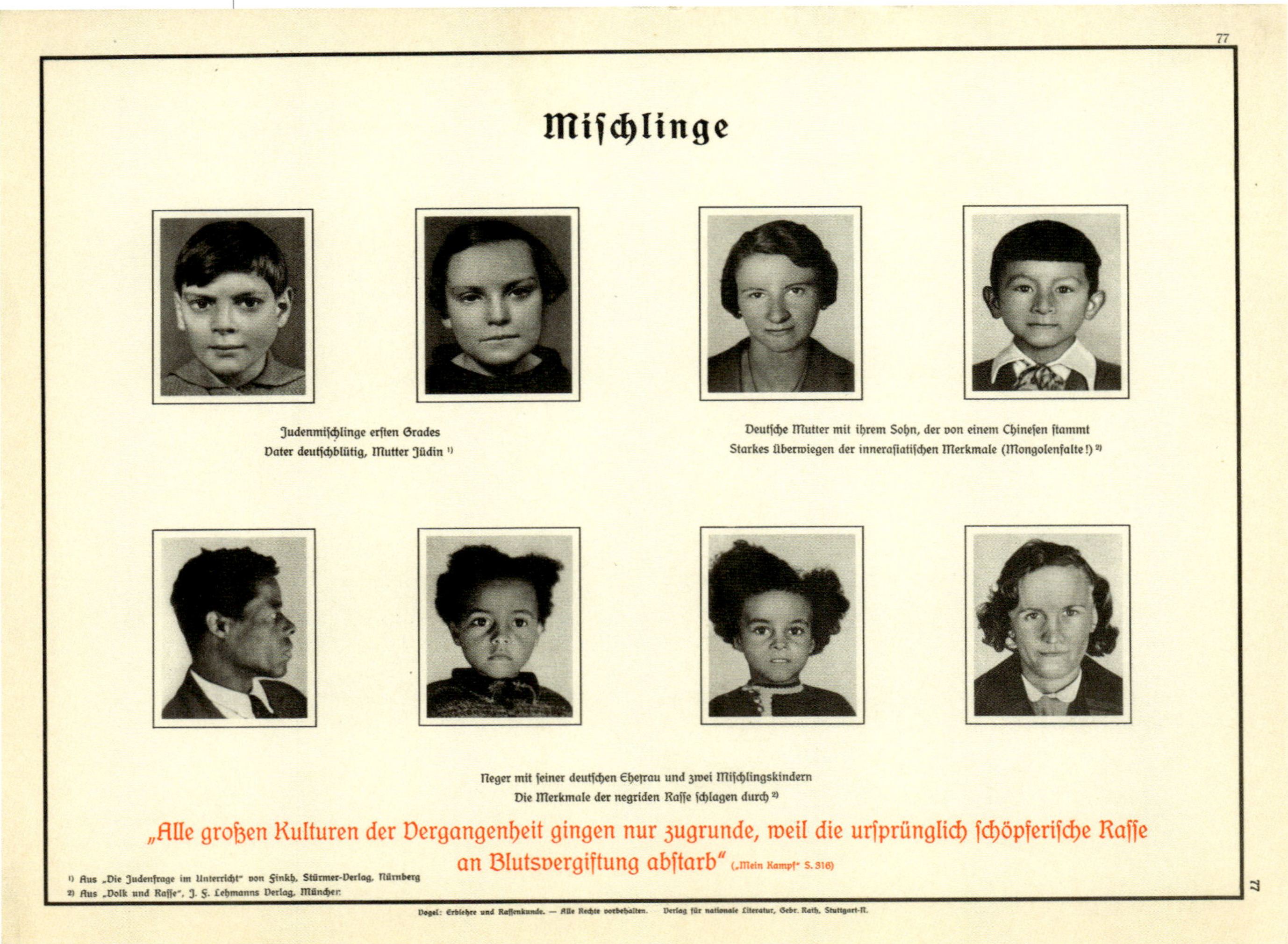

»Schutz der deutschen Rasse« zwangsweise sterilisiert werden. Das Gesetz besiegelte die Verfolgung von kranken und behinderten Menschen im Namen der »Erbgesundheit«.

Insbesondere innerhalb des Gesundheitswesens wurden Maßnahmen gegen Minderheiten getroffen. Die Gesundheitsbehörden hatten direkten Zugriff auf die Bevölkerung und untersuchten diese im Namen der »Volksgesundheit« auf vermeintliche Schwächen und Minderwertigkeiten. In Gelsenkirchen führten Kreisarzt Dr. Heinrich Hübner und die städtischen Medizinalräte solche »erb- und rassenhygienischen« Untersuchungen durch. Unterstützt wurden sie durch Fürsorgestellen, Hilfsschulen und praktizierende Ärzte, die »Erbkrankverdächtige« an das Gesundheitsamt meldeten. Hübner betonte in einer Rede vor den Beiräten des Gesundheitswesens im Februar 1936: *»Ich bin durchdrungen von dem Bewußtsein, daß es vordringlichste Pflicht ist,* [...] *die kranke Erbmasse von der Weitergabe auszuschließen* [...] [und] *schnellstens all diejenigen zu sterilisieren, bei denen das Gesetz die Unfruchtbarmachung vorschreibt.«*

Dementsprechend stellten die städtischen Ärzte bei der Diagnose »erbkrank« konsequent einen »Antrag auf Unfruchtbarmachung« bei den neu eingerichteten »Erbgesundheitsgerichten«. Hatte das »Erbgesundheitsgericht« die Diagnose bestätigt und dem Antrag stattgegeben, wurde die zwangsweise Sterilisation umgehend durchgesetzt. Heinrich K. aus Gelsenkirchen erinnerte sich später an seine Zwangssterilisation im Jahr 1936:
»Kaum war ich zu Hause wurde ich zu einem Termin beim Erbgesundheitsgericht in Essen vorgeladen, als erbkrank bezeichnet, welches die Sterilisation zur Folge hatte und im evangelischen Krankenhaus durchgeführt wurde. Wie ein Verbrecher wurde ich durch die Gestapo abgeführt.«

Nicht nur im Evangelischen Krankenhaus, auch im Bergmannsheil-Krankenhaus und im Knapp-

[237] Schaubilder sollten im Schulunterricht die Ziele des »Gesetzes zur Verhütung erbkranken Nachwuchses« verdeutlichen.

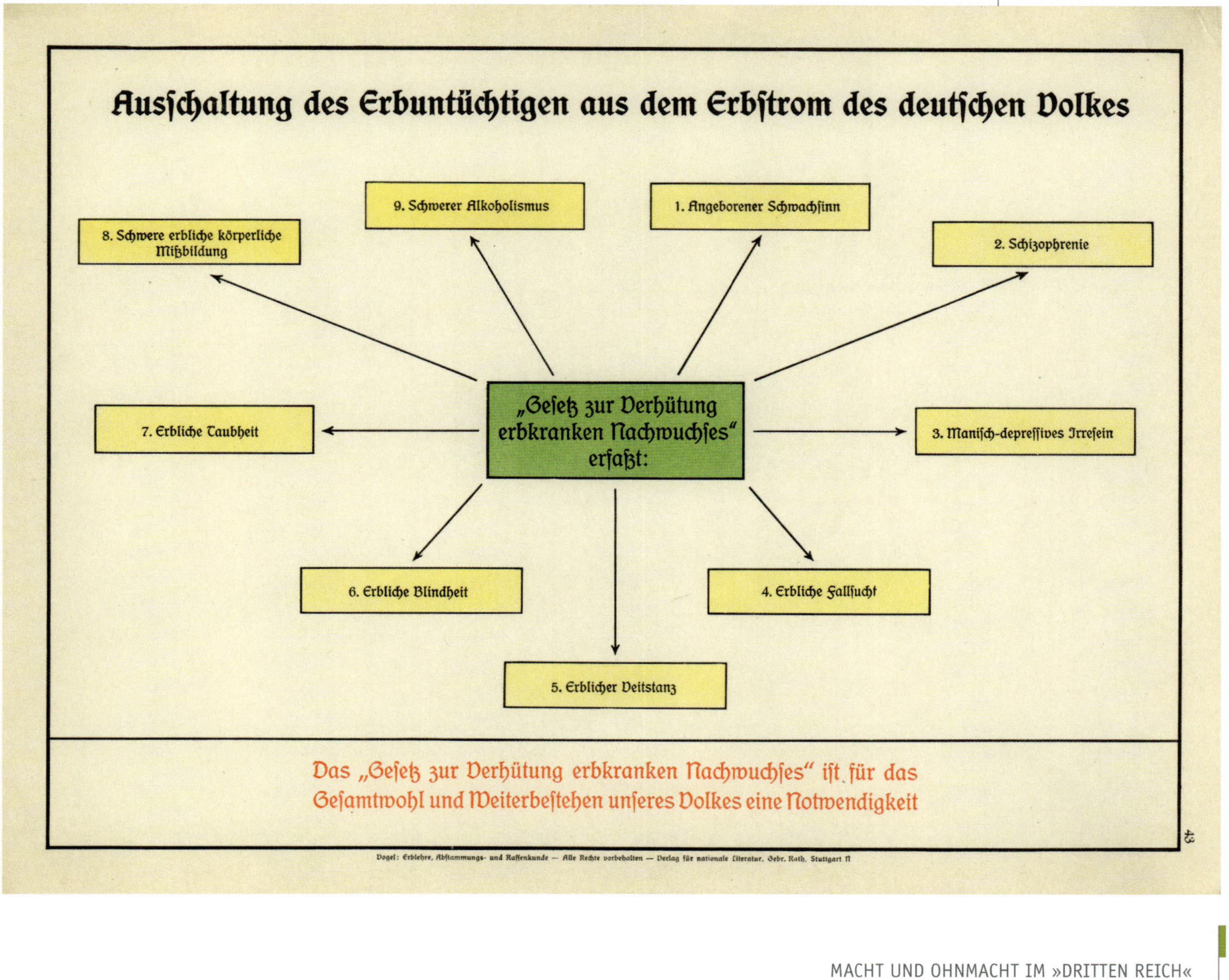

[238] Das Gesundheitsamt in der Kaiserstraße 4, heute Kurt-Schumacher Straße, im Jahr 1934. Es war die Wirkungsstätte der städtischen Ärzte, die »erb- und rassenhygienische« Untersuchungen an der Gelsenkirchener Bevölkerung vornahmen.

[239] Das Evangelische Krankenhaus an der Robert-Koch-Straße in Gelsenkirchen: Dr. Oberschulte, leitender Arzt in der gynäkologischen Abteilung, hatte Dr. Hübner in einem Brief vom 6. September 1935 die Kooperationsbereitschaft seiner Klinik bestätigt: *»Ich weise weiter daraufhin, daß sich sowohl die Verwaltung des Evangl. Krankenhauses wie auch seine leitenden Ärzte [...] im vollen Einklang mit der national-sozialistischen Weltanschauung sofort bereit erklärt haben, die Sterilisierungen auszuführen.«*

[240] Dr. Heinrich Hübner (1879–1962) war zwischen 1934 und 1946 Leiter des Gesundheitsamtes Gelsenkirchen.

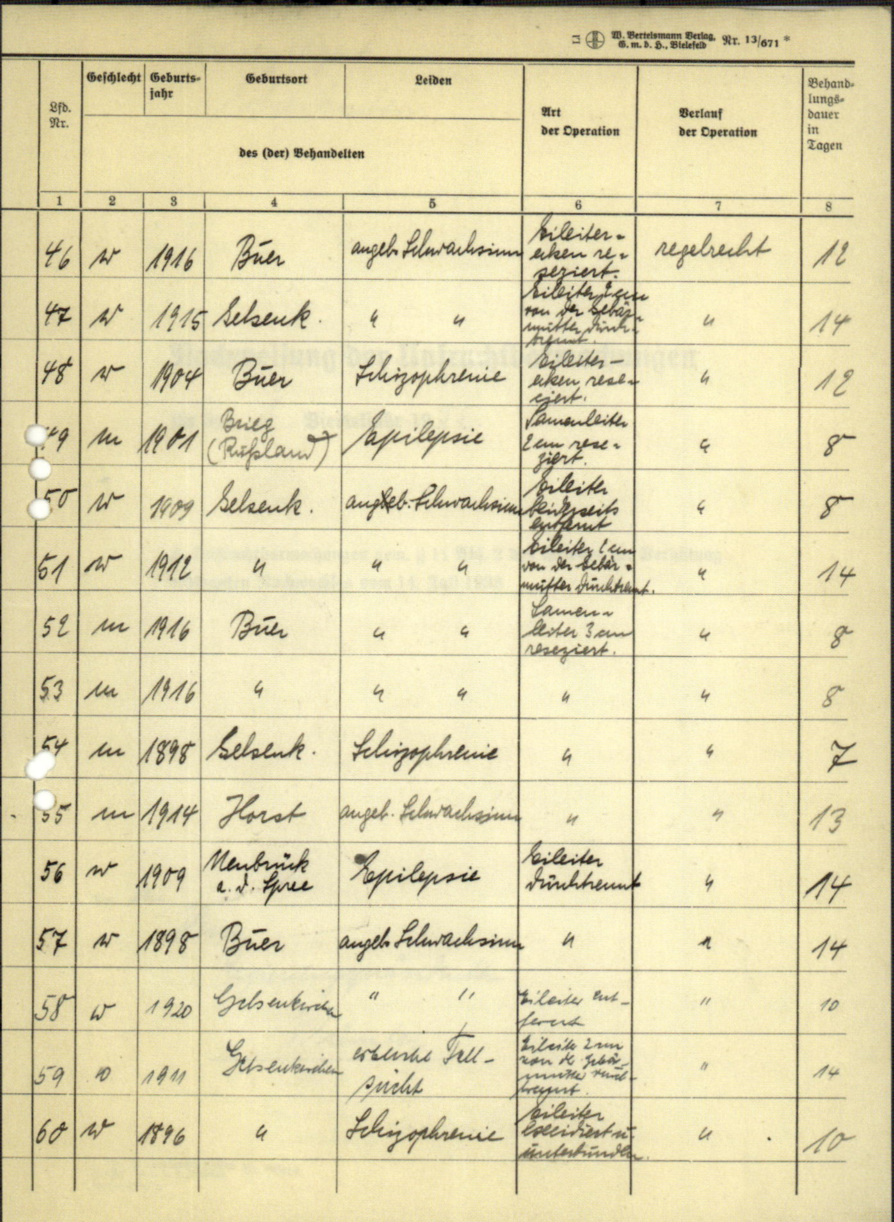

W. Bertelsmann Verlag, G. m. b. H., Bielefeld Nr. 13/671 *

Lfd. Nr.	Geschlecht	Geburtsjahr	Geburtsort	Leiden	Art der Operation	Verlauf der Operation	Behandlungsdauer in Tagen
	des (der) Behandelten						
1	2	3	4	5	6	7	8
46	w	1916	Buer	angeb. Schwachsinn	Eileiterecken reseziert.	regelrecht	12
47	w	1915	Gelsenk.	〃 〃	Eileiter 2 cm von der Gebärmutter durchtrennt.	〃	14
48	w	1904	Buer	Schizophrenie	Eileiterecken reseziert.	〃	12
49	m	1901	Brieg (Rußland)	Epilepsie	Samenleiter 2 cm reseziert.	〃	8
50	w	1909	Gelsenk.	angeb. Schwachsinn	Eileiter beiderseits entfernt	〃	8
51	w	1912	〃	〃 〃	Eileiter 2 cm von der Gebärmutter durchtrennt.	〃	14
52	m	1916	Buer	〃 〃	Samenleiter 3 cm reseziert.	〃	8
53	m	1916	〃	〃 〃	〃	〃	8
54	m	1898	Gelsenk.	Schizophrenie	〃	〃	7
55	m	1914	Horst	angeb. Schwachsinn	〃	〃	13
56	w	1909	Neubrück a. d. Spree	Epilepsie	Eileiter durchtrennt	〃	14
57	w	1898	Buer	angeb. Schwachsinn	〃	〃	14
58	w	1920	Gelsenkirchen	〃 〃	Eileiter entfernt	〃	10
59	w	1911	Gelsenkirchen	erbliche Fallsucht	Eileiter 2 cm von d. Gebärmutter durchtrennt.	〃	14
60	w	1896	〃	Schizophrenie	Eileiter [illegible]	〃	10

[241] Menschen aus Gelsenkirchen, die bereits Patienten in einer Heil- und Pflegeanstalt waren, wurden in Absprache mit Kreisarzt Dr. Hübner vor Ort zwangsweise sterilisiert.

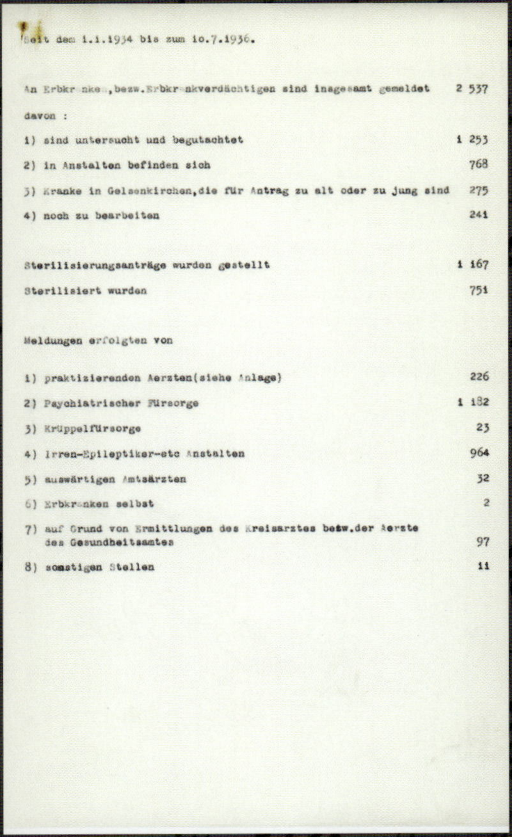

Seit dem 1.1.1934 bis zum 10.7.1936.

An Erbkranken, bezw. Erbkrankverdächtigen sind insgesamt gemeldet	2 537
davon :	
1) sind untersucht und begutachtet	1 253
2) in Anstalten befinden sich	768
3) Kranke in Gelsenkirchen, die für Antrag zu alt oder zu jung sind	275
4) noch zu bearbeiten	241
Sterilisierungsanträge wurden gestellt	1 167
Sterilisiert wurden	751
Meldungen erfolgten von	
1) praktizierenden Aerzten (siehe Anlage)	226
2) Psychiatrischer Fürsorge	1 182
3) Krüppelfürsorge	23
4) Irren-Epileptiker-etc Anstalten	964
5) auswärtigen Amtsärzten	32
6) Erbkranken selbst	2
7) auf Grund von Ermittlungen des Kreisarztes bezw. der Aerzte des Gesundheitsamtes	97
8) sonstigen Stellen	11

[242] Statistiken des Gesundheitsamtes Gelsenkirchen belegen, dass jährlich mehrere hundert Gelsenkirchenerinnen und Gelsenkirchener auf »Erbkrankheiten« überprüft wurden. Viele von ihnen wurden Opfer der Zwangssterilisation.

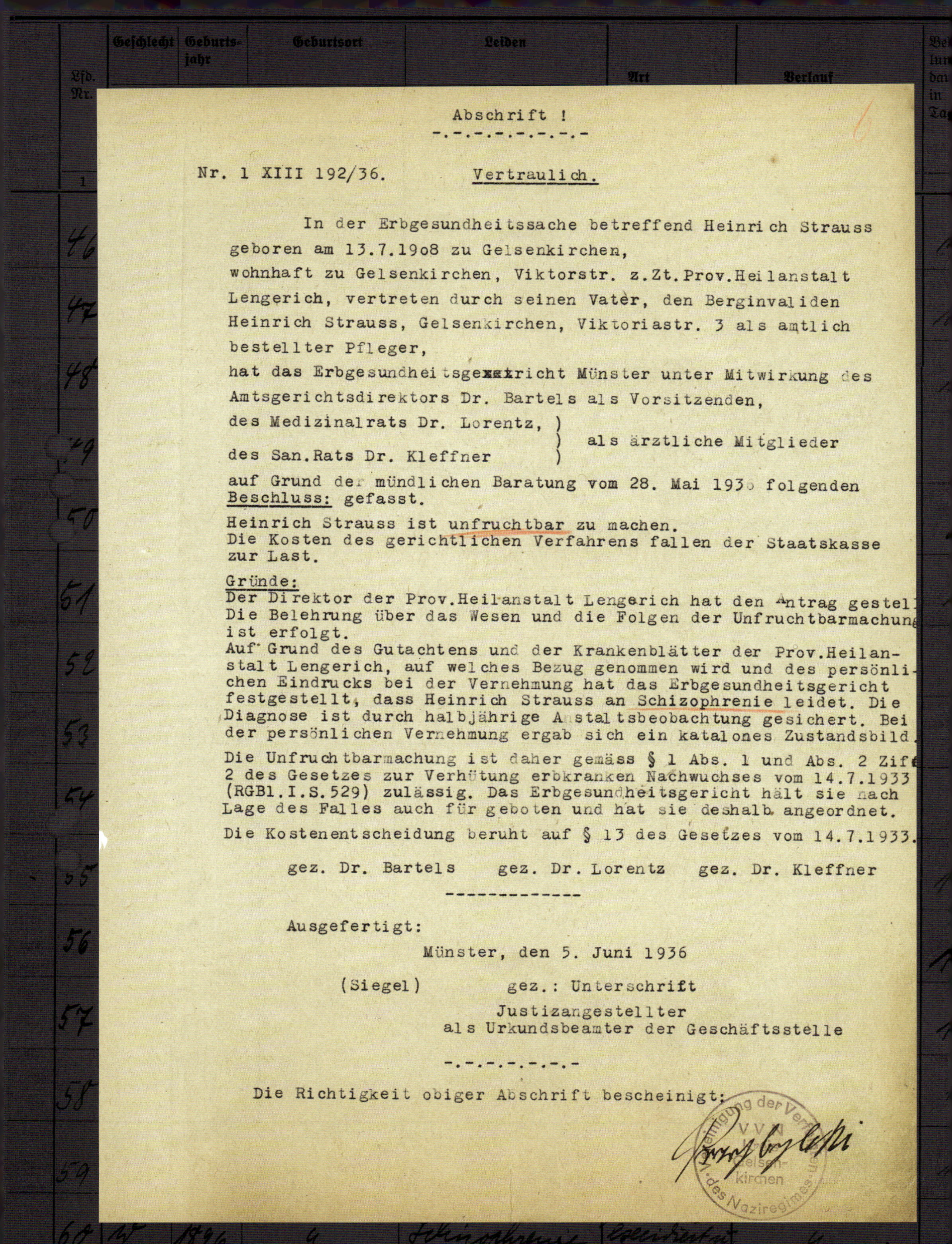

Abschrift !
-.-.-.-.-.-.-.-

Nr. 1 XIII 192/36. Vertraulich.

In der Erbgesundheitssache betreffend Heinrich Strauss geboren am 13.7.1908 zu Gelsenkirchen, wohnhaft zu Gelsenkirchen, Viktorstr. z.Zt. Prov.Heilanstalt Lengerich, vertreten durch seinen Vater, den Berginvaliden Heinrich Strauss, Gelsenkirchen, Viktoriastr. 3 als amtlich bestellter Pfleger,
hat das Erbgesundheitsgericht Münster unter Mitwirkung des Amtsgerichtsdirektors Dr. Bartels als Vorsitzenden,
des Medizinalrats Dr. Lorentz,)
) als ärztliche Mitglieder
des San.Rats Dr. Kleffner)
auf Grund der mündlichen Baratung vom 28. Mai 1936 folgenden **Beschluss:** gefasst.
Heinrich Strauss ist unfruchtbar zu machen.
Die Kosten des gerichtlichen Verfahrens fallen der Staatskasse zur Last.

Gründe:
Der Direktor der Prov.Heilanstalt Lengerich hat den Antrag gestell[t.]
Die Belehrung über das Wesen und die Folgen der Unfruchtbarmachung ist erfolgt.
Auf Grund des Gutachtens und der Krankenblätter der Prov.Heilanstalt Lengerich, auf welches Bezug genommen wird und des persönlichen Eindrucks bei der Vernehmung hat das Erbgesundheitsgericht festgestellt, dass Heinrich Strauss an Schizophrenie leidet. Die Diagnose ist durch halbjährige Anstaltsbeobachtung gesichert. Bei der persönlichen Vernehmung ergab sich ein katalones Zustandsbild.
Die Unfruchtbarmachung ist daher gemäss § 1 Abs. 1 und Abs. 2 Zif[fer] 2 des Gesetzes zur Verhütung erbkranken Nachwuchses vom 14.7.1933 (RGBl.I.S.529) zulässig. Das Erbgesundheitsgericht hält sie nach Lage des Falles auch für geboten und hat sie deshalb angeordnet.
Die Kostenentscheidung beruht auf § 13 des Gesetzes vom 14.7.1933.

gez. Dr. Bartels gez. Dr. Lorentz gez. Dr. Kleffner

Ausgefertigt:
Münster, den 5. Juni 1936
(Siegel) gez.: Unterschrift
Justizangestellter
als Urkundsbeamter der Geschäftsstelle

-.-.-.-.-.-.-

Die Richtigkeit obiger Abschrift bescheinigt:

[243] Das Erbgesundheitsgericht in Münster beschloss am 5. Juni 1936 aufgrund eines Antrages der Provinzialheilanstalt Lengerich die Unfruchtbarmachung von Heinrich Strauss.

Abschrift.

31/01

Städtisches Gesundheitsamt
Gelsenkirchen 19. Juni 1936

Gelsenkirchen, den 22.Mai 1936

Sehr geehrter Herr Direktor, Sie haben mir einen Brief geschrben. Sie haben verschwiegen mir mitzuteilen, daß mein Sohn unter das Gesetz gefallen ist. Und ich möchte Sie bitten, meinen Sohn nicht Anzurühren. Schreiben Sie ihm eine Fahrkarte ausstellen und schic en ihn sofort nach Hause. Sehr geehrter Herr Direktor diese ganze Sache liegt nur bei Ihnen denn das Gericht in Arnsberg weiss nicht was sie für Leute haben. Und der Antrag auf Sterilisierung ist von der Anstalt selbst ausgegangen und nicht vom Gericht. Und ich und meine Frau und meine Vorkommen sind bis heute nicht krank ge esen, Und mein Sohn ist auch nicht erbkrank, denn er ist erbkrank wenn er nicht im Poomane ha Denn es gibt so viele Herren die Unterschlagungen Geld im Karten verspielen und zuletzt wissen sie nicht ein und aus entweder schießen sie sich tot oder hängen sich auf und zuletzt sind sie erbkrank, dann wird alles als erbkrank erklärt. Und solch einen Erwerbslosen unschuldiges Kind wollen sie schlachten er hat 4 Jahre geschmachtet. Schämen sollten sie alle sich für die hanze Welt. Das ist schöne Volksgemeinschaft. Also noch eins rühren sie garnicht meinen Sohn an. Ich warte auf Nachricht.

gez. Gustav Boegel,

Der Direktor
Provinzialheilanstalt
Warstein i/W.

Warstein, den 30. Mai 1936

An das Gesundheitsamt

Gelsenkirchen

Stadt Gelsenkirchen
Eing. 31. MAI 1936
Tgb. Nr. 24/1

Vorstehende Abschrift übersende ich mit der Bitte, den Schreiber dies Briefes, Herrn Boegel, Gelsenkirchen, Mühlenstr.25, zu laden und ihn aufzuklären, da B. bereits viele derartige Briefe, die von uns beantwortet sind, geschrieben hat.

gez.: Dr. Petermann.
Beglaubigt:
Landesamtmann.

[244] Der besorgte Vater Gustav Boegel aus Gelsenkirchen versuchte, sich gegen die Zwangssterilisation seines 24-jährigen Sohnes Karl zu wehren. Im Mai 1936 schrieb er entrüstet einen Brief an den Direktor der Provinzialheilanstalt Warstein.

BIOGRAFIE

Heinrich Strauss – politisch Verfolgter und Opfer des Krankenmordes

Der Schlosser Heinrich Strauss (1908–1941) wurde im Oktober 1933 von der Gestapo verhaftet. Er gehörte einer Gruppe an, die in der Gelsenkirchener Altstadt kommunistische Flugblätter verteilt hatte. Daher wurde er »wegen Vorbereitung zum Hochverrat zu einem Jahr und zwei Monaten Gefängnis verurteilt«. Nach seiner Haftstrafe wies ihn das Gesundheitsamt Gelsenkirchen 1935 mit der Diagnose »Spaltungsirresein (Schizophrenie)« in die Provinzial-Heilanstalt Lengerich ein. Seine Angehörigen waren überzeugt, dass ihn die Haft nervlich zerrüttet hatte. Später wurde Strauss auf der Grundlage des »Gesetzes zur Verhütung erbkranken Nachwuchses« zwangssterilisiert. Danach blieb er bis Mitte 1941 in der Heilanstalt Lengerich. Von dort wurde er am 1. Juli 1941 mit anderen Patienten, darunter auch weitere Gelsenkirchenerinnen und Gelsenkirchener, nach Eichberg (Rheingau) verlegt. Die Einrichtung Eichberg fungierte als eine sogenannte Zwischenanstalt, die die Kranken aus der Reichweite der Angehörigen bringen und die späteren Tötungen in der Landesheilanstalt Hadamar in Hessen verschleiern sollte. Als die mit ihm nach Eichberg Verlegten im August 1941 weiter nach Hadamar gebracht wurden, um dort vergast zu werden, war Heinrich Strauss bereits tot. Er starb am 13. Juli 1941 in Eichberg. Da auch dort Patienten gezielt getötet wurden, ist davon auszugehen, dass Strauss ermordet wurde. Nach dem Krieg versuchte seine Mutter, ihren Sohn als Opfer der Verbrechen des Nationalsozialismus anerkennen zu lassen. Dies gelang nur teilweise: Zwar wurde Strauss aufgrund seiner Inhaftierung 1933 schließlich als politisch Verfolgter anerkannt, sein Tod in Eichberg jedoch als »natürlich« betrachtet. Auch die Zwangssterilisation wurde nicht als Verfolgungsmaßnahme gewertet. Im Jahr 1951 lehnte die Wiedergutmachungsbehörde den Antrag auf Hinterbliebenenrente ab, da »ein Kausalzusammenhang zwischen Tod und Verfolgung« nicht gegeben gewesen sei.

BIOGRAFIE

Dr. Maria Goetz – eine Ärztin als Schreibtischtäterin

Dr. Maria Goetz (1900–1992) studierte von 1919 bis 1924 Medizin in Würzburg, Köln und Freiburg. Im Oktober 1924 wurde sie zur Dr. med. promoviert. Der Beigeordnete Dr. Friedrich Wendenburg holte sie 1931 als Assistenzärztin nach Gelsenkirchen. Auf seinen Wunsch übernahm sie Ende 1932 die ärztliche Betreuung der Kinder des Gertrudisstiftes und den überwiegenden Teil der städtischen »Krüppelfürsorge«. Darüber hinaus war sie zuständig für Schuluntersuchungen, die Überwachung der Kindergärten und die Tuberkulose-Fürsorge für Kinder. Damit fiel ein Großteil der Gelsenkirchener Kinder unter ihre Betreuung. Zwischen 1934 und 1938 trat Dr. Goetz in verschiedene NS-Organisationen wie den NS-Ärztebund und das NS-Fliegerkorps ein. Sie sympathisierte mit dem neuen Regime und nutzte die Möglichkeit zum Karriereaufstieg. Im Jahr 1937 wurde sie Beamtin auf Lebenszeit, zwei Jahre später erfolgte die Beförderung zur Städtischen Medizinalrätin in Gelsenkirchen. In dieser Funktion war sie auch weiterhin für die Kinder-, speziell für die Säuglingsfürsorge zuständig.

Damit gehörte sie ab 1934 zu denjenigen Ärzten, die im Rahmen des »Gesetzes zur Verhütung erbkranken Nachwuchses« Untersuchungen an Kindern durchführten: Sie schrieb Gutachten über die von ihr untersuchten Kinder und überwies einige von ihnen in Heil- und Pflegeanstalten. Die von Dr. Goetz gestellten Diagnosen »nicht heilbar« und »unverändert« waren für einige der in die Heilanstalten überstellten Kinder das Todesurteil. Obwohl Maria Goetz somit nicht aktiv mordete, waren es ihre Untersuchungen und Gutachten, die die Ermordung Gelsenkirchener Kinder einleiteten.

Trotzdem wurde Dr. Goetz nach dem Krieg 1950 wieder Angestellte der Stadt. Sie fiel als politisch unbedenklich durch das Raster der Entnazifizierung und erhielt neben Lob und Anerkennung für ihre »treuen Dienste« auch eine ordentliche Rente. Für ihre Taten im Dienste des NS-Regimes musste sie sich nicht verantworten.

[245] Dr. Maria Goetz (1900–1992).

schaftskrankenhaus wurden solche Eingriffe bereitwillig vorgenommen. Denn jede Sterilisation wurde direkt aus der Staatskasse bezahlt und bedeutete Einnahmen. Allein zwischen 1934 und 1937 wurden in Gelsenkirchen 376 Männer und 393 Frauen sterilisiert; reichsweit waren bis zum Ende des Krieges zwischen 300.000 und 400.000 Menschen betroffen.

Entrüstung und Protest

Vielfach legten Verwandte Einspruch gegen die Unfruchtbarmachungen ein. Mancherorts regte sich Widerstand gegen die Maßnahme – was auch den Behörden nicht entging. So trafen Kreisarzt Dr. Hübner und Beigeordneter Dr. Wendenburg vorbeugende Maßnahmen gegen mögliche Proteste und versuchten, die Sterilisationen weitgehend vor der Öffentlichkeit zu verbergen. So sollten »möglichst wenigen Personen die Namen der zu Sterilisierenden bekanntwerden«. Um eine möglichst schnelle und reibungslose Durchführung zu gewährleisten, setzte Dr. Hübner die beiden dem Gelsenkirchener Gesundheitsamt zugeordneten Polizisten für »Zwangsmaßnahmen gegenüber den zu Sterilisierenden« ein.

Eheverbote

Die Untersuchungen der Gesundheitsämter griffen tief in die Privatsphäre der Menschen ein. Wie die jüdische Bevölkerung unterlagen auch »Erbkranke« und Menschen »artfremden Blutes« bestimmten Eheverboten. Denn wer »erb- und rassenbiologische Defekte« aufwies, bekam kein »Ehetauglichkeitszeugnis«. So konnten beispielsweise Johann Pepel und seine Verlobte Julie Schmidt nicht heiraten. Die notwendigen Papiere wurden ihnen verweigert, da Pepels Eltern die polnische Staatsangehörigkeit besaßen. Die Überwachung der »Erbgesundheit« konnte durch die Gesundheitsämter nicht lückenlos gewährleistet werden. Immer wieder fanden Menschen, die als »erbkrank« galten, Wege, das Eheverbot zu umgehen, beispielsweise indem sie in anderen Städten heirateten, deren Standesämter die Erlaubnis erteilten, ohne das Gesundheitsamt in Gelsenkirchen vorher zu kontaktieren. Daher forderte Dr. Hübner 1939 Veränderungen im System: Statt nur das Gesundheitsamt des Wohnortes zu befragen, sei es notwendig, *»daß die Anfrage in jedem Falle bei Gesundheitsamt des Geburtsortes stattfindet, wobei freilich Voraussetzung ist, daß die Geburtsortkartei lückenlos geführt und ergänzt wird.«*

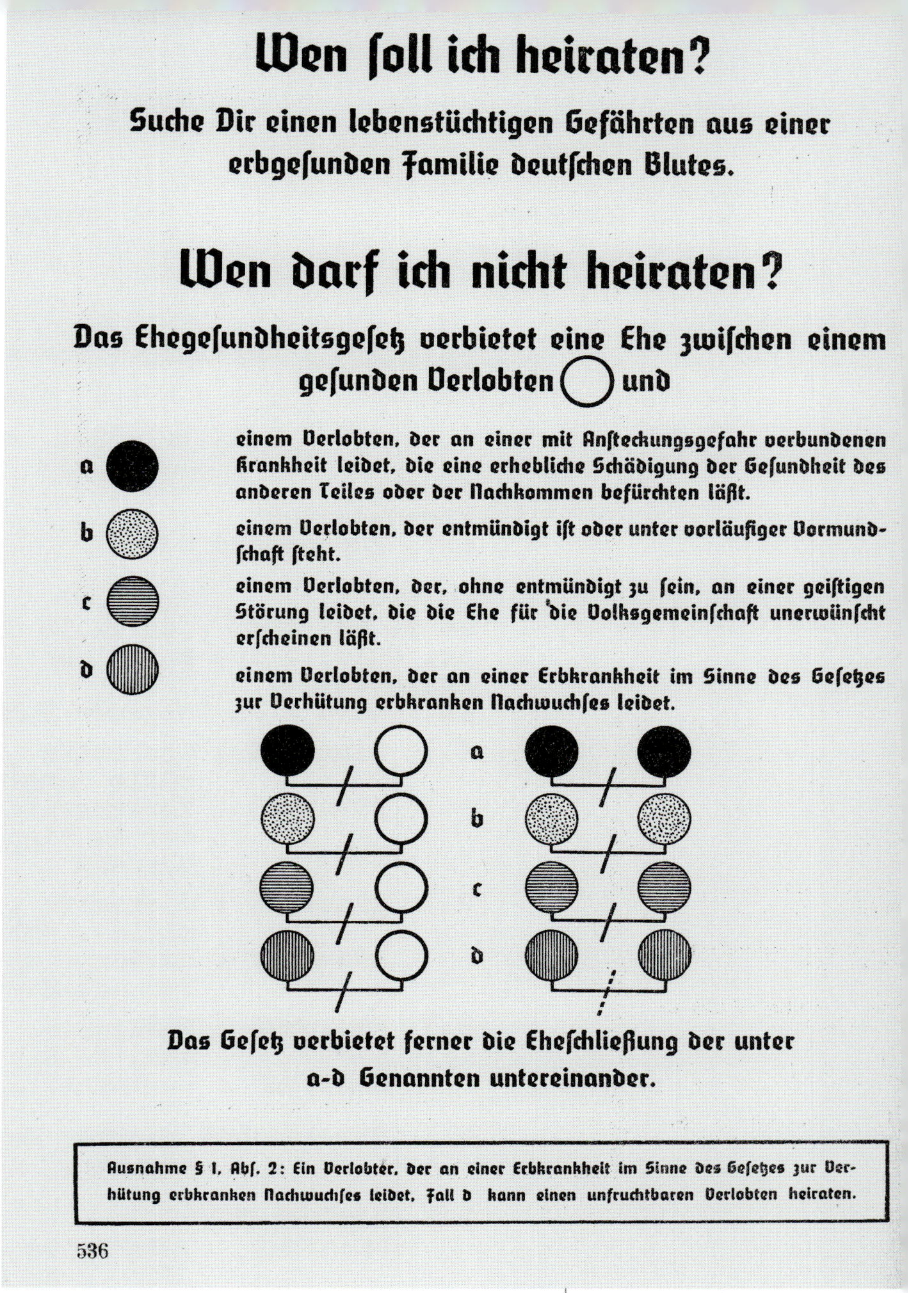
Wen soll ich heiraten?

Suche Dir einen lebenstüchtigen Gefährten aus einer erbgesunden Familie deutschen Blutes.

Wen darf ich nicht heiraten?

Das Ehegesundheitsgesetz verbietet eine Ehe zwischen einem gesunden Verlobten ◯ und

a einem Verlobten, der an einer mit Ansteckungsgefahr verbundenen Krankheit leidet, die eine erhebliche Schädigung der Gesundheit des anderen Teiles oder der Nachkommen befürchten läßt.

b einem Verlobten, der entmündigt ist oder unter vorläufiger Vormundschaft steht.

c einem Verlobten, der, ohne entmündigt zu sein, an einer geistigen Störung leidet, die die Ehe für die Volksgemeinschaft unerwünscht erscheinen läßt.

d einem Verlobten, der an einer Erbkrankheit im Sinne des Gesetzes zur Verhütung erbkranken Nachwuchses leidet.

Das Gesetz verbietet ferner die Eheschließung der unter a–d Genannten untereinander.

Ausnahme § 1, Abs. 2: Ein Verlobter, der an einer Erbkrankheit im Sinne des Gesetzes zur Verhütung erbkranken Nachwuchses leidet, Fall d kann einen unfruchtbaren Verlobten heiraten.

536

[246] Schaubild zur Erläuterung der nationalsozialistischen Ehegesetzgebung aus dem »Organisationsbuch der NSDAP«, 1937.

[247] Johann Pepel (1908–1943) verbüßte 1934/35 eine Haftstrafe wegen »Vorbereitung zum Hochverrat«. Später lebte er in Gelsenkirchen mit Julie Schmidt zusammen, der Witwe eines an den Folgen seiner Haftzeit gestorbenen Kommunisten. Das Paar hatte zwei Kinder, durfte aber wegen Pepels polnischer Herkunft nicht heiraten. Im Jahr 1942 wurde Pepel zu einer Strafeinheit eingezogen und kam im folgenden Jahr als Soldat an der Ostfront ums Leben.

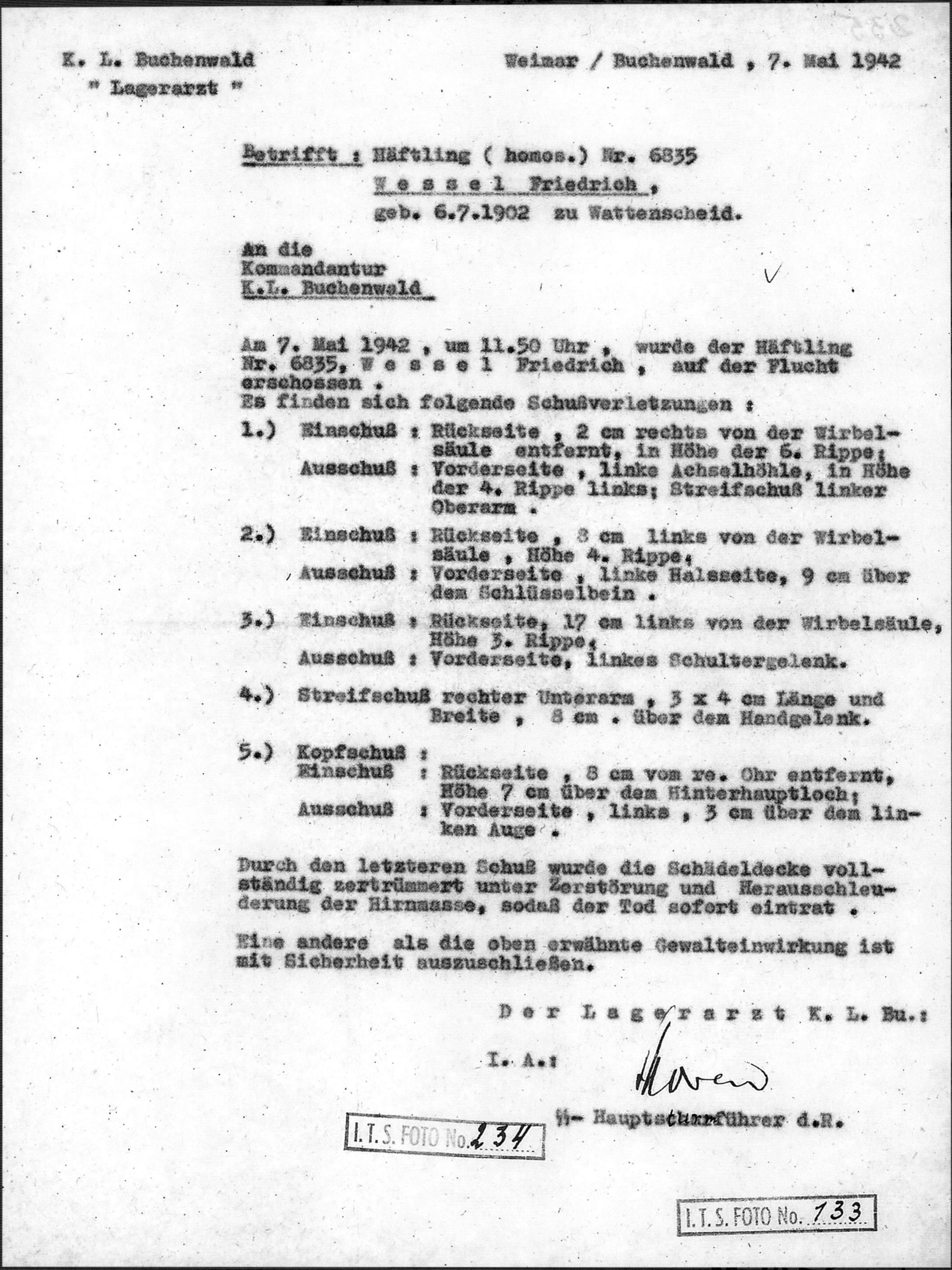

K. L. Buchenwald
" Lagerarzt "

Weimar / Buchenwald , 7. Mai 1942

Betrifft : Häftling (homos.) Nr. 6835
Wessel Friedrich ,
geb. 6.7.1902 zu Wattenscheid.

An die
Kommandantur
K.L. Buchenwald

Am 7. Mai 1942 , um 11.50 Uhr , wurde der Häftling Nr. 6835, Wessel Friedrich , auf der Flucht erschossen .
Es finden sich folgende Schußverletzungen :

1.) Einschuß : Rückseite , 2 cm rechts von der Wirbelsäule entfernt, in Höhe der 6. Rippe;
Ausschuß : Vorderseite , linke Achselhöhle, in Höhe der 4. Rippe links; Streifschuß linker Oberarm .

2.) Einschuß : Rückseite , 8 cm links von der Wirbelsäule , Höhe 4. Rippe,
Ausschuß : Vorderseite , linke Halsseite, 9 cm über dem Schlüsselbein .

3.) Einschuß : Rückseite, 17 cm links von der Wirbelsäule, Höhe 3. Rippe,
Ausschuß : Vorderseite, linkes Schultergelenk.

4.) Streifschuß rechter Unterarm , 3 x 4 cm Länge und Breite , 8 cm . über dem Handgelenk.

5.) Kopfschuß :
Einschuß : Rückseite , 8 cm vom re. Ohr entfernt, Höhe 7 cm über dem Hinterhauptloch;
Ausschuß : Vorderseite , links , 3 cm über dem linken Auge .

Durch den letzteren Schuß wurde die Schädeldecke vollständig zertrümmert unter Zerstörung und Herausschleuderung der Hirnmasse, sodaß der Tod sofort eintrat .

Eine andere als die oben erwähnte Gewalteinwirkung ist mit Sicherheit auszuschließen.

Der Lagerarzt K. L. Bu.:

I. A.:
Hoven
ϟϟ- Hauptsturmführer d.R.

I.T.S. FOTO No. 234

I.T.S. FOTO No. 133

[248] Der Lagerarzt des KZ Buchenwald stellte am Todestag Wessels fest, dass der homosexuelle Häftling mit der Nummer 6835 »auf der Flucht erschossen« worden sei.

BIOGRAFIE

Friedrich Wessel – Verfolgt als Homosexueller

Friedrich Wessel (1902–1942), geboren in Gelsenkirchen-Ückendorf, wuchs in Wattenscheid auf. Dort arbeitete er als Plakatmaler, bis er als homosexueller Mann die nationalsozialistischen Verfolgungsmaßnahmen zu spüren bekam. Im Jahr 1935 verschärfte das »Dritte Reich« den § 175 des Reichsstrafgesetzbuches. Homosexuellen Männern drohten nun Strafen von bis zu zehn Jahren Zuchthaus. Nachdem er bereits mehrmals inhaftiert gewesen war, wurde Wessel schließlich am 7. Januar 1942 von der Geheimen Staatspolizei Bochum in »Schutzhaft« genommen. Mehrere Vorstrafen wegen Diebstahls, Münzverbrechen und Verstöße gegen den § 175 dienten zur Begründung. Bereits am 13. Februar 1942 wurde er in das KZ Buchenwald deportiert. Die dort geführten Häftlingskarten stigmatisierten ihn als Berufsverbrecher und Homosexuellen. Gerade Homosexuelle waren schweren Misshandlungen durch die SS ausgesetzt. Wessel wurde einer Strafkompanie zugeteilt. So war er nicht nur von den anderen Häftlingen isoliert, sondern musste auch unter schwersten physischen und psychischen Bedingungen arbeiten. Am 7. Mai 1942 wurde Wessel im KZ Buchenwald ermordet. Wie eine sogenannte Fluchtkladde dokumentiert, wurde er vom Posten 44 der SS-Wachmannschaft erschossen. Der Lagerarzt protokollierte Wessels Tod im Detail, bevor sein Leichnam in den speziell für den Massenmord entwickelten Mehrkammeröfen des Buchenwalder Krematoriums verbrannt wurde. Es folgte die bürokratische Abwicklung seiner letzten Hinterlassenschaft – etwas mehr als fünf Reichsmark, die seiner Schwester ausgezahlt wurden – und die behördliche Registrierung seines Todes. Von Friedrich Wessel gibt es kein Foto, es existiert nur noch seine Unterschrift auf einer Geldkarte sowie Dokumente, die seine Identität als Häftling im KZ Buchenwald bekunden.

»Nach Zigeunerart« – Ausgrenzung von fremder Lebensweise

Sinti und Roma wurden im »Dritten Reich« diskriminiert – aus rassistischen Gründen, aber auch aufgrund sozialer Vorurteile. Dabei knüpften die Nationalsozialisten an bereits bestehende Vorbehalte gegen die »Zigeuner« und ihre Lebensweise an. Sie galten nach der »Erb- und Rassenlehre« als »artfremd«. Sinti und Roma waren daher ebenfalls Zwangssterilisationen ausgesetzt, wurden bedroht, entrechtet und verfolgt.

Der Zigeunerplatz an der Dorstener Straße

Ortsstatut über die Erhebung von Standgeld.

Um der Zigeunerplage einigermaßen entgegen zu treten, hat die Stadtverwaltung einen besonderen Platz an der Grenze zwischen Gelsenkirchen und Wanne, und zwar zwischen der Dorstener Straße und dem Kanal hergerichtet, auf dem die in Gelsenkirchen anwesenden Zigeuner zusammengefaßt werden. Der Oberbürgermeister hat nunmehr ein Ortsstatut über die Erhebung von Standgeld für die Benutzung dieses Zigeunerlagerplatzes erlassen. Für die Benutzung des Lagerplatzes ist die Erteilung einer vorherigen Genehmigung und die vorherige Entrichtung des Standgeldes erforderlich. Die Genehmigung ist bei der städtischen Polizeiverwaltung zu beantragen. Die Höhe des Standgeldes richtet sich nach der Dauer der Lagerplatzbenutzung. Rückständiges Standgeld wird im Verwaltungszwangsverfahren beigetrieben. Außerdem ist im Falle der Nichtzahlung der Lagerplatz sofort zu räumen.

[249] Maßnahme gegen die »Zigeunerplage«: Die Stadt Gelsenkirchen schuf an der Stadtgrenze zu Wanne-Eickel einen Standplatz für »Zigeuner«.

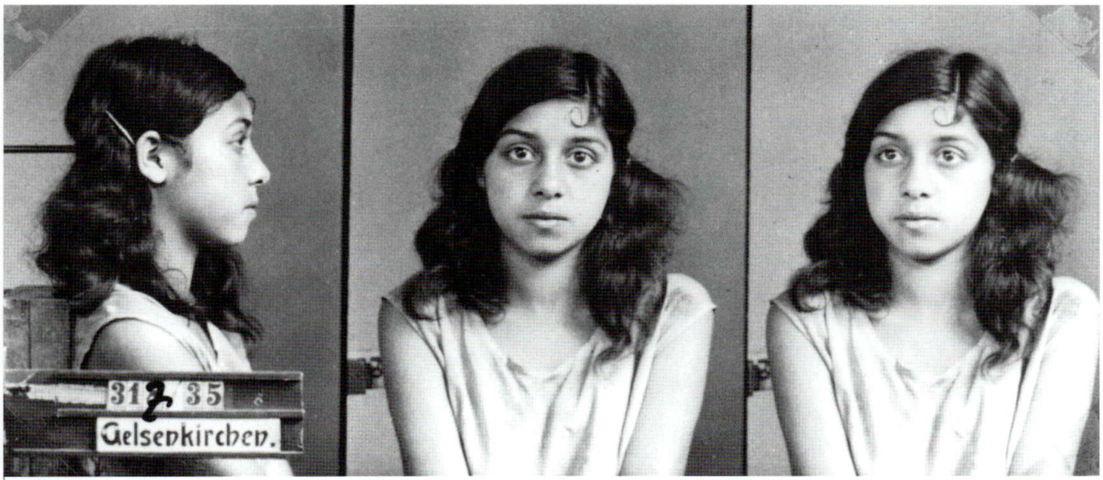

[250] Im Auftrag der Rassenhygienischen Forschungsstelle registrierte die Gelsenkirchener Polizei Angehörige der Sinti und Roma mit Erkennungsdienstfotos. Diese Aufnahme der 14-jährigen Katharina Pohl stammt aus dem Jahr 1935. Nachdem sie Gelsenkirchen verlassen hatte, verliert sich ihre Spur. Mehrere Angehörige der Familie Pohl wurden in Auschwitz ermordet.

[251] Wohnwagen auf dem Gelsenkirchener »Zigeunerlagerplatz«, um 1938.

Neben dem Gesundheitsamt nahm vor allem die Gelsenkirchener Kriminalpolizei die »Zigeuner« ins Visier. Sie wurden als »Asoziale« kriminalisiert und sollten aus dem Stadtleben ausgeschlossen werden. Daher richtete die Stadt im Winter 1935/36 einen »Zigeunerlagerplatz« ein.

Volksgemeinschaft ohne Juden

Erklärtes Ziel des NS-Regimes war es, die jüdische Bevölkerung in Deutschland aus der *Volksgemeinschaft* auszuschließen. Jüdische Bürgerinnen und Bürger verloren Schritt für Schritt ihre Rechte. Die antisemitische Stimmung wurde bewusst angeheizt – durch Kampagnen der NS-Presse ebenso wie durch lokale antijüdische Aktionen. Die 1935 verabschiedeten »Nürnberger Gesetze« machten Antisemitismus zu geltendem Recht. Im Kern bestanden sie aus zwei »Rassengesetzen« – dem »Blutschutzgesetz« und dem »Reichsbürgergesetz«. Diese Gesetze teilten die deutsche Bevölkerung in »Arier« sowie in »Viertel-«, »Halb-« und »Volljuden« ein. Sie legalisierten die antijüdischen Maßnah-

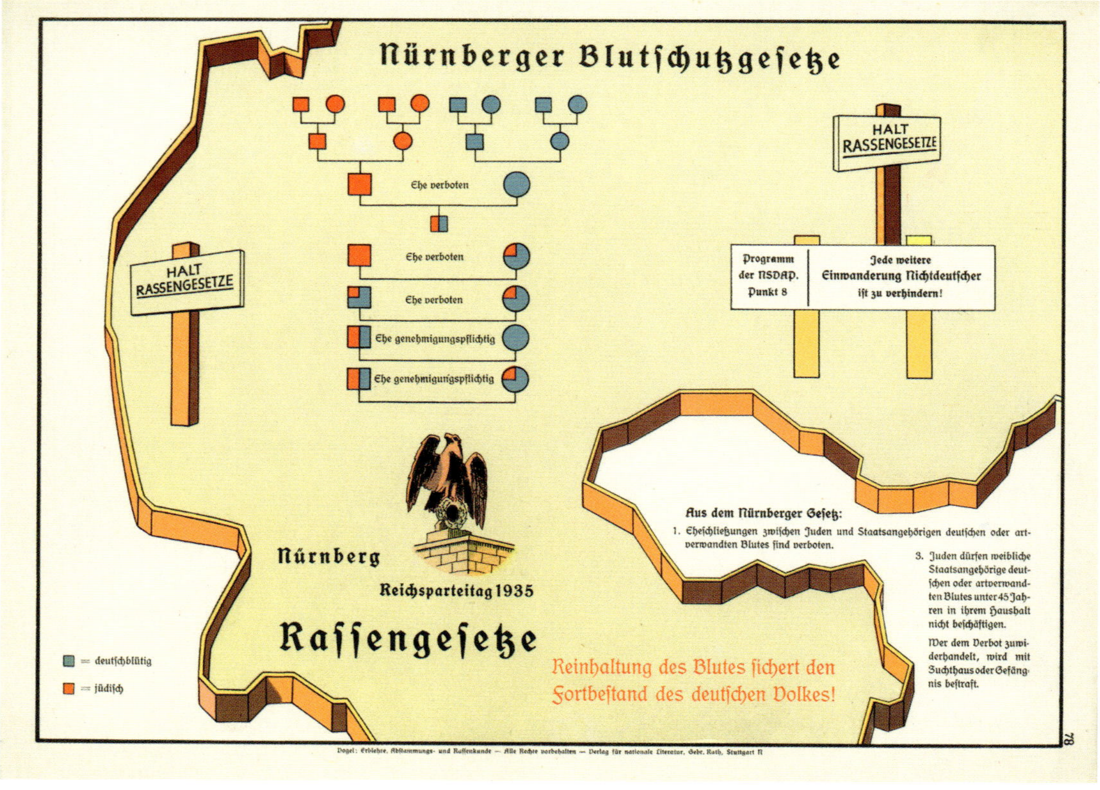

[252] Die »Rassengesetze« waren Teil des Schulunterrichtes: Schaubild von 1938.

men und ermöglichten es den Behörden, jüdische Bürgerinnen und Bürger strafrechtlich zu belangen.

Alle Bürgerinnen und Bürger mussten nun einen »Ariernachweis« liefern, um Teil der *Volksgemeinschaft* bleiben zu können. Wer seine »arische« Abstammung nicht belegen konnte, galt fortan als »Gemeinschaftsfremder«. Aufgrund des »Reichsbürgergesetzes« verloren jüdische Bürgerinnen und Bürger ihre politischen Rechte. Zur Kennzeichnung mussten jüdische Männer ab August 1938 den zusätzlichen Namen »Israel«, jüdische Frauen den Namen »Sara« tragen. Das »Blutschutzgesetz« verbot nicht nur Ehen und Beziehungen zwischen Juden und »Deutschblütigen«, sondern schuf auch den Straftatbestand der »Rassenschande«. Der Rassenwahn spitzte sich immer weiter zu. Wer Kontakt zu Juden pflegte oder jüdische Verwandtschaft hatte, war vor Anfeindung, Denunziation und Verfolgung nicht sicher. Dies bekamen 1935 auch Julius Rosenberg und Elisabeth Makowiak aus Gelsenkirchen zu spüren, die als »Rassenschänder« öffentlich auf dem Neumarkt gedemütigt wurden – bereits kurz vor Erlass der »Nürnberger Gesetze«.

Die rassistische Diskriminierung erfasste alle Lebensbereiche. Nicht nur in der Schule und im Berufsleben wurden jüdische Menschen an den Rand gedrängt, auch in ihrem alltäglichen Leben waren sie massiven Beeinträchtigungen ausgesetzt. Unter der Bezeichnung »Arisierung« wurde nun auch jüdisches Eigentum zwangsweise in »arische« Hände überführt. Erklärtes Ziel des Regimes war die Verdrängung jüdischer

[253] Kennzeichnung jüdischer Menschen: Im Oktober 1938 erhielten deutsche Juden, wie der in Gelsenkirchen-Buer praktizierende Arzt Dr. Erich »Israel« Caro (1883–1975), mit einem »J« versehene Pässe. Dr. Caro und seine Frau konnten mit ihren Pässen in die Niederlande ausreisen und wollten von dort in die USA emigrieren. Daran wurden sie durch den deutschen Einmarsch im Jahr 1940 gehindert. Sie überlebten Krieg und Verfolgung, weil sie von niederländischen Helfern versteckt wurden. Nach 1945 kehrten sie nach Buer zurück.

[254] Tatbestand »Rassenschande«: Elisabeth Makowiak und Julius Rosenberg wurden am 7. August 1935 dazu gezwungen, demütigende Schilder umzuhängen, und durch die gesamte Gelsenkirchener Altstadt getrieben. Abschließend mussten sie sich auf der »Wiese« in der Nähe des heutigen Musiktheaters auf ein Schandpodest stellen. Dieser öffentlichen Anprangerung wohnte eine große Menschenmenge bei. Elisabeth Makowiak verließ Gelsenkirchen im Jahr 1936, ihre Spur verliert sich. Julius Rosenberg (1895–1940), der gemeinsam mit seinem Bruder ein Möbelgeschäft in Gelsenkirchen betrieben hatte, starb später im KZ Sachsenhausen.

[257] Die 1885 eingeweihte Synagoge in der Gildenstraße mit ihrem charakteristischen Doppelturm.

[258] Die Gelsenkirchener Synagoge nach dem Brand vom 9./10. November 1938. Auch das benachbarte Gemeindehaus fiel der Brandstiftung zum Opfer. Die Täter waren SA- und SS-Männer aus Gelsenkirchen. Auf Initiative des Jüdischen Hilfskomitees leitete die Staatsanwaltschaft Essen im Oktober 1946 ein Verfahren ein, das die Brandstiftung an der Gelsenkirchener Synagoge aufklären sollte. Tatsächlich konnte der Tathergang im Zuge der Ermittlungen weitgehend rekonstruiert werden, gerichtsfeste Angaben zu den Tätern fehlten allerdings. So wurde der Gelsenkirchener Kaufmann Werner Karl Montel (1913–1985) zwar angeklagt, musste aber 1949 trotz starken Verdachtes aus Mangel an Beweisen freigesprochen werden.

Hand und steckten damit die Fensterläden des Gemeindehauses an, das neben der Synagoge stand.«
(Frau W. war 1938 zehn Jahre alt und wohnte nur 100 Meter von der Synagoge entfernt.)

»Auf dem Dachfirst [der Synagoge] *sah ich wenigstens einen Mann der übers Dach Tonnen und Kisten leerte. Der Geruch war penetrant* [...]. *Einer der Männer hat wohl Dr. Eichengrün am Fenster gesehen und geschrieben:* [...] *der Jude knipst! Nicht lange danach hörte ich jämmerliche Töne und Poltern. Ich weiß noch, daß ich sofort vermutet hatte: den Dr. hat man geschlagen* [...]. *Jeder da draußen Verharrende hat seine eigenen Schlüsse ziehen können. – Wer traute noch wem – es war unheimlich.«*
(anonyme handschriftliche Aussage)

»Am Neumarkt angekommen, sahen wir die brennende Synagoge. Mir fiel auf, daß die anwesende Feuerwehr den Brand nicht bekämpfte, sondern nur das Übergreifen der Flammen – auf benachbarte Gebäude – verhinderte. ... Am Abend feierten die NS-Gruppen den Synagogenbrand lauthals in der Gaststätte meiner Eltern.«
(Herr W. war 1938 Schüler der Bismarck-Schule I an der Caubstraße.)

»Am Mittag des 10. November kann dann Herr Hohnroth, der einige Jahre vorher Lehrer meines Sohnes Albert gewesen war, mit einer Gruppe von Gymnasiasten in unser Geschäft und zerstörte die Inneneinrichtung vollständig [...]. *Meine jüdischen Angestellten wurden gezwungen* [...] *die Glassplitter mit bloßen Händen aufzuheben.«*
(Leo Gompertz führte ein Pelzgeschäft auf der Bahnhofstraße.)

»In dieser Stadt verhafteten sie alle jüdischen Männer und mein Vater war nur einer von ihnen. So brachten sie alle zur Polizeistation und hielten sie dort fest. Viele von ihnen wurden in Konzentrationslager geschickt. [...] *Meine Mutter konnte ihn* [meinen Vater] *›freikaufen‹. Ich denke, hier war nun der Punkt erreicht, an dem meine Eltern entschieden, dass sie die Kinder aus Deutschland herausbringen mussten.«*
(Laura Gabriel, geborene Lore Eichengrün, Tochter eines Zahnarztes, war 1938 elf Jahre alt.)

[259] Innenansicht der Synagoge in Buer: Die jüdische Gemeinde in Buer war weitaus kleiner als die in Alt-Gelsenkirchen. Erst im Jahr 1922 konnte dort eine Synagoge an der Maelostraße eingeweiht werden. Am späten Abend des 9. November 1938 zündeten Bueraner Nationalsozialisten das Gebäude an. Nachdem sie Brandbeschleuniger durch das abgedeckte Dach in den Innenraum gegossen hatten, brannte die Synagoge bis auf die Grundmauern ab. Die Feuerwehr schaute dabei zu und schützte nur die angrenzenden Häuser vor einem Übergreifen der Flammen.

BIOGRAFIE

Lore Eichengrün – Flucht ins Ausland als letzte Rettung

Lore Eichengrün (1927–2009) war die Tochter des bekannten Gelsenkirchener Zahnarztes Dr. Paul Eichengrün (1899–1985), der bis 1933 auch 2. Vorsitzender des FC Schalke 04 war. Sie lebte mit ihrer Familie in einem Haus in der Neustraße 7, in dem ihr Vater auch seine Praxis hatte. Es befand sich direkt gegenüber der Synagoge. Daher hatten die Nationalsozialisten die Straße auch in »Stürmerstraße« umbenannt – nach dem antisemitischen Hetzblatt des Nürnberger Gauleiters Julius Streicher.

Obwohl Lore und ihre Familie die fortschreitende Diskriminierung der jüdischen Bevölkerung miterlebten, blieben sie zunächst in Gelsenkirchen. Die sogenannte »Reichskristallnacht« machte der Familie allerdings klar, wie groß die Gefahr für Leib und Leben geworden war. Sie bemühten sich um Ausreisepapiere für die USA. Da diese jedoch nicht sofort ausgestellt wurden, schickten Lores Eltern sie und ihren Bruder Werner im Februar 1939 zunächst mit einem Kindertransport nach Großbritannien. Hier wurden beide in Pflegefamilien untergebracht und warteten im sicheren Ausland auf die Eltern und ihre Ausreisegenehmigung in die USA. Nach Monaten der Trennung konnten auch Lores Eltern Deutschland verlassen und nach Großbritannien reisen – nur wenige Wochen vor Kriegsbeginn. Ihre Großeltern sah Lore jedoch nie wieder. Ihnen wurde die Ausreise aus Deutschland verweigert. Beide wurden 1942 in das Ghetto Theresienstadt deportiert, wo der Großvater starb. Ihre Großmutter wurde in Minsk ermordet.

Im Oktober 1940 wurden der Familie die ersehnten Ausreisepapiere gewährt und die Eichengrüns emigrierten in die USA. Kurz nach der Ankunft in den USA fand Lores Vater Arbeit als Zahntechniker. Die Familie ließ sich dauerhaft in den Staaten nieder und änderte dort ihren Namen in Oakes – in Anlehnung an das englische Wort für Eiche. Lore, die sich in den USA fortan Laura nannte, heiratete den Wissenschaftler Lawrence Gabriel, mit dem sie drei Kinder und vier Enkelkinder hatte. Sie setzte sich zeitlebens für die Erinnerung an das Schicksal jüdischer Flüchtlingsfamilien ein, organisierte Gesprächsrunden an Schulen und war aktiv in die Arbeit der »Kindertransport Association« eingebunden.

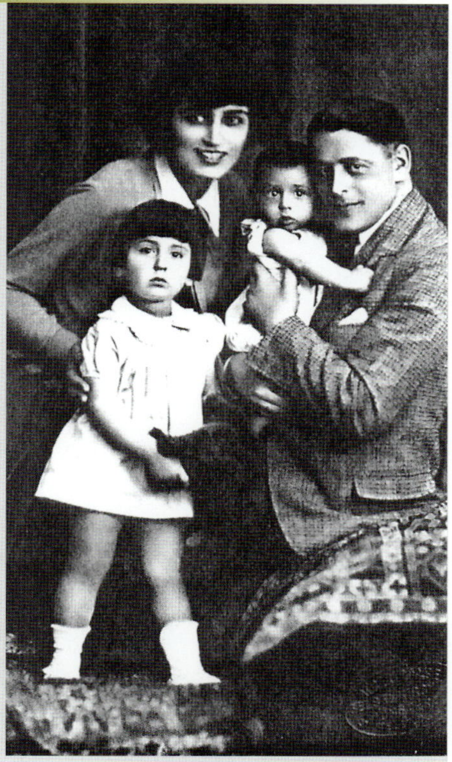

[260] Ilse, Lore, Werner und Paul Eichengrün, um 1930.

BIOGRAFIE

Chaim Häusler – der einzige Überlebende seiner Familie

[261] Chaim Häusler

Die Eltern von Chaim Häusler (1926–1984), Sacher und Serka, zogen 1922 aus Polen ins Ruhrgebiet. Vier Jahre später kam in Gelsenkirchen ihr Sohn Chaim zur Welt – als erstes von fünf Kindern. Die jüdische Familie lebte mehr schlecht als recht von kleinen Handelsgeschäften des Vaters. Da sie keinen deutschen Pass hatten, wurden die Häuslers, die als »Ostjuden« galten, regelmäßig von der Ausländerpolizei überprüft.

In der Weltwirtschaftskrise verschlechterte sich die Lage der Familie immer weiter: Obwohl der Vater versuchte, seine Familie als Geschäftsreisender durchzubringen, waren die Häuslers von Sozialleistungen abhängig. Um diese Kosten zu sparen, versuchte das Gelsenkirchener Fürsorgeamt ab 1932, die Familie abzuschieben. Dies scheiterte vor allem an den diplomatischen Verwicklungen zwischen dem NS-Regime und Polen. Chaim Häusler wurde wie seine Eltern und Geschwister praktisch staatenlos. Nachdem ein Versuch gescheitert war, nach Belgien auszureisen, wurde die Situation der Familie Häusler immer auswegloser. Sie geriet zunehmend in die Mühlen der nationalsozialistischen Judenpolitik. Im Jahr 1939 gelang es den Eltern auch nicht, für ihre Kinder eine Ausreisegenehmigungen nach Großbritannien zu erhalten. Auch eine Flucht in den Freihafen von Shanghai scheiterte im Ansatz. Die Familie Häusler musste in Gelsenkirchen bleiben.

Kurz nach Kriegsbeginn wurde Sacher Häusler in das KZ Sachsenhausen eingeliefert. Serka Häusler musste mit ihren Kindern in eines der Gelsenkirchener »Judenhäuser« ziehen. Dem ältesten Sohn Chaim gelang 1941 die Flucht aus Deutschland. Die übrigen Familienmitglieder überlebten den Holocaust nicht. Sacher Häusler wurde 1942 im Rahmen der »Euthanasie«-Aktion »14f13« in der Tötungsanstalt Bernburg a. d. Saale ermordet. Serka Häusler und ihre vier in Gelsenkirchen verbliebenen Kinder wurden Anfang 1942 nach Riga deportiert. Dort starben zunächst die beiden jüngsten Kinder Selig und Mendel. Ihre Mutter und ihre beiden Schwestern Rachel und Gittel wurden später in das KZ Stutthof gebracht, wo sie im Winter 1944/45 ums Leben kamen. Als einziges überlebendes Familienmitglied ging Chaim Häusler in die USA, wo er den Namen Henry Häusler annahm.

4.3 Widerstand aus politischer Überzeugung

Nachdem sie ihre Macht gefestigt hatten, setzten die Nationalsozialisten die Verfolgung ihrer politischen Gegner mit unverminderter Härte fort. Sie schafften neue politische Straftatbestände. Auf dieser Grundlage wurden tausende von der willfährigen Justiz verurteilt und in Gefängnisse, Zuchthäuser und Lager verbracht. Diesem Terror zum Trotz versuchten die Anhänger der Arbeiterbewegungen, ihren Zusammenhalt zu erhalten und den Nationalsozialisten und ihrer Propaganda entgegenzutreten. Jedoch wurde der organisierte Widerstand gegen das NS-Regime bis 1936/37 weitgehend zerschlagen. Soweit sie nicht eingesperrt worden waren, zogen sich die politischen Gegner des Nationalsozialismus zurück, trafen sich nur noch auf privater Ebene und versuchten, ihr Gedankengut zu bewahren. Viele Gegner der Nationalsozialisten flohen auch aus Deutschland und bekämpften den NS-Staat aus dem Ausland. Letztlich konnte ihr Widerstand den von der Masse der Bevölkerung getragenen Nationalsozialismus nicht ernsthaft gefährden. In ihrer Bereitschaft, für ihre Überzeugungen einzustehen, blieben mutige Frauen und Männer aus der Arbeiterbewegung isoliert. Die moralische Leistung derjenigen, die sich dem Regime und seinem Angebot einer nationalsozialistischen *Volksgemeinschaft* verweigerten, ist nicht hoch genug einzuschätzen.

Widerstand aus der Kommunistischen Partei

Die umfangreichen Verhaftungen in der ersten Jahreshälfte 1933 setzten den Kommunisten schwer zu. Dennoch gelang es ihnen immer wie-

[262] Ein politischer Prozess im »Dritten Reich«: Zeichnung von Karl Schwesig.

[263] Gefangene im KZ Oranienburg, um 1933.

[264] Flucht nach Holland: Zeichnung von Franz Meyer.

der, illegale Organisationen aufzubauen. Sie verteilten insbesondere auch Propagandamaterial. In einem ihrer Flugblätter von Mai oder Juni 1933 hieß es beispielsweise:

»Wir Kommunisten halten treu zur Roten Klassenfront und weichen nicht feige vor dem Klassenfeind. Die Partei der Zukunft mobilisiert die Massen und bereitet den Sieg der deutschen Arbeiterklasse vor und wird siegen trotz Haß und Verboten. Die Vergeltung der Arbeiterklasse und die Sühne für viele Gemordete ist ihnen gewiß. Heraus mit den politischen Gefangenen, für eine Arbeiter- und Bauernregierung! Rot Front!«

Indem sie öffentlich auf sich aufmerksam machten, wollten die Kommunisten demonstrieren, dass massenhafter Widerstand möglich war. Sie überschätzten aber ihren Rückhalt in der Bevölkerung, ebenso wie sie die Effizienz des Verfolgungsapparates unterschätzten. Bis 1936 gelang es der Gestapo, den kommunistischen Widerstand im Raum Gelsenkirchen fast vollständig zu zerschlagen. So erinnerte sich der Gelsenkirchener Kommunist Josef Mross im Jahr 1947 an seine Verhaftung:

»Im Oktober 1934 wurde ich verhaftet und nach Gelsenkirchen ins Rathaus gebracht. Wir waren 144 Mann und 7 Frauen, darunter ein 18jähriges Mädchen […] Den Genossen Dannapfel, der später im Zuchthaus Münster verstorben ist, haben die Schufte so geschlagen, dass er kein Lebenszeichen mehr von sich gab.«

[265] Ein Rot-Sport-Verein aus Gelsenkirchen-Horst, der im »Dritten Reich« seine politische Identität verstecken musste.

Q 233, Nr. 110 / 16

Gelsenkirchen, den 4. September 1937. 8

Festnahme - Bericht.

Der Beschuldigte Invalide Wilhelm E v e r d i n g, wurde am 3.September 1937, um 19 Uhr, wegen des dringenden Verdachts der Vorbereitung zum Hochverrat vorläufig in Haft genommen. Da nur im Zusammenhang mit seiner Festnahme die weiteren Ermittelungen einen Erfolg versprechen, habe ich die Verhängung einer politischen Schutzhaft auf die Dauer von 7 Tagen bei der Staatspolizeileitstelle in Münster beantragt.

Die in der Anzeige erwähnte Kommunistenfahne wurde bei der Durchsuchung in der Wohnung des Beschuldigten nicht vorgefunden. Auch waren sonstige Gegenstände, die als Beweismittel für ~~die~~ vorliegende Strafsache von Bedeutung sein könnten, nicht vorhanden.

In dem Schlafzimmer des Beschuldigten befand sich auf dem Kleiderschrank ein Koffer mit 15 Broschüren der verbotenen Internationalen Bibelforschervereinigung. Das vorgefundene Schrifttum ist älteren Datums und wurde sichergestellt. Hinsichtlich der vorgefundenen Broschüren der IVB. werden ~~wird~~ gegen den Beschuldigten ~~vor~~ besondere Ermittlungen ~~Verfahren~~ eingeleitet. Hierüber ~~Hier~~ erfolgen im Schlussbericht ~~noch~~ nähere Ausführungen.

[Unterschrift]

Kriminal-Bezirks-Sekretär.

[266] Bericht der Gestapo Gelsenkirchen über die Verhaftung eines Mannes, der als Kommunist denunziert worden war, 1937: Obwohl sich keine Beweise finden ließen, wurde er eine Woche in »Schutzhaft« genommen.

Zwei Drittel aller Regimegegner, die in Gelsenkirchen zwischen 1933 und 1945 verhaftet wurden, waren Kommunisten. Unter ihnen befanden sich beispielsweise die Stadtverordneten Paul Grezschik (1900–1942), Albert Quednau (1894–1945) und Bernhard Sawitzki (1898–1945), die ebenso ermordet wurden oder an den Haftfolgen starben wie Oskar Behrendt (1902–1933), Karl Jonschker (1901–1944) und Paul Minakowski (1905–1944).

Sozialdemokratischer Widerstand

Der Widerstand aus den Reihen der Sozialdemokratie erfolgte weniger offensiv als der kommunistische. In Gelsenkirchen fanden sich einige Gruppen zusammen, die illegales Informationsmaterial verteilten, das sie aus dem Ausland erhalten hatten – beispielsweise von geflohenen Sozialdemokraten. So berichtete die Staatspolizeistelle für den Regierungsbezirk Münster im Januar 1936:

»Die SPD entfaltete vor allen Dingen in Gelsenkirchen im Berichtsmonat eine rege Tätigkeit. Nach den bisherigen Feststellungen bestehen zwischen führenden, früheren SPD-Funktionären und Emigranten in Holland enge Verbindungen. Die illegale SPD in Gelsenkirchen ist auch mit aus Holland eingeschmuggeltem Schriftenmaterial beliefert worden. Einer der Hauptkuriere konnte inzwischen festgestellt werden, so daß mit der Aufrollung des ganzen Apparates gerechnet werden kann.«

Tatsächlich setzte die Gestapo diesen Aktivitäten bald ein Ende. Schon 1935 hatte sie ein oppositionelles Netzwerk um die Brotfabrik Germania zerschlagen, in dem sich Linkssozialisten aus der Sozialistischen Arbeiterpartei (SAP) und Sozialdemokraten zusammengetan hatten, um regimekritische Schriften im gesamten Ruhrgebiet zu verteilen.

Angesichts des Verfolgungsdrucks bedeutete Widerstand schließlich in erster Linie, informelle Zirkel aufrechtzuerhalten, in denen ein oppositionelles politisches Bewusstsein und der Zusam-

SOZIALISTISCHE AKTION

Organ der Sozialdemokratischen Partei Deutschlands November 1936

Ein Kriegsplan, kein Wirtschaftsplan

Unmittelbare Kriegsvorbereitung des deutschen Militarismus

Nach der Rede Görings und den darauf folgenden Erlässen ist es erst recht klar geworden, daß es sich bei dem Vierjahresplan nicht um einen Wirtschafts-, sondern um einen Kriegsplan handelt. Denn unerläßliche Voraussetzung einer deutschen Wirtschaftsplanung wäre die Rückbildung der ausgedehnten Rüstungsindustrie, die Belebung der Konsum- und Exportindustrien, ohne die weder die fortschreitende Verschlechterung der Lebenshaltung noch die Rohstoffnot beseitigt werden kann. Davon ist nicht nur nicht die Rede, sondern Rüstungsumfang und Rüstungstempo sollen noch verstärkt werden, um angesichts der Gegenrüstungen, die durch den Angriffswillen der deutschen Diktatur erzwungen werden, die militärische Ueberlegenheit zu sichern. Da dieses Streben an die Schranke der Rohstoffbeschaffung für die Ernährung und die Rüstungsindustrien stößt, sollen Ersatzstoffe ohne Rücksicht auf die Kosten in höherem Maße als bisher hergestellt werden.

Das heißt aber nichts anderes, als daß ein noch größerer Teil der deutschen Produktivkräfte, obwohl diese schon bisher nicht zur Herstellung der gigantischen Kriegsmaschinerie ausreichten, ohne schwere Spannungen in der Lebensmittel- und Rohstoffversorgung zu erzeugen, trotzdem zur Herstellung von Ersatzstoffen verwandt werden sollen, das Mißverhältnis in der deutschen Wirtschaft also noch gesteigert werden wird.

Denn es ist klar, daß, wenn die Errichtung neuer Anlagen zur Herstellung von Zellwolle, von synthetischem Benzin und Kautschuk jetzt aufs neue forciert wird, das nicht nur in der nächsten Zeit eher ver-

Das wird auch offen zugegeben. Göring und Göbbels haben ausdrücklich erklärt, daß wirtschaftlich der Plan keine Lösung darstellt. Sie haben gar kein Hehl daraus gemacht, daß Fleisch- und Fettnot, daß Mangel an wichtigen Gegenständen des täglichen Bedarfs zur Dauererscheinung der deutschen Wirtschaft gehören werden. Daran wird auch nach ihrer Meinung die Durchführung des Vierjahresplanes nichts Entscheidendes ändern. Denn den Grund der Wirtschaftsnöte der Diktatur sehen sie überhaupt nicht im Wirtschaftlichen und am wenigsten in ihrer eigenen wahnsinnigen Kriegswirtschaft, sondern im Politischen, im Mangel an Rohstoffgebieten und Kolonien. Die wollen sie sich holen. Und deshalb handelt es sich ihnen überhaupt nicht um einen Wirtschaftsplan, sondern um einen Kriegsplan in doppeltem Sinn:

einmal geht es unmittelbar um Verstärkung der industriellen Kriegsstärke durch Schaffung einer an sich noch so unwirtschaftlichen Ersatzproduktion, andererseits aber um die Aufstellung des Kriegszieles.

Die Kriegsvorbereitung hat zu einer fortschreitenden Wirtschaftszerrüttung geführt, die Durchführung des Vierjahresplanes muß die Zerrüttung noch steigern. Als Ausweg aus den Lebensmittelschwierigkeiten, als Befreiung von allen Hindernissen und Abhängigkeiten erscheint nicht mehr irgend eine vernünftige Wirtschaftspolitik, sondern die Eroberung der angeblich fehlenden Rohstoffgebiete.

Der Eroberungskrieg soll populär gemacht werden, er soll Volksangelegenheit werden, dem Kriege muß die notwendige Massengrundlage gegeben werden — das ist der politische Sinn des Vierjahresplanes, dessen materieller Zweck die militärische Mobilmachung der Wirtschaft ist.

Die Durchführung des Vierjahresplans wird auf dieselben Schwierigkeiten stoßen, die bereits durch die bisherige Aufrüstung hervorgerufen worden sind. Die Ausführung der neuen und kostspieligen Investitionen wird durch Vermehrung der staatlichen Wechsel finanziert werden wie bisher. Die großen Unternehmungen werden zum Teil auch gezwungen werden, die Neuanlagen selbst zu finanzieren, wie es die Braunkohlenindustrie bei der Errichtung der Hydrierungsanlagen und die Textilindustrie zum Teil bei der Anlage der Zellwollfabriken tun mußten. Das Reich wird den Preis der Produkte und damit die Rentabilität garantieren. Die Buchgewinne werden weiter steigen, aber zuletzt werden die Unternehmungen nur über unproduktive Anlagen und Papiermark verfügen.

Die fortschreitend inflationistische Finanzierung

macht den Preisauftrieb immer stärker. Der Reallohn ist sehr bedeutend gesunken. Aber das Regime will wenigstens den Nominallohn festhalten, um ein allgemeines rasches Steigen der Preise zu verhindern und damit das Umschlagen der latenten in die offene Inflation hinauszuschieben. Daher ein neuer

Löhne herauf!

Die Nationalsozialisten sagen: „Die Löhne dürfen nicht erhöht werden!"

Die Sozialdemokraten sagen: „Die Löhne müssen erhöht werden!"

Wer hat recht?

Seit der Machtergreifung Hitlers sind die Löhne in erschreckender Weise gesunken. Zum Teil wurden sie direkt gesenkt, zum Teil erfolgte die Senkung durch Erhöhung der Preise und Verminderung der Kaufkraft.

Für eine Mark gibt es jetzt nur noch so viel wie vor vier Jahren für 75 Pfennige

Sozialdemokraten sagen Nein.

Die Nationalsozialisten sagen: »Es muß so sein, weil wir rüsten müssen. Kanonen statt Butter!«

Aber rüstet England nicht auch? England hat Kanonen und Butter dazu!

Die Nationalsozialisten sagen: „Eng-

[267] Zeitungen wie die »Sozialistische Aktion« wurden über die Niederlande ins Ruhrgebiet eingeschmuggelt und dort verteilt.

[268] Verkaufswagen der Brotfabrik Germania, um 1934: Der Sozialdemokrat August Kordahs (1905–1987) organisierte über seine Brotfabrik in Duisburg-Hamborn ein Vertriebsnetz für illegale Schriften im Rheinland, am Niederrhein und im Ruhrgebiet. In vielen Städten, so auch in Gelsenkirchen, bildeten sich feste »Leserkreise«. Im Frühjahr deckte die Gestapo diese Widerstandsaktivitäten auf und verhaftete mehrere hundert Personen. Viele von ihnen wurden in den folgenden Massenprozessen wegen »Vorbereitung zum Hochverrat« verurteilt, kamen in Zuchthäuser und Konzentrationslager. Etliche von ihnen überlebten dies nicht.

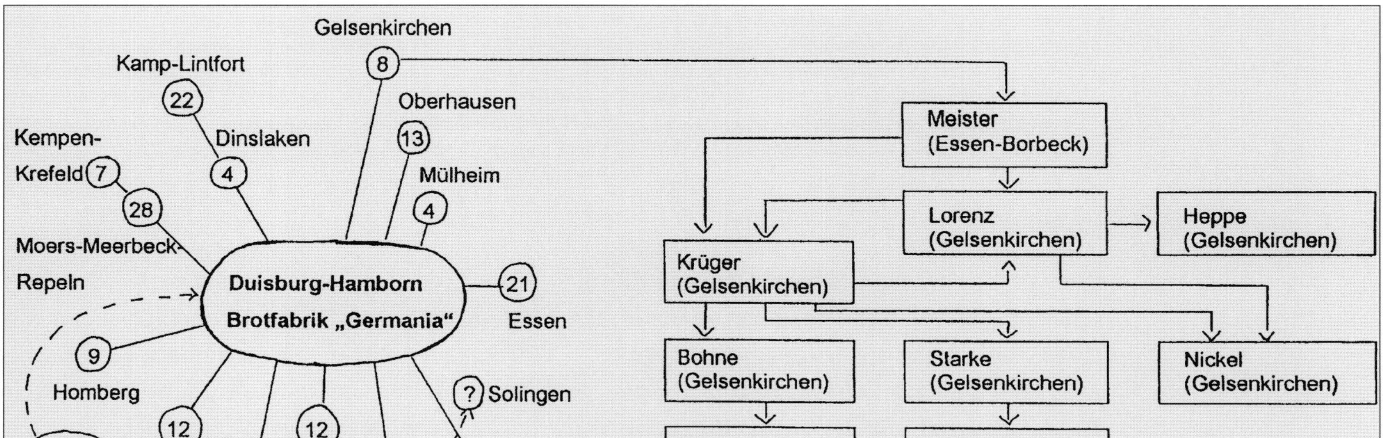

[269] In Gelsenkirchen zählten acht Männer zum Netzwerk der Brotfabrik Germania.
Die meisten von ihnen wurden 1935 auf einer illegalen Maifeier in Essen-Werden verhaftet.

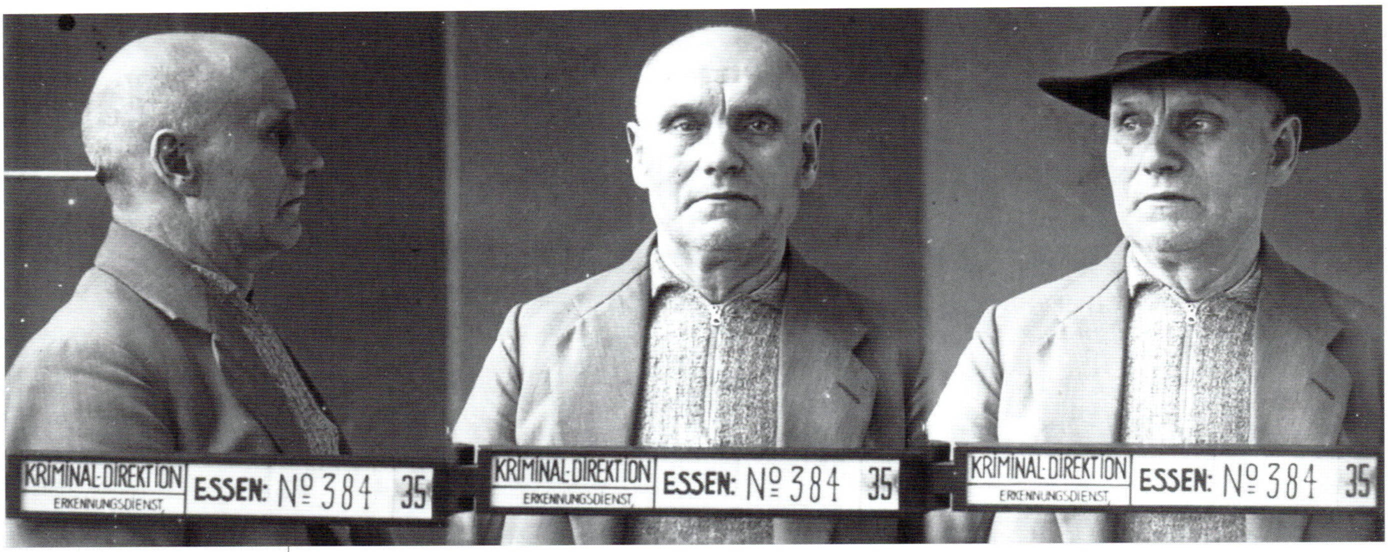

[270] Wilhelm Lorenz (1873–1940) war der Kopf des Gelsenkirchener »Leserkreises«. Der Formermeister war bereits seit den 1890er Jahren in der Metallarbeiter-Gewerkschaft und in der SPD aktiv. Er gehörte zur Parteilinken, schloss sich während des Ersten Weltkrieges der USPD an, kehrte aber später in die SPD zurück. Im Jahr 1931 trat er erneut aus der Partei aus, um in Gelsenkirchen die Sozialistische Arbeiterpartei (SAP) aufzubauen, deren lokaler Vorsitzender er wurde. Nach der sogenannten »Machtergreifung« engagierte er sich im Widerstand und bezog in Essen illegale Schriften, die er in Gelsenkirchen verteilte. Nach seiner Verhaftung wurde Lorenz zu drei Jahren Zuchthaus verurteilt. Im Anschluss an diese Strafe verbrachte er noch ein Jahr als »Schutzhäftling« im KZ Buchenwald. Er starb an den Folgen der Haft.

[271] Fritz Bohne (1904–1983) gehörte seit Mitte der 1920er Jahre der Sozialistischen Arbeiterjugend und der SPD in Gelsenkirchen an. Vor allem engagierte er sich im sozialistischen Freizeitverein »Die Naturfreunde«, der in Gelsenkirchen das Sammelbecken der Parteilinken war. Mit vielen von ihnen verließ Bohne 1931 die SPD und schloss sich der SAP an. Im »Dritten Reich« suchte er im Netzwerk der Brotfabrik Germania aber wieder die Zusammenarbeit mit den Sozialdemokraten. Nach seiner Verhaftung wurde er zu zwei Jahren Gefängnis verurteilt. Bohne überlebte die Haft und den Krieg. Nach 1945 wurde er wieder bei den »Naturfreunden« und in der SPD aktiv. Er gehörte zwischenzeitlich dem Vorstand der Gelsenkirchener SPD an und vertrat seine Partei zwischen 1964 und 1969 in der Stadtverordnetenversammlung.

menhalt zuverlässiger Genossinnen und Genossen gepflegt werden konnte. Daran erinnerte sich später Paula Grenz aus Gelsenkirchen-Erle:

»Die richtigen, die echten Funktionäre, die im Vorstand waren, die haben all die Jahre wie Pech und Schwefel zusammengehalten. Sie trafen sich nur einzeln. Aber die Verbindung war nie abgerissen.«

Widerstand aus dem Exil

Viele Angehörige der Arbeiterbewegung mussten ins Ausland fliehen. Dort setzten sie ihren Widerstand gegen die Nationalsozialisten fort: Sie engagierten sich im Saargebiet gegen die Rückgliederung an das nationalsozialistische Deutschland, schleusten Schriften nach Deutschland, besorgten Informationen über die Verbrechen der Nationalsozialisten und kümmerten sich um deren Verbreitung. Im Spanischen Bürgerkrieg kämpften ab 1936 auch Gelsenkirchener in den Internationalen Brigaden gegen Francos Faschisten.

BIOGRAFIE

Alfred Krautscheid –
»Vorbereitung zum Hochverrat« und Strafbataillon 999

[272] Alfred Krautscheid (1908–1988).

Alfred Krautscheid (1908–1988) machte eine Lehre zum Handlungsgehilfen und fand später eine Anstellung bei der Stadtverwaltung Gelsenkirchen. Seit 1922 war er in der Sozialistischen Arbeiterjugend aktiv und trat schließlich in die SPD ein.

Nach der nationalsozialistischen »Machtergreifung« wurde Krautscheid Ende 1933 wegen seiner politischen Orientierung entlassen. Er legte Beschwerde ein und erreichte schließlich, dass die Kündigung 1935 zurückgenommen werden musste. Ende 1936 geriet Krautscheid, der bereits seit 1933 heimlich gegen das NS-Regime gearbeitet hatte, in das Visier der Gestapo, die ihn in »Schutzhaft« nahm. Krautscheid wurde vorgeworfen, für die verbotene kommunistische Organisation »Rote Kämpfer« tätig gewesen zu sein. Nach mehrmonatiger Haft in Bochum und Hamm wurde er im August 1937 wegen »Vorbereitung zum Hochverrat« zu vier Jahren Zuchthaus und Aberkennung der bürgerlichen Ehrenrechte für drei Jahre verurteilt.

Nach einem Gnadengesuch seiner Mutter wurde Krautscheid vorzeitig aus dem Strafgefangenenlager Oberems bei Gütersloh entlassen und der Rest der Strafe zur Bewährung ausgesetzt. Im Jahr 1942 wurde er in das Strafbataillon 999 eingezogen – eine Bewährungstruppe, deren Angehörige im Fronteinsatz beweisen sollten, dass sie »wehrwürdig« waren. Im April 1943 geriet Krautscheid in Nordafrika in Kriegsgefangenschaft, aus der er im Sommer 1946 nach Gelsenkirchen zurückkehrte.

Dort wurde er vom Kreishilfssonderausschuss als politischer Verfolgter des NS-Regimes anerkannt. Zunächst arbeitete er bei einem Verlag in Essen und Dinslaken, bewarb sich aber 1950 erfolgreich um eine Stelle beim Gelsenkirchener Jugendamt, in dem er bis zu seiner Pensionierung im Jahr 1973 zum Abteilungsleiter aufstieg.

[273] Alfred und Margarethe Zingler (Mitte und rechts) im niederländischen Exil in Hengelo. Das Ehepaar hielt von dort Kontakt nach Gelsenkirchen und schmuggelte sozialdemokratische Schriften ins Ruhrgebiet. Gustav Adolf Lehnert (links) gehörte auch zu den Menschen, die aus dem Exil gegen den Nationalsozialismus eintraten. Nachdem Lehnert (1896–1976) im Jahr 1933 als Angehöriger der politischen Polizei in Essen aufgrund des Berufsbeamtengesetzes entlassen worden war, ging der Sozialdemokrat zunächst ins Saargebiet, um sich dessen Anschluss an das nationalsozialistische Deutschland entgegenzustellen. Später floh er mit seiner Familie nach Frankreich. Nach Kriegsbeginn war Lehnert dort in verschiedenen Lagern interniert, konnte aber entkommen und sich der Résistance anschließen. Er kehrte 1945 mit der US-Armee nach Deutschland zurück. Als Leiter der Kriminalpolizei im Regierungsbezirk Düsseldorf und später als Kriminalrat in Essen war Lehnert eine der zentralen Figuren beim Aufbau einer demokratischen Polizei in Nordrhein-Westfalen.

[274] Der Gelsenkirchener Kommunist Ernst Butzhof (1901–1983) als Offizier der Internationalen Brigaden, um 1937: Der gelernte Zimmermann war früh gewerkschaftlich aktiv und schloss sich 1928 der KPD sowie 1931 dem Kampfbund gegen den Faschismus in Gelsenkirchen-Horst an. Er war 1933 gezwungen, ins Exil in die Niederlande zu fliehen. Im Oktober 1936 ging er nach Spanien zu den Internationalen Brigaden. Nach der Niederlage gegen Francos Truppen wurde Butzhof gemeinsam mit vielen anderen, die für die spanische Republik gekämpft hatten, in verschiedenen Lagern in Südfrankreich interniert. Während des Zweiten Weltkrieges konnte er fliehen und sich der französischen Widerstandsbewegung anschließen. Er kehrte 1945 zurück nach Gelsenkirchen.

[275] Der kommunistische Schriftsteller Eduard Claudius (1911–1976) in Spanien, 1937: Claudius wurde unter dem Namen Eduard Schmidt in Buer geboren und wuchs dort auf. Er erlernte das Maurerhandwerk, war gewerkschaftlich aktiv und schrieb schon früh Artikel für Zeitungen der Arbeiterbewegung. Er trat 1932 der KPD bei, wurde 1933 kurzzeitig verhaftet und emigrierte danach in die Schweiz. Zwischen 1936 und 1939 kämpfte er unter dem Namen Edy Brendt als Soldat und politischer Kommissar der Internationalen Brigaden im Spanischen Bürgerkrieg. Nach weiteren Jahren des Exils in der Schweiz und einigen Monaten als Partisan in Norditalien kehrte er 1945 nach Deutschland zurück, zunächst in den Westen, später dann in die Sowjetische Besatzungszone. Mittlerweile unter dem Künstlernamen Claudius widmete er sich ab 1947 der Arbeit als Schriftsteller, für die er in der DDR mit vielen Preisen ausgezeichnet wurde. Claudius wurde nicht nur Sekretär des Deutschen Schriftstellerverbandes, sondern vertrat die DDR auch als Diplomat – als Botschafter in Syrien und in Vietnam.

[276] Die Flakbatterie »Georgi Dimitroff« im Spanischen Bürgerkrieg, 1938: Alleine unter den Freiwilligen in dieser Einheit der Internationalen Brigaden befanden sich fünf Gelsenkirchener.

BIOGRAFIE

Franz Meyer – ein politischer Künstler aus Gelsenkirchen im Exil

Franz Wilhelm Meyer (1906–1957) wuchs als Sohn eines Buchbinders in Gelsenkirchen auf. Da sein Vater einer Berufsgruppe angehörte, die stark politisiert und gewerkschaftlich organisiert war, lag sein Weg in die Arbeiterbewegung nahe. Durch seine Lehre als technischer Zeichner wurde aber auch früh sein künstlerisches Interesse geweckt. Nach seinen Wanderjahren, die ihn 1924/25 durch Deutschland, Österreich und über den Balkan geführt hatten, begann er daher an der Essener Folkwangschule ein Studium als Zeichner und Kunstmaler.

Ende der 1920er Jahre schloss sich Meyer dem Kommunistischen Jugendverband Deutschlands (KJVD) und der KPD an. Er fertigte nun auch politische Karikaturen an, unter anderem für das kommunistische »Ruhr-Echo«. Anfang der 1930er Jahre trennte sich Meyer gemeinsam mit etwa 25 anderen Gelsenkirchener Kommunisten von der KPD, die den stalinistischen Kurs und die verfehlte Strategie der Partei gegen den Nationalsozialismus kritisierten. Diese überwiegend intellektuell geprägte Gruppe nannte sich fortan »Linksopposition« und näherte sich politischen Positionen Leo Trotzkis an. Bereits 1932 stellte sich die »Linksopposition« auf die erwartete Illegalität unter der drohenden Herrschaft der Nationalsozialisten ein.

Nach der »Machtergreifung« der Nationalsozialisten rettete Meyer zunächst mit einigen Genossen die Gelsenkirchener Gewerkschaftsbibliothek, die sein Vater verwaltete, vor dem Zugriff der Nationalsozialisten. Bald war er jedoch in Gelsenkirchen nicht mehr sicher und floh in die Niederlande. Von dort wurde der politische Flüchtling bald nach Belgien ausgewiesen. In den ersten Jahren des Exils zeichnete Meyer hunderte von Karikaturen unter dem Decknamen »Holz« oder abgekürzt »H.« für verschiedene linkssozialistische und trotzkistische Zeitungen. Unter den deutschen Trotzkisten, die als »Internationale Kommunisten Deutschlands« Teil der Vierten (trotzkistischen) Internationale wurden, entwickelte sich Meyer bald zu einer der führenden Persönlichkeiten. Nach dem Einmarsch der Wehrmacht in Belgien floh Meyer nach Frankreich. Dort galt er aber als »feindlicher Ausländer«, obwohl ihn das Deutsche Reich ausgebürgert hatte. Die nächste Zeit verbrachte er, ständig von der Auslieferung an das »Dritte Reich« bedroht, in verschiedenen Internierungslagern – zuletzt in Les Milles bei Aix-en-Provence, gemeinsam mit berühmten Künstlern und Intellektuellen wie Max Ernst oder Lion Feuchtwanger. Mit Hilfe eines US-amerikanischen Komitees in Marseille erhielt Meyer ein Visum und konnte über das marokkanische Casablanca nach New York ausreisen. Dort sammelte sich in den 1940er Jahren ein großer Teil der geflohenen deutschen Trotzkisten, die sich aber nach und nach von der trotzkistischen Bewegung trennten. Bis zu seinem frühen Unfalltod lebte Franz Meyer in New York.

[277] Franz Meyer (1906–1957).

4.4 ▸ Die christlichen Kirchen und der NS-Staat – Zwischen Anpassung, Eigensinn und Verweigerung

Innerhalb der beiden christlichen Kirchen in Deutschland gab es vor 1933 starke antidemokratische Strömungen. Daher begrüßten die evangelischen Landeskirchen die »Machtergreifung« Adolf Hitlers, auch wenn es wenig später zu ersten internen Auseinandersetzungen über die Haltung zum Nationalsozialismus kam. Die katholische Kirche blieb zunächst skeptisch, strebte aber bald ein Arrangement mit dem »Dritten Reich« an. Dennoch gerieten Vertreter beider Konfessionen aus ihrer christlichen Überzeugung heraus in Konflikte mit dem NS-Staat und wurden von der Gestapo überwacht und verfolgt.

Katholische Selbstbehauptung im Konflikt mit dem Staat

Als das Deutsche Reich und der Vatikan im Juli 1933 das Reichskonkordat schlossen, schienen die kulturpolitischen und theologischen Konflikte zwischen Katholizismus und Nationalsozialismus beigelegt zu sein. Da das NS-Regime wichtige Vereinbarungen des Konkordats brach, sah sich die katholische Kirche veranlasst, ihre Autonomie gegen den Totalitätsanspruch des Staates zu verteidigen. Einen aktiven Kampf gegen das Unrechtssystem betrachtete die Kirche nicht als ihre Aufgabe. Das Eintreten gegen den Nationalsozialismus überließ sie der Gewissensentscheidung einzelner Katholiken.

Dank ihrer inneren Geschlossenheit bewahrte die katholische Kirche eigene Überzeugungen, die im Gegensatz zur nationalsozialistischen *Volksgemeinschafts*-Ideologie standen. Dennoch kündigten die Katholiken der Obrigkeit nicht ihre staatsbürgerliche Loyalität. Allerdings führte katholischer Eigensinn zu politischen Auseinandersetzungen. Verweigerungen aus katholischer Überzeugung wurden durch das NS-Regime als Opposition verfolgt. Auch in Gelsenkirchen überwachte, verhörte und verhaftete die Gestapo zahlreiche katholische Geistliche und

[278] Die Evangelische Altstadtkirche und die Propsteikirche St. Augustinus in Gelsenkirchen, 1940.

[279] Die Lehrerin Anna Schulte (1875–1956) unterrichtete an der Franziskus-Schule in Bismarck, wo sie ab 1929 auch Konrektorin wurde. Von 1924 bis 1933 war sie Stadtverordnete für die katholische Zentrumspartei. Im August 1933 wurde sie auf Grundlage des Berufsbeamtengesetzes aus dem Schuldienst entlassen – bei gekürzten Pensionsbezügen. Nach 1945 reichte sie einen Antrag auf Wiedergutmachung ein und wurde für ihre finanziellen Einbußen entschädigt.

Laien. Zu letzteren zählte der Kaufmann Josef Weiser, der bekannteste Vertreter des politischen Katholizismus in Buer. Im »Dritten Reich« machte er keinen Hehl daraus, dass er die Nationalsozialisten ablehnte. Daher wurde er immer wieder schikaniert und im Jahr 1942 schließlich sogar kurzzeitig inhaftiert. Mit aller Härte ging die Gestapo auch gegen die katholische Jugendbewegung vor, die sich dem Verbot konfessioneller Jugendgruppen widersetzte.

[280] Josef Weiser (1881–1964) war erfolgreicher Kaufmann in Buer und wichtigster Politiker des Zentrums in der Stadt. Er vertrat die katholische Partei als Stadtverordneter, als Abgeordneter im Westfälischen Provinziallandtag und zwischen 1930 und 1933 auch als Mitglied des Reichstages. Zwar stimmte er mit seiner Fraktion im März 1933 für das Ermächtigungsgesetz, weigerte sich aber im gleichen Monat, an seinem Geschäft eine Hakenkreuzfahne zu hissen. Nach 1945 nahm Weiser sein Engagement für die Zentrumspartei wieder auf, wurde erneut Stadtverordneter und auch Bürgermeister von Gelsenkirchen. Im Jahr 1956 erhielt er die Ehrenbürgerwürde der Stadt.

Die Deutsche Arbeitsfront

Gauwaltung Westfalen=Nord

Kreiswaltung Buer

Der Kreisobmann

Einschreiben

Buer i. W., den 12. Juni 1937
Bochumer Straße 8
Postfach 133
Fernruf 30457/58

Abtlg: I

Schl/Se

Briefbuch-Nummer 4190
In der Antwort stets anzugeben

An den
Vg. Josef W e i s e r ,

B u e r i/W.
-.-.-.-.-.-.-
Hochstr.

Betr.: Eigene Angelegenheit

Am gestrigen Tage (11.6.37) waren in meinem Auftrage der Sachbearbeiter der RBG. Handel, Pg. Marschall, und der Gaubeauftragte für den Vertrieb des "Aufbau", Pg. Reese, Münster, bei Ihnen vorstellig geworden und suchten um eine Unterredung nach.

Sie liessen nach der Anmeldung diese beiden Parteigenossen, die nicht als irgendwelche Reisende bei Ihnen vorsprachen, sondern als politische Leiter der Bewegung und des Staates, nicht zu Wort kommen und legte mit Ihren Äusserungen ein Benehmen an den Tag, das gleichzusetzen ist mit der Ablehnung des heutigen Staates Ihrerseits.

Da ich nun glaube, dass Sie sich bewusst waren, das Ansehen der Bewegung in den Augen Ihrer Gefolgschaft lächerlichgemacht zu haben, gebe ich Ihnen eine Frist bis Dienstag, den 15.6.37, sich bei mir persönlich zu erklären und sich bei meinem Sachbearbeiter zu entschuldigen, anderenfalls ich mich gezwungen sehe, wegen Lächerlichmachung von Beauftragten der Partei die ganze Angelegenheit der Geheimen Staatspolizei zu übergeben auf Grund des Heimtückegesetzes.

Heil Hitler!

Die Deutsche Arbeitsfront Kreis Buer Gau Westfalen-Nord

[281] Die DAF warf Weiser 1937 vor, das »Ansehen der Bewegung [...] lächerlichgemacht zu haben«, und drohte ihm mit der Gestapo.

[282] Diese acht Jugendlichen aus Gelsenkirchen gerieten im Juni 1937 in die Mühlen der Gestapo, die ihnen vorwarf, als getarnte Abordnung des Katholischen Jungmännerverbandes eine illegale Wallfahrt unternommen zu haben. Sie waren aufgefallen, als sie vor einer Kirche in Rosellen bei Neuss ein Lied sangen. Die Staatsanwaltschaft in Düsseldorf ermittelte wegen eines Verstoßes gegen das Verbot des geschlossenen Auftretens konfessioneller Jugendvereinigungen. Das Verfahren wurde aber 1938 aus Mangel an Beweisen eingestellt.

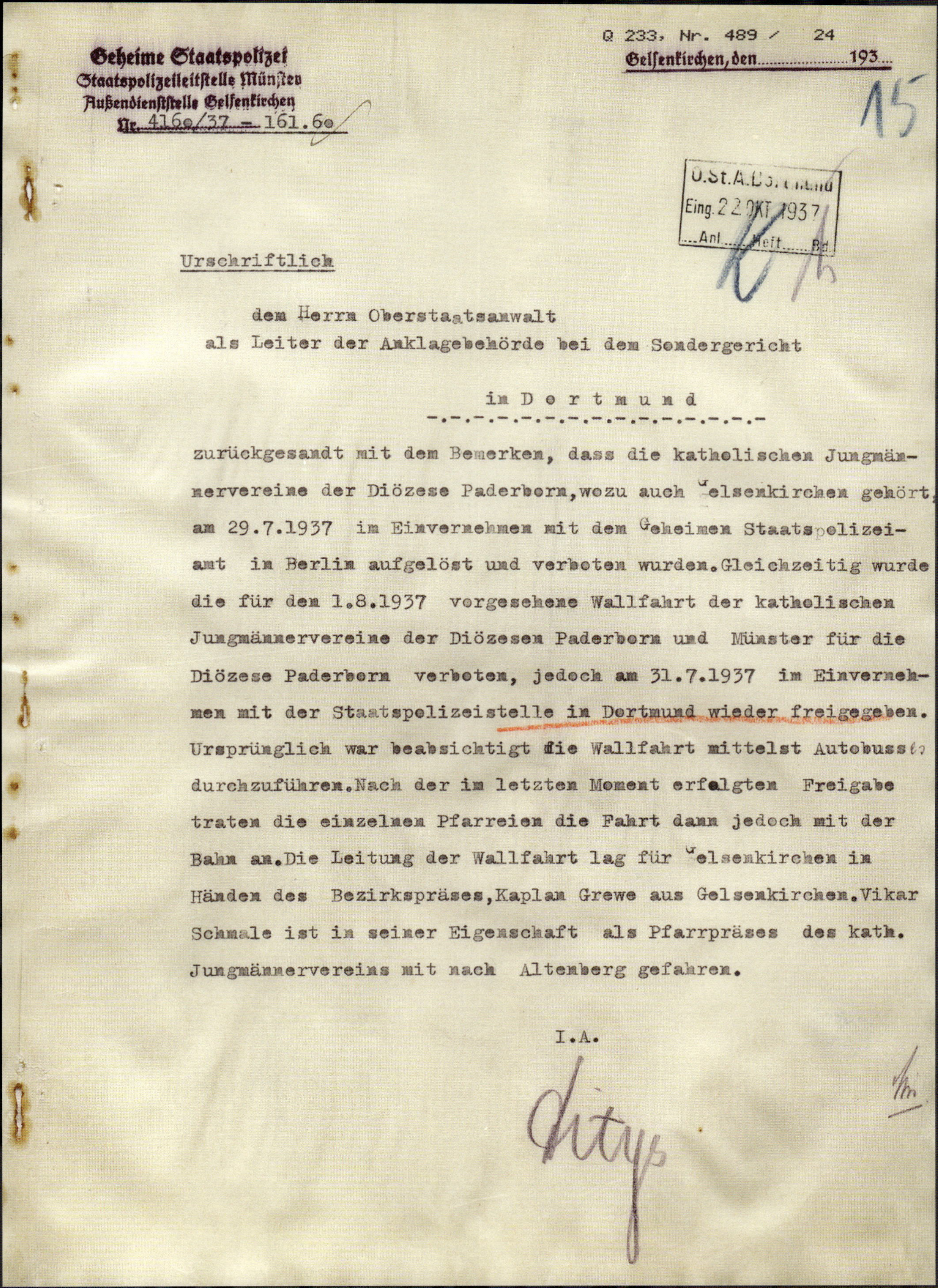

Q 233, Nr. 489 / 24

Geheime Staatspolizei
Staatspolizeileitstelle Münster
Außendienststelle Gelsenkirchen
Nr. 416e/37 - 161.6e

Gelsenkirchen, den ....193...

15

O.St.A. Dortmund
Eing. 22. OKT. 1937
...Anl. .... Heft..... Bd.

Urschriftlich

dem Herrn Oberstaatsanwalt
als Leiter der Anklagebehörde bei dem Sondergericht

in Dortmund
-.-.-.-.-.-.-.-.-.-.-.-.-.-.-.-.-.-

zurückgesandt mit dem Bemerken, dass die katholischen Jungmännervereine der Diözese Paderborn, wozu auch Gelsenkirchen gehört, am 29.7.1937 im Einvernehmen mit dem Geheimen Staatspolizeiamt in Berlin aufgelöst und verboten wurden. Gleichzeitig wurde die für den 1.8.1937 vorgesehene Wallfahrt der katholischen Jungmännervereine der Diözesen Paderborn und Münster für die Diözese Paderborn verboten, jedoch am 31.7.1937 im Einvernehmen mit der Staatspolizeistelle in Dortmund wieder freigegeben. Ursprünglich war beabsichtigt die Wallfahrt mittelst Autobusse durchzuführen. Nach der im letzten Moment erfolgten Freigabe traten die einzelnen Pfarreien die Fahrt dann jedoch mit der Bahn an. Die Leitung der Wallfahrt lag für Gelsenkirchen in Händen des Bezirkspräses, Kaplan Grewe aus Gelsenkirchen. Vikar Schmale ist in seiner Eigenschaft als Pfarrpräses des kath. Jungmännervereins mit nach Altenberg gefahren.

I.A.

[283] Die Gestapo beobachtete katholische Organisationen und setzte deren Verbote durch.

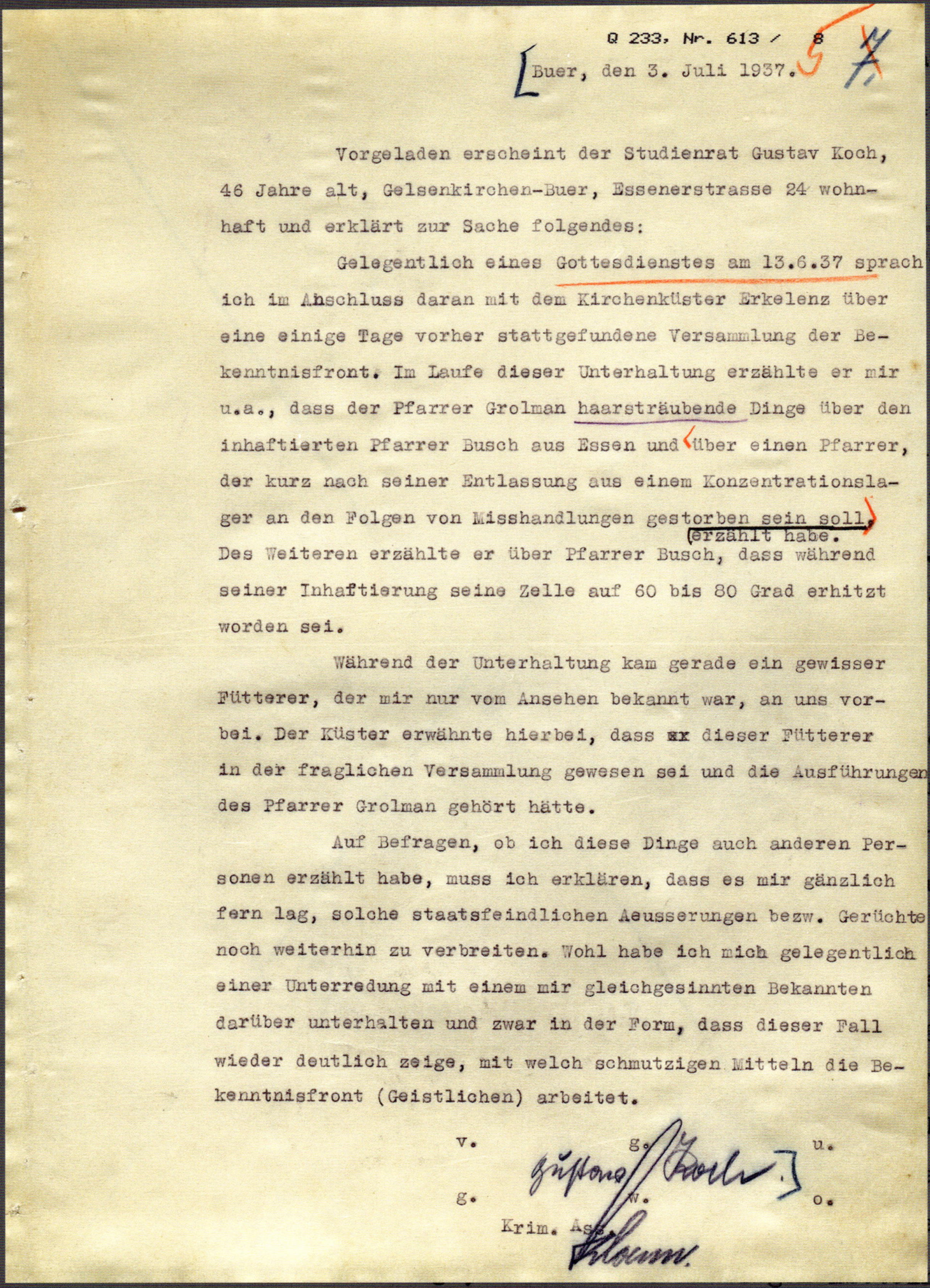

Q 233, Nr. 613 / 8

Buer, den 3. Juli 1937.

Vorgeladen erscheint der Studienrat Gustav Koch, 46 Jahre alt, Gelsenkirchen-Buer, Essenerstrasse 24 wohnhaft und erklärt zur Sache folgendes:

Gelegentlich eines Gottesdienstes am 13.6.37 sprach ich im Anschluss daran mit dem Kirchenküster Erkelenz über eine einige Tage vorher stattgefundene Versammlung der Bekenntnisfront. Im Laufe dieser Unterhaltung erzählte er mir u.a., dass der Pfarrer Grolman haarsträubende Dinge über den inhaftierten Pfarrer Busch aus Essen und über einen Pfarrer, der kurz nach seiner Entlassung aus einem Konzentrationslager an den Folgen von Misshandlungen gestorben sein soll, erzählt habe. Des Weiteren erzählte er über Pfarrer Busch, dass während seiner Inhaftierung seine Zelle auf 60 bis 80 Grad erhitzt worden sei.

Während der Unterhaltung kam gerade ein gewisser Fütterer, der mir nur vom Ansehen bekannt war, an uns vorbei. Der Küster erwähnte hierbei, dass ~~er~~ dieser Fütterer in der fraglichen Versammlung gewesen sei und die Ausführungen des Pfarrer Grolman gehört hätte.

Auf Befragen, ob ich diese Dinge auch anderen Personen erzählt habe, muss ich erklären, dass es mir gänzlich fern lag, solche staatsfeindlichen Aeusserungen bezw. Gerüchte noch weiterhin zu verbreiten. Wohl habe ich mich gelegentlich einer Unterredung mit einem mir gleichgesinnten Bekannten darüber unterhalten und zwar in der Form, dass dieser Fall wieder deutlich zeige, mit welch schmutzigen Mitteln die Bekenntnisfront (Geistlichen) arbeitet.

v. g. u.

Gustav Koch

g. w. o.

Krim. Ass.

[284] Der Führer der Deutschen Christen in Buer, Studienrat Gustav Koch, zeigte den Pfarrer und den Küster der Evangelischen Kirchengemeinde Buer 1937 bei der Gestapo an. Grund war ihre Nähe zur Bekennenden Kirche. Pfarrer Grolmann wurde für vier Wochen inhaftiert, das Verfahren gegen den Frontoffizier des Ersten Weltkrieges und früheren Freikorpskämpfer wurde allerdings eingestellt. Der Küster Karl Erkelenz (1900–1982) wurde durch das Sondergericht Dortmund wegen der »Verbreitung unwahrer Behauptungen« zu einer Geldstrafe von 45 Reichsmark verurteilt. Erkelenz war später einer der Gründerväter der CDU in Gelsenkirchen-Buer und vertrat die Partei zwischen 1948 und 1975 als Stadtverordneter.

Preußische Geheime Staatspolizei

Staatspolizeistelle für den Regierungsbezirk Münster

Münster (Westf.) • Urbanstraße 7 • Fernruf 24011–13

Abschrift.

124

Ihr Schreiben:	Mein Schreiben:	Tag:
-.-	II D/1 - 161[10] - Nr. 5248/36.	14. September 1936.

Betrifft: Pastor I m m e r aus Wuppertal-Barmen.
Vorgang: Ohne.

Am Freitag, dem 4.9.36, hielt der Pastor Immer aus Wuppertal-Barmen im evangelischen Vereinshaus zu Gelsenkirchen-Bulmke-Hüllen in einer Versammlung der Bekenntnisfront einen Vortrag über das Thema:" Worum kämpfen wir? " Die Veranstaltung wurde gestattet, da das Gemeindehaus als Bethaus anzusehen ist. Der Vortrag war von etwa 1200 Personen, meistens Frauen, besucht.

Nach einem einleitenden Lied und der kurzen Predigt eines Geistlichen aus Gelsenkirchen, begann Pastor Immer mit seinen Ausführungen. Er benutzte die Gelegenheit, um in unverantwortlicher Weise gegen den Staat und die Regierung zu hetzen. Er legte seinem Vortrag die Textworte des alten Testamentes Jeremias 20,9 zu Grunde und führte u.a. folgendes aus:

" Die Bekenntnispfarrer befinden sich heute in derselben Lage, wie seinerzeit Jeremias. Auch sie könnten heute einen ruhigen Tag haben, wenn sie den Staat gewähren ließen und die Autorität desselben anerkennen würden. Dabei müßten sie dann aber auf die eigene Finanzverwaltung, Kirchenverwaltung und Ausbildung des Pfarrernachwuchses verzichten. Sie müßten sich auch ferner damit einverstanden erklären, daß der Nachwuchs in nationalsozialistischen Schulungslagern geschult würde. Dies könnten sie aber mit ihrem Gewissen nicht vereinbaren, denn die Autorität Gottes gehe der des Staates vor. Wenn sie dann auch weiterhin Verfolgungen erleiden müßten, so wollten sie dies gerne und freudig tun, wenn nur das reine Evangelium auch weiterhin verkündet würde. Sie würden sich jedenfalls nie damit einverstanden erklären, daß die Kirche zu einer Institution des Staats gemacht würde. Anschließend wurde im einzelnen ausgeführt, wie

es

An das

Geheime Staatspolizeiamt

in Berlin SW 11.

[285] Gestapobericht über einen Auftritt des Wuppertaler Bekenntnispfarrers Karl Immer (1888–1944) in Gelsenkirchen, 1936: Immer war eines der Gründungsmitglieder der Bekennenden Kirche. Er wurde 1937 von der Gestapo verhaftet und starb später an den Folgen eines im Gefängnis erlittenen Schlaganfalls.

[286] Feierliche Übernahme des Evangelischen Jugendwerks in die Gelsenkirchener HJ im März 1934 – diese Maßnahme traf bei vielen evangelischen Pfarrern auf Widerspruch.

Der deutsche Protestantismus im »Kirchenkampf«

Die Deutsche Evangelische Kirche spaltete sich im Streit um das Verhältnis zum Nationalsozialismus. Während die Deutschen Christen eine enge Verbindung mit der NS-Ideologie befürworteten, stellte sich die Bekennende Kirche gegen die drohende Verfälschung und Vereinnahmung der christlichen Lehre. Bereits an Pfingsten 1933 wendeten sich zahlreiche Gelsenkirchener Pfarrer öffentlich gegen die Deutschen Christen. Kurz darauf gründete sich auf Reichsebene der Pfarrernotbund, zu dessen wichtigsten Vertretern Martin Niemöller (1892–1984) und Dr. Dietrich Bonhoeffer (1906–1945) zählten. Sie stellten sich gegen den nationalsozialistischen »Reichsbischof« Ludwig Müller (1883–1945) und die Durchsetzung des »Arierparagraphen« in der evangelischen Kirche. Bis 1934 schloss sich der Großteil der evangelischen Gemeinden in Gelsenkirchen der Bekennenden Kirche an. So wie-

[287] Pfarrer Kurt Grolmann (1898–1978) im Kreise seiner Konfirmanden, um 1950: Grolmann war zwischen 1928 und 1963 Pfarrer in der Evangelischen Kirchengemeinde Buer. Innerhalb der Gemeinde gab es im »Dritten Reich« schwere Konflikte zwischen Bekennender Kirche und Deutschen Christen.

sen beispielsweise die beiden Rotthauser Pfarrer Dr. Ernst Käsemann und Karl Rüter in ihren Predigten den totalen Herrschaftsanspruch der Nationalsozialisten zurück.

Die Bekenntnispfarrer wehrten sich gegen Eingriffe in das religiöse Leben, ließen aber andere Maßnahmen des »Dritten Reiches« unkommentiert. Letztlich verhielt sich auch die Bekennende Kirche lange loyal zu »Führer« und Reich. Die zögerliche und sehr auf sich selbst bezogene Haltung der Bekennenden Kirche beschrieb später einer ihrer wichtigsten Köpfe, Pfarrer Martin Niemöller, der 1937 verhaftet und für die folgenden acht Jahre in den Konzentrationslagern Sachsenhausen und Dachau eingesperrt wurde:

[288] Karl Rüter (1870–1964) war zwischen 1900 und 1938 evangelischer Pfarrer in Gelsenkirchen-Rotthausen. Weil er den »Führer« beleidigt habe und sich solidarisch mit verfolgten Bekenntnispfarrern zeigte, wurde er bei der Gestapo angezeigt und kurzzeitig in »Schutzhaft« genommen.

»Als die Nazis die Kommunisten holten, habe ich geschwiegen; ich war ja kein Kommunist. Als sie die Sozialdemokraten einsperrten, habe ich geschwiegen; ich war ja kein Sozialdemokrat. Als sie die Gewerkschafter holten, habe ich geschwiegen; ich war ja kein Gewerkschafter. Als sie mich holten, gab es keinen mehr, der protestieren konnte.«

BIOGRAFIE

Ernst Käsemann – ein Bekenntnispfarrer aus Rotthausen

Im Jahr 1933 trat Dr. Ernst Käsemann (1906–1998) in Gelsenkirchen-Rotthausen seine erste Stelle als Pfarrer an. Im evangelischen »Kirchenkampf« zwischen den NS-treuen Deutschen Christen und der Bekennenden Kirche neigte er zunächst zu den Deutschen Christen. Als der nationalsozialistische Reichsbischof Müller jedoch der Eingliederung der evangelischen Jugendverbände in die Hitlerjugend zustimmte, betrachtete Pfarrer Dr. Käsemann dies als Verrat an der Kirche und trat Anfang 1934 dem Pfarrernotbund bei.

In den folgenden Jahren sorgte er dafür, dass die evangelische Kirchengemeinde Rotthausen in ihrer großen Mehrheit zu einer »Bekenntnisgemeinde« wurde. In Predigten und Bibelstunden kritisierte er immer wieder die Irrlehre der Deutschen Christen und die menschenverachtende Ideologie des Nationalsozialismus. Als er im August 1937 über den Bibelvers »Herr, unser Gott, es herrschen wohl andere Herrn über uns denn du; wir gedenken doch allen dein und deines Namen« (Jes. 26,13) predigte, wurde er denunziert und von der Gestapo verhaftet. Seine Gemeinde protestierte dagegen, indem während seiner Haftzeit die Altarkerzen nicht mehr angezündet wurden und zum Gottesdienst nur noch eine Glocke läutete. Nach drei Wochen kam Pfarrer Dr. Käsemann wieder frei.

Nach seinem Kriegsdienst und dem Ende des »Dritten Reiches« erwarb sich Dr. Käsemann als Professor für neutestamentliche Theologie an den Universitäten Mainz (1946–1952), Göttingen (1952–1959) und Tübingen (1959–1971) den Ruf als einer der bedeutendsten evangelischen Theologen der Bundesrepublik Deutschland.

[289] Ernst Käsemann (1906–1998).

Regelmäßig bezog er kritisch zu politischen Fragen Stellung. Seine 1947 in Gelsenkirchen geborene Tochter Elisabeth wanderte nach Südamerika aus und wurde 1977 als Gegnerin der Militärdiktatur in Argentinien verschleppt, gefoltert und ermordet.

1939-1945

Der nationalsozialistische Krieg

Das Deutsche Reich begann im September 1939 einen beispiellosen Eroberungs- und Vernichtungskrieg, dessen erster Schauplatz Polen war. Mit dem Überfall auf die Sowjetunion 1941 erreichte die Gewalt noch einmal eine neue Dimension. Die grenzenlose deutsche Aggression setzte die Welt in Flammen. Ziel war es, Europa unter deutsche Vorherrschaft zu bringen. Im Osten sollte neuer »Lebensraum« für das deutsche Volk erobert werden – Ausplünderung, Vertreibung und Ermordung der Bevölkerung Osteuropas waren die Folge.

Im Krieg radikalisierte sich das NS-Regime immer weiter. Die Politik der Ausgrenzung gipfelte nun in der »Ausmerzung« kranker und behinderter Menschen und in der systematischen Vernichtung ganzer Bevölkerungsgruppen, allen voran des europäischen Judentums und der Sinti und Roma.

Widerstandsbewegungen im besetzten Europa wurden brutal unterdrückt. In Deutschland selbst war es nur eine verschwindende Minderheit, die den Mut fand, gegen die Kriegs- und Vernichtungspolitik einzutreten. Die meisten »Volksgenossen« jedoch interessierten sich nicht für das Schicksal der Verfolgten. Sie sahen vor allem die Folgen, die der Krieg für sie persönlich mit sich brachte. Die *Volksgemeinschaft* wurde mehr denn je zur Verbrechensgemeinschaft.

[290] Ein Foto, das für die Grausamkeit des Vernichtungskrieges steht: Festnahme von Frauen und Kindern durch SS-Männer während des Aufstandes im Warschauer Ghetto, 1943.

[291] Soldaten der Wehrmacht während des Generalappells auf dem Gelsenkirchener Gautreffen der NSDAP, 1938.

[292] Mobilmachung im August 1939: Straßenszene aus Gelsenkirchen.

5.1 *Volksgemeinschaft* im Krieg – zwischen Zustimmung und Zwang

Bei Kriegsbeginn war die Stimmung in der deutschen Bevölkerung gedämpft. Die Erinnerung an die Entbehrungen des Ersten Weltkrieges verhinderte zunächst, dass Kriegsbegeisterung entstand. Mit den frühen deutschen Erfolgen änderte sich dies – nach dem Sieg über Frankreich erreichte die Zustimmung zum NS-Regime 1940 ihren Höhepunkt.

Für die Nationalsozialisten hatte es allerhöchste Bedeutung, die Kriegsbereitschaft der Deutschen aufrechtzuerhalten, führten sie die Niederlage im Ersten Weltkrieg doch vor allem auf das Versagen der »Heimatfront« zurück. Um die Stimmung im Reich nicht zu gefährden, wollten sie Versorgungsengpässe unter allen Umständen verhindern. Den Preis dafür zahlten die Menschen in den von Deutschland besetzten Gebieten. Sie wurden rücksichtslos ausgebeutet, während die Ernährungslage der Deutschen bis 1945 gut blieb.

BIOGRAFIE

Günter Lobert – vom Krieg verschlungen

Günter Lobert (1927–1945) war der Sohn eines Bergmannes aus Gelsenkirchen-Horst. Nach der Volksschule erlernte er den Beruf des Schlossers. Anschließend kam er für einige Monate zum Reichsarbeitsdienst, bevor er im September 1944 zur Wehrmacht eingezogen wurde.

Seine Ausbildung zum Panzergrenadier war kurz, schon im Januar 1945 wurde Lobert an die Ostfront verlegt. Kurz darauf begann eine Großoffensive der Roten Armee. Seine Einheit, das Füsilier-Regiment Großdeutschland, wurde bei schweren Kämpfen im nördlichen Polen und in Ostpreußen nahezu aufgerieben. Dabei verlor sich auch die Spur Günter Loberts. Seine Angehörigen versuchten nach dem Krieg vergeblich, das Schicksal des vermissten Soldaten zu klären. Der Suchdienst des Deutschen Roten Kreuzes stellte schließlich 1972 fest, dass er »mit hoher Wahrscheinlichkeit [...] gefallen ist.« Kurz darauf wurde Günter Lobert für tot erklärt – ein 17-Jähriger, der in den letzten Wochen des Krieges »verheizt« wurde. Er war einer von mehr als 17.000 Gelsenkirchenern, die als Soldaten für das »Dritte Reich« ihr Leben lassen mussten. Viele von ihnen hat der Krieg spurlos verschlungen.

[293] Günter Lobert, um 1936.

[294] »Betriebsgemeinschaft« im Krieg: Mitarbeiterinnen des »Schalker Vereins« beim Packen von Weihnachtsgaben für die Wehrmacht, 1941.

[295] Zehntausende deutsche Kriegsgefangene wurden auf ihrem Weg in die Gefangenenlager im Juli 1944 durch Moskau geführt.

Einsatzbereitschaft und Durchhaltewillen an der »Heimatfront« sollten vor allem auch durch beispiellose Kriegspropaganda gestärkt werden. Parallel zur Propagandamaschine des NS-Regimes wurde auch der Terrorapparat weiter ausgebaut – die entgrenzte Gewalt an den Fronten des Eroberungs- und Vernichtungskrieges strahlte auf die Heimat zurück.

Den Preis für die nationalsozialistische Aggression zahlten auch die Soldaten aus Gelsenkirchen: 10.656 Gelsenkirchener fielen im Zweiten Weltkrieg, 7.000 weitere sind bis heute vermisst. Zehntausende Gelsenkirchener wurden verwundet oder gerieten in Kriegsgefangenschaft, aus der die letzten erst 1955 zurückkehrten.

Die »kämpfende deutsche *Volksgemeinschaft*« – Mobilisierung und Propaganda

Die Einheit von Front und Heimat stand im Mittelpunkt der propagandistischen Inszenierungen der »kämpfenden deutschen *Volksgemeinschaft*« (Joseph Goebbels). Die Darstellungen eines siegreichen und opferbereiten Heldentums gingen Hand in Hand mit solchen einer »wehrhaften Heimat«. So schmückte sich Gelsenkirchen gerne mit dem Namen des gefallenen und zum Helden verklärten Jagdfliegers Werner Mölders, nach dem beispielsweise eine Schule in der Stadt benannt wurde.

Neben diesen Identifikationsangeboten für die »Volksgenossen« verbreitete die NS-Propaganda maßlose Hass- und Durchhalteparolen. In deren Mittelpunkt standen Feindbilder wie der »jüdisch-bolschewistische Untermensch«. Wie die NS-Führung den Krieg sah, legte beispielsweise der Reichsführer-SS Heinrich Himmler in einer Rede vor SS-Führern am 21. Juni 1944 in Sonthofen dar:

»Der Krieg, den wir führen, ist in seinem Hauptinhalt ein Rassenkrieg. Er ist erstens der Krieg gegen den Juden, der andere Nationalstaaten wie England und Amerika in den Krieg gegen uns hineingehetzt hat, und es ist zweitens der Krieg gegen Russland. Der Krieg gegen Judentum und Asiatentum ist der Krieg zweier Rassen.«

29. Dezember 1939
19. JAHRGANG · NUMMER 25

WERK SCHALKER VEREIN
Deutsche Eisenwerke A-G
GELSENKIRCHEN

Werkzeitschrift

Wie bis heute, so marschiert auch im neuen Jahr die tapfere deutsche Wehrmacht für die Sicherheit der Heimat, damit wir in Ruhe unsere Pflicht tun können

[296] Werkzeitschrift der Deutschen Eisenwerke in Gelsenkirchen, 1939: Auch die Propaganda im Betrieb beschwor die Verbundenheit zwischen den Rüstungsarbeitern und der siegreichen Wehrmacht.

[297] Propagandaplakat, 1940: Es wurde von Hans Schweitzer (1901–1980) entworfen, der unter dem Pseudonym »Mjölnir« einer der wichtigsten Grafiker und Bildpropagandisten des »Dritten Reiches« war.

[298] Kaum eine Woche nach seinem Tod wurde die Oberschule für Jungen in Gelsenkirchen-Horst Ende November 1941 nach Werner Mölders benannt. Das Gebäude wurde Anfang 1945 durch Bombentreffer schwer beschädigt. Nach dem Wiederaufbau beheimatete es zunächst die Grimmschule, später die Geschwister-Scholl-Realschule und heute Teile der Gesamtschule Horst.

[299] Die Ausstellung »Feindliche Waffen und Geräte« am Wildenbruchplatz besuchten im Frühjahr 1942 über 140.000 Menschen aus Gelsenkirchen. Unter anderem wurden auch sämtliche Schulen durch die Ausstellung geführt.

1679

Reichsgesetzblatt

Teil I

1939	Ausgegeben zu Berlin, den 6. September 1939	Nr. 168

Verordnung gegen Volksschädlinge.

Vom 5. September 1939.

Der Ministerrat für die Reichsverteidigung verordnet mit Gesetzeskraft:

§ 1

Plünderung im frei gemachten Gebiet

(1) Wer im frei gemachten Gebiet oder in freiwillig geräumten Gebäuden oder Räumen plündert, wird mit dem Tode bestraft.

(2) Die Aburteilung erfolgt, soweit nicht die Feldkriegsgerichte zuständig sind, durch die Sondergerichte.

(3) Die Todesstrafe kann durch Erhängen vollzogen werden.

§ 2

Verbrechen bei Fliegergefahr

Wer unter Ausnutzung der zur Abwehr von Fliegergefahr getroffenen Maßnahmen ein Verbrechen oder Vergehen gegen Leib, Leben oder Eigentum begeht, wird mit Zuchthaus bis zu 15 Jahren oder mit lebenslangem Zuchthaus, in besonders schweren Fällen mit dem Tode bestraft.

§ 3

Gemeingefährliche Verbrechen

Wer eine Brandstiftung oder ein sonstiges gemeingefährliches Verbrechen begeht und dadurch die Widerstandskraft des deutschen Volkes schädigt, wird mit dem Tode bestraft.

§ 4

Ausnutzung des Kriegszustandes als Strafschärfung

Wer vorsätzlich unter Ausnutzung der durch den Kriegszustand verursachten außergewöhnlichen Verhältnisse eine sonstige Straftat begeht, wird unter Überschreitung des regelmäßigen Strafrahmens mit Zuchthaus bis zu 15 Jahren, mit lebenslangem Zuchthaus oder mit dem Tode bestraft, wenn dies das gesunde Volksempfinden wegen der besonderen Verwerflichkeit der Straftat erfordert.

§ 5

Beschleunigung des sondergerichtlichen Verfahrens

In allen Verfahren vor den Sondergerichten muß die Aburteilung sofort ohne Einhaltung von Fristen erfolgen, wenn der Täter auf frischer Tat betroffen ist oder sonst seine Schuld offen zutage liegt.

§ 6

Geltungsbereich

Die Vorschriften dieser Verordnung gelten auch im Protektorat Böhmen und Mähren, und zwar auch für Personen, die nicht deutsche Staatsangehörige sind.

§ 7

Schlußbestimmungen

Der Reichsminister der Justiz erläßt die zur Durchführung und Ergänzung dieser Verordnung erforderlichen Rechts- und Verwaltungsvorschriften.

Berlin, den 5. September 1939.

Der Vorsitzende
des Ministerrats für die Reichsverteidigung
Göring
Generalfeldmarschall

Der Generalbeauftragte für die Reichsverwaltung
Frick

Der Reichsminister und Chef der Reichskanzlei
Dr. Lammers

Herausgegeben vom Reichsministerium des Innern. — Gedruckt in der Reichsdruckerei, Berlin.

[300] Unmittelbar nach Kriegsbeginn wurde die »Verordnung gegen Volksschädlinge« erlassen.

Abschrift

8

Der Oberreichsanwalt
beim Volksgerichtshof
Geschäftszeichen: 8 J 1o8.44

Berlin W 9, den 5. Oktober 1944.

Maria M a t h e b e l

in G e l s e n k i r c h e n,
Kl. Heidestrasse 4.

Das Urteil des Volksgerichtshofs vom 18. August 1944 gegen Ihren Ehemann, den Hilfsschlosser August M a t h e b e l , ist vollstreckt worden. Die Veröffentlichung einer Todesanzeige ist unzulässig.

Im Auftrage
gez. Unterschrift

Für die Richtigkeit der Abschrift:
Gelsenkirchen, den 26. 5. 1949

Stadtoberinspektor

[301] Mitteilung der Justizbehörden an Maria Mathebel über die Hinrichtung ihres Mannes, 1944 (Abschrift).

17

Gelsenkirchen, den 1.9.1947

Vorgeladen erscheint Herr ~~Martin~~ Johann Remark, aus Gelsenkirchen, Martinstr.12 und erklärt, mit der Sache vertraut gemacht folgendes:

Ich kenne Herrn Heinrich Buse schon als Lehrjunge. Während des Krieges traf ich sehr oft mit ihm zusammen. Wir unterhielten uns über die augeblickliche Lage. Meistens waren wir zu 6 oder 7 Mann zusammen. Wir hatten verschiedene Auslandsender gehört, tauschten das Gehörte aus und kritisierten die Kriegsführung und die unwahre Propaganda.

Am 16.4.1944 wurde ich von der Gestapo verhaftet. Mit der Zeit erfolgte die Verhaftung von insgesamt 16 Personen die alle nach und nach an unserer Unterhaltung teilgenommen hatten. Als Grund für die Verhaftung wurde Zersetzung der Wehrkraft angegeben. Ein Kranführer meiner Arbeitsstelle der inzwischen verstorben sein soll hat uns denuziert. Unter den 16 Verhafteten befand sich auch Buse. Jeden Morgen beim Antreten trafen wir uns. 9 bis lo Wochen sassen wir im Polizeigefängnis in Buer. Dann erfolgte unsere Verlegung in das Untersuchungsgefängnis nach Essen. Ein grosser Teil von den Verhafteten ist beim bewussten Bombenangriff ums Leben gekommen unter anderen auch Heinrich Buse. Auf Grund des schnelles Vormarsches durch die Alliierten ist es zu einer Verurteilung der Ueberlebenden nicht mehr gekommen.

Ich bin als politisch Geschädigter vom hiesigen Kreissonderhilfsausschuss anerkannt.

v. g. u.
Joh. Remark
g. w. o.

[302] Im April 1944 wurden 16 Gelsenkirchener von der Gestapo verhaftet. Sie sollen »Feindsender« abgehört und durch politische Witze die Wehrkraft zersetzt haben. Sie wurden vor dem Volksgerichtshof angeklagt, aber vor Kriegsende nicht mehr verurteilt. Der Großteil der Männer starb am 12. Dezember 1944 bei einem Bombenangriff in der Haftanstalt Essen.

BIOGRAFIE

Werner Mölders – Fliegerheld des »Dritten Reiches«

Werner Mölders (1913–1941) war gebürtiger Gelsenkirchener, verließ die Stadt aber nach dem frühen Kriegstod seines Vaters gemeinsam mit seiner Mutter und den vier Geschwistern bereits 1915. Mölders wuchs in Brandenburg auf. Dort gehörte er während seiner Jugend dem katholischen »Bund Neudeutschland« an. Der militärbegeisterte Mölders trat 1931 als Offiziersanwärter in die Reichswehr ein und wechselte 1934 zur neu aufgestellten Luftwaffe.

Im Spanischen Bürgerkrieg wurde er zum erfolgreichsten Jagdflieger der »Legion Condor«, die zwischen 1936 und 1939 auf Seiten General Francos gegen die republiktreuen Truppen kämpfte. Im Zweiten Weltkrieg flog Mölders Einsätze gegen Frankreich, England und die Sowjetunion, zuletzt als Geschwaderkommodore. Mit 115 Luftsiegen war er zeitweise der erfolgreichste deutsche Jagdflieger. Im Sommer 1941 wurde der zu diesem Zeitpunkt höchstdekorierte Soldat der Wehrmacht von der Front abberufen und zum Inspekteur der Jagdflieger ernannt. Wenige Monate später starb Oberst Mölders bei einem Flugunfall.

Noch zu Lebzeiten wurde Mölders von der NS-Propaganda zum Idealtyp des ritterlich-anständigen Kriegshelden aufgebaut: Straßen und Schulen erhielten seinen Namen, nicht nur in Gelsenkirchen. Wegen seiner Popularität sorgte ab 1942 der vom britischen Geheimdienst gefälschte und in der Bevölkerung kursierende »Mölders-Brief« für Unruhe. Darin erschien Mölders als tiefgläubiger Katholik, der das NS-Regime ablehnte.

Nach dem Zweiten Weltkrieg veranlassten Mölders' Führungsstil und sein fliegerisches Können die Bundeswehr

[303] Werner Mölders bei einer Ordensverleihung durch Hitler, 1941.

dazu, ihn in besonders ehrendem Andenken zu halten: Ein Kriegsschiff, eine Kaserne und ein Jagdgeschwader wurden nach ihm benannt. Wegen Mölders' Zugehörigkeit zur »Legion Condor« und seiner umstrittenen Haltung zum Nationalsozialismus distanzierte sich die Bundeswehr später offiziell von ihm: Seit 2005 dient er nicht mehr als Namenspatron für Einrichtungen der Bundeswehr.

»Volksschädlinge«, »Rundfunkverbrechen« und »Wehrkraftzersetzung« – Verschärfte Repression an der Heimatfront

Im Krieg weitete das NS-Regime den Begriff der »Gemeinschaftsfremden« aus. Wer in den Verdacht geriet, die Kriegsanstrengungen der *Volksgemeinschaft* zu gefährden, hatte mit härtesten Strafen zu rechnen. Reichsjustizminister Franz Gürtner (1881–1941) begründete die Verschärfung der Gesetzeslage:

»Im Kriege muss auch in der Heimat das persönliche Schicksal rücksichtslos der Idee der Verteidigung des eigenen Volkes untergeordnet werden. Aus dieser dramatischen Steigerung, aus dieser Verlebendigung des Gemeinschaftsgedankens ergibt sich [...] unausweichlich auch eine gewisse Umwertung der Friedenswerte im Strafrecht.«

Bereits leise Äußerungen von Zweifel oder Kritik konnten nun Verhaftungen und Anklagen wegen »Heimtücke« oder als »Volksschädling« nach sich ziehen.

Mit schwindenden Siegesaussichten in der zweiten Kriegshälfte richtete sich der Terror mehr und mehr gegen die »Volksgenossen« selbst. So wurde der Gelsenkirchener Hilfsschlosser August Mathebel im Januar 1944 von Arbeitskollegen wegen »staatsfeindlicher Äußerungen« denunziert. Sein Arbeitgeber, das Press- und Stanzwerk Brune & Dütsch, konnte diese Vorwürfe nicht nachvollziehen:

»Zu seiner politischen Einstellung müssen wir schon sagen, dass es uns eigentlich unverständlich ist, dass M. in dieser Hinsicht Grund zu seiner Verhaftung gegeben haben soll. [...] Im Gegenteil haben wir M. in den letzten Jahren besonders beobachtet und waren zu der Überzeugung gelangt, dass er seine frühere Einstellung vollständig geändert habe. Es erscheint uns wohl, als wenn von irgendeiner übel wollenden Seite Geringfügigkeiten, die nicht nennenswert

[304] Der Kommunist Ernst Butzhof (vorne in der Mitte) beim Einmarsch der Résistance in die befreite Stadt Nîmes in Südfrankreich, 1944.

sind und ja wohl überall hier und dort mal fallen, aus Gehässigkeit zu staatsgefährlichem Treiben aufgebauscht worden sind. Wir bitten Sie, die ganze Angelegenheit einmal von dieser Seite zu betrachten und einen äußerst tüchtigen und arbeitswilligen Mann wegen geringfügiger Vergehen nicht für längere Zeit aus dem Arbeitsprozeß zu entfernen.«

Obwohl sich die Firmenleitung für ihn einsetzte, wurde Mathebel im August 1944 durch den Volksgerichtshof wegen Wehrkraftzersetzung zum Tode verurteilt. Die Exekution durch das Fallbeil fand am 29. September 1944 in der Zentralen Hinrichtungsstätte im Untersuchungsgefängnis Dortmund statt.

5.2 ▸ Widerstand im Krieg – Widerstand gegen den Krieg

Mit Kriegsbeginn verschlechterte sich die Lage der versprengten NS-Gegner in Gelsenkirchen. Hatte sie der Verfolgungsdruck der Vorkriegsjahre bereits dazu gezwungen, sich auf informelle Kontakte im privaten, beruflichen oder kirchlichen Umfeld zu beschränken, engte die verschärfte Überwachung unter Kriegsbedingungen ihre Handlungsspielräume weiter ein. Zudem steigerten die ersten militärischen Erfolge die Beliebtheit des NS-Regimes und minderten die Einflussmöglichkeiten oppositioneller Gesinnungsgemeinschaften.

Die deutschen Eroberungsfeldzüge bedeuteten eine neue Gefahr für diejenigen, die vor der Verfolgung ins Ausland geflohen waren. Die Exilanten mussten ihre Flucht fortsetzen oder in den Untergrund gehen. Viele Gelsenkirchener, wie der Kommunist Ernst Butzhof in Frankreich oder der Arzt Dr. Fritz Levisohn in den Niederlanden, beteiligten sich am Kampf gegen die nationalsozialistische Besatzungsherrschaft. Sie vertraten das »andere Deutschland«.

Mit den militärischen Niederlagen des »Dritten Reiches« schöpften die Gegner des Nationalsozialismus ab 1942/43 neue Hoffnung – in Europa und Deutschland verstärkte sich der Widerstand. Das NS-Regime antwortete mit einer erneuten

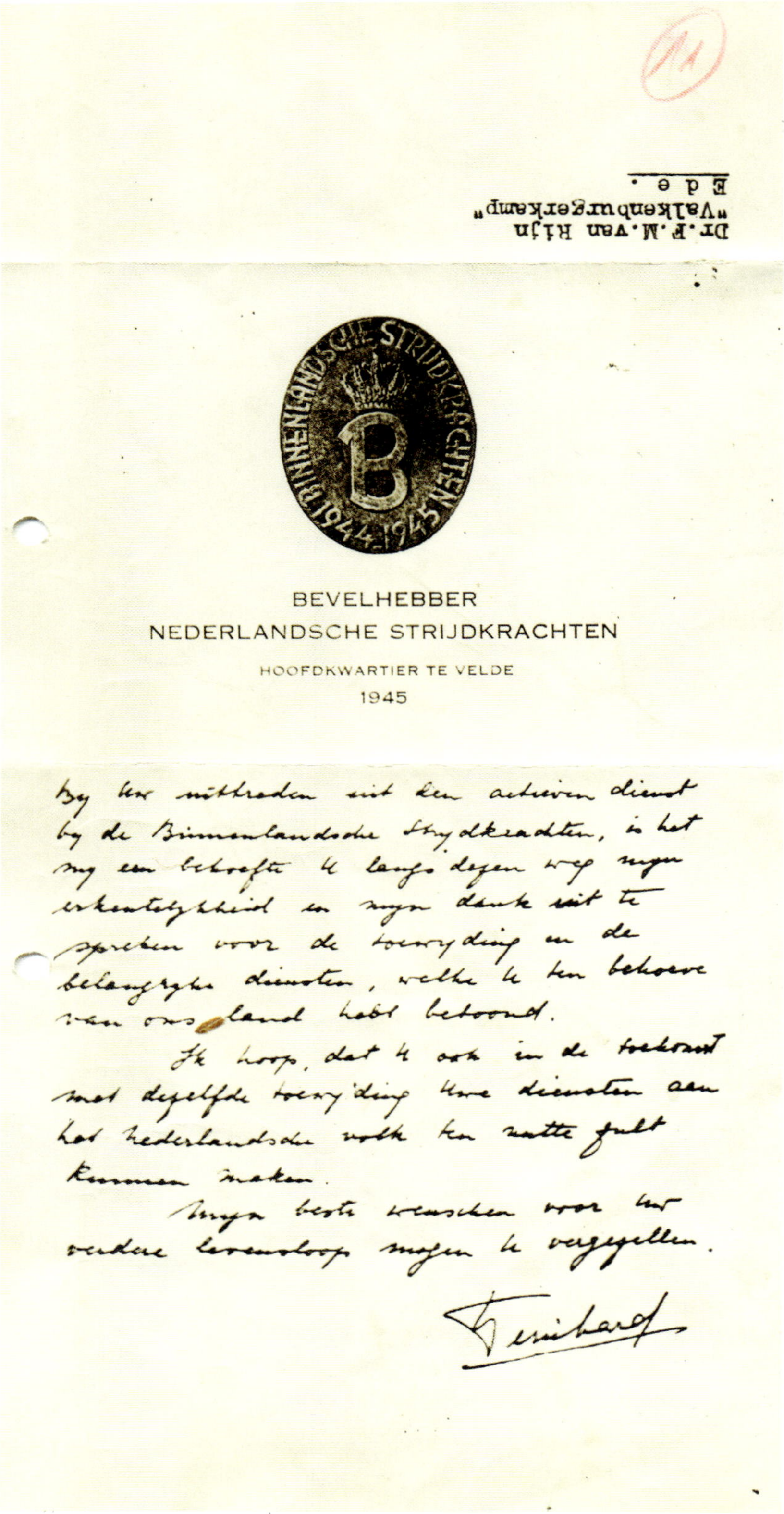

Dr. F.M. van Rijn
"Valkenburgerkamp"
E d e.

BINNENLANDSCHE STRIJDKRACHTEN
B
1944–1945

BEVELHEBBER
NEDERLANDSCHE STRIJDKRACHTEN
HOOFDKWARTIER TE VELDE
1945

Bij Uw uittreden uit den actieven dienst bij de Binnenlandsche Strijdkrachten, is het mij een behoefte U langs dezen weg mijn erkentelijkheid en mijn dank uit te spreken voor de toewijding en de belangrijke diensten, welke U ten behoeve van ons land hebt betoond.

Ik hoop, dat U ook in de toekomst met dezelfde toewijding Uwe diensten aan het Nederlandsche volk ten nutte zult kunnen maken.

Mijn beste wenschen voor Uw verdere levensloop mogen U vergezellen.

Bernhard

[305] Schreiben des Befehlshabers der niederländischen Streitkräfte, Prinz Bernhard, für Dr. van Rijn. Unter diesem Decknamen gehörte Dr. Levisohn dem niederländischen Widerstand an. In dem Schreiben heißt es: *»Aus Anlass Ihres Ausscheidens aus dem aktiven Dienste der Widerstandsbewegung ist es mir ein Herzensbedürfnis, Ihnen auf diesem Wege meine Anerkennung auszusprechen für Ihren Einsatz und Ihre gewichtigen Dienste, die Sie im Interesse unseres Landes geleistet haben. Ich hoffe, dass Sie auch in Zukunft mit derselben Zuneigung Ihre Dienste dem niederländischen Volke zu Nutz verrichten werden. Meine besten Wünsche für Ihren weiteren Lebensweg mögen sie begleiten. Bernhard«.*

[306] Dr. Fritz Levisohn (1905–1955) praktizierte seit 1931 als Arzt in Gelsenkirchen und war gleichzeitig Geschäftsführer der Metallwerke Seppelfricke. Aufgrund seiner jüdischen Herkunft und seines politischen Engagements in der nationalliberalen Deutschen Staatspartei wurde Dr. Levisohn von den Nationalsozialisten schikaniert und verfolgt. Bereits früh wurde ihm seine Zulassung als Arzt entzogen. Nach den Novemberpogromen von 1938 konnte Dr. Levisohn Anfang 1939 mit Unterstützung der Familie Seppelfricke in die Niederlande fliehen. Während der Zeit der deutschen Besatzung leitete er eine Widerstandsgruppe in Ede. Er wurde zwischenzeitlich verhaftet und misshandelt, konnte aber entkommen. Dr. Levisohn kehrte 1945 nach Gelsenkirchen zurück und arbeitete wieder als Arzt und in der Geschäftsleitung der Firma Seppelfricke. Vehement betrieb er sein Wiedergutmachungs- und Entschädigungsverfahren. Daneben wirkte er am Aufbau der »Vereinigung der Verfolgten des Naziregimes« in Gelsenkirchen mit und war zwischen 1946 und 1947 auch Vorsitzender des FC Schalke 04 – unter dem Namen Dr. Fritz Lenig, den er mittlerweile angenommen hatte.

Steigerung des Terrors. So riskierten die Menschen, die auf eine möglichst rasche Beendigung des Krieges hinarbeiteten oder weitere sinnlose Zerstörungen verhindern wollten, bis zuletzt ihr Leben. Dennoch gelang es illegalen Arbeitergruppen in den letzten Kriegstagen, die Umsetzung von Hitlers »Nero-Befehl« in Gelsenkirchen zu sabotieren.

Die Zielasko-Gruppe

Der Bergmann, Arbeitersportler und Kommunist Franz Zielasko war 1932 aus Gladbeck in die Sowjetunion ausgewandert. Zwischen 1937 und 1939 kämpfte er in den Reihen der Internationalen Brigaden in Spanien gegen Francos Faschisten. Nach dem deutschen Überfall auf die

[307] Viele Betriebe, darunter die Kokerei Nordstern, die gemäß einer Weisung Hitlers zerstört werden sollten, blieben erhalten, weil sich die Belegschaften verweigerten, beispielsweise indem sie sich dem Zugriff des Volkssturms entzogen.

Sowjetunion erhielt Zielasko eine Agentenausbildung, für die er sich freiwillig gemeldet hatte. Er wurde im März 1943 bei Warschau mit dem Fallschirm abgesetzt. Sein Auftrag lautete, sich ins Ruhrgebiet durchzuschlagen, um den kommunistischen Widerstand vor Ort zu reorganisieren. Tatsächlich gelang es ihm, Kontakte zu Gruppen in Essen, Gelsenkirchen, Gladbeck, Herne und Rheine zu knüpfen. Aber bereits in einem frühen Stadium wurde die Gruppe durch die Gestapo entdeckt – vermutlich aufgrund von Verrat. Am 7. August 1943 wurde Zielasko gemeinsam mit seinem Gladbecker Quartiergeber verhaftet. Beide Männer starben während der Voruntersuchung unter der Folter. Der berüchtigte Volksgerichtshof machte insgesamt 44 Personen, die für Komplizen Zielaskos gehalten wurden, den Prozess und verurteilte 21 von ihnen zum Tode. Von den Angeklagten stammten 13 aus Gelsenkirchen: die Bergarbeiter Karl Delbeck, Andreas Schillack, Karl Schuster, Leo Marek, Hermann Frost, Emil Rattay, Fritz Rahkob und Paul Bukowski wurden wegen Vorbereitung zum Hochverrat und Feindbegünstigung zum Tode verurteilt; der Hauer Fritz Symanski erhielt eine lebenslange, der Bergmann August Brohl eine zehnjährige Zuchthausstrafe; Fina Rattay, Johann Eichenauer und Rudolf Littek wurden mangels Beweisen freigesprochen. Während aber

[308] Franz Zielasko (1896–1943).

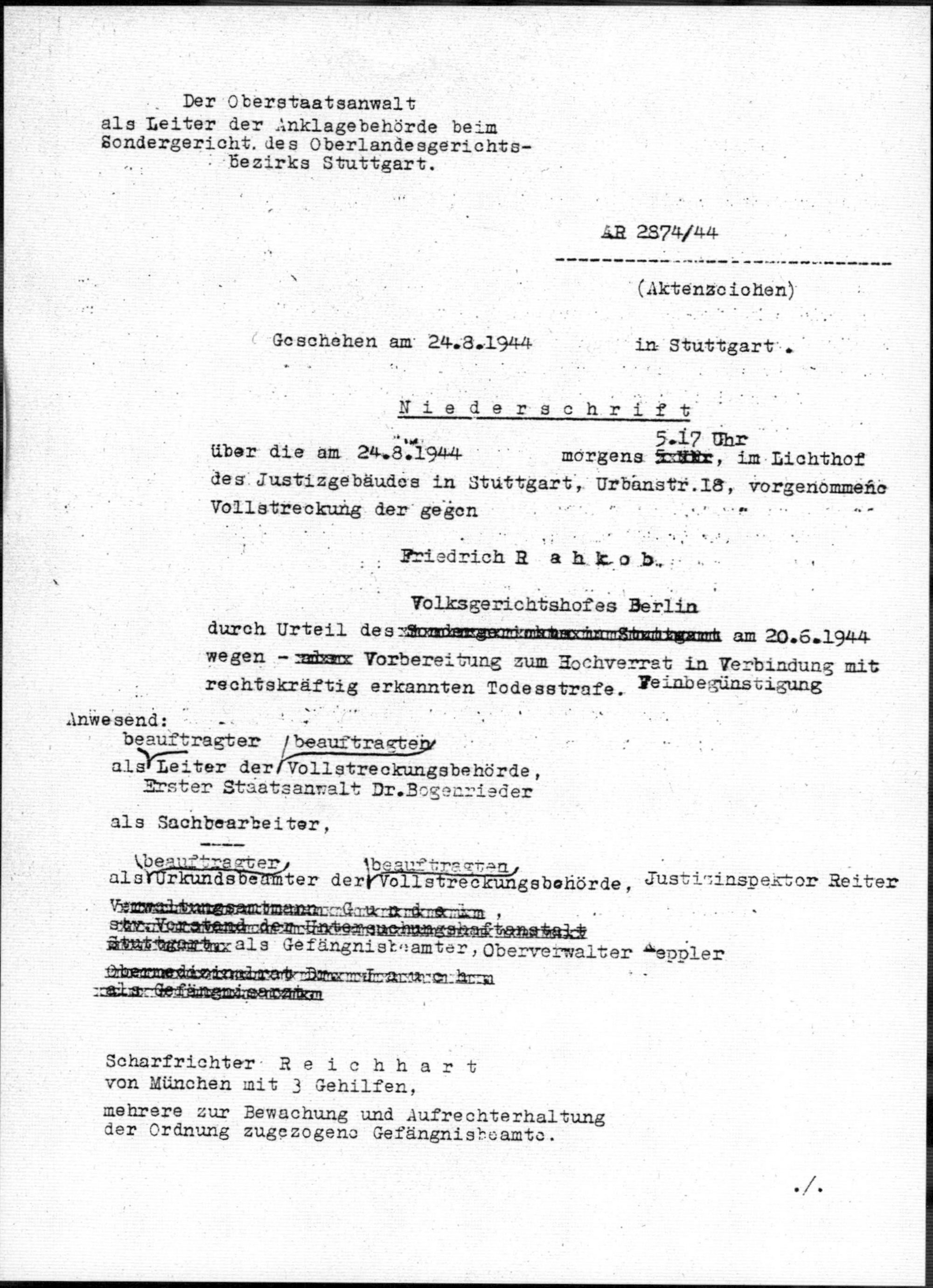

Der Oberstaatsanwalt
als Leiter der Anklagebehörde beim
Sondergericht des Oberlandesgerichts-
Bezirks Stuttgart.

AR 2874/44

(Aktenzeichen)

Geschehen am 24.8.1944 in Stuttgart.

Niederschrift

über die am 24.8.1944 morgens 5.17 Uhr, im Lichthof des Justizgebäudes in Stuttgart, Urbanstr.18, vorgenommene Vollstreckung der gegen

Friedrich Rahkob

durch Urteil des ~~Sondergerichts in Stuttgart~~ Volksgerichtshofes Berlin am 20.6.1944 wegen ~~...~~ Vorbereitung zum Hochverrat in Verbindung mit Feindbegünstigung rechtskräftig erkannten Todesstrafe.

Anwesend:

als beauftragter Leiter der beauftragten Vollstreckungsbehörde, Erster Staatsanwalt Dr. Bogenrieder

als Sachbearbeiter, ----

als beauftragter Urkundsbeamter der beauftragten Vollstreckungsbehörde, Justizinspektor Reiter

~~Verwaltungsamtmann ...,~~
~~als Vorstand der Untersuchungshaftanstalt~~
~~Stuttgart~~ als Gefängnisbeamter, Oberverwalter Heppler
~~Obermedizinalrat Dr. ...~~
~~als Gefängnisarzt~~

Scharfrichter Reichhart von München mit 3 Gehilfen,

mehrere zur Bewachung und Aufrechterhaltung der Ordnung zugezogene Gefängnisbeamte.

./.

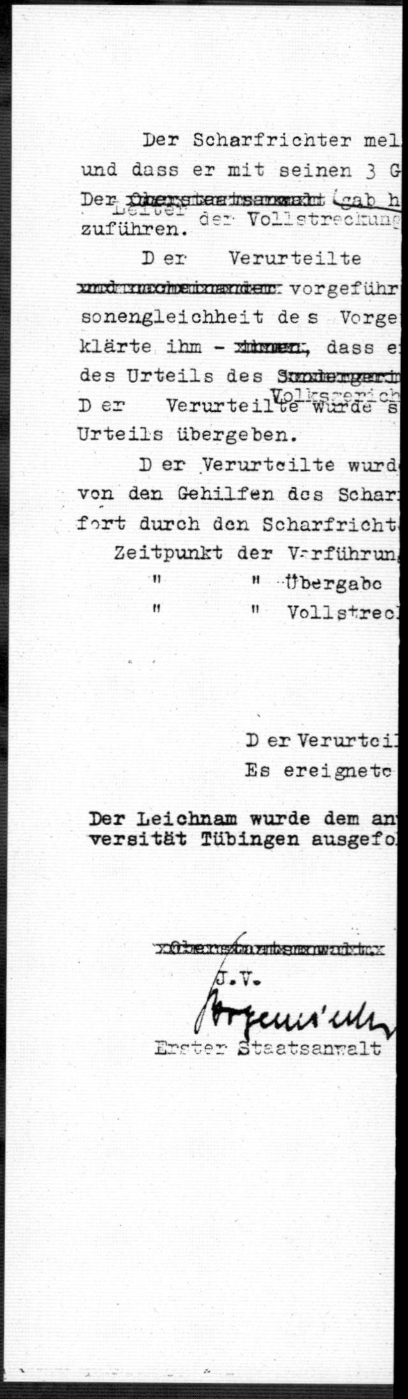

Der Scharfrichter mel
und dass er mit seinen 3 G
Der ~~Oberstaatsanwalt~~ Leiter der Vollstreckung gab h
zuführen.
Der Verurteilte
~~und nachdem er~~ vorgeführ
sonengleichheit des Vorge
klärte ihm - ~~ihnen~~, dass e
des Urteils des ~~Sondergeri~~ Volksgerich
Der Verurteilte wurde s
Urteils übergeben.
Der Verurteilte wurd
von den Gehilfen des Schar
fort durch den Scharfrichte
Zeitpunkt der Vorführung
" " Übergabe
" " Vollstrec

Der Verurteil
Es ereignete

Der Leichnam wurde dem an
versität Tübingen ausgefo

~~Oberstaatsanwalt~~
I.V.
Bogenrieder
Erster Staatsanwalt

[309] (a und b) Protokoll der Hinrichtung Fritz Rahkobs, die am 24. August 1944 in Stuttgart erfolgte. Seine Frau Emma wurde am gleichen Tag erneut verhaftet und verbrachte die Monate bis zum Kriegsende im Gefängnis in München.

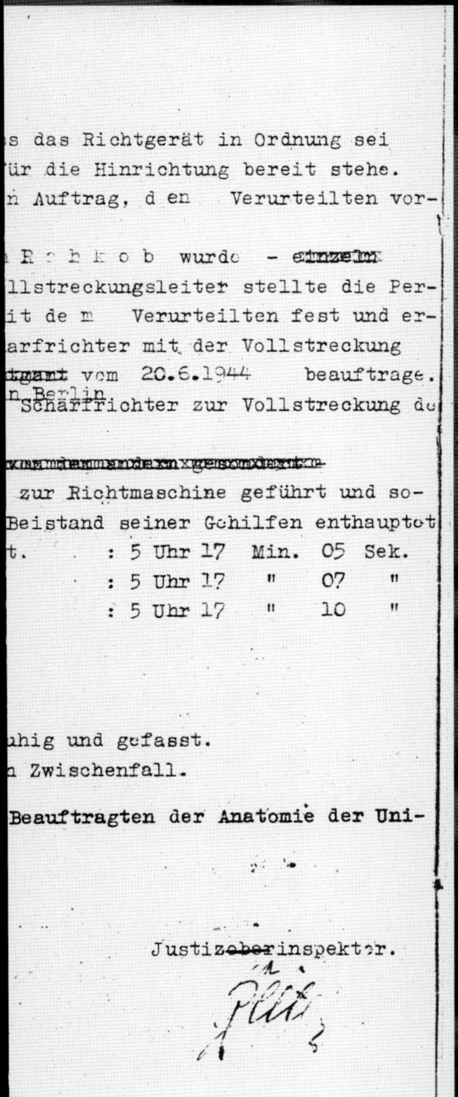

s das Richtgerät in Ordnung sei
für die Hinrichtung bereit stehe.
n Auftrag, d en Verurteilten vor-

R a h k o b wurde - ~~einzeln~~
llstreckungsleiter stellte die Per-
it de m Verurteilten fest und er-
arfrichter mit der Vollstreckung
~~gang~~ vom 20.6.1944 beauftrage.
n Berlin
Scharfrichter zur Vollstreckung de

zur Richtmaschine geführt und so-
Beistand seiner Gehilfen enthauptet
t. : 5 Uhr 17 Min. 05 Sek.
: 5 Uhr 17 " 07 "
: 5 Uhr 17 " 10 "

uhig und gefasst.
n Zwischenfall.

Beauftragten der Anatomie der Uni-

Justiz~~ober~~inspektor.

[310] Der Bergarbeiter Fritz Rahkob (1885–1944) war seit 1920 Mitglied der KPD in Rotthausen. Da er wegen eines Arbeitsunfalls nicht mehr im Bergbau tätig sein konnte, arbeitete er im Vertrieb der kommunistischen Zeitung »Ruhr-Echo«. Zwischen 1933 und 1938 befand er sich in »Schutzhaft«. Auch seine Frau Emma war überzeugte Kommunistin und musste 1934 für zweieinhalb Jahre ins Gefängnis, nachdem die Gestapo ihre Widerstandsgruppe aufgedeckt hatte. Rahkob gehörte zum Netzwerk von Franz Zielasko, wurde daher 1943 festgenommen und ein Jahr später hingerichtet.

BIOGRAFIE

Heinrich König – katholischer Priester und Opfer des Nationalsozialismus

Heinrich König (1900–1942) studierte nach der Rückkehr aus dem Ersten Weltkrieg, an dem er als Kriegsfreiwilliger teilnahm, katholische Theologie in Paderborn, Freiburg und Münster. Er schloss sich der Schönstattbewegung an, die sich zu den Idealen jugendlichen Aufbruchs und religiöser Erneuerung innerhalb der katholischen Kirche bekannte. Im Jahr 1924 wurde er zum Priester geweiht. Nachdem er zunächst einige Jahre in Hagen-Emst gewirkt hatte, kam König 1935 als Vikar an die Propsteikirche St. Augustinus in der Gelsenkirchener Altstadt. Er wurde zudem Präses der Kolpinggemeinde Gelsenkirchen-Zentral. König stand dem NS-Regime kritisch gegenüber. Nach einer Denunziation wurde der Vikar am 30. September 1941 wegen angeblich »wehrkraftzersetzender« Äußerungen verhaftet. Im Dezember 1941 kam König in das KZ Dachau. Trotz der Intervention von Vertretern der katholischen Kirche blieb er inhaftiert. Unter den miserablen Bedingungen im KZ erkrankte er an einer Bauchfellentzündung und starb. Seine Urne wurde 1989 feierlich in die Gelsenkirchener Propsteikirche überführt und dort durch den Ruhrbischof Kardinal Hengsbach beigesetzt. Der Platz vor der Kirche trägt heute den Namen von Heinrich König.

[311] Heinrich König (1900–1942).

[312] Priester der Pfarrgemeinde St. Joseph vor dem zerstörten Schalker Gymnasium, 1946: ganz rechts Hermann Vell (1894–1965).

von den zu Tode Verurteilten drei Männer, darunter Karl Delbeck aus Horst, von den alliierten Truppen befreit werden konnten, überlebten Eichenauer und Littek den Krieg nicht, obwohl sie eigentlich freigesprochen worden waren. Sie blieben in »Schutzhaft« im KZ Neuengamme bei Hamburg. In den letzten Kriegstagen kamen sie mit 7.000 anderen Häftlingen auf die Schiffe »Cap Arcona« und »Thielbek« in der Lübecker Bucht. Die britische Luftwaffe hielt diese Schiffe für Truppentransporter und bombardierte sie am 3. Mai 1945. Zu den 6.400 Menschen, die beim Untergang der Schiffe starben, gehörten auch die beiden Gelsenkirchener.

Katholiken gegen den Krieg

Im Krieg ließ der Druck auf die katholische Kirche etwas nach, da das NS-Regime die Loyalität der Gläubigen benötigte. Kirchliche Proteste gegen die »Euthanasie«, die systematische Ermordung von Kranken und Behinderten ab 1939, wurden daher verhältnismäßig zurückhaltend geahndet. Dennoch befanden sich NS-kritische Priester in tödlicher Gefahr. So wurde der Vikar der Gelsenkirchener Propsteikirche, Heinrich König, 1941 wegen »Wehrkraftzersetzung« verhaftet. Er starb 1942 im KZ Dachau. Auch Hermann Vell, seit 1941 Vikar in der Schalker St. Joseph-Gemeinde, wandte sich gegen den Krieg. Er nahm 1943 ein britisches Flugblatt an sich und gab es unvorsichtigerweise einem SS-Mann – mit der Aufforderung, es weiterzugeben. Vell wurde verhaftet, verhört, in verschiedenen Gefängnissen und im KZ Dachau eingesperrt und schließlich vor dem Volksgerichtshof angeklagt. Die NS-Richter verurteilten Vell wegen Vorbereitung zum Hochverrat in Tateinheit mit »Wehrkraftzersetzung« und Feindbegünstigung zum Tode. Die Hinrichtung im Zuchthaus Brandenburg-Görden konnte aber nicht mehr vollstreckt werden – am 27. April 1945 wurde Vell von sowjetischen Truppen befreit.

Im Glauben fest – die Zeugen Jehovas

Die Mitglieder der Glaubensgemeinschaft der Zeugen Jehovas, auch »Bibelforscher« genannt und als solche verfolgt, widerstanden auch im Zweiten Weltkrieg dem Zwang, sich in die nationalsozialistische *Volksgemeinschaft* zu integrieren. Trotz Verbotes setzten die Zeugen Jehovas in Gelsenkirchen ihre religiöse und missionarische Tätigkeit fort. Sie verweigerten den Hitlergruß ebenso wie die Mitgliedschaft in nationalsozialistischen Zwangsorganisationen. Im Krieg waren die Zeugen Jehovas besonderer Verfolgung ausgesetzt, weil viele Mitglieder aufgrund des biblischen Tötungsverbotes den Kriegsdienst verweigerten. Zu diesen Männern zählte auch der Glasarbeiter Johann Lux (1898–1958), der 1936/37 erstmals wegen seiner religiösen in »Schutzhaft« genommen worden war und 1943

Eine sonderbare Gesellschaft

Kriegsdienstverweigerer aus „religiösen" Gründen

International beeinflußte „Bibelforscher", die den deutschen Gruß ablehnen und grundsätzlich den Kriegsdienst verweigern, führen unter dem Deckmantel religiöser Betätigung den Kampf gegen den nationalsozialistischen Staat

Einunddreißig Angeklagte aus Gelsenkirchen-Buer vor dem Sondergericht

Empfindliche Gefängnisstrafen

Das Sondergericht für das Oberlandesgericht Hamm mit dem Sitz in Dortmund hielt im Essener Justizgebäude eine dreitägige Sitzung ab, in der ein Großprozeß gegen eine internationale Bibelforschergesellschaft zu erledigen war. Auf der Anklagebank saß eine Gruppe von 31 sog. „Bibelforschern", die zum Teil aus der Untersuchungshaft vorgeführt wurden und die zum anderen Teil bis auf ganz wenige kürzere oder längere Zeit in Haft gewesen, dann aber auf freien Fuß gesetzt worden sind.

Die Angeklagten stehen fast sämtlich im vorgerückten Alter; und zwar ist der älteste 66 Jahre alt. Sie sind in Buer, Beckhausen und Hassel ansässig. Die meisten [illegible]

geht auch äußerlich schon aus den Urteilen hervor, die in diesem Prozeß über die geistigen Führer dieser staatsfeindlichen Organisation verhängt worden sind.

Die angeklagte Bibelforschergesellschaft erstreckte ihre Tätigkeit über den ganzen Stadtteil Buer mitsamt seinen Vororten. Kennzeichnend war, was der Staatsanwalt über die Ergebnisse der Beweisaufnahme dieses Prozesses zu sagen hatte, indem er anführte:

„Wenn bislang noch jemand geglaubt haben mag, daß die Bibelforscher eine religiös eingestellte Sekte darstellen, dessen Zweifel sind durch diesen Prozeß gründlich beseitigt worden. Dieser Prozeß hat mit einwandfreier Klarheit den Beweis erbracht, daß die Bibelforschervereinigung ein Instrument ist in der Hand des [illegible] nationalen staatsfeindliche Ziele verfolgen. Dieser Prozeß hat so klar wie nur möglich den Beweis erbracht, daß die internationale Bibelforschervereinigung ein hochpolitisches und scharfes Machtmittel für das internationale Judentum im Kampf gegen den nationalsozialistischen Staat auf der einen Seite bildet, wie es der Bolschewismus auf der anderen Seite darstellt."

Soweit die grundsätzlichen Feststellungen des Staatsanwalts; und was diese Feststellungen noch besonders wertvoll macht, ist die Tatsache, daß die Hauptangeklagten, die als die intellektuellen Führer der angeklagten Bibelforschergruppe anzusehen sind, in der Verhandlung im Wesentlichen ein Geständnis ablegten.

[313] Bereits 1936 fand vor dem Sondergericht Dortmund ein Prozess gegen mehrere »Bibelforscher« aus Gelsenkirchen-Buer statt. Drei der Angeklagten – Wilhelm Gorny (1899–1945), Robert Mäusert (1892–1945) und Michael Wnendt (1883–1964) – wurden in Konzentrationslager eingeliefert und blieben dort bis 1945 inhaftiert. Gorny und Mäusert starben kurz nach ihrer Befreiung aus Buchenwald bzw. Ravensbrück.

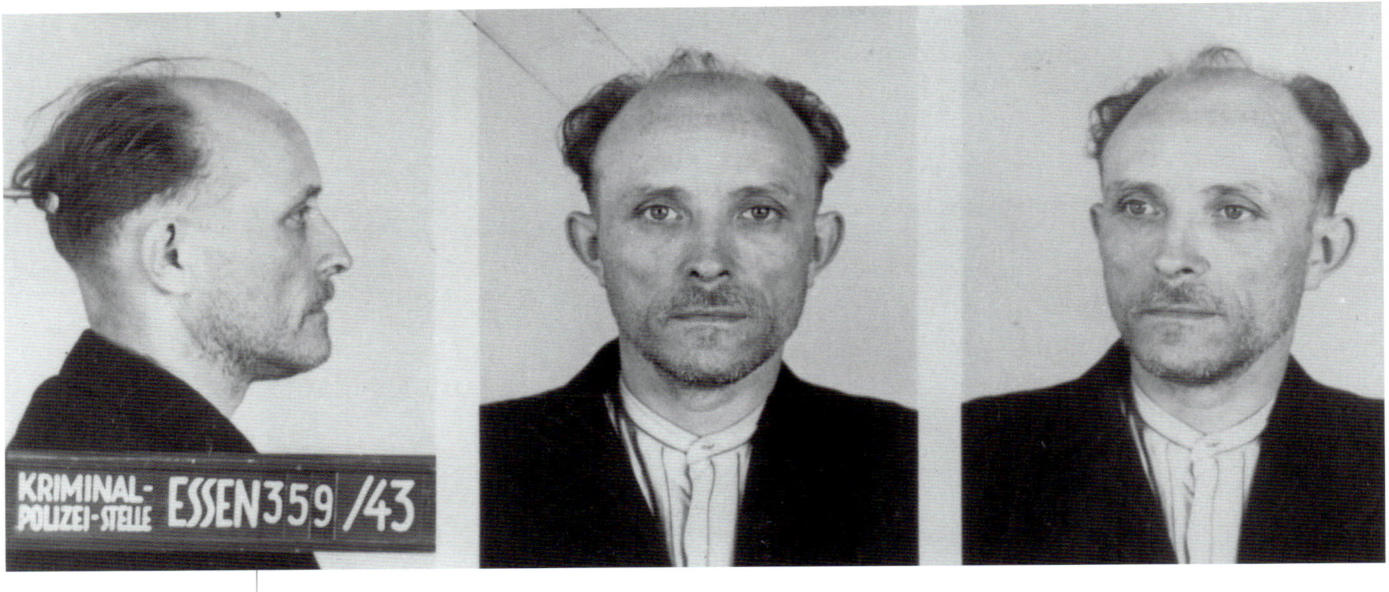

[314] Erkennungsdienstliche Aufnahmen der Gestapo von Johann Lux, 1943.

erneut eingesperrt wurde. In einem Gestapo-Verhör bekannte Lux:

»Wie ich mich verhalten werde, wenn ich einmal einen Gestellungsbefehl bekommen sollte, vermag ich im Augenblick nicht zu sagen. Auf jeden Fall werde ich es ablehnen, Waffendienst zu leisten. Das 5. Gebot verbietet mir, auf einen anderen Menschen zu schießen oder ihn sonstwie zu töten. Ich bin mir über die Folgen, die diese Einstellung für mich haben kann, völlig im klaren, nehme aber lieber die Todesstrafe auf mich, als daß ich dem Gesetze Gottes zuwiderhandele.«

Lux wurde allerdings freigesprochen und Ende 1944 aus dem KZ Sachsenhausen entlassen. So überlebte er das »Dritte Reich« – im Gegensatz zu etwa 1.200 Angehörigen der Zeugen Jehovas, die durch die Nationalsozialisten ermordet wurden.

5.3 ▸ Edelweißpiraten – keine Lust auf die *Volksgemeinschaft*

Im »Dritten Reich« wurden alle Jugendbünde und Jugendverbände nach und nach aufgelöst und verboten. Die organisierte Freizeitgestaltung von Jugendlichen jenseits der HJ wurde bald als »bündische Betätigung« unter Strafe gestellt – Ziel war die Kontrolle der gesamten Jugend. Kurz vor dem Beginn des Zweiten Weltkrieges wurden die entsprechenden Bestimmungen vom Reichsführer-SS und Chef der Deutschen Polizei, Heinrich Himmler (1900–1945), nochmals verschärft. Dennoch bildeten sich gerade im Ruhrgebiet zahlreiche informelle Gruppen von Jugendlichen, vor allem aus der Arbeiterschaft, die sich dem staatlichen Zugriff und insbesondere der HJ entziehen wollten. Solche »wilden Cliquen« nannten sich selbst – in Anlehnung an einen 1933 verbotenen Jugendbund – Kittelbachpiraten, aber auch Ruhrstrolche oder Fahrtenstenze, in den Kriegsjahren dann vor allem Edelweißpiraten.

Auf der Suche nach Freiräumen jenseits der *Volksgemeinschaft*

Diese Jugendlichen unternahmen an Wochenenden eigenständige Fahrten an die Ränder des Ruhrgebietes, beispielsweise in die Schwarze Heide bei Kirchhellen, zur Grafenmühle bei Bottrop oder an die Ruhr bei Werden. Durch einen eigenen Kleidungsstil, eigene Lieder und eigene Abzeichen grenzten sie sich von der HJ ab. Ihr Freizeitverhalten galt den Machthabern als »asozial«, sie waren immer wieder Schikanen seitens der NSDAP und der HJ ausgesetzt. Ab 1936 begann sich auch die Polizei, insbesondere die Gestapo, zunehmend für diese Jugendlichen zu interessieren. Obwohl es keine Verbindungen zur Jugendbewegung aus der Zeit vor 1933 gab, wurden die Jugendlichen als »bündisch« und somit als staatsgefährdend gebrandmarkt. Es kam zu Großrazzien und Hausdurchsuchungen, hunderte Jugendliche wurden festgenommen, vernommen und misshandelt. Beispielsweise wurden Jungen, die ihre Haare zu lang trugen, zwangsweise kahlrasiert.

Im November 1937 nahm die Gestapo beispielsweise eine Gruppe von rund 25 Jugendlichen aus Gladbeck, Scholven und Buer fest, die sich im Sommer zuvor regelmäßig im Gladbecker Nordpark und in der Haard getroffen hatten. Ihnen wurde »HJ-feindliches Verhalten« vorgeworfen. Einige der Jugendlichen verbrachten zwei Wochen in »Schutzhaft«. Anfang 1938 kam es zu einer Gerichtsverhandlung vor dem Sondergericht Dortmund, an deren Ende allerdings noch relative milde Urteile standen: Selbst die als »Rädelsführer« bezeichneten Jungen erhielten keine Freiheits-, sondern nur Geldstrafen.

Jugend im Krieg – Zwischen Kontrolle, Kriminalisierung und Verfolgung

Mit Kriegsbeginn nahmen die Reglementierungen des jugendlichen Alltagslebens weiter zu: Freizeitvergnügungen wie Tanzabende wurden verboten. Dafür stieg die Arbeitsbelastung der Jugendlichen, deren Arbeitskraft nun als kriegswichtig galt: Arbeitszeiten von über 60 Stunden in der Woche waren die Regel. Sogenannte »Arbeitsbummelei« wurde streng geahndet: mit Arrest oder sogar mit Einweisung in Fürsorgeeinrichtungen oder Arbeitserziehungslager. Die Überwachung am Arbeitsplatz und durch den NS-Staat führte auch in Gelsenkirchen dazu, dass viele Jugendliche alternative Entfaltungsmöglichkeiten und Freiräume suchten. In lockeren Freundeskreisen trafen sie sich im Stadtgarten, im Kino, im Freibad Grimberg oder auf der Kirmes. Die Jungen und Mädchen unternahmen – zum Missfallen der HJ – auch gemeinsame Wochenendfahrten. Zwar waren die Jugendlichen zunächst keineswegs politisiert, aber der Druck, den die Partei und die Behörden auf sie ausübten, führte rasch dazu, dass sich ihre ablehnende Haltung gegenüber dem Nationalsozialismus und insbesondere der HJ verfestigte. Durch zunehmend härtere Verfolgungsmaßnahmen schuf sich der NS-Staat seine jugendlichen Gegner.

[315] Kittelbachpiraten im Sommer 1937: Die Mitglieder dieser Gruppe stammten vor allem aus Gladbeck, aber auch aus Gelsenkirchen-Buer. Sie trugen die typische »bündische« Kluft, die, so die Gestapo, aus »kurzen heruntergedrückten schwarzen Schaftstiefeln mit herüberhängenden weißen Strümpfen,einer schwarzen Lederhose, einem bunten Schottenhemd mit entsprechendem Halstuch und einer Kletterweste« bestand. Die Kittelbachpiraten bevorzugten als Abzeichen den Totenkopf, ab 1939 kam bei den Jugendlichen das Edelweiß in Mode.

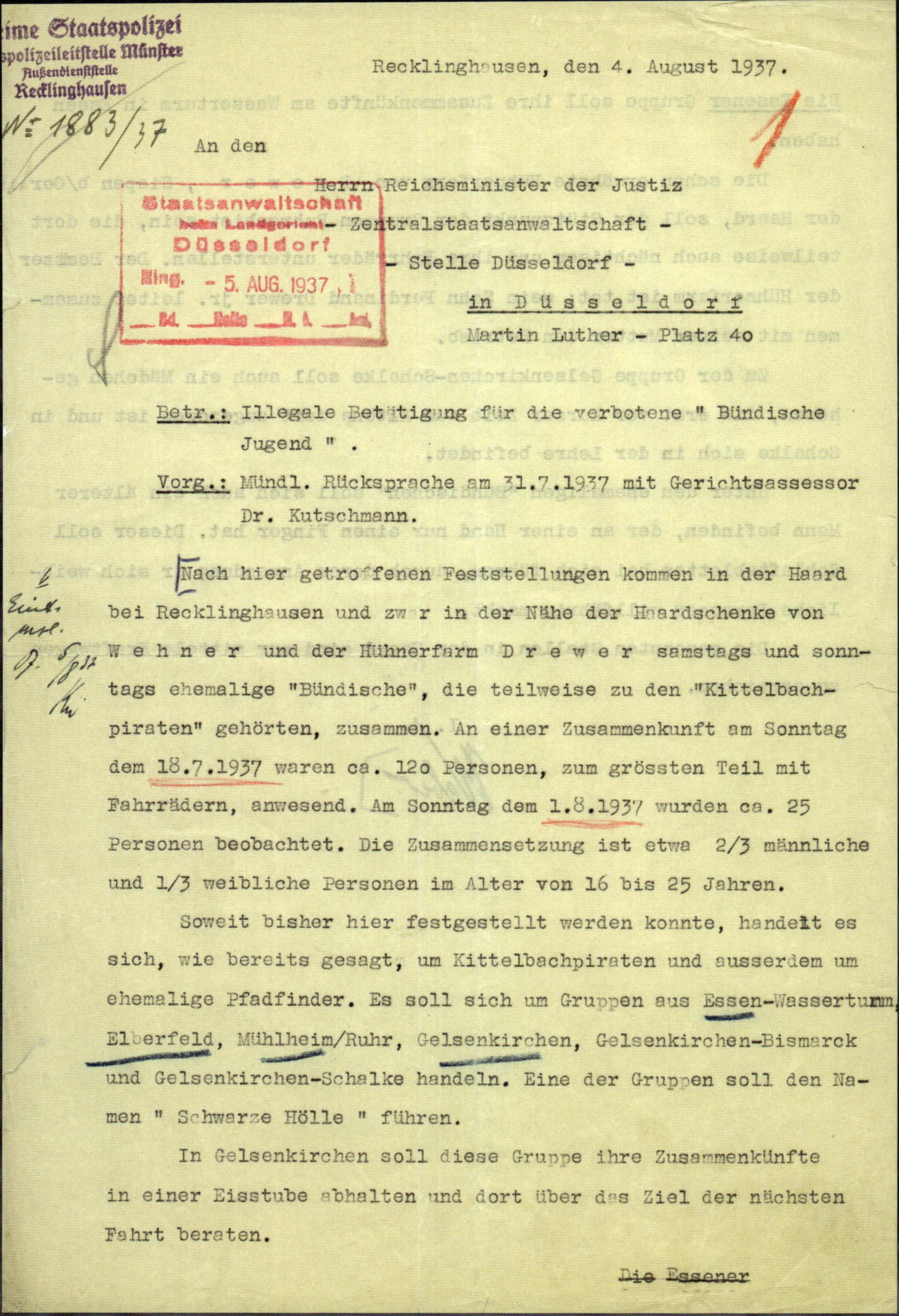

ime Staatspolizei
spolizeileitstelle Münster
Außendienststelle
Recklinghausen

Nr. 1883/37

Recklinghausen, den 4. August 1937.

1

An den

Herrn Reichsminister der Justiz
- Zentralstaatsanwaltschaft -
- Stelle Düsseldorf -
in D ü s s e l d o r f
Martin Luther - Platz 4o

Staatsanwaltschaft
beim Landgericht
Düsseldorf
Eing. - 5. AUG. 1937

Betr.: Illegale Betätigung für die verbotene " Bündische Jugend " .

Vorg.: Mündl. Rücksprache am 31.7.1937 mit Gerichtsassessor Dr. Kutschmann.

Nach hier getroffenen Feststellungen kommen in der Haard bei Recklinghausen und zwar in der Nähe der Haardschenke von W e h n e r und der Hühnerfarm D r e w e r samstags und sonntags ehemalige "Bündische", die teilweise zu den "Kittelbachpiraten" gehörten, zusammen. An einer Zusammenkunft am Sonntag dem 18.7.1937 waren ca. 12o Personen, zum grössten Teil mit Fahrrädern, anwesend. Am Sonntag dem 1.8.1937 wurden ca. 25 Personen beobachtet. Die Zusammensetzung ist etwa 2/3 männliche und 1/3 weibliche Personen im Alter von 16 bis 25 Jahren.

Soweit bisher hier festgestellt werden konnte, handelt es sich, wie bereits gesagt, um Kittelbachpiraten und ausserdem um ehemalige Pfadfinder. Es soll sich um Gruppen aus Essen-Wasserturm, Elberfeld, Mühlheim/Ruhr, Gelsenkirchen, Gelsenkirchen-Bismarck und Gelsenkirchen-Schalke handeln. Eine der Gruppen soll den Namen " Schwarze Hölle " führen.

In Gelsenkirchen soll diese Gruppe ihre Zusammenkünfte in einer Eisstube abhalten und dort über das Ziel der nächsten Fahrt beraten.

~~Die Essener~~

[316] Die Gestapo Recklinghausen beobachtete im Sommer 1937 jugendliche Cliquen aus dem Ruhrgebiet, die sich regelmäßig in der Haard trafen. Unter diesen sogenannten Kittelbachpiraten befanden sich auch zahlreiche Jugendliche aus Gelsenkirchen.

[317] Die Cranger Kirmes, um 1935: Die Kirmesplätze im Ruhrgebiet waren beliebte Anziehungspunkte für junge Menschen. Jugendliche aus dem gesamten Ruhrgebiet trafen sich dort und tauschten sich aus. So konnte sich die Jugendsubkultur der Edelweißpiraten rasch in vielen Städten der Region ausbreiten.

[318] Im Sommer 1942 traf sich eine größere Gruppe von Edelweißpiraten allabendlich im Südteil des Gelsenkirchener Stadtgartens. Als das Wetter schlechter wurde, verlegten die Jugendlichen ihre Treffen in den Wartesaal 3. Klasse im Hauptbahnhof. Unter den zahlreichen Reisenden fielen sie lange kaum auf.

BIOGRAFIE

»Natz« – der »Häuptling der Edelweißpiraten« in Gelsenkirchen

Bernhard Gohr (1924–1973) wuchs als Sohn eines Fuhrmanns in Rotthausen auf. Nach der Volksschule erhielt er eine der begehrten Lehrstellen als Autoschlosser. Enttäuscht und gelangweilt von der Motor-HJ, blieb er dem Dienst immer häufiger fern. In seinem Essener Lehrbetrieb lernte Gohr junge »Stenze« kennen, die ihm von ihrer eigenen Art der Freizeitgestaltung berichteten. Im Frühjahr 1942 traf Gohr schließlich im Gelsenkirchener Stadtgarten auf andere Jugendliche, die sich als Edelweißpiraten begriffen. Um sie herum bildete sich bald ein lockerer Freundeskreis von etwa 50 Jugendlichen. Unter seinem Spitznamen »Natz« trug Gohr nun offen die »Kluft« und das Abzeichen der Edelweißpiraten, brachte seinen Freundinnen und Freunden verbotene »bündische« Lieder bei und organisierte gemeinsame Fahrten. Dabei geriet er immer wieder mit der HJ aneinander. Um seinen verwegenen Ruf zu festigen, gab Gohr damit an, Kontakte zu Kommunisten zu haben. Seit Herbst 1942 beging er mit anderen Jugendlichen auch Einbrüche und Diebstähle, hauptsächlich um Lebensmittel und Alkohol zu erbeuten. Wegen einer dieser Taten wurde Gohr bereits Ende Dezember 1942 verhaftet, zwei Wochen bevor die Gestapo die Gruppe der Gelsenkirchener Edelweißpiraten zerschlug.
Die Gestapo warf ihm vor, »die treibende Kraft der Edelweißpiraten« gewesen zu sein. Während der Verhöre wurde Gohr schwer misshandelt. Ihm wurden »verbrecherische Veranlagung« und »kommunistische Einstellung« bescheinigt. Daher erhielt Gohr im Sommer 1943 mit einem Jahr Gefängnis die höchste Strafe von allen in Essen angeklagten Gelsenkirchener Jugendlichen. Nach seiner Entlassung aus dem Jugendgefängnis Wittlich kam Gohr im Sommer 1944 umgehend zur Kriegsmarine, die ihn bald in eine Bewährungseinheit an die Westfront versetzte. Dort geriet er in französische Kriegsgefangenschaft.
Nach dem Krieg arbeitete Gohr als Bergmann. Er geriet häufig mit dem Gesetz in Konflikt und verbrachte mehrere Jahre im Gefängnis. Ende der 1950er Jahre beantragte er Entschädigung wegen der erlittenen Verfolgung während der NS-Zeit. Zwar hob das Landgericht Essen das Urteil »bündischer Betätigung« aus dem Jahr 1943 auf, eine Anerkennung als politisch Verfolgter blieb Gohr allerdings versagt. Die Wiedergutmachungsbehörde erkannte in seinen Konflikten mit dem NS-Regime keine politischen Motive. Edelweißpiraten wurden als jugendliche Quertreiber wahrgenommen, deren Wunsch nach einem ungebundenen Leben dem von der Hitlerjugend beanspruchten Erziehungsmonopol entgegenstand. Weil den Edelweißpiraten auch der Ruf anhing, kriminell gewesen zu sein, blieben sie lange Verfolgte zweiter Klasse.

Gelsenkirchener Edelweißpiraten im Visier der Gestapo

Eine größere Gruppe von jugendlichen Edelweißpiraten fand sich im Frühjahr 1942 in Gelsenkirchen zusammen. Sie trafen sich regelmäßig im Stadtgarten, musizierten gemeinsam und sangen verbotene »bündische« Lieder, darunter auch »Hohe Tannen weisen die Sterne«, das als »Kampflied« der Edelweißpiraten galt. Darin hieß es in Abänderung des ursprünglichen Textes beispielsweise:

»Rübezahl, hör was wir dir sagen,
die bündische Jugend ist nicht mehr frei.
Schwingt den Spaten der Edelweißpiraten.
Schlaget die bündische Jugend wieder frei.«

Die Jungen und Mädchen, mehrheitlich zwischen 15 und 18 Jahre alt, trugen – offen oder ver-

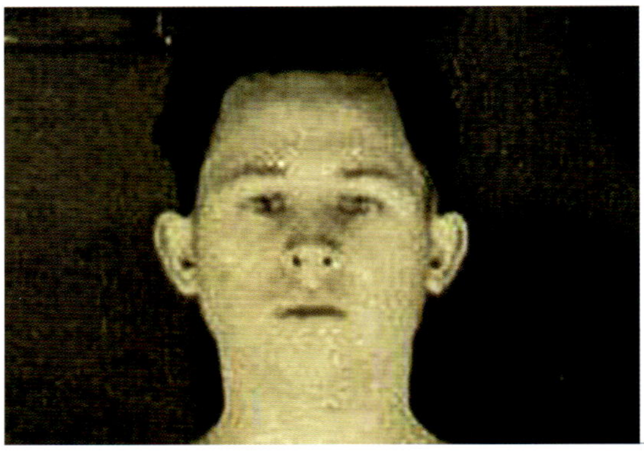

[319] Der junge Bergmann Eduard Wieczek (1922–1943) beging im Dezember 1942 in der Nähe des Gelsenkirchener Hauptbahnhofes einen Handtaschenraub. Weil die Tat »unter Ausnutzung der Verdunkelung« stattfand, wurde er als »Volksschädling« zum Tode verurteilt und hingerichtet. Seine beiden jugendlichen Mittäter waren polizeibekannte Edelweißpiraten. Einer von ihnen wurde zu drei Jahren Haft verurteilt, der andere meldete sich freiwillig zur Waffen-SS und entging so einer Strafe. Dieser Raub war kein Einzelfall: Seit Herbst 1942 verübten einige Mitglieder der Gelsenkirchener Edelweißpiraten Einbrüche und Diebstähle.

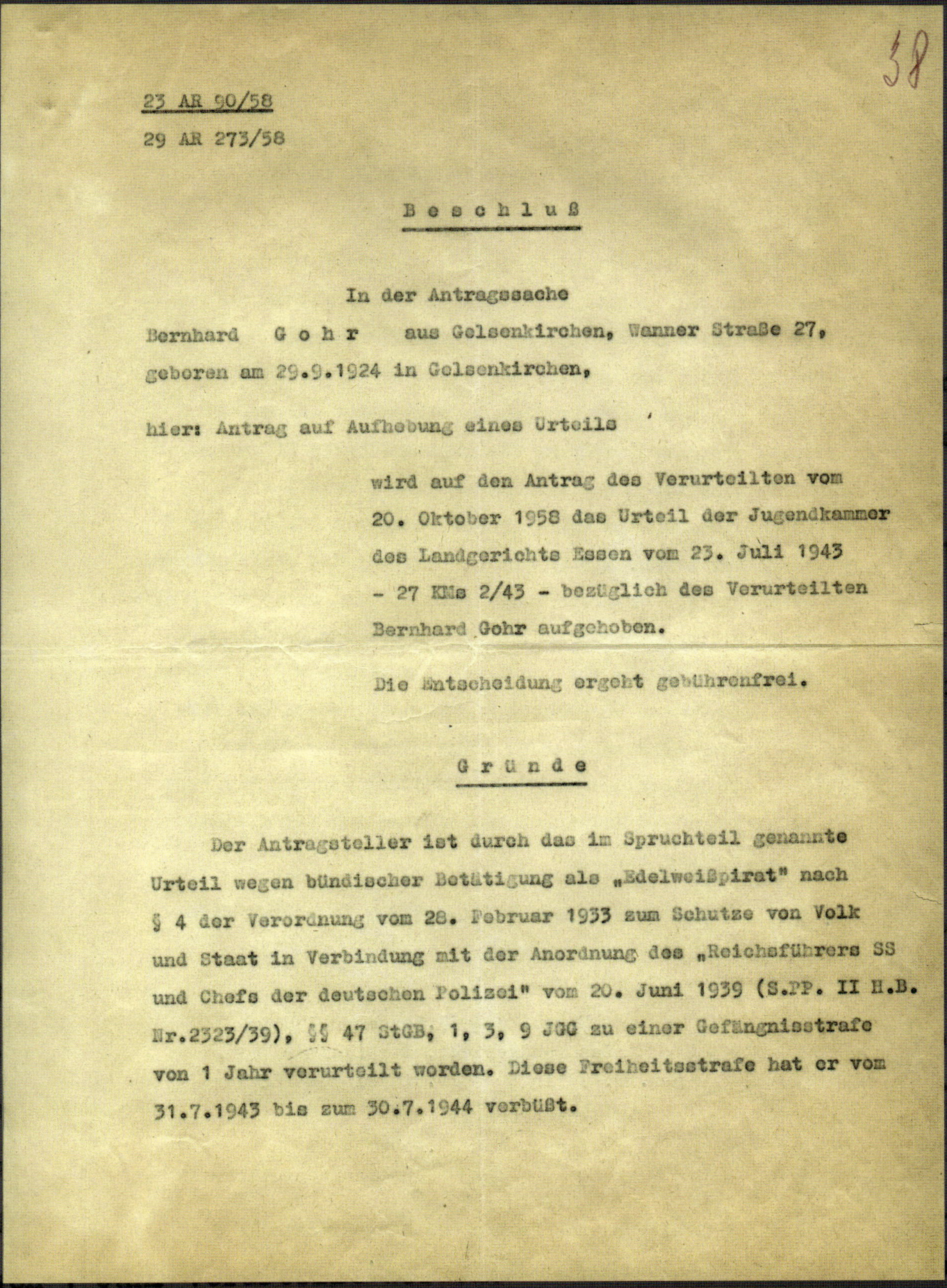

38

23 AR 90/58

29 AR 273/58

B e s c h l u ß

In der Antragssache

Bernhard G o h r aus Gelsenkirchen, Wanner Straße 27, geboren am 29.9.1924 in Gelsenkirchen,

hier: Antrag auf Aufhebung eines Urteils

wird auf den Antrag des Verurteilten vom 20. Oktober 1958 das Urteil der Jugendkammer des Landgerichts Essen vom 23. Juli 1943 – 27 KMs 2/43 – bezüglich des Verurteilten Bernhard Gohr aufgehoben.

Die Entscheidung ergeht gebührenfrei.

G r ü n d e

Der Antragsteller ist durch das im Spruchteil genannte Urteil wegen bündischer Betätigung als „Edelweißpirat" nach § 4 der Verordnung vom 28. Februar 1933 zum Schutze von Volk und Staat in Verbindung mit der Anordnung des „Reichsführers SS und Chefs der deutschen Polizei" vom 20. Juni 1939 (S.PP. II H.B. Nr.2323/39), §§ 47 StGB, 1, 3, 9 JGG zu einer Gefängnisstrafe von 1 Jahr verurteilt worden. Diese Freiheitsstrafe hat er vom 31.7.1943 bis zum 30.7.1944 verbüßt.

[320] Beschluss des Landgerichts Essen zur Aufhebung des Urteils gegen Bernhard Gohr aus dem Jahr 1943 wegen »bündischer Betätigung«, 1958.

[321] Tankwaggon mit dem ersten Kohlebenzin aus Gelsenkirchen-Scholven, 1936.

deckt – das Edelweißabzeichen, einige von ihnen kleideten sich im verfemten »bündischen« Stil. Da es in allen Städten des Rhein-Ruhr-Gebietes ähnliche Gruppierungen gab, fürchteten die Behörden die Gefahr einer Massenbewegung. Aus diesem Grund ging die Gelsenkirchener Gestapo hart gegen die Gruppe vor. Nachdem die Edelweißpiraten über Wochen beobachtet und durch »Vertrauenspersonen« der Gestapo ausgeforscht worden waren, wurden im Januar 1943 etwa 50 Gelsenkirchener Jugendliche verhaftet und vernommen. Einige von ihnen blieben längere Zeit in »Schutzhaft«. Im Sommer 1943 wurde 15 jungen Frauen und 19 jungen Männern vor der Jugendkammer des Landgerichts Essen der Prozess gemacht, weil sie sich »als ›Edelweißpiraten‹ bündisch betätigt« hatten. Die meisten von ihnen erhielten Jugendarreststrafen von wenigen Wochen, mehrere »Rädelsführer« jedoch wurden zu Freiheitsstrafen zwischen fünf Monaten und einem Jahr verurteilt. Aber trotz der abschreckenden Verhaftungsaktionen, Razzien und Prozesse wurde der NS-Staat dem abweichenden Jugendverhalten im Ruhrgebiet bis zum Kriegsende nicht Herr.

5.4 Kriegswirtschaft und Zwangsarbeit in Gelsenkirchen

Schon vor 1939 spielte Gelsenkirchen in den Kriegsplänen des »Dritten Reiches« eine wichtige Rolle. Die Ankurbelung der Rüstungsproduktion führte zu Vollbeschäftigung und schließlich sogar zu Arbeitskräftemangel. Infolge des enormen Bedarfs der Wehrmacht an Stahl und Eisen verdoppelte sich beispielsweise die Belegschaft des »Schalker Vereins« innerhalb kürzester Zeit. Im Norden der Stadt entstanden zwei riesige Hydrierwerke, die aus Kohle Benzin gewannen. Sie sollten dafür sorgen, dass Deutschland im Kriegsfall unabhängig von ausländischen Rohstoffen blieb. Bald arbeiteten dort fast 10.000 Menschen.

Mit Kriegsbeginn wurden die Arbeitskräfte noch knapper. Eine umfassende Mobilisierung der Frauen kam für die Nationalsozialisten aus ideologischen Gründen nicht in Frage. Dennoch arbeiteten hunderttausende »Volksgenossinnen« als Wehrmachtshelferinnen, als Krankenschwestern und auch in der Kriegswirtschaft. Den weit-

[322] Die Hochöfen des »Schalker Vereins«, 1942.

[323] Mobilisierung der »Volksgenossinnen«: Dreherin im »Schalker Verein«, 1943.

aus größten Teil der benötigten Arbeitskräfte stellten zwangsverpflichtete Kriegsgefangene sowie vor allem »Fremd-« bzw. »Ostarbeiter«.

Die Hydrierwerke – die wichtigsten Rüstungsbetriebe in Gelsenkirchen

Die Werke Gelsenberg und Scholven produzierten 1942 fast eine halbe Million Tonnen Flugbenzin. Treibstoff aus Gelsenkirchen war für die Einsatzfähigkeit der deutschen Luftwaffe entscheidend. Daher flogen die Alliierten ab 1943 zahlreiche Luftangriffe auf die Hydrierwerke. Im Sommer 1944 waren allein auf dem Gelsenberg-Werk 12.000 Zwangsarbeiter mit Aufräumarbeiten beschäftigt, darunter 2.000 ungarische Jüdinnen, die in einem Außenlager des KZ Buchenwald auf dem Werksgelände untergebracht waren. Zu ihnen gehörte Judith Schneiderman, deren Schwester in diesem Lager umkam. Sie erinnerte sich später:
»Ich weiß nicht mehr, wie lange wir unterwegs waren. Alles woran ich mich erinnere, ist die Ankunft in einer Stadt namens Gelsenkirchen [...]. *Nach dem Krieg erfuhr ich, dass es sich um ein Außenlager von Buchenwald gehandelt hatte. Hier wurden wir in großen Zelten mit festem Boden anstelle von Baracken untergebracht. Unsere Schlafstätte bestand aus einfachen Holzbrettern* [...] *zwei Mädchen mussten sich ein Bett teilen. Zu dem Zeitpunkt waren wir alle schon so dünn, dass wir problemlos zusammen reinpassten.«*

[324] Werksanlagen der Gelsenberg Benzin AG, um 1942.

[325] Zerstörte Anlagen der Hydrierwerk Scholven AG, 1944.

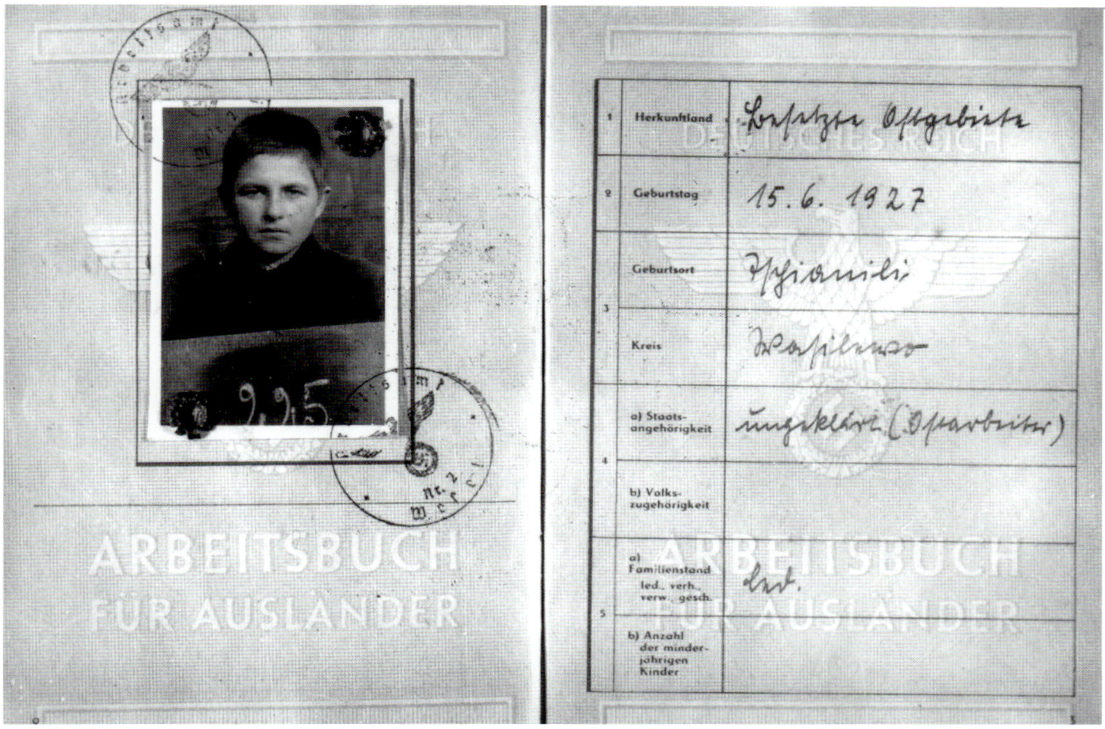

[326] Arbeitsbuch eines »Ostarbeiters«, der als Jugendlicher zur Arbeit in Gelsenkirchen gezwungen wurde.

Trotz des unmenschlichen Einsatzes dieser Arbeitssklaven mussten beide Werke infolge der Bombenschäden ihre Produktion einstellen.

Auf der untersten Stufe der Kriegsgesellschaft

Im Sommer 1944 wurden in Gelsenkirchen mehr als 40.000 Menschen zur Arbeit in Industrie und Landwirtschaft, aber auch in kirchlichen Betrieben, in der Stadtverwaltung und in Privathaushalten gezwungen. Im Jahresbericht der Gelsenkirchener Bergwerks-AG hieß es 1943:

»Der Anteil der Ausländer ist auf manchen unserer Schachtanlagen [...] schon so angewachsen, daß man stellenweise von einer Überfremdung unserer Betriebe sprechen kann.«

Für die Behandlung der Zwangsarbeiterinnen und Zwangsarbeiter hatte Fritz Sauckel (1894–1946), der Generalbevollmächtigte für den Arbeitseinsatz, im Jahr 1942 folgende Devise ausgegeben:

»All diese Menschen müssen so ernährt, untergebracht und behandelt werden, daß sie bei denkbar sparsamstem Einsatz die größtmögliche Leistung hervorbringen. [...] Die Arbeitskraft dieser Leute muß in größtem Maße ausgenutzt werden.«

Die elenden Lebensbedingungen, gerade der besonders gekennzeichneten »Ostarbeiter«, waren den »Volksgenossen« bekannt – die meisten Zwangsarbeiterlager befanden sich mitten in der Stadt. Das größte Gelsenkirchener Lager lag an der Brinkstraße zwischen Horst und Heßler. Beiderseits des Rhein-Herne-Kanals waren dort bereits im September 1942 über 4.000 »Zivilarbeiter«, vor allem aus dem Osten, und sowjetische Kriegsgefangene untergebracht. Sie mussten im Hydrierwerk Gelsenberg und auf der

[327] Schlaf- und Aufenthaltsraum in einer Baracke des Zwangsarbeiterlagers an der Leithestraße, das zur Schachtanlage Holland/Rheinelbe gehörte, 1943.

[328] Bei einem schweren Grubenunglück auf der Zeche Dahlbusch starben 1943 34 Bergleute, darunter auch 18 Zwangsarbeiter aus Polen und der Ukraine.

[329] Luftaufnahme der Royal Air Force, 1944: In der unteren Bildhälfte das Lager an der Brinkstraße.

BIOGRAFIE

Avil Knjasew – zur Arbeit im Gelsenkirchener Bergbau gezwungen

Avil Knjasew (1920–2006) absolvierte 1941 seine Ingenieursausbildung am Donezker Bergbauinstitut. Nach dem Einmarsch der Wehrmacht wurde er mit vielen anderen jungen Frauen und Männern aus der Ukraine zur Arbeit in der deutschen Kriegswirtschaft zwangsverpflichtet. Er kam nach Gelsenkirchen zur Zeche Nordstern. Mehr als acht Stunden täglich arbeitete Knjasew unter Tage. Schwerste Arbeitsbedingungen, mangelhafte Ernährung und ständige Bewachung im Lager gehörten für die Zwangsarbeiter zum Alltag. Im Sommer 1942 wurde er nach einem Fluchtversuch mit zweiwöchiger Haft im Bochumer Gefängnis bestraft. Danach musste er zurück in den Steinkohlebergbau. Im Juni 1944 wurde Knjasew nach einer Denunziation gemeinsam mit einer Gruppe von »Ostarbeitern« verhaftet, kam in das Gelsenkirchener Gefängnis und später in das Außenlager Hadmersleben des KZ Buchenwald. Unter katastrophalen Bedingungen arbeitete er in der Produktion von Flugzeugteilen in den Steinsalz- und Kalischächten. Viele Häftlinge starben an den menschenunwürdigen Lebensbedingungen oder wurden willkürlich von den SS-Wachmannschaften hingerichtet. Avil Knjasew überlebte und wurde im Mai 1945 von der Roten Armee befreit. Er kehrte in die Sowjetunion nach Donezk zurück. Dort musste er jahrzehntelang die Diskriminierung als »Verräter« und »Arbeiter für den Feind« ertragen. Erst im hohen Alter wurde er als Opfer des NS-Regimes anerkannt: Mit dem im Jahr 2000 verabschiedeten Gesetz zur Entschädigung für Zwangsarbeit im »Dritten Reich« erhielt er finanzielle Unterstützung.

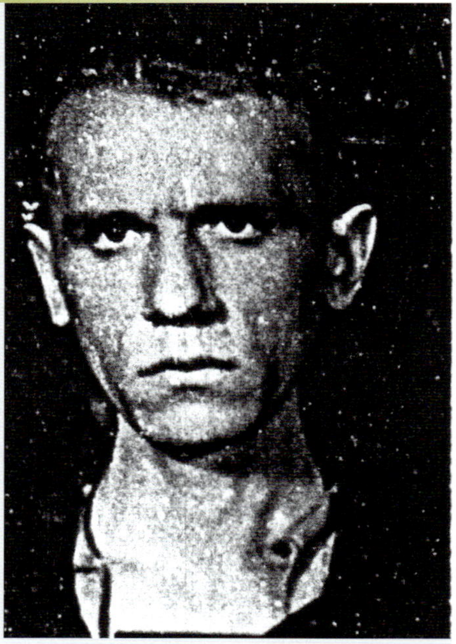

[330] Avil Knjasew (1920–2006).

[331] Begräbnis eines ukrainischen Zwangsarbeiters der Zeche Holland/Rheinelbe, um 1943.

Zeche Nordstern arbeiten. Avil T. Knjasew, der zwischen 1942 und 1944 als Zwangsarbeiter in diesem Lager lebte, erinnerte sich später:
»Vor Auszehrung und Erschöpfung waren einige Ostarbeiter nicht in der Lage, selbständig aus der Grube ins Lager zu gehen.«

Zwar versuchen einzelne Gelsenkirchenerinnen und Gelsenkirchener, den Zwangsarbeiterinnen und Zwangsarbeitern trotz strikten Kontaktverbotes zu helfen – die *Volksgemeinschaft* stand den Fremden aber überwiegend gleichgültig oder feindselig gegenüber. Mehr als 3.500 Zwangsarbeiterinnen und Zwangsarbeiter ließen in Gelsenkirchen durch Krankheiten, Misshandlungen oder Arbeitsunfälle sowie infolge von Luftangriffen ihr Leben.

5.5 ▸ »Achtung, Achtung! Mitteilung an alle! Starke feindliche Bomberverbände befinden sich im Anflug auf Gelsenkirchen!« – Gelsenkirchen im Luftkrieg

Am 3. September 1939 heulten in Gelsenkirchen zum ersten Mal während des Zweiten Weltkrieges die Luftschutzsirenen. In den folgenden sechs Jahren erlebte die Stadt über 2.800 Fliegeralarme und 184 Luftangriffe. Der Bombenkrieg, den die deutsche Luftwaffe mit Angriffen auf Warschau, Rotterdam oder Coventry eröffnet und radikalisiert hatte, kehrte mit aller Härte nach Deutschland zurück. Vor allem in den letzten beiden Kriegsjahren wurde Gelsenkirchen schwer getroffen. Insgesamt fielen rund 55.000 Spreng- und 363.000 Brandbomben auf die Stadt. Über 3.000 Menschen starben, darunter mehrere hundert Kriegsgefangene, Zwangsarbeiterinnen und Zwangsarbeiter.

[332] Bombenschäden in Gelsenkirchen-Erle, 1945: im Hintergrund die Schachtanlage 3/5 der Zeche Graf Bismarck.

[333] Inszenierte »Bunkergemeinschaft«: Silberhochzeitsfeier im Luftschutzstollen der Halde Dahlbusch, um 1944.

[334] Propagandaplakat, 1943.

[335] Gelsenkirchener Teilnehmer eines Lehrgangs in der Luftschutzschule Hagen, 1939.

[336] Der erste große Kindertransport verließ 1941 den Hauptbahnhof des »luftgefährdeten« Gelsenkirchen.

[337] Gelsenkirchener Familien in einem Luftschutzstollen der Zeche Graf Bismarck, 1945.

[338] Schalker Markt, 1945: links ein Spitzbunker, rechts im Hintergrund die evangelische Friedenskirche.

Die alliierten Bomberflotten zielten zum einen auf die kriegswichtigen Industrieanlagen der Stadt, insbesondere auf die Hydrierwerke in Horst und Scholven. Zum anderen richteten sich die Flächenbombardements auch gegen Wohngebiete. Dieses »moral bombing« sollte den Willen der Deutschen zum Durchhalten brechen. Tatsächlich führten die Luftangriffe zu dauernder Furcht und Niedergeschlagenheit, die Loyalität zum NS-Regime beeinträchtigten sie aber zunächst kaum.

Die *Volksgemeinschaft* als »Luftschutzgemeinschaft«

Die nationalsozialistische Propaganda nutzte den Luftkrieg zur Mobilisierung der *Volksgemeinschaft*. Im Mittelpunkt der Inszenierung stand die disziplinierte, pflichtbewusste und opferbereite »Bunkergemeinschaft«, die »Churchills Luftpiraten« widerstehen sollte. NSDAP und Stadtverwaltung versuchten Hand in Hand, die Folgen der Luftangriffe zu bewältigen. Dabei erfolgte die Entschädigung »ausgebombter« Familien oftmals auf Kosten enteigneter Juden. Schon seit Herbst 1940 wurde die Kinderlandverschickung (KLV) angesichts steigender »Luftgefahr« ausgeweitet. Ab 1943 verlagerten ganze Schulen ihren Betrieb in weniger gefährdete Regionen, so dass bis Kriegsende tausende Gelsenkirchener Kinder in KLV-Lager nach Bayern oder Schlesien kamen. Die Stimmung zwischen den evakuierten und den eingesessenen »Volksgenossen« war angespannt – entgegen der NS-Propaganda stieß die Solidarität der *Volksgemeinschaft* an ihre Grenzen. Ältere Schüler mussten in Gelsenkirchen bleiben und als Luftwaffenhelfer Flakgeschütze

bedienen – Kinder sollten die alliierten Bomber aufhalten.

Spätestens ab 1944 zeigten sich Partei und Behörden durch das Ausmaß der Zerstörungen überfordert und flüchteten in Durchhalteparolen. So verkündete die NSDAP-Kreisleitung Emscher-Lippe nach dem schwersten Angriff auf Gelsenkirchen im November 1944: *»Niemand, der in der Stadt eine Aufgabe zu erfüllen hat, sei er Arbeiter, Beamter, Angestellter, Einzelhändler, Arzt oder selbständiger Beruf, darf jetzt kneifen und das Stadtgebiet verlassen!«*

Schutzlose Arbeitssklaven

Da sich die Zwangsarbeiter- und Gefangenenlager meist in der Nähe von Industrieanlagen befanden, waren ihre Insassen besonders gefährdet. Während der Luftangriffe hatten Kriegsgefangene und »Ostarbeiter« keinen Zugang zu Bunkern. Zwangsarbeiterinnen und Zwangsarbeiter aus West- und Südeuropa durften nur hinein, wenn noch Platz war. Sie mussten in notdürftigen Deckungsgräben Schutz suchen. Allein bei einem Angriff auf die Gelsenberg-Werke im September 1944 starben 138 jüdische Zwangsarbeiterinnen aus einem Außenlager des KZ-Buchenwald. Nach den Angriffen wurden Häftlinge und Kriegsgefangene als billige Arbeitskräfte zum Räumen der Trümmer eingesetzt. So erinnerte sich eine jüdische Zwangsarbeiterin aus Ungarn später:
»Die uns zugewiesene Arbeit bestand darin, Trümmer einer Munitionsfabrik, die von den Amerikanern zerbombt worden war, abzutragen

[339] Appell im KLV-Lager Mariazell, 1943: Die Mädchen in BDM-Uniform besuchten die Gelsenkirchener Mädchen-Mittelschule am Machensplatz, die spätere Gertrud-Bäumer-Realschule.

[340] Die Abschlussklasse der Knaben-Mittelschule Gelsenkirchen-Buer in Luftwaffenhelfer-Uniformen, 1944.

Übersicht

über die feindlichen Luftangriffe im Schutzpolizei-Abschnittskommando II und III Gelsenkirchen in der Zeit vom 1. bis 23. November 1944.

Angriff	am	1.11.1944	auf das ganze Stadtgebiet	13.45 und 17.3o Uhr
"	am	4.11.1944	" " " "	11.52 und 19.41 Uhr
"	am	6.11.1944	" " " "	10.25, 13,55 u.19,25 Uhr
"	am	9.11.1944	" " " "	10,37 Uhr
"	am	11.11.1944	" " " "	11,23 Uhr
"	am	15.11.1944	" " " "	18.55 Uhr
"	am	21.11.1944	auf den Stadtteil Gelsenkirchen	18.27 Uhr
"	am	23.11.1944	auf das ganze Stadtgebiet	14.37 Uhr

Insgesamt:

16273 Sprengbomben, davon 965 Blindgänger
378 Minenbomben
176787 Stab- und Phosphorbrandbomben
548 Gefallene, davon 547 innerhalb der LSR.
117 Tote, davon 112 innerhalb der LSR.
344 schwer Verwundete, davon 342 innerhalb der LSR.
1146 leicht " , davon 1126 " " "
121 Vermißte, Verschüttete u.Sonstige

3224 Häuser
14 Schulen, Krankenhäuser u.Kirchen
27 Öffentl.Dienstgebäude, Bahnhöfe u.Banken
58 Gewerbl.Betriebe, auch Theater u.Lichtspielhäuser
} zerstört

1873 Häuser
23 Schulen, Krankenhäuser u.Kirchen
4 Öffentl.Dienstgebäude u.Banken
2 Gewerbl.Betriebe
} schwer beschädigt

1560 Häuser
3 Öffentl.Dienstgebäude
2 Gewerbl.Betriebe
} mittelschwer beschädigt

9558 Häuser
2o Schulen, Krankenhäuser u.Kirchen
11 Öffentl.Dienstgebäude pp.
3 Gewerbl.Betriebe
} leicht beschädigt

28 Werkluftschutzbetriebe zerstört, schwer bzw.leicht beschädigt

152 Großfeuer,
5562 Mittel- u.Kleinfeuer
62 Industrieanlagen
3o Verkehrsanlagen
25 Versorgungsanlagen
2 Wehrmachtsanlagen
94435 Obdachlose bzw.Evakuierte
381 Evakuierte wegen Blindgänger
65 Stück Großvieh getötet bzw.notgeschlachtet
174 " Kleinvieh getötet

[341] Schadensaufstellung der Stadtverwaltung Gelsenkirchen: Bilanz der schweren Luftangriffe im November 1944.

[342] Sowjetische Kriegsgefangene bei der Essensausgabe, bewacht von einem Polizisten, um 1944.

und die Fabrik wiederaufzubauen. Es war harte körperliche Arbeit [...].«

Häftlingskommandos mussten auch die gefährliche Aufgabe übernehmen, Blindgänger zu entschärfen.

5.6 ▸ Polizeibataillone – Massenmörder aus der Mitte der *Volksgemeinschaft*

Am Polizeiamt in Buer, dem heutigen Polizeipräsidium, befand sich eine Polizeikaserne, in der Polizisten für den »auswärtigen Einsatz« ausgebildet wurden. Das Reserve-Polizeibataillon 65 und das Polizeibataillon 316 hatten dort ihren Heimatstandort. Beide Einheiten rekrutierten sich zum Großteil aus Polizeibeamten und Polizeireservisten, die aus Gelsenkirchen und dem näheren Umkreis stammten.

Polizeibataillone kamen im gesamten besetzten Europa zum Einsatz, in Polen und der Sowjetunion ebenso wie in den Niederlanden oder in Dänemark. Sie spielten nicht nur eine wichtige Rolle bei der Durchsetzung der deutschen Besatzungsherrschaft, sondern waren auch als »Fußvolk der Endlösung« (Klaus-Michael Mallmann) vor allem in Osteuropa maßgeblich daran beteiligt, die nationalsozialistische Rassen- und Vernichtungspolitik in die Tat umzusetzen.

[343] Plakat zum Umgang mit Kriegsgefangenen, 1940.

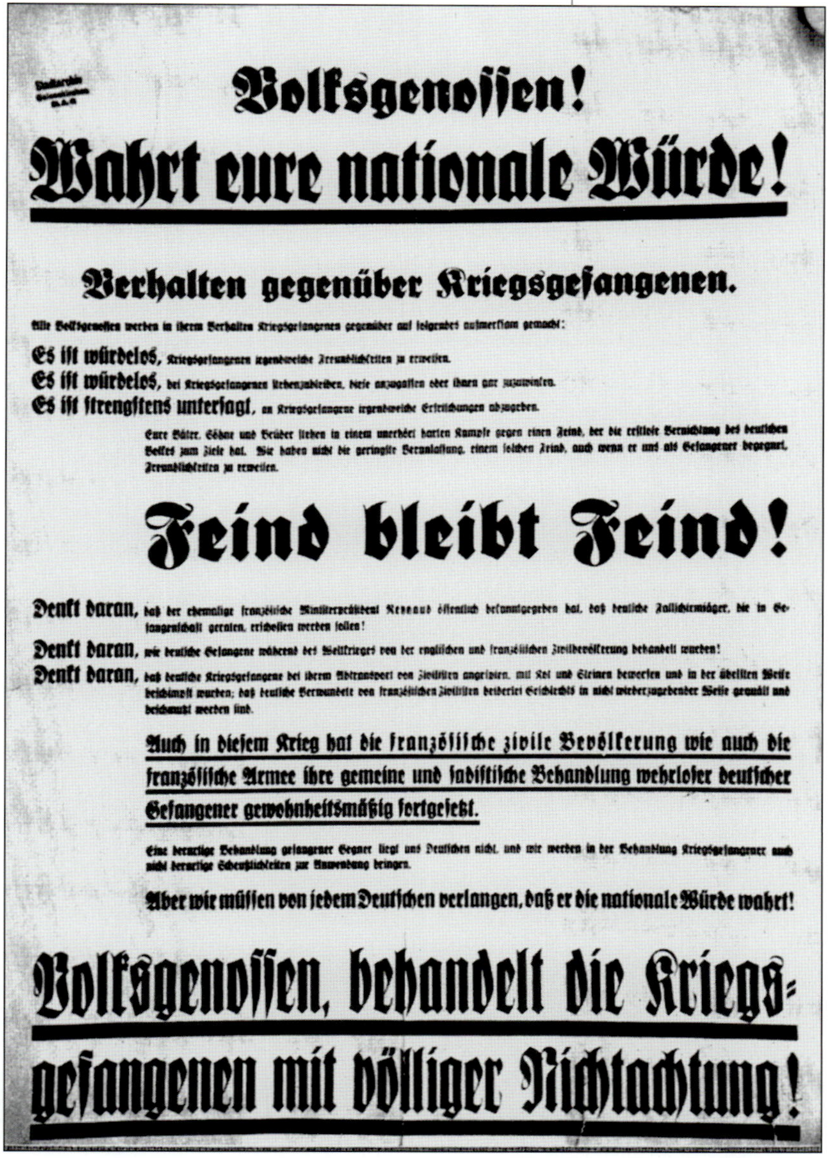

[344] »Umsiedlung« im Wartheland unter Aufsicht von Ordnungspolizei und SS, um 1940.

[345] Juden bei der Aushebung eines Massengrabes in Polen unter Aufsicht deutscher Polizisten, 1942.

[346] Das Tor zum Warschauer Ghetto mit einem Polizeiposten, 1942.

[347] Vom Hunger gezeichnete Kinder im Warschauer Ghetto, 1941.

[348] Polizisten im »Bandenkampf« in Russland, 1943.

Bereits seit 1939 organisierten Polizeieinheiten in Polen großflächige Vertreibungen und verübten brutale Repressalien gegen die Zivilbevölkerung. Mit dem Überfall auf die Sowjetunion wurden die Polizeibataillone zu mobilen Mordkommandos. Gemeinsam mit den SS-Einsatzgruppen führten sie zahllose Massenerschießungen durch. Hunderttausende Menschen fielen den Polizeibataillonen zum Opfer.

Polizeibataillone waren zeitweise auch für die Bewachung der Ghettos zuständig, in denen die jüdische Bevölkerung zusammengepfercht wurde. So war das Reserve-Polizeibataillon 61, dem auch zahlreiche Gelsenkirchener angehörten, 1942 in Warschau stationiert. Während im Ghetto Tausende den Hungertod starben, unterbanden Polizisten am Zaun den Schmuggel von Lebensmitteln. Willkürliche Erschießungen waren an der Tagesordnung. Ebenso begleiteten Polizeikommandos die Deportationszüge, mit denen die jüdischen »Gefangenen« aus den Ghettos in die Vernichtungslager gebracht wurden. Sie hatten Befehl, auf die Menschen zu schießen, die aus den Viehwaggons fliehen wollten. Was in den Lagern vor sich ging, blieb den Polizisten nicht verborgen. So erinnerte sich ein Bueraner Polizeireservist im Jahr 1965:
»Es ist richtig, daß man in der Nähe von Belcec einen Brandgeruch wahrnehmen konnte. Es roch nach verbrannten Haaren und Hufnägeln.«

Zu den Aufgaben der Polizeibataillone zählte zudem die Bekämpfung von Widerstandsbewegungen und Partisanen, in Westeuropa ebenso wie in der Sowjetunion oder auf dem Balkan. Der »Bandenkampf« war stets mit rücksichtsloser Gewalt gegen die Zivilbevölkerung verbunden.

Das Reserve-Polizeibataillon 65 im »auswärtigen Einsatz«

Das Reserve-Polizeibataillon 65 wurde im Herbst 1939 im Bereich des Polizeipräsidiums Recklinghausen aufgestellt. Es bestand vor allem aus Polizei-Reservisten aus dem Ruhrgebiet, die in den Polizeikasernen Recklinghausen und Buer ausgebildet wurden. Der erste »auswärtige Einsatz« führte das Bataillon im Mai 1940 in die Niederlande. Die Einheit diente als Besatzungstruppe in Zwolle und Kampen. Bereits im Juni kehrte das Bataillon in seine Standorte im Ruhrgebiet zurück, wo im folgenden Jahr die Ausbildung der Polizei-Reservisten fortgesetzt wurde. Am 26. Mai 1941 wurde das Reserve-Polizeibataillon 65 nach Heilsberg in Ostpreußen verlegt. Von dort aus bezog die Einheit Bereitstellungsräume für den bevorstehenden Überfall auf die Sowjetunion.

Am 22. Juni 1941 überschritt das Reserve-Polizeibataillon 65 im Verband der Heeresgruppe Nord die Grenze der Sowjetunion bei Tilsit. Es folgte den kämpfenden Verbänden der Wehrmacht. Sein Auftrag lautete: »Sicherung des rückwärtigen Heeresgebietes«. Darunter fiel auch das Vorgehen gegen versprengte Rotarmisten. Nach wenigen Tagen erreichte das Bataillon die litauische Stadt Kaunas. Dort wurden die Polizisten Zeuge von Massenerschießungen: In der Zitadelle ermordete die litauische Heimwehr Angehörige der jüdischen Bevölkerung. Die 3. Kompanie war in Schaulen eingesetzt. In beiden Städten übernahmen die Polizisten aus dem Ruhrgebiet Bewachungsaufgaben, waren aber auch an Erschießungen von sowjetischen Zivilisten und Kriegsgefangenen, darunter auch Juden, beteiligt. Danach setzte das Bataillon den Vormarsch durch das Baltikum fort. Dabei kam es immer wieder zu Gewaltexzessen. Mit partisanenverdächtigen Männern und Frauen wurde zumeist kurzer Prozess gemacht. Bei Rositten fielen einer Massenerschießung durch das Bataillon zahlreiche jüdische Männer und Frauen zum Opfer. Ende Juli 1941 erreichte das Reserve-Polizeibataillon 65 das russische Pleskau. Dort war es an der Massenexekution mehrerer tausend jüdischer Männer, Frauen und Kinder beteiligt.

Der Vormarsch des Bataillons endete im September 1941 in Luga, etwa 150 Kilometer südlich von Leningrad. Dort richtete sich die Einheit schließlich zur Überwinterung ein. In Luga und Umgebung ermordeten Angehörige des Bataillons partisanenverdächtige Zivilisten ebenso wie sowjetische Kriegsgefangene. Zudem führten die Polizisten auch Erschießungen von Juden durch. Während der Bataillonsstab, der Tross und die Kraftfahrstaffel in Luga blieben, kamen die Schützenkompanien des Bataillons im Januar 1942 zum Fronteinsatz bei Cholm. Dort wurden sie gemeinsam mit Einheiten der Wehrmacht durch die Rote Armee eingekesselt und hatten schwere Verluste zu verzeichnen. Erst im Mai 1942 wurde der Belagerungsring aufgebrochen.

Nach dem Fronteinsatz bei Cholm wurde das Reserve-Polizeibataillon 65 im Juni 1942 in das besetzte Polen verlegt. Im »Generalgouvernement« wurde die Einheit in Brunowicze nahe Krakau stationiert. Angehörige des Bataillons waren an Erschießungen polnischer Zivilgefangener im Gefängnis Montelupi beteiligt. Zudem begleiteten Bataillonsangehörige Deportationszüge aus dem Ghetto Krakau in die Vernichtungslager Auschwitz und Belzec. Im Herbst 1942 führte das Bataillon zudem mehrere Massenerschießungen von Juden durch und war an der Liquidierung des Ghettos Kielce beteiligt. Ganze Dörfer wurden ausgelöscht, die Menschen entweder an Ort und Stelle erschossen oder deportiert. Zeugen erinnerten sich später, dass »keiner gegen seinen Willen an Erschießungen teilnehmen« musste. Josef Dargel (1909–1980), im Zivilberuf Schneider in Gelsenkirchen, erinnerte sich während einer polizeilichen Vernehmung im Jahr 1965 an eine Massenerschießung bei Krakau, an der er im Herbst 1942 als Angehöriger des Polizeibataillons 65 teilgenommen hatte: *»Ich wurde zum Exekutionskommando eingeteilt.* [...] *Es wurde wahllos auf die an der Grube knienden Opfer geschossen. Da wir mit den Karabinern auf eine so kurze Entfernung schossen, waren wir, und so auch ich, mit Blut bespritzt und auch mit Teilen aus dem Gehirn, da wir meist auf den Kopf zielten. Es gab reichlich Schnaps und Zigaretten und gute Verpflegung. Man machte uns praktisch betrunken, damit wir dieses grausige Geschäft überhaupt durchführen konnten. Exekutiert worden ist den ganzen Tag über.* [...] *An der Grube spielten sich grauenhafte Szenen ab. Manche der Opfer sprangen gleich so in die Grube. Die Menschen schrien auf die grauenhafteste Weise und so blutbespritzt wie ich war und außerdem angetrunken, konnte ich ganz einfach nicht mehr mitmachen. Ich muss, wenn ich mich heute noch erinnere, geheult haben wie ein Schlosshund.«*

Im Februar 1943 kam das Bataillon in den Raum Lublin. Die Kompanien bezogen Quartier in den Ortschaften Krasnik, Krasnystaw und Lubartow. Zu den wichtigsten Aufgaben der Polizisten gehörte es, die umliegenden Waldgebiete nach entflohenen Juden zu durchkämmen. Wer ihnen in die Hände fiel, wurde erschossen.

Ab Mai 1943 war die Einheit als Verfügungs-Bataillon des Deutschen Reichsbevollmächtigten in Dänemark in Kopenhagen stationiert. Als Teil der deutschen Besatzungstruppen übernahm das Reserve-Polizeibataillon 65 Objektschutz- und Bewachungsaufgaben, war aber auch an Maßnahmen gegen die jüdische Bevölkerung Dänemarks beteiligt. So führten die Polizisten Razzien und Festnahme-Aktionen durch, bewachten das Internierungslager Horseröd und begleiteten Deportationszüge nach Theresienstadt und Oranienburg.

Im Februar 1944 wurde das Bataillon schließlich nach Slowenien verlegt. Dort war es in den fol-

[349] Doppelposten vor der Unterkunft des Reserve-Polizeibataillons 65 in Gelsenkirchen-Buer, 1940.

[350] Angehörige des Reserve-Polizeibataillons 65 mit sowjetischen Kriegsgefangenen, 1941.

[353] Hauptmann Wilhelm Schmitt (links) führte 1944/45 eine Kompanie des Reserve-Polizeibataillons 65 in Jugoslawien. Nach dem Krieg war er bis zu seinem Tod in leitender Funktion bei der Polizei Gelsenkirchen tätig.

[351] In Luga zwangen Angehörige des Reserve-Polizeibataillons 65 einen jüdischen Gefangenen, ein Bärenfell anzuziehen und mit einem ausgestopften Bären zu tanzen. Später wurde er gefoltert und schließlich erschossen.

[352] Der Chef der Ordnungspolizei, SS-Oberstgruppenführer und Generaloberst der Polizei Kurt Daluege (1897–1946), zeichnete die Angehörigen des Reserve-Polizeibataillons 65 nach ihrem Kampfeinsatz bei Cholm 1942 mit dem »Cholm-Schild« aus.

genden Monaten in heftige Kämpfe mit Partisanen verwickelt. Angehörige des Bataillons verübten Gewalttaten gegen die Zivilbevölkerung. So veranlasste Wilhelm Schmitt (1907–1965), einer der Kompanieführer des Bataillons, im Mai 1944 bei Cilli/Celje die Erschießung von 15 Männern als Geiseln. In den letzten Kriegsmonaten zog sich das Bataillon nach Norden zurück. Im Raum Villach/Klagenfurt geriet die Mehrzahl der Bataillonsangehörigen in britische Kriegsgefangenschaft.

5.7 Politik der Vernichtung: Massenhafter Krankenmord

Schon 1936 hatte der Leiter des Gelsenkirchener Gesundheitsamtes, Dr. Heinrich Hübner, festgestellt:
»Es ist nicht zu dulden, daß der unheilbar Geisteskranke seine nutzlosen Tage in Palästen verbringt und der gesundheitlich wertvolle Volksge-

BIOGRAFIE

Roland Brehm – »Ich habe nur meine Pflicht getan.«

[354a] Roland Brehm (1918–2008).

Roland Brehm (1918–2008) kam im Sommer 1941 als junger Polizeioffizier zum Polizeipräsidium Recklinghausen, das damals auch für Gelsenkirchen zuständig war. Im September 1941 wurde er als Zugführer zum Reserve-Polizeibataillon 65 abgeordnet, das sich zu diesem Zeitpunkt »im auswärtigen Einsatz« befand. In der Sowjetunion und im besetzten Polen führte das Bataillon regelmäßig Vernichtungsaktionen gegen die jüdische Bevölkerung durch. Später gab Brehm zu, an mindestens einer Massenerschießung bei Krakau beteiligt gewesen zu sein, betonte aber, nicht selbst geschossen zu haben. Im Jahr 1943 wurde er zur Polizei-Reiterabteilung III versetzt. Diese Einheit machte im Rahmen der sogenannten »Bandenbekämpfung« in den Wäldern und Sumpfgebieten Polens erbarmungslos Jagd auf Partisanen und entflohene Jüdinnen und Juden, unter anderem auch auf die Menschen, die nach einem Häftlingsaufstand im Oktober 1943 aus dem Vernichtungslager Sobibór entkommen waren. Die meisten von ihnen wurden erschossen. Nach dem Untergang des »Dritten Reiches« konnte Brehm zunächst unbeanstandet Polizist bleiben. Bis März 1946 war er Reviervorsteher bei der Stadtpolizei Gelsenkirchen, wurde dann wegen seiner Mitgliedschaft in SS und SA entlassen, aber bereits wenige Monate später wieder eingestellt. Im September 1947 erfolgte die erneute Entlassung, nachdem er durch die Militärregierung in die Entnazifizierungskategorie III eingereiht worden war. Brehm legte Berufung ein und arbeitete für einige Monate als Bergmann. Im Juni 1948 endgültig als »Entlasteter« entnazifiziert, stand seiner Rückkehr in den Polizeidienst nichts mehr im Weg.

In den folgenden Jahrzehnten übernahm Brehm wichtige Posten bei der nordrhein-westfälischen Polizei, vor allem in Gelsenkirchen. Zwischen 1963 und 1972 leitete er den Schutzbereich Gelsenkirchen-Süd. In dieser Zeit ermittelten die Staatsanwaltschaften Braunschweig und Dortmund gegen Brehm wegen der Verbrechen des Reserve-Polizeibataillons 65 und der Polizei-Reiterabteilung III. Die Verfahren wurden aber eingestellt, da Brehm für sich »Befehlsnotstand« geltend machen konnte.

Seinen Karrierehöhepunkt stellte die Ernennung zum Leiter der Schutzpolizei in Warendorf ab 1972 dar. Kurz vor dem Ruhestand kehrte er noch einmal zum Polizeipräsidium Gelsenkirchen zurück. Als Brehm 1978 pensioniert wurde, würdigen ihn die Gelsenkirchener Zeitungen als vorbildlichen Polizisten. Er selbst betonte zum Abschied: »Ich habe nur meine Pflicht getan.«

Ein historisches Foto zum Abschied: Roland Brehm, Polizeipräsident Dr. Schermer und Bürgermeister Haufe, der als Vorsitzender des Kreispolizeibeirates an der Feierstunde teilnahm (von links). RN-Foto: Sadowski

Leutnant von Köpenick schrieb Polizeichronik

R. Brehm verabschiedet / Sechs Exemplare im Druck

Gelsenkirchen. „Dr. Schermer war ein vorbildlicher Polizeiwachtmeister, genauso, wie man sich einen Polizeibeamten vorstellt." Solche lobende Worte fand Donnerstag Erster Polizeihauptkommissar Roland Brehm anläßlich seiner Verabschiedung in den Ruhestand. Mit seinem Lob für den Polizeipräsidenten, dessen Vorgesetzter er einmal war, revanchierte sich Brehm für Schermers Laudatio auf den scheidenden Polizisten.

Brehm, der am Dienstag 60 Jahre alt geworden ist, stammt aus der Umgebung Frankfurts. Nach Abitur, Arbeitsdienst und Wehrmacht begann er im Mai 1940 als Offiziersanwärter bei der Polizei in München. Nach dem Besuch der Polizeioffiziersschule in Berlin-Köpenick wurde Brehm Leutnant der Schutzpolizei, im Mai 1943 Oberleutnant, was dem heutigen Rang eines Oberkommissars entspricht.

Nach dem Krieg verdiente Brehm zeitweise sein Geld als Gedingeschlepper unter Tage, bis er zur Polizei Gelsenkirchen kam. Er begann als Reviervorsteher in Bulmke. In dieser Zeit verfaßte er zusammen mit dem späteren Polizeipräsidenten ein Polizeihandbuch, einen Leitfaden für Polizisten. „Den hatten damals alle an ihren Koppel", erinnerte sich Dr. Schermer. Nach Stationen in Lüdinghausen (Leiter der Schutzpolizei) und Bochum (Sachgebietsleiter) wurde Roland Brehm stellvertretender Schutzpolizeileiter Süd in Gelsenkirchen. Im Januar 1972 wurde er zum Leiter der Schutzpolizei der Kreispolizeibehörde Warendorf berufen, kehrte jedoch 1976 nach Gelsenkirchen zurück. Er widmete sich dann mit großer Liebe einer Chronik über die Gelsenkirchener Polizei. Donnerstag konnte er Dr. Schermer zwei umfangreiche Aktenordner überreichen. Die Chronik soll in einer „Mini-Auflage" von sechs Exemplaren gedruckt werden und der Öffentlichkeit über das Stadtarchiv und Büchereien zugänglich gemacht werden.

Als Dank für den scheidenden Polizisten und Chronisten überreichte ihm der Polizeipräsident neben der Abschiedsurkunde ein Bild des alten Rathauses, in dem auch der Schutzbereich Süd, wo Brehm solange gewirkt hat, untergebracht war. Roland Brehm bedankte sich mit schlichten Worten: „Ich habe nur meine Pflicht getan. Ich bin gern Polizist gewesen. Das war mein Berufsziel seit meinem 15. Lebensjahr. Das Abitur habe ich nur gemacht, um die Polizeioffizierslaufbahn einschlagen zu können. Der Beruf des Polizeibeamten ist vielseitig, praktisch und sozial."

[354] Bericht in der Gelsenkirchener Lokalpresse über die Verabschiedung des Ersten Polizeihauptkommissars Roland Brehm, 1978.

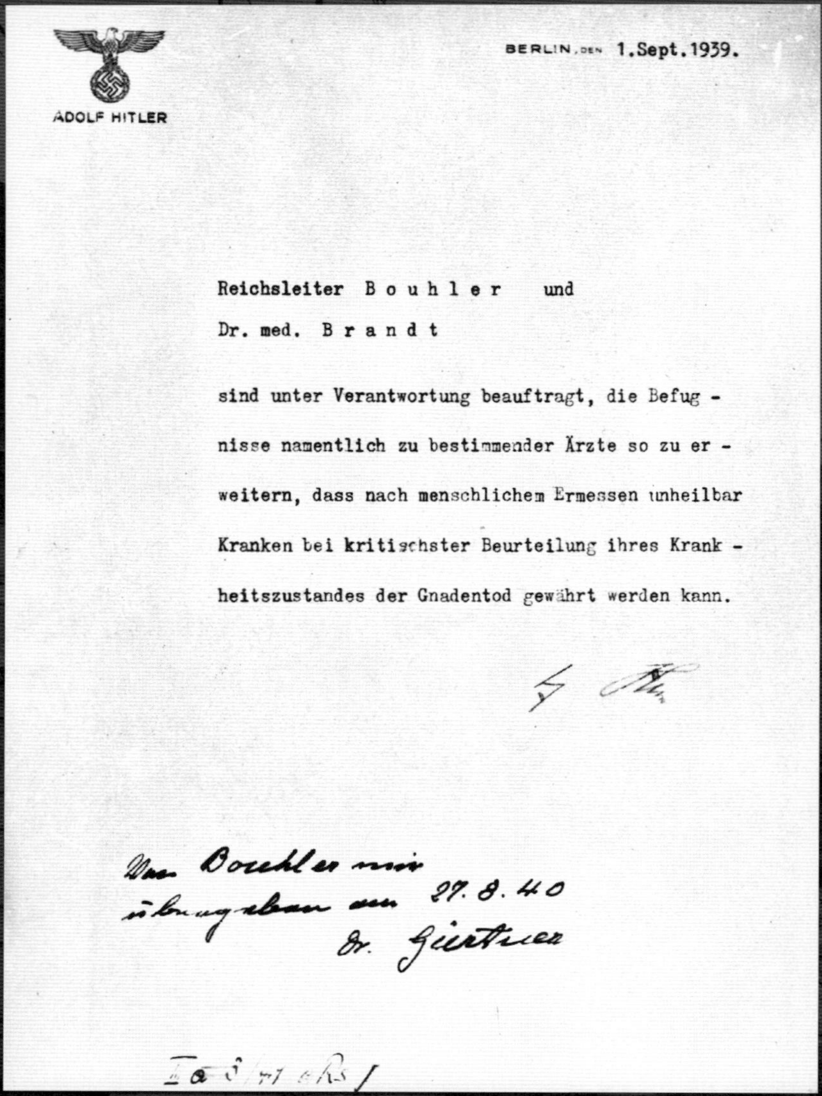

ADOLF HITLER

BERLIN, DEN 1. Sept. 1939.

Reichsleiter B o u h l e r und

Dr. med. B r a n d t

sind unter Verantwortung beauftragt, die Befug - nisse namentlich zu bestimmender Ärzte so zu er - weitern, dass nach menschlichem Ermessen unheilbar Kranken bei kritischster Beurteilung ihres Krank - heitszustandes der Gnadentod gewährt werden kann.

Von Bouhler mir übergeben am 27. 8. 40
Dr. Gürtner

[355] In dieser Stadtvilla in der Berliner Tiergartenstraße 4 befand sich die Zentrale der »Aktion T4«.

[356] Mit diesem auf den 1. September 1939 rückdatierten Schreiben veranlasste Hitler im Oktober 1939 die systematische Ermordung kranker Menschen.

[357] »T4-Reinhardt-Männer« im Jahr 1944, unter ihnen der aus Gelsenkirchen stammende SS-Hauptscharführer Lorenz Hackenholt (3. von links), der an der Errichtung und Erprobung der Gaskammern in den Tötungsanstalten Grafeneck und Pirna-Sonnenstein beteiligt war.

[358] Auszug aus der Krankenakte der jungen Gelsenkirchenerin Helene P.: Sie war 1940 wegen Epilepsie und »religiöser Verwirrtheit« in die Provinzialanstalt Lengerich eingewiesen worden. Von dort kam sie 1941 über die Zwischenanstalt Eichberg nach Hadamar.

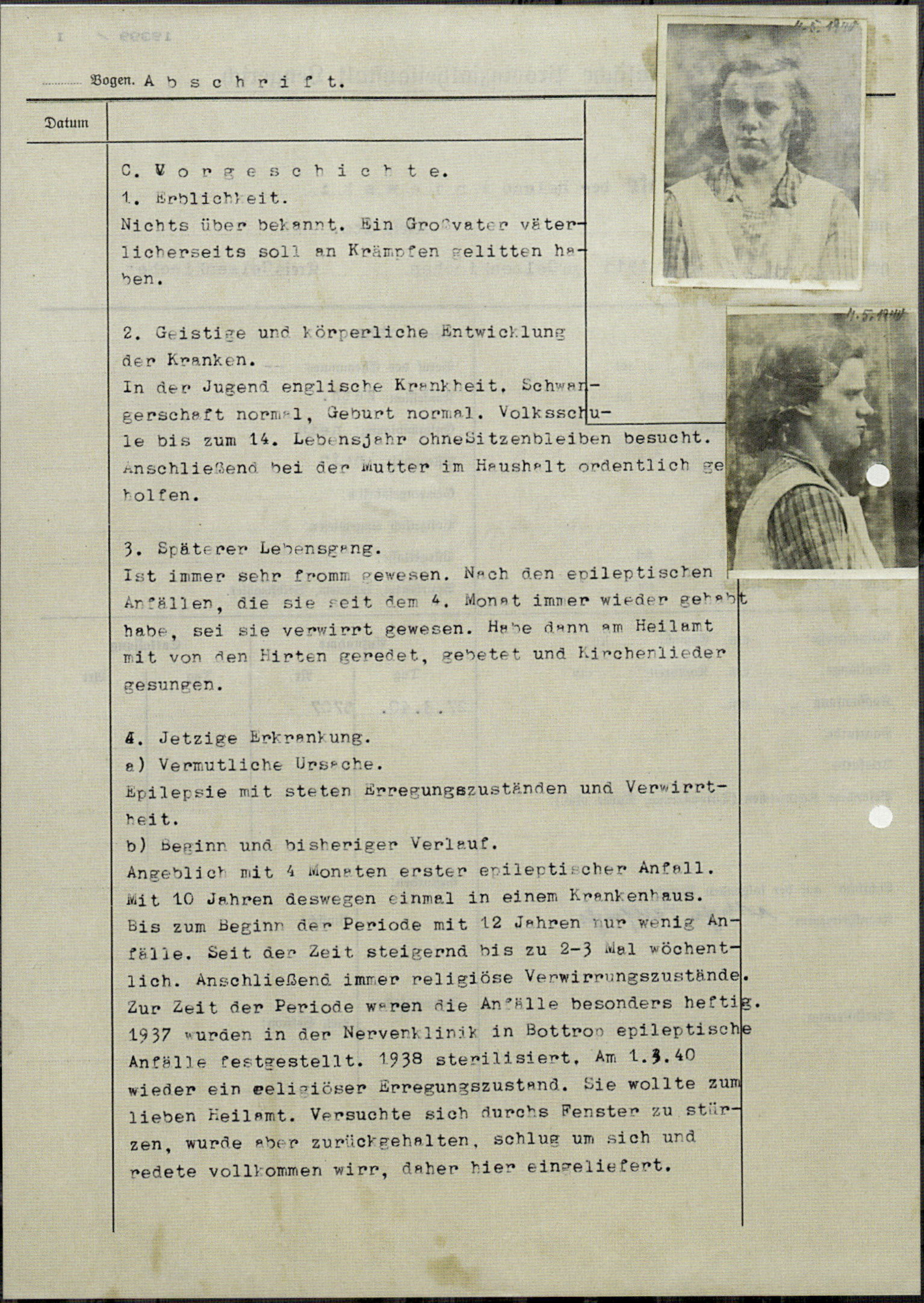

Bogen. Abschrift.

Datum

C. Vorgeschichte.

1. Erblichkeit.

Nichts über bekannt. Ein Großvater väterlicherseits soll an Krämpfen gelitten haben.

2. Geistige und körperliche Entwicklung der Kranken.

In der Jugend englische Krankheit. Schwangerschaft normal, Geburt normal. Volksschule bis zum 14. Lebensjahr ohneSitzenbleiben besucht. Anschließend bei der Mutter im Haushalt ordentlich geholfen.

3. Späterer Lebensgang.

Ist immer sehr fromm gewesen. Nach den epileptischen Anfällen, die sie seit dem 4. Monat immer wieder gehabt habe, sei sie verwirrt gewesen. Habe dann am Heilamt mit von den Hirten geredet, gebetet und Kirchenlieder gesungen.

4. Jetzige Erkrankung.

a) Vermutliche Ursache.

Epilepsie mit steten Erregungszuständen und Verwirrtheit.

b) Beginn und bisheriger Verlauf.

Angeblich mit 4 Monaten erster epileptischer Anfall. Mit 10 Jahren deswegen einmal in einem Krankenhaus. Bis zum Beginn der Periode mit 12 Jahren nur wenig Anfälle. Seit der Zeit steigernd bis zu 2-3 Mal wöchentlich. Anschließend immer religiöse Verwirrungszustände. Zur Zeit der Periode waren die Anfälle besonders heftig. 1937 wurden in der Nervenklinik in Bottrop epileptische Anfälle festgestellt. 1938 sterilisiert. Am 1.3.40 wieder ein religiöser Erregungszustand. Sie wollte zum lieben Heilamt. Versuchte sich durchs Fenster zu stürzen, wurde aber zurückgehalten, schlug um sich und redete vollkommen wirr, daher hier eingeliefert.

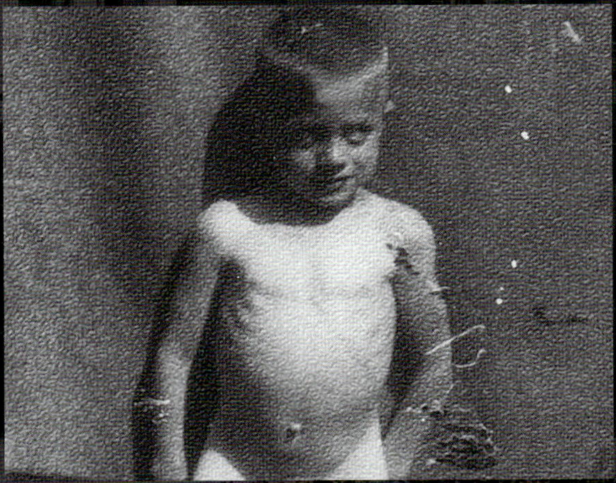

[359] Karl-Heinz K. aus Gelsenkirchen starb im Januar 1945 im Alter von acht Jahren in der Kinderheilanstalt Aplerbeck (Dortmund).

nosse in seiner Lebenshaltung heruntergedrückt wird, weil er über Gebühr belastet wird [...].«

Mit Kriegsbeginn radikalisierten die Nationalsozialisten die Verfolgung kranker und schwacher Menschen. Sie wurden als »lebensunwertes Leben« von Adolf Hitler zur Tötung freigegeben. Unter der verharmlosenden Bezeichnung »Euthanasie« (guter Tod) wurden zuerst Kinder, danach Erwachsene durch Medikamente und Gas ermordet.

Organisiert und verschleiert wurden die rechtlich nicht legitimierten Krankenmorde durch die von Reichsleiter Philipp Bouhler (1899–1945) neu eingerichtete »Zentraldienststelle T 4« mit Sitz in der Berliner Tiergartenstraße 4. In sechs Heilanstalten, die so zu Tötungsanstalten wurden, richteten die Gas-Experten der »Aktion T4« Gaskammern ein. So schufen sie auch die technischen Voraussetzungen für den industriellen Massenmord an der jüdischen Bevölkerung Europas. Ab 1941 führten sie in Polen die »Aktion Reinhardt« aus, bei der alle noch verbleibenden Juden und Roma »beseitigt« werden sollten. Innerhalb von 17 Monaten ermordeten die »T4-Reinhardt-Männer« in den Vernichtungslagern Belzec, Sobibor und Treblinka 1.700.000 Menschen.

Von der systematischen Erfassung zur »Ausmerzung«

Gleich ob Kind, Jugendlicher oder Erwachsener – wem keine Chance auf Heilung attestiert wurde, war dem Tode preisgegeben. Ärzte füllten Meldebögen aus, die »T4«-Gutachter werteten diese aus: Ein rotes Kreuz bedeutete den Tod, ein blauer Strich das Leben. Die meisten Gelsenkirchener Opfer kamen aus den westfälischen Provinzialheilanstalten über sogenannte Zwischenanstalten, beispielsweise in Eichberg, in die Tötungsanstalt Hadamar in Hessen. Isabella W., die dort als Krankenschwester gearbeitet hatte, sagte im Jahr 1946 über das Verfahren in Hadamar aus:

»Die Omnibusse mit den Todesopfern fuhren zunächst [...] in die [...] Holzgarage. Dort mußten die Insassen aussteigen und durch einen gedeckten Gang das Erdgeschoß [...] betreten. In dem Erdgeschoß kamen die Opfer zunächst in einen [...] Saal, dessen vorderer Raum als Warteraum diente. [...] Der hintere Raum des Saales war ein Entkleidungsraum. Dort wurden zuerst die Männer, dann die Frauen ausgekleidet. Von hier wurden die Kranken über einen Flur in den Arztraum geführt, [...] wo sie [...] mit einer Nummer versehen wurden. Diese Nummer wurde ihnen mit Farbstift auf den Rücken geschrieben. [...] Darauf wurden [...] Männer und Frauen gemeinsam über eine Treppe in den [...] Gasraum gebracht, der äußerlich einem Duschraum ähnelte.«

Zwischen Januar 1940 und September 1941 wurden etwa 70.000 Menschen in Tötungsanstalten ermordet, unter ihnen beispielsweise auch die 26jährige Gelsenkirchenerin Helene P., die zuvor bereits zwangssterilisiert worden war. Sie starb am 11. August 1941 in der Gaskammer von Hadamar.

Unter dem Namen »Reichsausschuss zur wissenschaftlichen Erforschung von erb- und anlagebedingten schweren Leiden« wurde 1939 auch eine Tarnorganisation zur Ermordung »missgebildeter Kinder« errichtet. Vor Ort unterstützten Hebammen und Ärzte, die zur Meldung der Kinder angehalten waren, den »Reichsausschuss«. Die Kinder wurden daraufhin in eine der »Kinderfachabteilungen« gebracht und dort ermordet. Bis 1945 töteten die Nationalsozialisten 10.000 Kinder. Unter den Opfern waren auch Kinder aus Gelsenkirchen, beispielsweise der achtjährige Karl-Heinz K., der zuvor von der städtischen Kinderärztin Dr. Maria Goetz als »hochgradig unterentwickelt« begutachtet und dem »Reichsausschuss« gemeldet worden war.

[360] Rauchender Schornstein der Tötungsanstalt Hadamar, 1941: Die Leichen der Ermordeten wurden in anstaltseigenen Krematorien verbrannt.

[361] »Mordkisten«: Gekrat-Busse in Hadamar, um 1941.

Öffentlicher Protest und verdeckte Fortführung des Krankenmordes

Trotz Geheimhaltung blieben die Krankenmorde nicht unbemerkt. Die grauen Busse der »Gemeinnützigen Krankentransportgesellschaft« (Gekrat), einer Unterorganisation der »T4«-Zentrale, wurden im Volksmund als »Mordkisten«, die Anstalt Hadamar als »Backofen« bezeichnet. Der Bischof von Münster, Clemens August Graf von Galen (1878–1946), erstattete Anzeige und hielt Predigten gegen die Krankenmorde. Darin hieß es am 3. August 1941 unter anderem:
»Seit einigen Monaten hören wir Berichte, dass aus Heil- und Pflegeanstalten [...] auf Anordnung von Berlin Pfleglinge, die schon länger krank sind [...], zwangsweise abgeführt werden. Regelmässig erhalten dann die Angehörigen [...] die Mitteilung, der Kranke sei verstorben, die Leiche sei verbrannt, die Asche könne abgeliefert werden. Allgemein herrscht der an Sicherheit grenzende Verdacht, dass diese zahlreichen unerwarteten Todesfälle von Geisteskranken nicht von selbst eintreten, sondern absichtlich herbeigeführt werden, dass man dabei jener Lehre folgt, die behauptet, man dürfe so genannt lebensunwertes Leben vernichten, also unschuldige Menschen töten, wenn man meint, ihr Leben sei für Volk und Staat nichts mehr wert. Eine furchtbare Lehre, [...] die die gewaltsame Tötung der nicht mehr arbeitsfähigen Invaliden, Krüppel, unheilbar Kranken, Altersschwachen grundsätzlich freigibt! Wie ich zuverlässig erfahren habe, werden jetzt auch in den Heil- und Pflegeanstalten der Provinz Westfalen Listen aufgestellt von solchen Pfleglingen, die als sogenannte unproduktive Volksgenossen abtransportiert und in kurzer Zeit ums Leben gebracht werden sollen.«

Seine »Hirtenbriefe« verbreiteten sich im ganzen Reich. In Gelsenkirchen wurden sie unter anderem von Jakob Weber, dessen Frau in einer Heilanstalt lebte, und Änne Hautkappe verteilt. Beide wurden von der Gestapo verhaftet. Angesichts der Proteste in der Bevölkerung befahl Adolf Hitler aber am 24. August 1941 die offizielle Einstellung der »Aktion T4«.

Dennoch ging die Ermordung kranker Menschen weiter. Bis zum Kriegsende wurden in der »zweiten Mordphase« weitere 230.000 Menschen getötet – durch Medikamente oder Essensentzug. So sagte Amanda Ratajczak, eine Krankenschwester der Heilanstalt Meseritz-Obrawalde, im Jahr 1945 aus:

BIOGRAFIE

Lorenz Hackenholt – »Gaskammer-Experte« und Massenmörder

Lorenz Hackenholt wurde 1914 in Gelsenkirchen geboren. Nach seiner Maurerlehre trat er 1933 mit 19 Jahren der SS bei. In der SS-Führerschule in Gelsenkirchen-Rotthausen absolvierte er eine vormilitärische Ausbildung und eine weltanschauliche Schulung. Ab 1935 leistete er seinen zweijährigen Militärdienst und kehrte anschließend zur SS zurück. Als Mitglied der 2. SS-Totenkopf-Standarte wurde Hackenholt 1938 nach Oranienburg versetzt, wo er zum Wachpersonal des KZ Sachsenhausen gehörte. Er kümmerte sich um den SS-Fuhrpark und übernahm Fahrdienste für die Kommandanten und das KZ-Personal. Im folgenden Jahr wurde Hackenholt der »Aktion T4« zugeteilt: Er kam in allen sechs Tötungsanstalten zum Einsatz. Unter anderem fuhr er die Busse, in denen die Opfer in die Anstalten gebracht wurden, und war auch mit der Entsorgung der Leichen befasst.

Nach der offiziellen Einstellung der »Euthanasie«-Morde kam Hackenholt Ende 1941 im Rahmen der »Aktion Reinhardt« nach Polen. Im Vernichtungslager Belzec nutzten er und andere »T4«-Männer ihre Erfahrungen aus dem Krankenmord. Nach ersten Experimenten mit »Gaswagen«, bei denen Menschen als »Versuchskaninchen« benutzt und ermordet wurden, baute Hackenholt an einer ersten Gaskammer in Belzec mit. Sie sollte zur schnelleren und massenhaften Tötung dienen. Tatsächlich wurden in dieser Kammer im Frühjahr 1942 über 50.000 Jüdinnen und Juden brutal ermordet. Hackenholt bediente dabei den Motor, mit dessen Abgasen die Opfer erstickt wurden. Später konstruierte Hackenholt eine größere Gaskammer in Belzec, die auch als »Stiftung Hackenholt« bezeichnet wurde. Als »Experte« war er auch am Bau von Gaskammern in den Vernichtungslagern Treblinka und Sobibor beteiligt.

Nach Abschluss der »Aktion Reinhardt« kamen viele der »T4-Reinhardt-Männer«, so auch der SS-Hauptscharführer Hackenholt, 1943 in die »Operationszone Adriatisches Küstenland« bei Triest. Als »Sonderabteilung Einsatz R« waren sie mit der Verfolgung der jüdischen Bevölkerung und der Bekämpfung von Partisanen befasst. Hackenholt wurde im Frühjahr 1945 letztmalig

[362] Lorenz Hackenholt, 1936.

lebend gesehen und gilt seither als vermisst. Seine Frau ließ ihn 1953 für tot erklären. Ehemalige Kameraden sagten aber aus, ihn auch noch nach 1945 lebend gesehen zu haben. Daher wurde die Fahndung nach Hackenholt bis 1963 fortgesetzt. Obwohl er nie gefunden wurde, ist es möglich, dass Hackenholt entweder unter falscher Identität in Deutschland gelebt oder sich ins Ausland abgesetzt hat. Für seine Verbrechen und den Mord an tausenden Menschen wurde er niemals zur Rechenschaft gezogen.

[363] Sacher Häusler (1891–1942), gekennzeichnet als »Polnischer Jude«, wurde im Konzentrationslager Ravensbrück für »14f13« selektiert und in der ehemaligen Tötungsanstalt Bernburg an der Saale vergast.

»Ich begleitete die Kranke in das Behandlungszimmer, nahm aus einer Tüte drei Eßlöffel Veronal […], löste es in einem Glas mit Wasser auf und gab es der Kranken zu trinken. Wenn sich die Kranke widersetzte, mußte man eine dünne Sonde anwenden.«

Ab 1941 begann zudem die Sonderaktion »14f13«: Ärzte sortierten kranke KZ-Häftlinge aus, die dann in »Invalidentransporten« zur Vergasung in die ehemaligen T4-Tötungsanstalten gebracht wurden. Unter den etwa 300.000 Opfern des nationalsozialistischen Krankenmordes befanden sich mindestens 200 Gelsenkirchenerinnen und Gelsenkirchener.

5.8 Der Vernichtungskrieg gegen das europäische Judentum

Mit dem Überfall auf Polen radikalisierte sich die nationalsozialistische Judenpolitik. In den besetzten Gebieten in Osteuropa wurden Ghettos eingerichtet, in denen die jüdische Bevölkerung unter grausamen Lebensbedingungen eingesperrt wurde. Zunächst nahmen die Deutschen das massenhafte Sterben in Kauf, bald gingen sie aber zur aktiven Ermordung von Millionen Menschen über. Mit der kriegerischen Expansion des »Dritten Reiches« gerieten immer mehr Juden in Europa unter deutsche Kontrolle – die Flucht ins sichere Ausland wurde immer schwerer, bald gab es kaum noch ein Entkommen. Ab Ende 1941 wurden auch Jüdinnen und Juden aus Deutschland in den Osten deportiert.

Mit der »Wannsee-Konferenz« am 20. Januar 1942 wurde der Völkermord systematisiert und ausgeweitet. Im SS-Gästehaus am Wannsee trafen sich unter der Leitung Reinhard Heydrichs (1904-1942) 15 wichtige NS-Funktionäre, um die »Endlösung der Judenfrage« (Hermann Göring) unter den verschiedenen Dienststellen zu koordinieren. Zu den Teilnehmern gehörte auch Gauleiter Dr. Alfred Meyer, der als Vertreter des »Reichsministeriums für die besetzten Ostgebiete« die Ausbeutung der eroberten Gebiete und den Einsatz von Zwangsarbeitern organisierte. Noch im Januar 1942 wurden die ersten Zyklon-B-Gaskammern in Betrieb genommen; die ersten durch Adolf Eichmann (1906-1962) koordinierten Transporte erreichten Auschwitz im März 1942. Im Tagebuch von Propagandaminister Goebbels heißt es am 27. März 1942:

»Es wird hier ein ziemlich barbarisches und nicht näher zu beschreibendes Verfahren angewandt, und von den Juden selbst bleibt nicht mehr viel übrig. [...] *Es ist ein Kampf auf Leben und Tod zwischen der arischen Rasse und dem jüdischen Bazillus. Auch hier ist der Führer der unentwegte Vorkämpfer und Wortführer einer radikalen Lösung* [...].«

Der rassistisch begründeten »Entjudung« der deutschen Einflusszone fielen insgesamt mindestens 5,6 Millionen Juden zum Opfer, unter ihnen auch hunderte Menschen aus Gelsenkirchen. Die meisten wurden in den Gaskammern von Auschwitz oder anderen Lagern ermordet. Viele wurden erschossen, starben bei medizinischen Experimenten und an den unmenschlichen Lagerbedingungen. Bei der Befreiung der Lager im Jahr 1945 waren Leichenberge, Massengräber und Stapel von Kleidung der jüdischen Opfer Zeugen der Massenmorde.

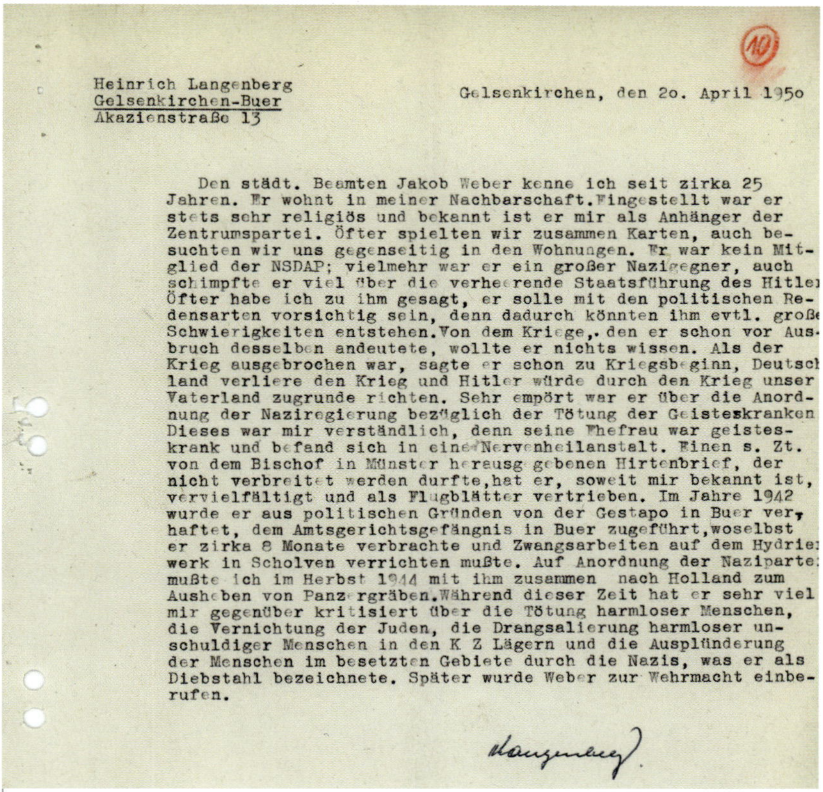

Heinrich Langenberg
Gelsenkirchen-Buer
Akazienstraße 13

Gelsenkirchen, den 2o. April 195o

Den städt. Beamten Jakob Weber kenne ich seit zirka 25 Jahren. Er wohnt in meiner Nachbarschaft. Eingestellt war er stets sehr religiös und bekannt ist er mir als Anhänger der Zentrumspartei. Öfter spielten wir zusammen Karten, auch besuchten wir uns gegenseitig in den Wohnungen. Er war kein Mitglied der NSDAP; vielmehr war er ein großer Nazigegner, auch schimpfte er viel über die verheerende Staatsführung des Hitle Öfter habe ich zu ihm gesagt, er solle mit den politischen Redensarten vorsichtig sein, denn dadurch könnten ihm evtl. groß Schwierigkeiten entstehen. Von dem Kriege,. den er schon vor Ausbruch desselben andeutete, wollte er nichts wissen. Als der Krieg ausgebrochen war, sagte er schon zu Kriegsbeginn, Deutsc land verliere den Krieg und Hitler würde durch den Krieg unser Vaterland zugrunde richten. Sehr empört war er über die Anordnung der Naziregierung bezüglich der Tötung der Geisteskranken Dieses war mir verständlich, denn seine Ehefrau war geisteskrank und befand sich in einer Nervenheilanstalt. Einen s. Zt. von dem Bischof in Münster herausgegebenen Hirtenbrief, der nicht verbreitet werden durfte, hat er, soweit mir bekannt ist, vervielfältigt und als Flugblätter vertrieben. Im Jahre 1942 wurde er aus politischen Gründen von der Gestapo in Buer verhaftet, dem Amtsgerichtsgefängnis in Buer zugeführt, woselbst er zirka 8 Monate verbrachte und Zwangsarbeiten auf dem Hydrie werk in Scholven verrichten mußte. Auf Anordnung der Naziparte mußte ich im Herbst 1944 mit ihm zusammen nach Holland zum Ausheben von Panzergräben. Während dieser Zeit hat er sehr viel mir gegenüber kritisiert über die Tötung harmloser Menschen, die Vernichtung der Juden, die Drangsalierung harmloser unschuldiger Menschen in den K Z Lägern und die Ausplünderung der Menschen im besetzten Gebiete durch die Nazis, was er als Diebstahl bezeichnete. Später wurde Weber zur Wehrmacht einberufen.

Langenberg

[364] Bescheinigung eines Nachbarn von Jakob Weber (1889–1961) im Rahmen von dessen Wiedergutmachungsverfahren, 1950: Weber war ein gläubiger Katholik. Er stand dem NS-Regime kritisch gegenüber und machte auch nach 1933 keinen Hehl aus seiner Haltung. Im Jahr 1942 wurde er denunziert, weil er einen Hirtenbrief des Bischofs von Galen vervielfältigt und verteilt hatte. Weber verbrachte acht Monate in Gestapohaft. Nach dem Krieg wurde er als Verfolgter anerkannt und entschädigt.

[365] Der Eingangsbereich des »Stammlagers« Auschwitz nach dem Krieg.

[366] Selektion im Lager Auschwitz-Birkenau, 1944: Bei Ankunft in den Lagern wurden die deportierten Jüdinnen und Juden bereits auf den »Todesrampen« selektiert. Alte und Schwache kamen direkt in die Gaskammer. Die anderen wurden zunächst als Arbeitskräfte missbraucht. Waren sie nicht mehr arbeitsfähig, wurden auch sie ermordet.

[367] Gaskammer des Vernichtungslagers Ausschwitz, 1945. Der Kommandant des Lagers, Rudolf Höß (1900–1947), beschrieb später detailliert den Ablauf der Gasmorde: *»Die zur Vernichtung bestimmten Juden wurden möglichst ruhig – Männer und Frauen getrennt – zu den Krematorien geführt. Im Auskleideraum wurde ihnen [...] gesagt, daß sie hier nun zum Baden und zur Entlausung kämen [...] [N]ach der Entkleidung gingen die Juden in die Gaskammer, die mit Brausen und Wasserleitungsröhren versehen völlig den Eindruck eines Baderaumes machte. Zuerst kamen die Frauen mit den Kindern herein, hernach die Männer, die ja immer nur die wenigeren waren. [...] Die Tür wurde nun schnell zugeschraubt und das Gas sofort [...]* [hineingeführt]. *[...] Man kann sagen, daß ungefähr ein Drittel sofort tot war. Die anderen fingen an zu taumeln, zu schreien und nach Luft zu ringen. [...] Nach spätestens 20 Minuten regte sich keiner mehr. [...] Den Leichen wurden nun durch das Sonderkommando die Goldzähne entfernt und den Frauen die Haare abgeschnitten. Hiernach [wurden sie] durch den Aufzug nach oben gebracht vor die inzwischen angeheizten Öfen. Je nach Körperbeschaffenheit wurden bis zu drei Leichen in einen Ofen gebracht. [...] Es dauerte im Durchschnitt 20 Minuten.«*

[368] Ein Berg von Brillen im befreiten KZ Auschwitz, 1945.

[369] Überlebende Kinder nach der Befreiung des KZ Auschwitz, 1945.

Mitglieder der Jüdischen Kultusgemeinde, die am 27. 1. 1942 verschleppt wurden und nicht zurückgekehrt sind.

Lfd. Nr.	Name Geburtsname	Vornamen	geboren am	letzte Wohnung
1	Adler geb. Rothschild	Betty Sara	24. 4. 82	Franz-Seldte-Str. 84
2	Alexander geb. Coha	Frieda Sara	3. 7. 87	Wanner Str. 4
3	Alexander	Georg Israel	29. 8. 84	von-Scheubner-Richter-St 54
4	Baum geb. Schwarz	Johanna Sara	9. 2. 68	Kaiserplatz 4
5	Baum	Berta Sara	6.1o. 96	Kaiserplatz 4
6	Berger	Emil Israel	27. 1. 7o	Hindenburgstr. 38
7	Berger geb. Bachroch	Helene Sara	28. 4. 7o	Hindenburgstr. 38
8	Bergmann	Max Israel	27.11. 73	Bahnhofstr. 76
9	Bergmann	Moritz Israel	21. 3. o2	Franz-Seldte-Str. 84
1o	Bergmann geb. Rausenberg	Rosa Sara	8. 9. o6	"
1	Blitz geb. Steinhardt	Gyrla	4. 4. 98	Hindenburgstr. 41
2	Block geb. Heinemann	Hedwig Sara	16. 8. 85	Schalker Str. 75
3	Blum geb. Heß	Malwine Sara	29. 7. o4	Bahnhofstr. 39
4	Broch	Hugo Israel	8. 4. 72	von-der-Recke 11
5	Broch geb. Lörobeer	Therese Sara	7. 5. 68	von-der-Recke 11
6	Buchheim	Isaak	13. 4. 77	Hindenburgstr. 38
7	Buchheim geb. Wolff	Hedwig Sara	31.12. 81	Hindenburgstr. 38
8	Buchheim	Helga Sara	21. 2. 23	" "
9	Buchheim	Irene Sara	4. 8. 21	"
2o	Buchthal	Rudolf Israel	25. 2. 14	Bochumer Str. 92
1	Claessen	Jacob Israel	27. 5. 77	Vohwinkelstr. 65
2	Cohen	Adolf Israel	3. 2. 88	Wanner Str. 4
3	Cohen geb. Gottschalk	Hilde Sara	7. 5. 99	"
4	Cohen	Elfriede Sara	3o. 1. 24	"
5	Cohn	Siegfried Israel	21.9.77	Schalker Str. 51
6	Cohn geb. Löw	Pauline Sara	29. 7. 77	Schalker Str. 49
7	Deichmann	Meta Sara	18- 2. 77	von-Scheubner-Richter-Str. 54
8	Diament geb. Weiss	Maly Keile Sara	6.11.95	Hindenburgstr. 38
9	Diament	Elli Sara	5. 1. 26	"
3o	"	Martin Israel	28. 9. 33	"
1	Diesenberg	Martha Sara	21. 4. 79	von-der-Recke-Str. 9
2	Drach geb.Meller	Ryfka	21. 7. o8	Bismarckstr. 56
3	Drach	Friedel Sara	1o. 9. 38	Bismarckstr. 56
4	Drach	Moses Leib	13. 3. 4o	"
5	Elikan	Lieselotte Sara	7.5. 24	Karl-Laforce-Str. 3 a
6	Eppenheim	Elfriede Sara	17. 8. 82	Bahnhofstr. 17
7	Feldmann	Georg Israel	31. 1. 73	Bahnhofstr. 39
8	Ferse	Max Israel	22. 2. 78	Kaiserplatz 4

- 2 -

[370] Auszug aus einer nach 1945 zusammengestellten Liste von Mitgliedern der jüdischen Gemeinde in Gelsenkirchen, die am 27. Januar 1942 nach Riga deportiert worden waren. Insgesamt wurden in mehreren Transporten über 600 Menschen deportiert, nur etwa 50 von ihnen überlebten.

[371] Eine Gruppe jüdischer Jugendlicher aus Gelsenkirchen mit Rabbiner Dr. Siegfried Galliner, um 1935, darunter auch Bernd Haase (stehend, 3. von rechts).

[372] Zeichnung von Bernd Haase: Selektion im Ghetto Riga.

[373] Das eingezäunte Ghetto in Riga, 1942.

Deportationen aus Gelsenkirchen – »Evakuierung nach Osten«

Im Jahr 1941 waren noch mehr als 600 jüdische Menschen in Gelsenkirchen geblieben. Sie lebten zumeist in sehr beengten Verhältnissen in sogenannten »Judenhäusern«, die ihnen zugewiesen worden waren. Am 3. November 1941 – mehr als zwei Monate vor der »Wannsee-Konferenz« – erhielten sie die Mitteilung, dass sie zur »Evakuierung nach Osten« vorgesehen seien. Auf der Grundlage einer Namensliste der »Reichsvereinigung der Juden« wurden am 26. Januar 1942 insgesamt 506 jüdische Bürger – davon etwa 350 aus Gelsenkirchen – auf dem Wildenbruchplatz gesammelt und am 27. Januar 1942 eingepfercht in Viehwaggons in das Ghetto von Riga deportiert. Der 1926 in Gelsenkirchen geborene Bernd Haase erinnerte sich später an den Leidensweg seiner Familie:

»[...] *Im Dezember 1941 wurden meine Mutter, meine Schwester und ich aufgefordert, unsere Habseligkeiten für eine Umsiedlung nach Osten zusammenzupacken. Wir kennzeichneten unsere Möbel und packten Bettzeug und Kleidung in Rucksäcke. Am Abreisetag packten wir noch Butterbrote ein. Es kam ein Bus und brachte uns zur Gelsenkirchener Ausstellungshalle. Für unsere Nachbarn fuhren wir äußerlich normal weg. Aber in der Ausstellungshalle mussten wir dann wie Tiere auf dem strohbedeckten Boden liegen.* [...] *früh am Morgen, mussten wir durch Schnee und Dunkelheit zum Güterbahnhof marschieren. Dort schickte uns die Gestapo in einen Personenzug, brüllend und Peitschen schwingend. Wir wurden auch durchsucht und unser Geld und andere Wertgegenstände wurden uns weggenommen. Wir hatten unsere Rucksäcke mit im Zugabteil, unsere Koffer und die Haushaltsgegenstände wurden in einen angehängten Wagen gepackt. Dieser Wagen wurde später abgekoppelt und sein Inhalt an Fremde verteilt. Langsam verließ der Zug Gelsenkirchen. In Dortmund wurden weitere Waggons angehängt, so dass wir etwa 1.100 Seelen waren. Als der Zug immer weiter nach Nordosten kam wurden die Heizungen abgestellt. Die Toiletten froren ein und es begann ein wirklicher Jammer. Die Fahrt endete in Riga, Lettland. Erst waren wir im Ghetto, dann im Konzentrationslager. Als die Russen im Herbst 1944 näher kamen wurden wir nach Stutthof bei Danzig geschickt. Dort sah ich meine Mutter und meine Schwester zum letzten*

BIOGRAFIE

Elly Kamm – Überlebende der Riga-Deportation

[374] Elly Kamm, geborene Diament, 1996

Elly Kamm, geborene Diament (1926–2002) lebte mit ihrer Familie in Gelsenkirchen, wo ihre Eltern ein kleines Kaufhaus betrieben. Obwohl die Familie nach der »Reichskristallnacht« versuchte, Deutschland zu verlassen, gelang die Flucht nur dem ältestem Bruder Saul. Am 9. September 1939 wurden Elly Diaments Vater Simon und die Brüder Leo und Freddy inhaftiert und in das KZ Sachsenhausen deportiert. Im Jahr 1942 kamen sie nach Auschwitz, wo Simon Diament direkt bei der Ankunft ermordet wurde. Leo Diament wurde am 3. Oktober 1944 nach einem geplanten Fluchtversuch von der SS öffentlich erhängt.

Elly Diament, ihre Mutter Amalie und der jüngste Bruder Martin wurden am 27. Januar 1942 von Gelsenkirchen in das Ghetto Riga deportiert. Als das Ghetto im November 1943 aufgelöst wurde, kam Elly Diament in das KZ Kaiserwald und von dort ins Lager Stutthof bei Danzig. Ihre Mutter und ihr Bruder wurden nach Auschwitz deportiert: Amalie Diamant gilt als verschollen, Martin Diament wurde dort ermordet. Auch Elly Diaments Bruder Sami, der zwischenzeitlich nach Belgien fliehen konnte, wurde in Auschwitz umgebracht.

Elly Diament erkrankte an Typhus und entging in der Krankenstation des KZ Stutthof den Todesmärschen. Anfang 1945 wurde sie durch die sowjetische Armee befreit. In Danzig organisierte sie bald Hilfe und Verpflegung für befreite Häftlinge. Dort traf sie nicht nur ihren Bruder Freddy wieder, der Auschwitz überlebt hatte, sondern lernte auch Ben Kamm kennen, den sie im September 1945 heiratete. Während ihr Bruder nach Palästina auswanderte, ging Elly Kamm im Januar 1948 in die USA.

Mal. Ich wurde im März 1945 befreit, meine Mutter und meine Schwester überlebten die letzten drei bis vier Monate nicht. […] Mein Vater wurde in Auschwitz vergast. Mit der Hilfe meiner Schwester Margot verließ ich Deutschland im Januar 1947, um in die USA zu gehen.«

Am 31. März und am 27. Juli 1942 brachten weitere Transporte den Großteil der verbliebenen jüdischen Bürger von Gelsenkirchen nach Warschau, Theresienstadt und Auschwitz. Am 19. September 1944 wurden schließlich auch »Mischlinge« und »Mischehepartner« deportiert, die bislang geschützt gewesen waren. Die meisten der Deportierten aus Gelsenkirchen wurden in Riga, Auschwitz und Buchenwald ermordet. Ende 1944 hatten die Nationalsozialisten ihr Ziel erreicht: Die Gelsenkirchener *Volksgemeinschaft* war »judenfrei«.

[375] Lagerplatz von Sinti und Roma in Gelsenkirchen, um 1938.

5.9 ▸ Der Völkermord an den Sinti und Roma

Ab 1939 strebten die Nationalsozialisten eine »endgültige Lösung der Zigeunerfrage« (Heinrich Himmler) an. Dies bedeutete letztlich nichts weniger als die systematische Ermordung aller sich im Deutschen Reich und den besetzten Gebieten befindlichen Sinti und Roma.

Wichtige Voraussetzungen dafür hatte die 1936 eingerichtete Rassenhygienische Forschungsstelle am Reichsgesundheitsamt geschaffen, die von Dr. Robert Ritter (1901-1951) geleitet wurde. Durch diese Einrichtung erfolgte eine reichsweite Erfassung und Klassifizierung der sogenannten »Zigeuner« im Namen einer abstrusen Rassenwissenschaft. Auch die Menschen auf dem Gelsenkirchener »Zigeunerplatz«, die zuvor von den lokalen Behörden registriert worden waren, wurden durch die »fliegenden Arbeitsgruppen« der Forschungsstelle auf ihren »rassischen Wert« untersucht und in umfangreichen Stammbäumen erfasst. Die pseudowissenschaftlich begründete Ausgrenzung der Sinti und Roma aus der *Volksgemeinschaft* lieferte letztlich die Legitimation für ihre Ermordung.

Die Maßnahmen gegen die als »Asoziale« und aus rassistischen Gründen verfolgten Sinti und Roma waren öffentlich bekannt. Doch kaum jemand fragte nach ihrem Verbleib. Stillschweigend gebilligt von der *Volksgemeinschaft* wurden tausende von Menschen aus Deutschland in Konzentrations- und Vernichtungslager deportiert. In den besetzten Gebieten in Osteuropa fand eine regelrechte Jagd auf »Zigeuner« statt. Bis 1945 wurden in den Lagern mindestens 100.000 Sinti und Roma ermordet, viele von ihnen im »Zigeunerlager« Auschwitz.

Von der »Bekämpfung der Zigeunerplage« zur Deportation – das Beispiel Gelsenkirchen

In enger Zusammenarbeit mit der »Reichszentrale zur Bekämpfung des Zigeunerunwesens«, die zum Reichssicherheitshauptamt gehörte, beteiligten sich Dienststellen der Stadt Gelsenkirchen an der Verfolgung der örtlichen Sinti-

[376] Eine Mitarbeiterin der Rassenhygienischen Forschungsstelle bei der Erstellung eines »Zigeuner«-Stammbaumes, um 1938.

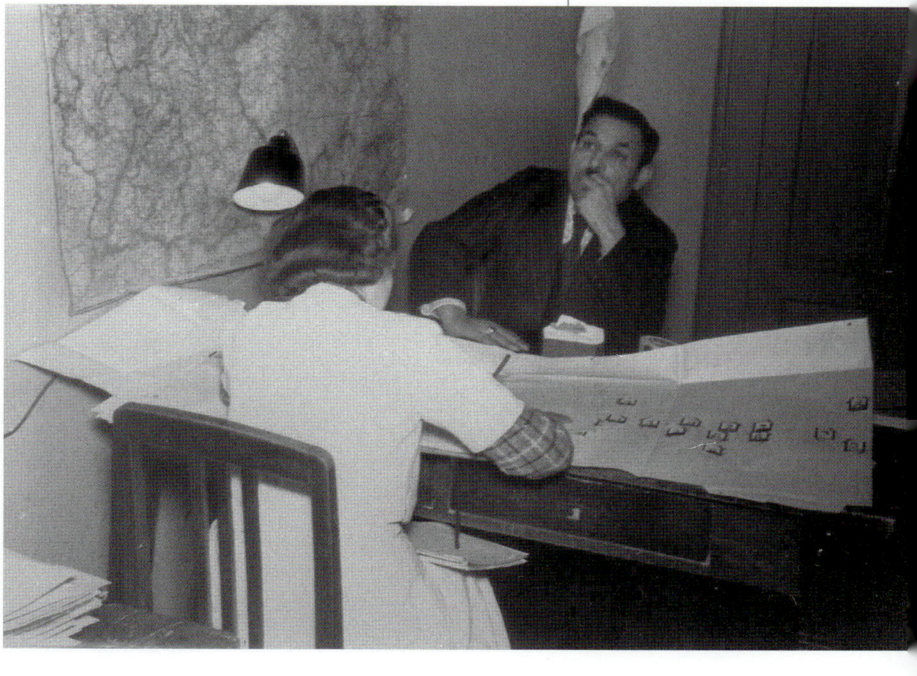

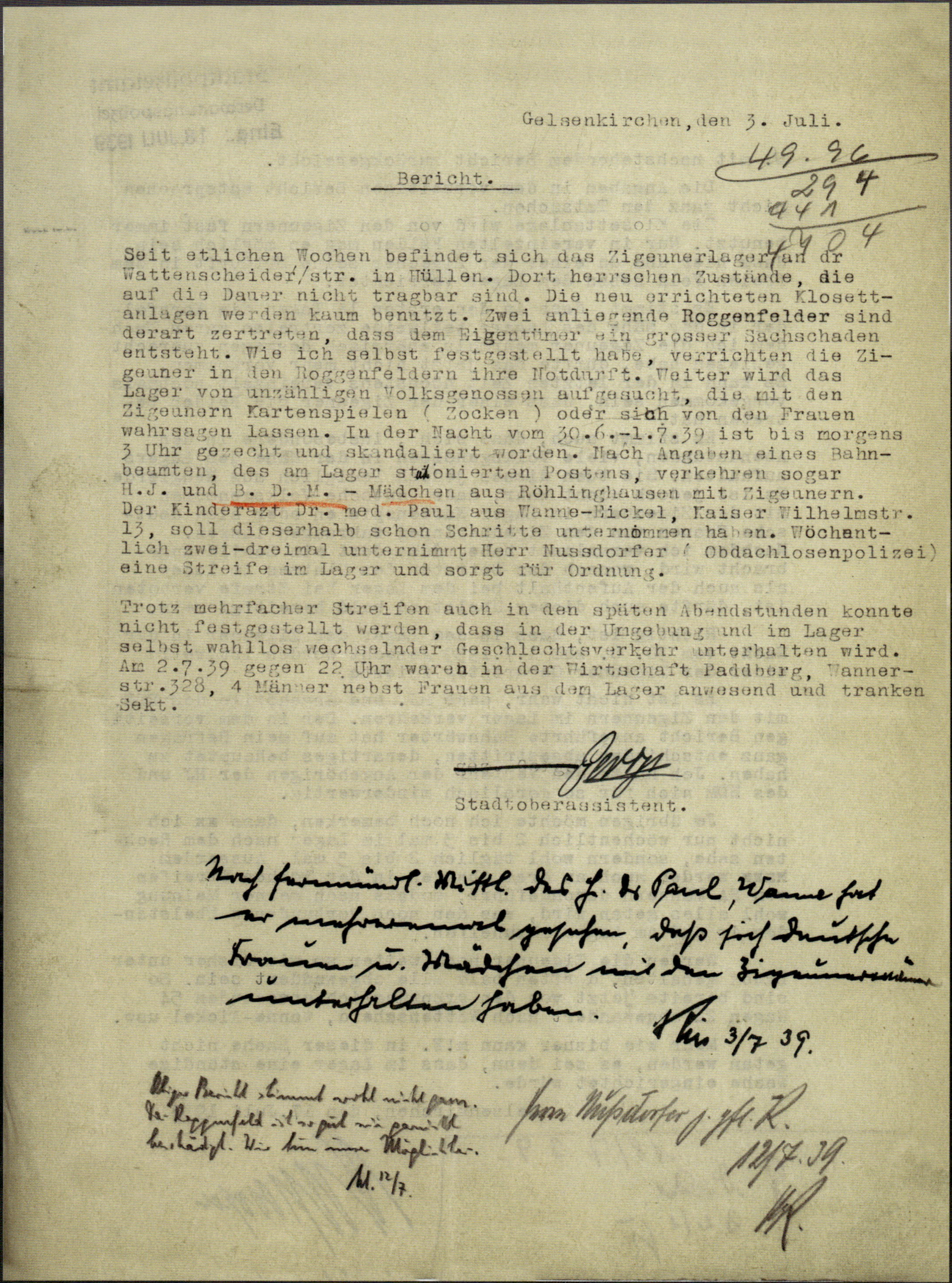

Gelsenkirchen, den 3. Juli.

49.96
294
441
4404

Bericht.

Seit etlichen Wochen befindet sich das Zigeunerlager an dr Wattenscheiderstr. in Hüllen. Dort herrschen Zustände, die auf die Dauer nicht tragbar sind. Die neu errichteten Klosettanlagen werden kaum benutzt. Zwei anliegende Roggenfelder sind derart zertreten, dass dem Eigentümer ein grosser Sachschaden entsteht. Wie ich selbst festgestellt habe, verrichten die Zigeuner in den Roggenfeldern ihre Notdurft. Weiter wird das Lager von unzähligen Volksgenossen aufgesucht, die mit den Zigeunern Kartenspielen (Zocken) oder sich von den Frauen wahrsagen lassen. In der Nacht vom 30.6.-1.7.39 ist bis morgens 3 Uhr gezecht und skandaliert worden. Nach Angaben eines Bahnbeamten, des am Lager stationierten Postens, verkehren sogar H.J. und B. D. M. - Mädchen aus Röhlinghausen mit Zigeunern. Der Kinderarzt Dr. med. Paul aus Wanne-Eickel, Kaiser Wilhelmstr. 13, soll dieserhalb schon Schritte unternommen haben. Wöchentlich zwei-dreimal unternimmt Herr Nussdorfer (Obdachlosenpolizei) eine Streife im Lager und sorgt für Ordnung.

Trotz mehrfacher Streifen auch in den späten Abendstunden konnte nicht festgestellt werden, dass in der Umgebung und im Lager selbst wahllos wechselnder Geschlechtsverkehr unterhalten wird. Am 2.7.39 gegen 22 Uhr waren in der Wirtschaft Paddberg, Wannerstr.328, 4 Männer nebst Frauen aus dem Lager anwesend und tranken Sekt.

Stadtoberassistent.

Nach fernmündl. Mittl. des H. Dr Paul, Wanne hat er wiederholt gesehen, dass sich deutsche Frauen u. Mädchen mit den Zigeunerinnen unterhalten haben.
3/7 39.

Obiger Bericht stimmt wohl nicht ganz. Das Roggenfeld ist so gut wie garnicht beschädigt.
12/7.

Herrn Nussdorfer z. gefl. K.
12/7.39.

[377] Bericht des Stadtpolizeiamts Gelsenkirchen zur Überwachung des »Zigeunerlagerplatzes«, 1939.

[378] Eine Mitarbeiterin der Rassenhygienischen Forschungsstelle bei der Begutachtung des »Zigeunerlagerplatzes« in Gelsenkirchen, um 1940.

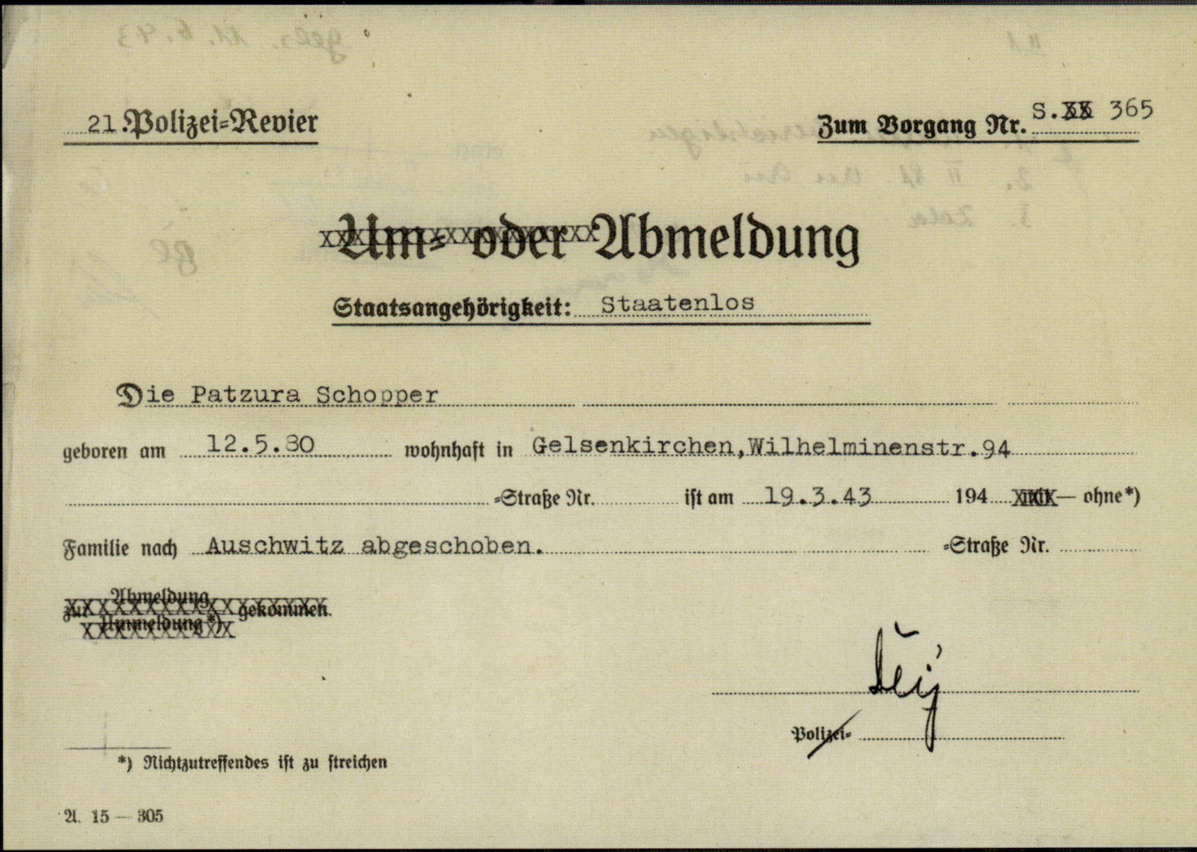

21 Polizei-Revier

Zum Vorgang Nr. S.XX 365

~~Um- oder~~ Abmeldung

Staatsangehörigkeit: Staatenlos

Die Patzura Schopper

geboren am 12.5.30 wohnhaft in Gelsenkirchen, Wilhelminenstr. 94

-Straße Nr. ist am 19.3.43 194 — ohne*)

Familie nach Auschwitz abgeschoben. -Straße Nr.

~~Abmeldung Anmeldung*) gekommen.~~

~~Polizei-~~

*) Nichtzutreffendes ist zu streichen

A. 15 — 305

[379] Schreiben der »Reichszentrale für die Bekämpfung des Zigeunerunwesens« an die für Gelsenkirchen zuständige Kriminalpolizei in Recklinghausen, 1940: Diese »Rassendiagnose« bedeutet für die »Zigeunerfamilie« Schopper letztlich das Todesurteil. Adolf Schopper starb bereits 1942 im Bochumer Gefängnis. Patzura Schopper wurde gemeinsam mit fünf ihrer sieben Kinder und sechsE- Enkelkindern im März 1943 nach Auschwitz deportiert, wo sie selbst, ihre fünf Kinder und vier der sechs Enkelkinder ums Leben kamen.

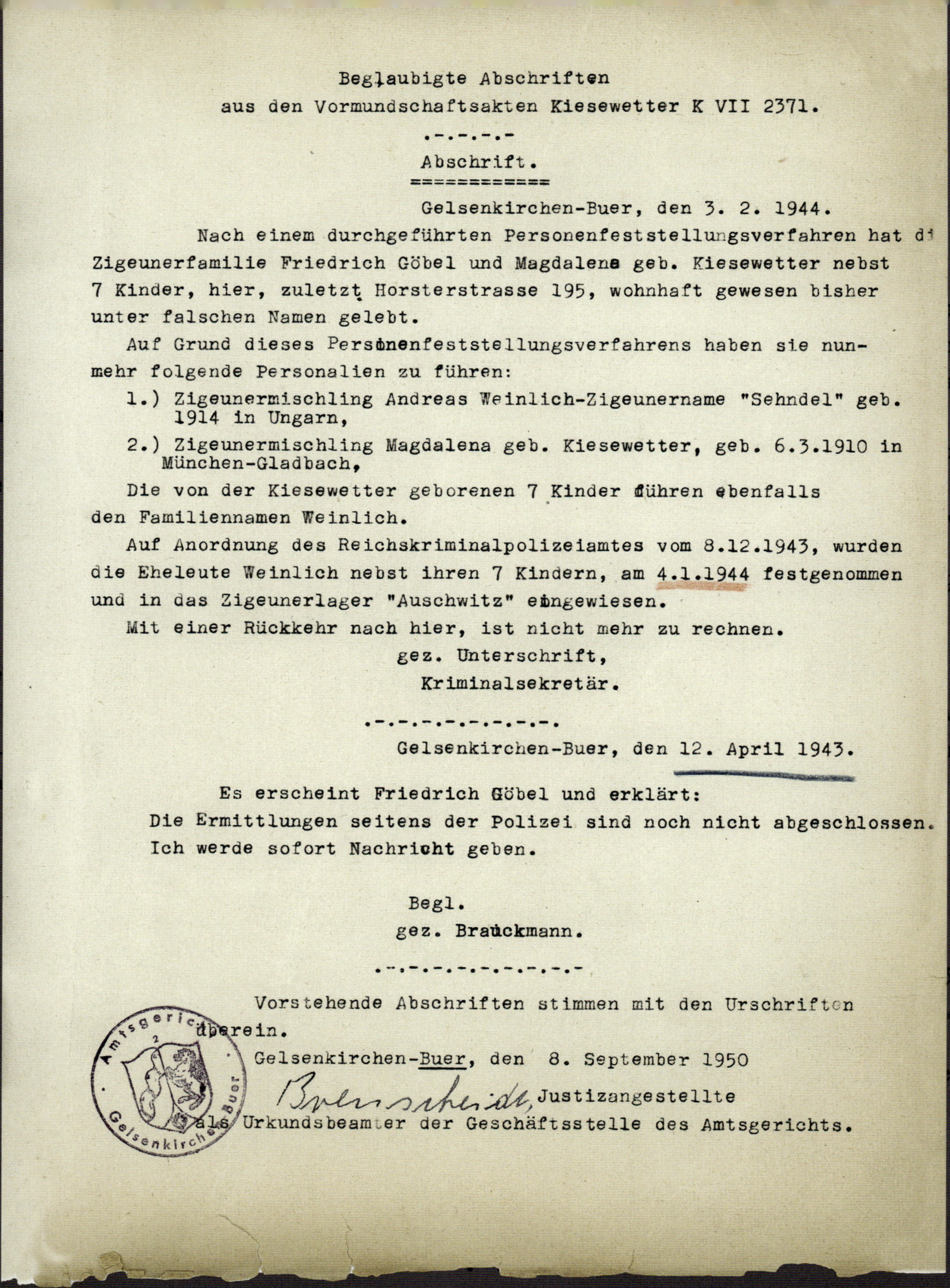

Beglaubigte Abschriften
aus den Vormundschaftsakten Kiesewetter K VII 2371.
.-.-.-.-

Abschrift.

Gelsenkirchen-Buer, den 3. 2. 1944.

Nach einem durchgeführten Personenfeststellungsverfahren hat di Zigeunerfamilie Friedrich Göbel und Magdalena geb. Kiesewetter nebst 7 Kinder, hier, zuletzt Horsterstrasse 195, wohnhaft gewesen bisher unter falschen Namen gelebt.

Auf Grund dieses Personenfeststellungsverfahrens haben sie nunmehr folgende Personalien zu führen:

1.) Zigeunermischling Andreas Weinlich-Zigeunername "Sehndel" geb. 1914 in Ungarn,
2.) Zigeunermischling Magdalena geb. Kiesewetter, geb. 6.3.1910 in München-Gladbach,

Die von der Kiesewetter geborenen 7 Kinder führen ebenfalls den Familiennamen Weinlich.

Auf Anordnung des Reichskriminalpolizeiamtes vom 8.12.1943, wurden die Eheleute Weinlich nebst ihren 7 Kindern, am 4.1.1944 festgenommen und in das Zigeunerlager "Auschwitz" eingewiesen.

Mit einer Rückkehr nach hier, ist nicht mehr zu rechnen.

gez. Unterschrift,
Kriminalsekretär.

.-.-.-.-.-.-.-.-.

Gelsenkirchen-Buer, den 12. April 1943.

Es erscheint Friedrich Göbel und erklärt:
Die Ermittlungen seitens der Polizei sind noch nicht abgeschlossen.
Ich werde sofort Nachricht geben.

Begl.
gez. Brauckmann.

.-.-.-.-.-.-.-.-.-.-

Vorstehende Abschriften stimmen mit den Urschriften überein.

Gelsenkirchen-Buer, den 8. September 1950

Breuscheidt, Justizangestellte
als Urkundsbeamter der Geschäftsstelle des Amtsgerichts.

[380] »Mit einer Rückkehr nach hier ist nicht zu rechnen.« – Abschriften aus Vormundschaftsakten, die im Rahmen eines Wiedergutmachungsverfahren die Deportation der neunköpfigen Familie Weinlich aus Gelsenkirchen nach Auschwitz Anfang 1944 belegten. Zwei der sieben Kinder und ein in der Haft geborener Säugling überlebten die Lager nicht.

K. L. Auschwitz
K. L. Zahnstation.

Auschwitz, den 16. April 1943

Betrifft: Angeordnete Untersuchung der Zwillinge aus dem Z.- Lager Birkenau.
Bezug : Ohne
Anlagen : Keine

An

1. Schutzhaftlagerführer
ϟ - Standortarzt

A u s c h w i t z

Am 15.4.1943 wurden wie angeordnet bei nachstehenden Z.-Häftlingen Untersuchungen vorgenommen sowie Modelle der Zähne genommen :

1.	Z	4636	Dewüs Margot	geb.	25. 2.27
	Z	4637	Dewüs Elfriede	"	25. 2.27
2.	Z	2381	Behrends Frinka	"	19. 4.21
	Z	2383	Behrends Johann	"	19. 4.21
3.	Z	5645	Ernst Karl	"	12. 3.10
		113336	Ernst Hermann	"	12. 3.10
4.	Z	5618	Adler Konrad	"	8. 1.36 (Röntgen-
	Z	5619	Adler Andreas	"	8. 1.36 aufnahmen
5.	Z	2632	Kreutz Johanna	"	9.10.76
	Z	2660	Kreutz Elise	"	9.10.76
6.	Z	5751	Pohl Alfred	"	6.11.31
	Z	5752	Pohl Fritz	"	6.11.31
7.	Z	5278	Halonek Drachomie	"	14. 5.36
	Z	5277	Halonek Anna	"	14. 5.36
8.	Z	4975	Hanstein Paul (Zwillingsbruder im K.L. Neuengamme)	"	27. 6.98
9.		2425	Sinacker		

Der leitende Zahnarzt
beim K. L. Auschwitz

ϟ- Hauptsturmführer.

[381] Schreiben des leitenden Zahnarztes des KZ Auschwitz über Untersuchungen an Zwillingen, 1943. Darunter befanden sich auch die Zwillinge Frinka und Johann Behrens, die aus Gelsenkirchen deportiert worden waren. Johann Behrens starb im »Zigeunerlager«. Das Schicksal seines Bruders ist unbekannt.

[382] Patzura Schopper (1880–1943) kam im März 1943 in das »Zigeunerlager« Auschwitz. Sie starb drei Monate später.

Familien. Nicht nur die staatliche Kriminalpolizei und die städtische Polizei, auch das Gesundheitsamt und das Bauamt waren in die bürokratischen Abläufe eingebunden. Die Kompetenzüberschneidungen zwischen den Behörden führten zu einer Radikalisierung der Verfolgung. Zu einer lokalen Eigendynamik trugen auch Beschwerden und Denunziationen aus Gelsenkirchener Betrieben sowie von ganz normalen Volksgenossen bei.

Ein Erlass von Heinrich Himmler vom 8. Dezember 1938 über die »Bekämpfung der Zigeunerplage« lieferte die Grundlage zur Auflösung des »Zigeunerlagers« an der Cranger Straße. Die noch verbliebenen Sinti-Familien wurden mit ihren Wagen zwangsweise in das neue Lager an der Reginenstraße an der Stadtgrenze zu Wanne-Eickel umgesiedelt. Ihre Überwachung übernahm die Gelsenkirchener SA, die die Bewohner des Lagerplatzes immer wieder schikanierte. Von ursprünglich 52 Familien lebten Ende 1939 nur noch acht in Gelsenkirchen. In einem vom Leiter des Stadtpolizeiamtes, Fritz Schenk (1885–1953), entworfenen Brief an die staatliche Polizeiverwaltung hieß es am 12. Oktober 1939:

»Erfreulicher Weise ist dank der […] strengen Überwachung […] der größte Teil der hier ansässigen Zigeuner verschwunden. Bei dieser Gelegenheit möchte [ich] *bitten, die […] vereinbarte ständige Kontrolle des Lagerplatzes […] aufrecht zu erhalten, damit auch die letzten Zigeunerfamilien recht bald abwandern.«*

Kurz darauf setzte die Stadtverwaltung aber die verbliebenen Sinti-Familien in Gelsenkirchen fest – Grundlage war ein weiterer Erlass Himmlers, der es ihnen fortan verbot, den Wohnort zu wechseln. Einige Familien wurden in das größte Lager Westdeutschlands in Köln überführt. Von dort begannen am 10. Mai 1940 Deportationen in die besetzten Ostgebiete. Der »Auschwitz-Erlass« vom 16. Dezember 1942 regelte schließlich die direkte Deportation der Sinti und

[383] Johann Behrens (1921–1943) auf einem Erkennungsdienstfoto der Gelsenkirchener Polizei, 1940.

BIOGRAFIE

Dietrich Behrens – eine Familie ausgelöscht vom Rassenwahn

Dietrich Behrens (1879–1943) entstammte einer Sinti-Familie, die durch verschiedene Städte im Westen und Norden Deutschlands zog. Er kam 1918/19 erstmals zeitweise nach Gelsenkirchen, ließ sich jedoch erst im März 1939 auf dem Platz an der Cranger Straße nieder. Von dort kam er mit seiner Familie bald auf den »Zigeunerlagerplatz« an der Reginenstraße. Die Rassenhygienische Forschungsstelle registrierte die Familie Behrens. Als »Zigeuner« stigmatisiert und entrechtet, wurde die Familie durch die städtische Polizei und Kriminalpolizei überwacht. Der älteste Sohn Karl Behrens, geboren 1910, wurde bereits 1940 verhaftet, seine Spur verliert sich in den Lagern. Dietrich Behrens und der Rest seiner Familie wurden im März 1943 nach Auschwitz deportiert und im dortigen »Zigeunerlager« registriert. Behrens selbst starb bereits im März 1943, nur zehn Tage nach seiner Ankunft in Auschwitz. Seine Frau Franziska, geboren 1884, kam dort im September 1943 um. Ihr Sohn Helmut, geboren 1917, dessen Zwangssterilisierung die Familie hatte verhindern können, gilt als verschollen, sein Tod ist wahrscheinlich. Die Zwillingsbrüder Frinka und Johann Behrens, geboren 1921, wurden vermutlich Opfer der unmenschlichen medizinischen Experimente an Zwillingen. Es ist davon auszugehen, dass auch sie in Auschwitz oder einem anderen Lager ermordet wurden. Keines der Familienmitglieder überlebte den Nationalsozialismus – die gesamte Familie wurde im Namen von Rassenwahn und »Erbgesundheit« ausgelöscht.

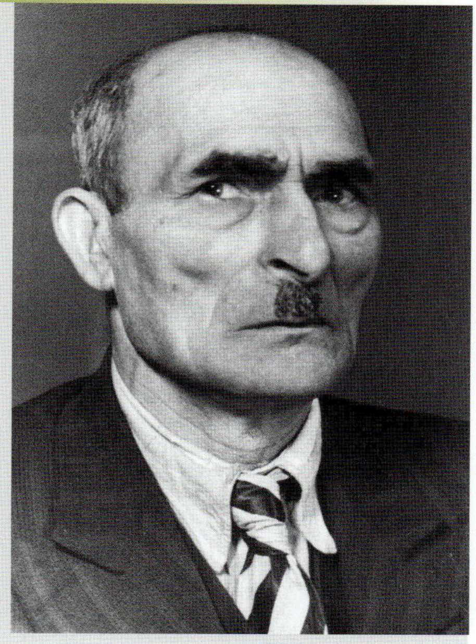

[384] Dietrich Behrens (1879–1943) auf einem Foto der Rassenhygienischen Forschungsstelle, um 1940.

Roma nach Auschwitz. In Gelsenkirchen organisierte die Kriminalpolizei gemeinsam mit der kommunalen Polizei den Abtransport. Grundlage der Deportationslisten waren die Klassifizierungen der Rassenhygienischen Forschungsstelle.

Der erste Transport von Sinti und Roma traf am 26. Februar 1943 in Birkenau (Auschwitz II) ein. Hier wurden sie im Lagerabschnitt BII2, dem »Zigeunerlager«, eingepfercht. Mit einem Deportationszug trafen dort am 13. März 1943 auch die Gelsenkirchener Sinti-Familien ein, nachdem der Lagerplatz an der Reginenstraße wenige Tage zuvor aufgelöst worden war. Die Lagerbedingen waren so erbärmlich, dass viele Deportierte bald nach der Ankunft starben. Eine Häftlingsärztin im Krankenrevier des »Zigeunerlagers« erinnerte sich später:

»Die Kinder waren wie die Erwachsenen nur noch Haut und Knochen [...] *die dünne pergamentartige Haut scheuerte sich über die harten Kanten des Skeletts überall durch und entzündete sich* [...].*«*

Angehörige der Sinti und Roma wurden in Auschwitz auch Opfer medizinischer Versuche, die vom Lagerarzt Dr. Josef Mengele (1911–1979) durchgeführt wurden. Da die »Zigeuner« als Familien inhaftiert waren, konnte er an ihnen erbbiologische Experimente durchführen. Unter den rund 20.000 Todesopfern im »Zigeunerlager« Auschwitz befanden sich mindestens 164 Personen, die zuvor längere Zeit in Gelsenkirchen gelebt hatten.

1945-1949

Befreiung und Nachkriegszeit

Im Frühjahr 1945 wehrte sich das »Dritte Reich« erbittert gegen seinen bevorstehenden Untergang. Die vorrückenden alliierten Truppen waren aber nicht mehr aufzuhalten. Dennoch mordete der NS-Terrorapparat buchstäblich bis zum letzten Tag. Der militärische Zusammenbruch an Rhein und Ruhr bedeutete schließlich auch für die Menschen in Gelsenkirchen die Befreiung.

Nationalsozialistischer Rassenwahn und Eroberungswut hatten Europa in eine nie dagewesene Katastrophe geführt. Nun lag Deutschland in Trümmern, die *Volksgemeinschaft* war am Ende. Die Deutschen waren erschöpft, orientierungslos und moralisch diskreditiert. Sie standen vor der Frage, ob und wie es angesichts der Verantwortung für die NS-Verbrechen weitergehen konnte.

Während die Menschen in Gelsenkirchen versuchten, im schwierigen Nachkriegsalltag über die Runden zu kommen, übernahm die britische Militärregierung Kommando und Kontrolle. Unter dem wachsamen Auge der Besatzungsmacht und unter Beteiligung der von den Nationalsozialisten Verfolgten begann der schwierige Prozess der Entnazifizierung und des demokratischen Neuanfangs.

6.1 ▸ Kriegsende in Gelsenkirchen

Im März 1945 traten die alliierten Streitkräfte zur letzten Offensive über den Rhein an. Das »Dritte Reich« warf ihnen sein letztes Aufgebot entgegen – Hitlerjungen wurden ebenso verheizt wie die alten Männer des »Volkssturms«. Im »Ruhrkessel« schlossen US-Truppen über 300.000 deutsche Soldaten ein. Gleichzeitig erreichte der Bombenkrieg noch einmal eine neue Dimension: Allein im März 1945 starben in

[385] Arbeiter auf dem Dach des Hans-Sachs-Hauses, unter ihnen die Trümmer der Gelsenkirchener Altstadt, 1949.

Gelsenkirchen 608 Menschen bei Luftangriffen, d. h. etwa jedes fünfte der über 3.000 Bombenopfer in Gelsenkirchen kam im letzten Kriegsmonat ums Leben.

Mit der heranrückenden Frontlinie erreichte die Gewalt des NS-Regimes noch einmal eine neue Dimension. In der Endphase des Krieges verstärkte sich der Terror gegen die ohnehin Ausgegrenzten und richtete sich zugleich zunehmend gegen die »Volksgenossen«. Vermeintliche Deserteure, Verräter und »Wehrkraftzersetzer« wurden von den fliegenden Standgerichten der SS aufgehängt oder durch Erschießungskommandos der Gestapo ermordet.

Dem finalen Amoklauf der Nationalsozialisten im Ruhrgebiet setzte der militärische Sieg der US-Armee ein Ende. Nicht nur die unterdrückten und geknechteten »Gemeinschaftsfremden« wurden

4. April 45

An die Bevölkerung der Frontstadt Gelsenkirchen!

Ich halte es für meine Pflicht, Euch folgendes mitzuteilen!

Der Kampf um das Industriegebiet, das unsere tapferen Soldaten fanatisch verteidigen, wird nur dann zu einem erfolgreichen Abschluß kommen, wenn hinter der kämpfenden Front in den Reihen der Zivilbevölkerung Ordnung und Disziplin auch unter den schwierigsten Umständen weiterhin vorhanden sind.

Die in Gelsenkirchen lagernden Lebensmittelvorräte werden von mir gerecht verteilt. Ausgabeplätze, Kartenabschnitte werden noch bekanntgegeben. Wer sich in diese Ordnung nicht fügt, sich Lebensmittelbestände, die der Allgemeinheit gehören, aneignet oder plündert wird erschossen.

Volksgenossen!

Ich appelliere an Eure Anständigkeit und Eure Vernunft. Helft mir für alle sorgen, besonders für diejenigen, die krank und schwach sind und die zu Grunde gehen müßten, wenn in Bezug auf Versorgung das Faustrecht gelten würde.

Unsere Stadt soll durch unseren, gemeinsamen, unerschütterlichen Willen und durch unsere große Kameradschaft in diesen schweren Stunden hier im Westen für das ganze Reich ein Beispiel wirklicher Volksgemeinschaft und Treue zum Vaterland sein. Das sind wir nicht nur dem Führer und seinen Soldaten, sondern auch unseren gefallenen Söhnen und Brüdern schuldig.

gez.: **Plagemann**
Kreisleiter.

[386] Flugblatt der NSDAP-Kreisleitung Gelsenkirchen vom 4. April 1945: Kreisleiter Otto Plagemann appellierte noch einmal an »Volksgemeinschaft und Treue zum Vaterland«. Er selbst ergriff kurz darauf die Flucht.

[387] Bei den schweren Luftangriffen im März 1945 wurde auch der Südflügel des Hans-Sachs-Hauses zerstört. Im öffentlichen Luftschutzraum im Keller des Hauses starben 81 Menschen.

[388] Gepanzerte Einheiten der US-Armee beim Einmarsch in Gelsenkirchen, 10. April 1945.

Lfd. Nr.	N a m e	und Vorname	Wohnort und Strasse:

Äusserung, die er dem SA-Mann Kullick gegenüber getan hat, nicht einwandfrei ist.

5 Czaika Gottfried (21) Gelsenk.-Buer, Wetterweg Nr.9
Bemerkung: C.ist dadurch verdächtig, dass er sein in der Küche aufgehängtes Führerbild vor 14 Tagen entfernt hat.

6 Z i m z y k Albert (21) Gelsenk.-Buer, Alleestr.18
Bemerkung: Z.war früher ein aktiver Kommunist und ist auch heute noch Vorsicht geboten.

7 Popiol Johann (21) Gelsenk.-Buer, Schievenstr.39
Bemerkung: P.ist ein sehr gefährlicher Mensch, der auch in der Zeit nach 1933 seine Gesinnung nicht geändert hat. Vorsicht ist auch bei dem geboten.

8 Sobolewski Karl (21) Gelsenk.-Buer, Baldurstr.14
Bemerkung: S.war ein überzeugter Kommunist, der seine Gesinnung auch heute noch nicht geändert hat. Vorsicht ist auch bei dem geboten.

- - - - -

<u>A b s c h r i f t :</u>

N S D A P
Ortsgruppe B u e r -Middelich

(21) Gelsenkirchen-Buer, den 26.9.1
Woltmannstr. Nr.1.

N S D A P
Kreisleitung Emscher-Lippe

Kreisleiter Pg. P l a g e m a n n
<u>(21) Gelsenkirchen</u>
Litzmannstraße Nr.23

<u>Betreff</u>

Nachtrag zur Meldung gem. Rundschreiben Nr.12/44 vom 21.9.1944

Rückführung von unzuverlässigen Personen.

Lfd. Nr.	N a m e	und Vorname:	Wohnort und Straße:

1 S t e i n August (21) Gelsenk.-Buer, Cranger Str
Bemerkung: St.ist ein früherer Zentrumsmann der nicht in der NSV und zu keiner Sammlung etwas gibt. Vorsicht ist auch b dem geboten.

2 Spratte Viktor (21) Gelsenk.-Buer, Cranger Str
Bemerkung: Sp.ist ein alter Kommunist und hat auch heute noch di Gesinnung.

3 Jagozinski Adolf (21) Gelsenk.-Buer, Kronprinzens
Bemerkung: J.war Führer in der KPD und ist 1934 wegen staatsfein licher Betätigung zu 2 Jahren Zuchthaus verurteilt. J. auch heute nicht einwandfrei.

4 Badziong Gustav (21) Gelsenk.-Buer, Kronprinzens
Bemerkung: B.ist 1934 wegen staatsfeindlicher Betätigung zu 5 Ja Zuchthaus verurteilt. Vorsicht ist auch bei dem gebote

5 Popiol August (21) Gelsenk.-Buer, Cranger Str.
Bemerkung: P.war ein überzeugter Kommunist, der seine Gesinnung a
<u>heute</u>

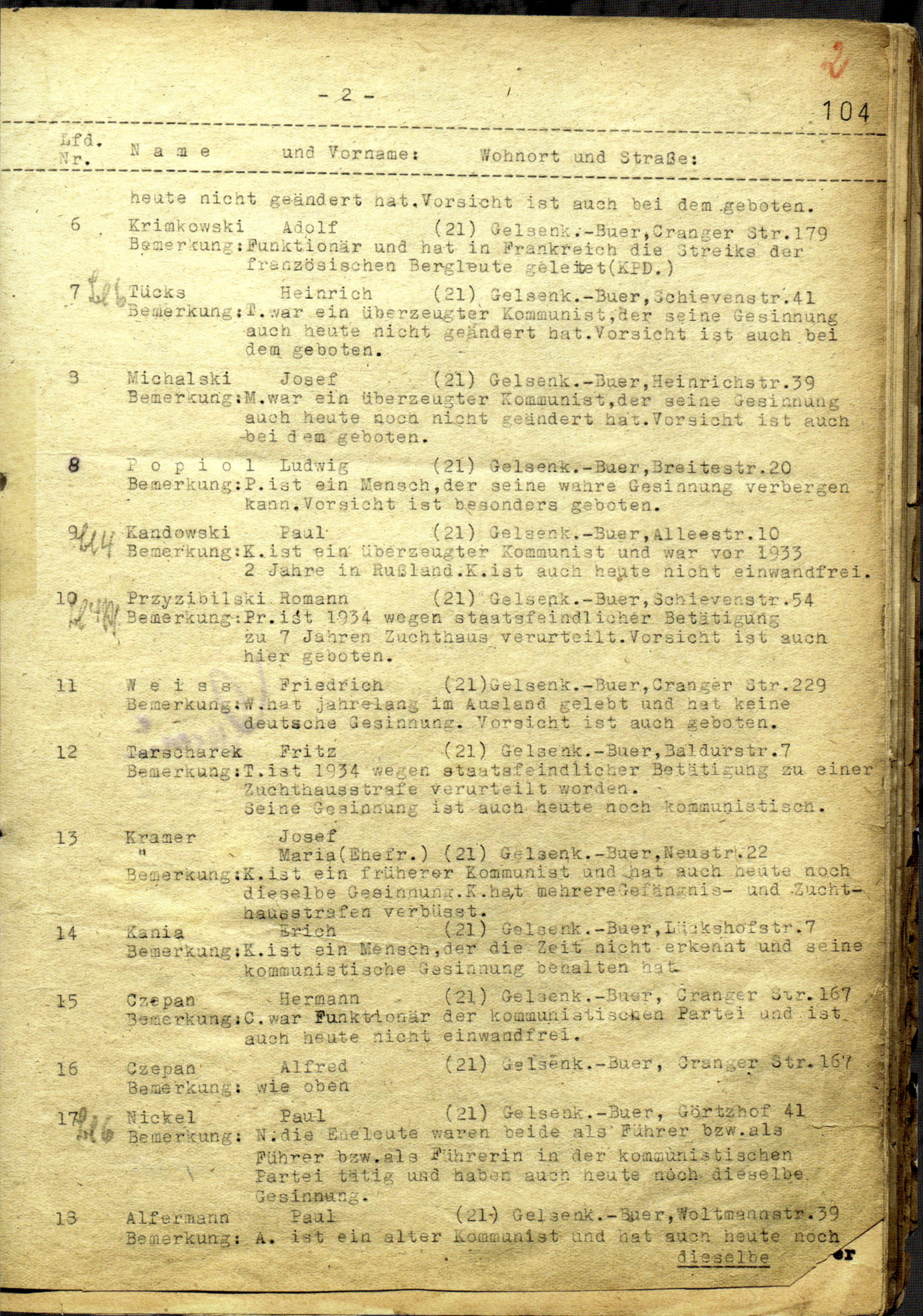

- 2 -

104

Lfd. Nr.	N a m e	und Vorname:	Wohnort und Straße:

heute nicht geändert hat.Vorsicht ist auch bei dem geboten.

6 Krimkowski Adolf (21) Gelsenk.-Buer,Cranger Str.179
Bemerkung:Funktionär und hat in Frankreich die Streiks der französischen Bergleute geleitet(KPD.)

7 Tücks Heinrich (21) Gelsenk.-Buer,Schievenstr.41
Bemerkung:T.war ein überzeugter Kommunist,der seine Gesinnung auch heute nicht geändert hat.Vorsicht ist auch bei dem geboten.

8 Michalski Josef (21) Gelsenk.-Buer,Heinrichstr.39
Bemerkung:M.war ein überzeugter Kommunist,der seine Gesinnung auch heute noch nicht geändert hat.Vorsicht ist auch bei dem geboten.

8 P o p i o l Ludwig (21) Gelsenk.-Buer,Breitestr.20
Bemerkung:P.ist ein Mensch,der seine wahre Gesinnung verbergen kann.Vorsicht ist besonders geboten.

9 Kandowski Paul (21) Gelsenk.-Buer,Alleestr.10
Bemerkung:K.ist ein überzeugter Kommunist und war vor 1933 2 Jahre in Rußland.K.ist auch heute nicht einwandfrei.

10 Przyzibilski Romann (21) Gelsenk.-Buer,Schievenstr.54
Bemerkung:Pr.ist 1934 wegen staatsfeindlicher Betätigung zu 7 Jahren Zuchthaus verurteilt.Vorsicht ist auch hier geboten.

11 W e i s s Friedrich (21)Gelsenk.-Buer,Cranger Str.229
Bemerkung:W.hat jahrelang im Ausland gelebt und hat keine deutsche Gesinnung. Vorsicht ist auch geboten.

12 Tarscharek Fritz (21) Gelsenk.-Buer,Baldurstr.7
Bemerkung:T.ist 1934 wegen staatsfeindlicher Betätigung zu einer Zuchthausstrafe verurteilt worden.
Seine Gesinnung ist auch heute noch kommunistisch.

13 Kramer Josef
" Maria(Ehefr.) (21) Gelsenk.-Buer,Neustr.22
Bemerkung:K.ist ein früherer Kommunist und hat auch heute noch dieselbe Gesinnung.K.hat mehrere Gefängnis- und Zuchthausstrafen verbüsst.

14 Kania Erich (21) Gelsenk.-Buer,Lückshofstr.7
Bemerkung:K.ist ein Mensch,der die Zeit nicht erkennt und seine kommunistische Gesinnung behalten hat.

15 Czepan Hermann (21) Gelsenk.-Buer, Cranger Str.167
Bemerkung:C.war Funktionär der kommunistischen Partei und ist auch heute nicht einwandfrei.

16 Czepan Alfred (21) Gelsenk.-Buer, Cranger Str.167
Bemerkung: wie oben

17 Nickel Paul (21) Gelsenk.-Buer, Görtzhof 41
Bemerkung: N.die Eheleute waren beide als Führer bzw.als Führer bzw.als Führerin in der kommunistischen Partei tätig und haben auch heute noch dieselbe Gesinnung.

18 Alfermann Paul (21) Gelsenk.-Buer,Woltmannstr.39
Bemerkung: A. ist ein alter Kommunist und hat auch heute noch dieselbe

[389] Mordliste der NSDAP-Ortsgruppe Buer-Middelich, September 1944: Ähnliche Listen gab es auch für andere Ortsgruppen.

erlöst, auch die »Volksgenossen«. Viele von ihnen werden aber lange nicht einsehen, dass der Tag der Niederlage auch ihre Befreiung bedeutete.

Terror bis zum bitteren Ende

Noch Ende März wurden sogenannte »Ostarbeiter« im Stadtgarten ermordet, vermutlich durch Angehörige einer Volkssturmeinheit. Die Opfer wurden vor Ort in einem Bombenkrater verscharrt. An Karfreitag 1945 erschoss die Gestapo auch im Westerholter Wald russische Mädchen und Männer aus dem Polizeigefängnis Buer.

In der Endphase des Regimes setzten lokale NS-Funktionäre »politisch unzuverlässige Personen« auf sogenannte »Mordlisten« und gaben sie zur Tötung frei. Der Gelsenkirchener Sozialdemokrat Karl Mohr erinnerte sich später:

»[Ein] *mir bekannter SA.Mann* [...] *hat mir gesagt, daß ich auch auf der erwähnten Liste aufgeführt bin und* [...], *daß alle auf der Liste aufgeführten Personen, die den Vermerk haben: ›Vorsicht ist geboten›, umgelegt werden.«*

Eine Aussage von Heinrich Ohlmeyer, der zwischen 1935–1945 zur Gestapo-Außendienststelle Gelsenkirchen-Buer gehörte und dazu am 23. August 1949 polizeilich vernommen wurde, bestätigte diese Einschätzung:

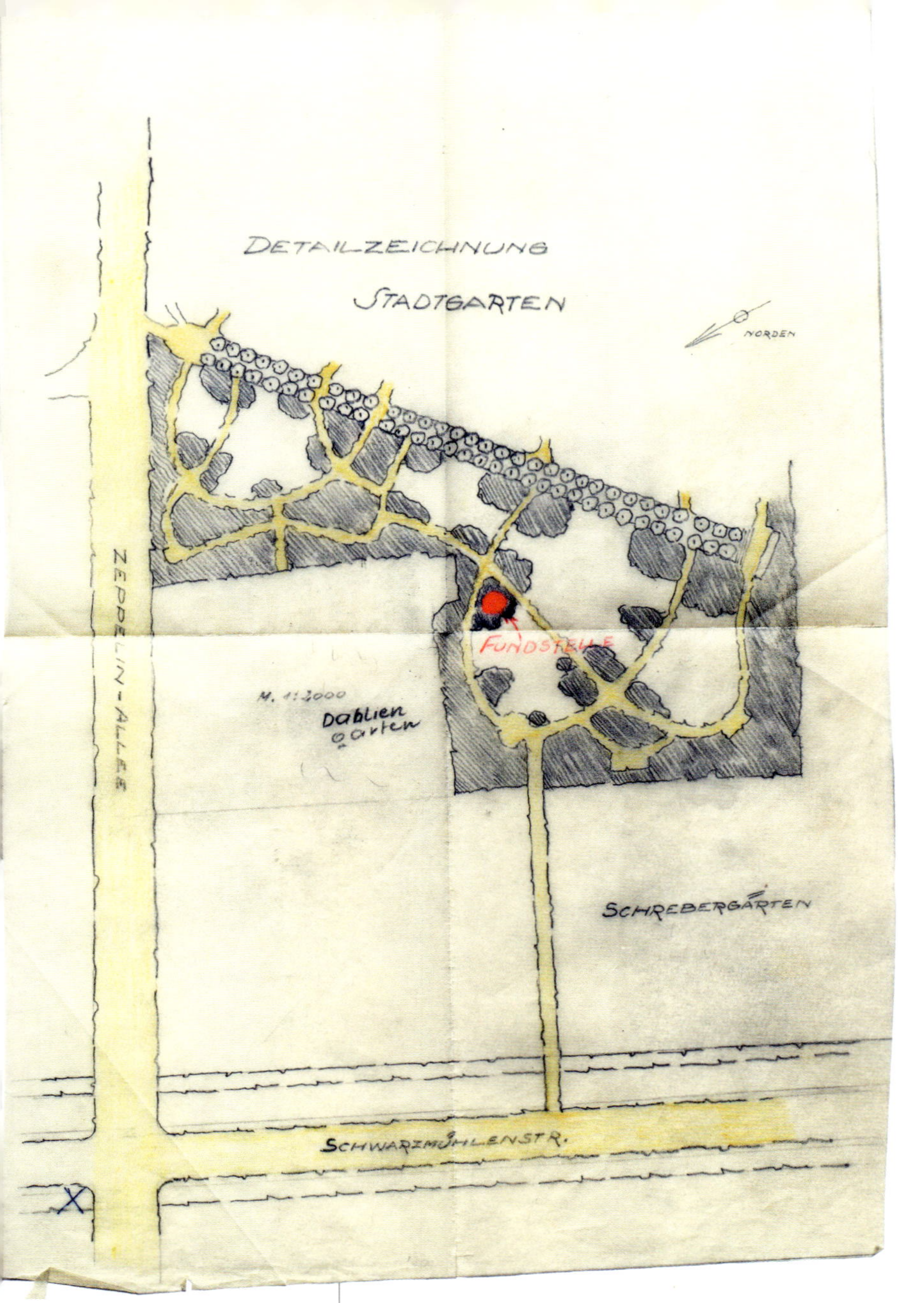

[390] Tatortskizze zu den Zwangsarbeitermorden im Gelsenkirchener Stadtgarten, 1957: Obwohl zwischen 1946 und 1948 sowie zwischen 1957 und 1961 Ermittlungen angestellt wurden, konnten die Täter nicht zweifelsfrei festgestellt werden.

[391] Die exhumierten Leichen von neun »Ostarbeitern« im Gelsenkirchener Stadtgarten, 1946: Die Identität der Opfer konnte nie geklärt werden.

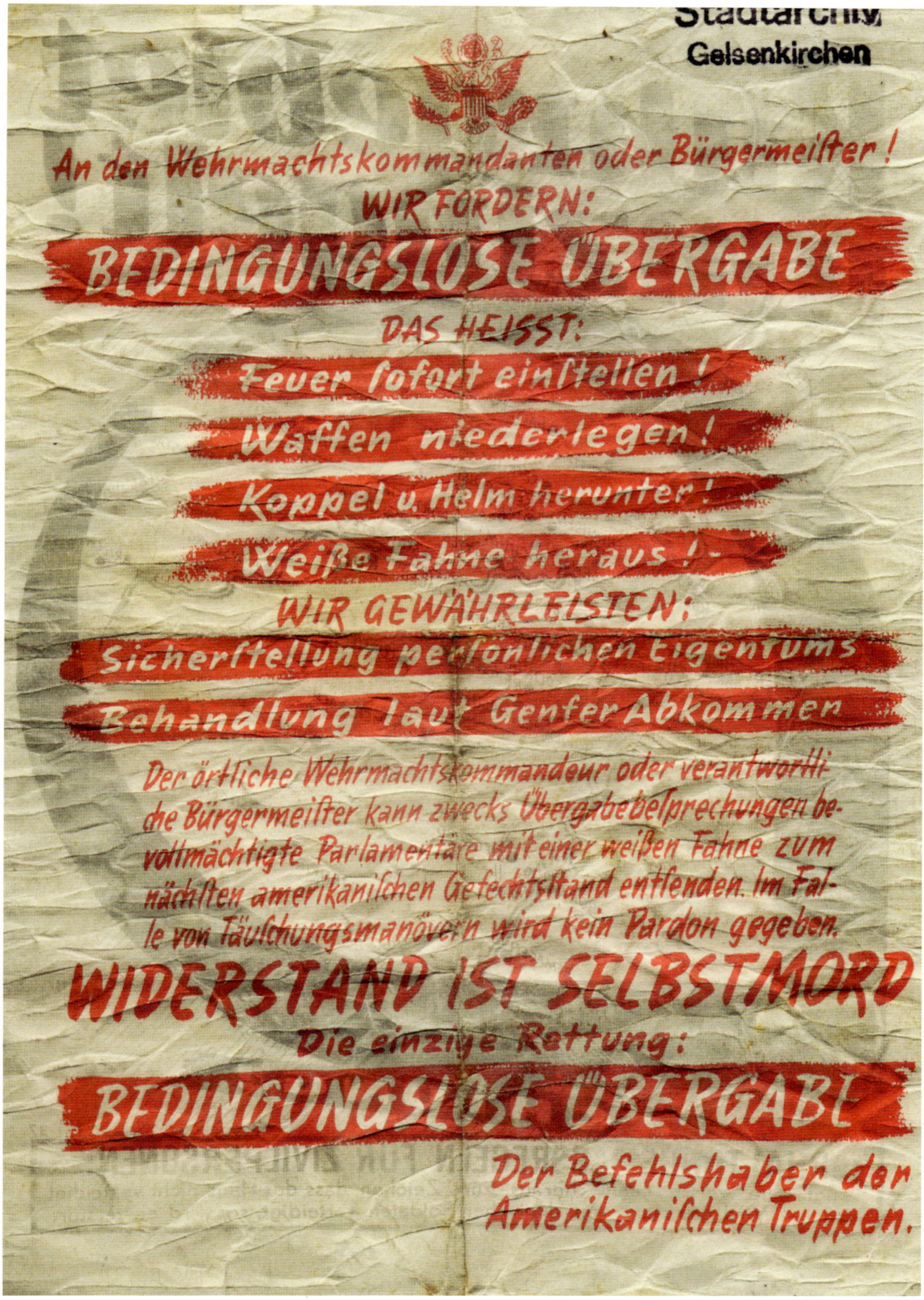

[392] Flugblatt der alliierten Streitkräfte, 1945.

»Im September 1944 sind alle Dienststellenleiter und die Vertreter der Stapoleitstelle Münster bestellt worden. […] *Bei dieser Besprechung wurde kurz auf die äusserst angespannte Lage hingewiesen und eine bevorstehende Feindberührung wurde in Erwägung gezogen* […] [V]*om Leiter* […] *wurde erklärt, dass sämtliche ehemaligen Funktionäre und führende Personen der KPD, SPD und des Zentrums festzunehmen und zu liquidieren seien.* […] *Bei der Bekanntmachung dieses Befehls erklärte uns Dr. Landgraf, dass dieser Befehl von Berlin gekommen sei.* [Es] […] *wurde noch erwähnt, dass durch diese Massnahme verhindert werden sollte, dass die politischen Gegner mit dem Feind in Verbindung treten* […]. *Hinsichtlich der* […] *listenmä-*

[393] US-amerikanische Soldaten konnten am 10. April 1945 nach mehrtätigen Kämpfen auch den Süden der Stadt Gelsenkirchen einnehmen.

ßigen Erfassung von politischen Gegnern weiss ich, […] dass im Herbst 1944 von der Kreisleitung der Dienststelle Gelsenkirchen eine Liste mit politisch unzuverlässigen Personen zugeleitet wurde […].«

Tatsächlich verhaftete der Gelsenkirchener SD am 27. März 1945 in einer nächtlichen Razzia 20 »politische Gegner«. Sie wurden nach Dortmund-Hörde gebracht, wo die Gestapo in den letzten Kriegstagen etwa 300 Menschen ermordete. Die Häftlinge aus Gelsenkirchen entgingen diesen Mordaktionen in der Bittermark und im Rombergpark nur knapp. Der deutsche Zusammenbruch verhinderte ihre Erschießung.

Die Befreiung

Am 30. März erreichten amerikanische Truppen den Rhein-Herne-Kanal und eroberten Buer und Horst. Während im Stadtnorden die US-Armee bereits die vollziehende Gewalt übernommen hatte, dauerten die blutigen Gefechte südlich des Kanals, bei denen auch zahlreiche Zivilisten ums Leben kamen, noch mehrere Tage an. Die örtliche NSDAP-Spitze setzte sich ebenso ab wie große Teile der Stadtverwaltung. Ein Bürger aus Gelsenkirchen-Bismarck erinnerte sich später an den 8. April 1945:

»Um 18.30 Uhr […] gab es heftiges Geschützfeuer über der zerstörten Kirche und auf der Bismarckstraße. Wir zuckten zusammen. Von unseren Kämpfern war nicht mehr viel zu sehen. […] Bei der Apotheke platzten zwei Granaten. Die Straße war mit Geröll besät. […] Um 19 Uhr steigerte sich das Feuer wieder; es ließ die Nähe der Amerikaner erkennen. Wir mußten in den Keller. Am Bahndamm platzten die Maschinengewehre aufeinander los. […] Um 23.30 Uhr sagte H. zu mir: Da ist ein Amerikaner! Gleich darauf kamen sie einzeln und in großen Scharen und suchten die Häuser ab. Alle steckten weiße Tücher heraus.«

Am Morgen des 10. April endeten die Kämpfe in Gelsenkirchen, die gesamte Stadt war befreit. Vier Wochen später, am 8. Mai 1945, besiegelte die bedingungslose Kapitulation der Wehrmacht das Ende des Zweiten Weltkrieges in Europa und den Untergang des »Dritten Reiches«.

[394] Ernst Hammann (1895–1955) leitete nach Kriegsende zwischenzeitlich die Gelsenkirchener Stadtverwaltung im Norden der Stadt. Zwischen 1948 und 1955 war er Stadtkämmerer und Stadtdirektor von Gelsenkirchen. Vor 1933 hatte er der Zentrumspartei angehört, nach 1945 war er Mitglied der CDU.

Gelsenkirchen unter Militärregierung

Unmittelbar nach dem Ende der Kämpfe setzten US-Truppen mit Dr. Heinrich Hübner, Leiter des Gesundheitsamtes, den ranghöchsten in Gelsenkirchen verbliebenen Vertreter der Stadtverwaltung als kommissarischen Oberbürgermeister ein. In Buer leitete Ernst Hammann vorübergehend die Geschäfte der Stadtverwaltung. Wenige Wochen später lösten die Briten die US-Armee als Besatzungsmacht in Gelsenkirchen ab. Ihr Hauptquartier richtete die Militärregierung in der Mädchenmittelschule im Stadtzentrum ein. Die kommunale Verwaltung leistete nun nur noch Hilfsdienste, das letzte Wort in der Stadt hatten fortan die Sieger. Die Aufgaben der Besatzungsbehörden beschrieb Colonel J. Spottiswoode, Kommandant der Militärregierung im Regierungsbezirk Münster, in einer Ansprache vor deutschen Verwaltungsvertretern am 13. November 1945 wie folgt:

»Es ist unsere Aufgabe in der Militärregierung, darauf zu achten, daß die von den Alliierten für Deutschland festgesetzten Richtlinien auch durchgeführt werden. Diese sind, erstens, daß Deutschland nie wieder in der Lage ist, den Frieden der Welt zu stören oder es auch nur zu tun wünscht, zweitens, für die verwüsteten Länder die größten Reparationen zu erlangen, die mit den notwendigsten Bedürfnissen Deutschlands zu vereinbaren sind, und drittens die alliierten Truppen vor den üblen Folgen von Krankheit und Unruhe zu schützen. Sie werden feststellen, daß der deutschen Verwaltung nur soweit geholfen wird, als es notwendig ist, um diese Ziele zu erreichen.«

[395] Eine Delegation aus der neuen Gelsenkirchener Partnerstadt Newcastle vor dem Hauptquartier der Militärregierung in der Mädchenmittelschule, 1948.

[396] Der Union Jack über der Kaserne auf dem Berger Feld, 1951: Bis 1953 waren dort britische Truppen untergebracht.

[397] Frauen bei der Trümmerbeseitigung in Gelsenkirchen, 1946.

6.2 ▸ Ein schwieriger Neubeginn in Trümmern

Gelsenkirchen im Sommer 1945: Von 22.300 Gebäuden in der Stadt waren nur 4.420 unbeschädigt geblieben, von den 6.300 Straßenleuchten des Jahres 1939 funktionierten 1945 noch 17. Auf den Straßen türmten sich fast 4 Mio. Kubikmeter Schutt. Alle Brücken über Kanal und Emscher waren gesprengt oder zerbombt. Der Verkehr zwischen Norden und Süden wurde durch Fähren, Notbrücken und Schwimmsteige aufrechterhalten. Erst 1948 gab es wieder eine durchgehende Straßen- und Bahnverbindung.

Die Bevölkerungszahl betrug mit rund 160.000 Menschen nur noch die Hälfte des Vorkriegstandes. Die meisten Menschen in Gelsenkirchen lebten in notdürftig hergerichteten Wohnungen, Nissenhütten oder Kellern. Zur Wohnungsnot gesellten sich bald schwerwiegende Versorgungsengpässe.

Mit der Rückkehr von Kriegsgefangenen und Evakuierten sowie dem Zustrom von Flüchtlingen und Vertriebenen verschärfte sich die Lage in der zertrümmerten Stadt. Das NS-Regime hinterließ der Gelsenkirchener Bevölkerung aber nicht nur entbehrungsreiche und chaotische Lebensverhältnisse, sondern auch ein moralisches Desaster.

Heimkehr?

Zu den Heimkehrern zählten auch die Verfolgten. Überlebende Juden kamen aus den Konzentrationslagern zurück in ihre Heimatstadt. Zu ihnen zählte Bernd Haase, der sich später erinnerte:

[398] Spielende Kinder auf einem Gelsenkirchener Trümmergrundstück, um 1947.

[399] Fährverbindung über den Rhein-Herne-Kanal in Gelsenkirchen-Bismarck, 1947: Bei einem Fährunglück am 7. April 1946 ertranken an dieser Stelle 21 Menschen.

»In Gelsenkirchen gab es damals etwa 10 bis 15 Juden, die den Holocaust überlebt hatten und nach Gelsenkirchen zurückgekehrt waren.«

Einige blieben, die meisten kehrten Deutschland aber über kurz oder lang den Rücken. Sie gingen in den neuen Staat Israel oder – wie Bernd Haase – in die USA. Einige Gelsenkirchener Juden betraten die Stadt auch als Sieger – wie Henry Cohen, der 1922 in Gelsenkirchen geboren und 1939 zur Emigration gezwungen worden war. Er kam am 2. Oktober 1945 als US-Soldat zurück:

»Ich kam zurück nach Gelsenkirchen und wusste natürlich nicht, ob unser Haus noch stehen

[400] Eine Notunterkunft in einem Gelsenkirchener Keller, 1946: Vier Kinder teilten sich ein Bett.

[401] Albert Gompertz (1921–2006) als US-Soldat, um 1945: Nachdem die Familie Gompertz gezwungen gewesen war, ihr Pelzgeschäft auf der Gelsenkirchener Bahnhofstraße aufzugeben, emigrierte sie 1939 über die Niederlande in die USA. Die Familie ließ sich in New York nieder, wo sie erneut im Pelzgeschäft tätig war. Der älteste Sohn Albert trat 1942 in die US-Armee ein und kehrte 1945 als amerikanischer Soldat nach Gelsenkirchen zurück.

würde. Aber es stand wirklich noch. Es war aber beschädigt. Ich wollte zu dem Mann gehen, der unser Haus an der Schwindstraße 4 an dem Tag übernommen hatte, als wir es verlassen mussten. […] Er war Elektriker oder so etwas ähnliches. Ich klopfte an seine Tür. Er öffnete, und da war er und saß auf unserem Sofa. Das Mobiliar war unser Mobiliar. Es war eine sehr dramatische Situation. Er war völlig gebrochen und demoralisiert. Er wusste genau, wer ich war. […] Das Einzige, was er sagte, war: ›Herr Cohen, Sie können alles haben, was Sie wollen.‹ Ich sagte ihm, dass ich meinen Vater fragen würde, was er wollte. Es waren alles gestohlene Sachen, alles gestohlen. […] Ich wollte nur unbedingt eine Sache: Ich hatte eine Ausgabe der Schiller-Werke, ein Geschenk, das ich zur Bar-Mizwah-Feier bekommen hatte. […] Er gab sie mir, und das war es, und ich ging raus. Dann nahm ich Kontakt mit meinem Vater auf und erzählte ihm die ganze Geschichte. Er sagte: ›Ich will gar nichts.‹«

Displaced Persons: Befreit in der Fremde

Nach dem Ende des Krieges befanden sich noch mehrere tausend Zwangsarbeiterinnen und Zwangsarbeiter in Gelsenkirchen. Die Militärregierung bezeichnete sie als »Displaced Persons« (DP), und verstand darunter Menschen, die sich kriegsbedingt außerhalb der Grenzen ihres Hei-

Abschrift.

113 Military Governement Detschment
Gelsenkirchen

113/F & A/3

Am das
Kreisernährungsamt
St.Kr. Gelsenkirchen

1.6.1945

Von: 113 Mil.Gov.Det.

1. Sämtliche Uneinigkeiten zwischen diesen Anordnungen und denen die Sie vom Landesernährungsamt Unna erhalten, sind sofort diesem Detachment schriftlich mitzuteilen.
2. Sie wollen bitte ein Lebensmittelausgabelager einrichten und zwar wie folgt:
   a) Um alle Ausländer innerhalb dieses Stadtkreises zu ernähren.
   b) Es muss von Deutschen eingerichtet und ausgeführt werden.
   c) Es müssen dort Lebensmittel gelagert werden, die vom deutschen Quellen beschafft und mit deutschen Transportmitteln herangeschafft werden.
   d) Es muss sich so zentral wie möglich innerhalb des Stadtkreises Gelsenkirchen befinden.
   e) Es müssen gute Zufahrten für den Lastwagen-Transport vorhanden sein.
   f) Es müssen ausreichende Torwege vorhanden sein für das Laden und Abladen von Lebensmittel.
   g) Es müsseb die notwendigen Bretter und/oder Gestelle vorgesehen werden.
   h) Es muss frei von Ungezieder sein.
   j) Es muss zumindest ein 7 tägiger Lagerbestand aller Arten von Lebensmittel dauern vorhanden sein (ausgenommen: Fleisch, Brot, Milch, Butter und Eier.)
   k) Fleisch, Brot, Milch, Butter und Eier müssen an das Lebensmittelausgabelager am Tage der Ausgabe an die Ausländerläger um 9 Uhr angeliefert werden.
   l) Die erste Ausgabe nach diesen Richtlinien wird stattfinden am 5. Juni um oder nach 9 Uhr für den Verbrauch der Ausländer am folgenden Tage. Später müssen die Ausgaben täglich stattfinden für den Verbrauch der Ausländer am folgenden Tage. Bis auf weiteres werden für diese Ausgaben Militärtransporte zur Verfügung gestellt.

[402] Anweisung der Militärregierung an das Kreisernährungsamt Gelsenkirchen, 1. Juni 1945: Die Versorgung der DPs sollte absoluten Vorrang haben.

N a c h w e i s u n g

der im Stadtkreise Gelsenkirchen vorhandenen Lager der Russen und sonstigen Fremdarbeitern nach dem Stande vom 1. 7. 1945. Verfügung vom 10.7.1945 - P 1 b 7 B -.

Bezeichnung des Lagers Ort Kreis	Nationalität der Fremdarbeiter	Belegstärke	Bemerkungen
Gelsenkirchen			
G.B.A.G.,Leithestr.	Polen	976	
Ruhrstahl,Dessauerstr.	Russen	280	
Marienhospital	Russen	180	
	Polen	30	
	Holländer	10	
	Franzosen	2	
	Ungarn	2	
	Italiener	16	
Bulmkerstraße	Russen	422	
Flugplatz	Russen	651	
Forsthaus Erle	Russen	1 470	
Buer - Hassel	Russen	1 025	
		5 064	
Ausserhalb des Lagers	Polen	120	
		5 184	

[403] Im Juli 1945 gab es in Gelsenkirchen sieben DP-Lager, in den über 5.000 Menschen untergebracht waren, die vor allem aus Polen und der Sowjetunion stammten.

matstaates aufhielten und Hilfe für die Rückkehr benötigten.

Die Wut und die Verzweiflung der DPs, die weiter unter schlechten Bedingungen in Lagern leben mussten, bekamen in den ersten Nachkriegsmonaten auch die früheren Unterdrücker zu spüren – immer wieder kam es zu Überfällen und Plünderungen. Schließlich griffen die Briten aber hart durch. Im Sommer 1945 wurden die letzten DP-Lager in Gelsenkirchen aufgelöst.

Hunger

Den Menschen in Gelsenkirchen mangelte es in den ersten Nachkriegsjahren an allem, was zum Leben notwendig war: Kleidung, Kohle, Kartoffeln. Vor allem der Hungerwinter 1946/47, in dem die täglichen Rationen zeitweise auf 850 Kalorien sanken, war von Entbehrungen geprägt.

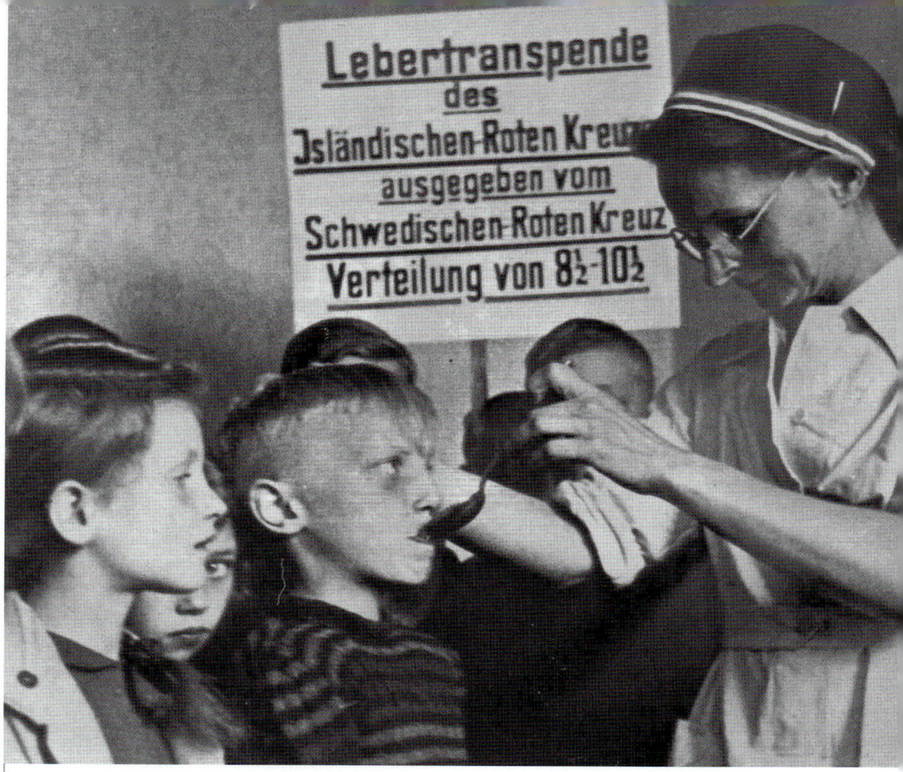

[404] Lebenswichtige Vitamine: Gelsenkirchener Kinder wurden mit Lebertran aus Island versorgt.

[405] Eingang zur Kinderstation der »Schweizer Spende«, 1947: Diese Schweizer Hilfsorganisation war zwischen 1946 und 1948 in Gelsenkirchen aktiv. Sie errichtete an der Rotthauser Straße eine Hilfsstation für Kinder, das sogenannte »Schweizer Dorf«, aus dem später eines städtische Kindertageseinrichtung wurde. Prinzip der »Schweizer Spende« war es, nicht nur materielle Hilfsgüter zur Verfügung zu stellen, sondern vor allem auch die Menschen in Gelsenkirchen zur Selbsthilfe anzuleiten. Dieses Konzept konnten die Schweizer, nicht zuletzt in Gestalt des engagierten Stationsleiters Dr. Alfred Ledermann (1919–2016), in Gelsenkirchen erfolgreich umsetzen.

[406] Rückkehrer von einer »Hamsterfahrt« ins Münsterland auf dem Gelsenkirchener Hauptbahnhof, um 1947.

Viele Kinder litten an Unterernährung. Schulspeisungen, ermöglicht durch Spenden aus den USA, sowie die Hilfeleistungen des Schwedischen Roten Kreuzes und vor allem der »Schweizer Spende« linderten die schlimmste Not.

Die Menschen griffen zur Selbsthilfe, bereits im Frühsommer 1945 brachen die ersten zu Hamsterfahrten ins Münsterland auf. Parkanlagen wurden zu Kleingärten umfunktioniert. Vor allem aber blühte der Schwarzmarkt, auf dem es zu Wucherpreisen fast alles zu kaufen gab. Erst nach der Währungsreform vom Juni 1948 stabilisierten sich die Verhältnisse langsam.

6.3 Entnazifizierung und Demokratisierung

Mit dem Ziel, die Strukturen der NS-Herrschaft zu beseitigen und demokratische Verhältnisse zu schaffen, leitete die Militärregierung den Prozess der Entnazifizierung ein. Dabei orientierten sich die Briten am Potsdamer Abkommen vom 2. August 1945, in dem es unter anderem hieß:

»Alle Mitglieder der nazistischen Partei, welche mehr als nominell an ihrer Tätigkeit teilgenommen haben, und alle anderen Personen, die den

[407] Razzia im Bulmker Park, dem größten Schwarzmarkt in Gelsenkirchen, 1946.

[408] Währungsreform: Ausgabe der neuen Deutschen Mark durch die Stadtsparkasse, Juni 1948.

alliierten Zielen feindlich gegenüberstehen, sind aus den öffentlichen oder halböffentlichen Ämtern und von den verantwortlichen Posten in wichtigen Privatunternehmen zu entfernen. Diese Personen müssen durch Personen ersetzt werden, welche nach ihren politischen und moralischen Eigenschaften fähig erscheinen, an der Entwicklung wahrhaft demokratischer Einrichtungen in Deutschland mitzuwirken.«

Dementsprechend entfernten die Besatzungsbehörden zahlreiche Nationalsozialisten von ihren Posten und begannen mit einem umfangreichen politischen Überprüfungsverfahren. Wichtigstes Instrument der Entnazifizierung in der Britischen Zone war ein Fragebogen zum politischen Lebenslauf der Betroffenen. Nach Auswertung der Antworten erfolgte die Einstufung als Hauptschuldiger (I), Belasteter (II), Minderbelasteter (III), Mitläufer (IV) oder Entlasteter (V). Wer in die ersten drei Kategorien eingereiht wurde, hatte mit Strafen, zumeist Pensionsverlust oder Berufsverbot, zu rechnen.

Bereits ab 1945 nahmen die Westalliierten »verdächtige Personen«, zumeist führende Vertreter nationalsozialistischer Organisationen wie NSDAP, SA, SS, HJ oder Gestapo, in »automatischen Arrest«. Allein die Briten internierten ab 1945 rund 90.000 Personen in verschiedenen Lagern, beispielsweise in Recklinghausen-Hillerheide oder Staumühle bei Paderborn. Teilweise befanden sich die Internierungslager auf dem Gelände früherer Konzentrationslager, so zum Beispiel in Esterwegen im Emsland. Die

[409] Britische Soldaten in Gelsenkirchen-Schalke, 1948.

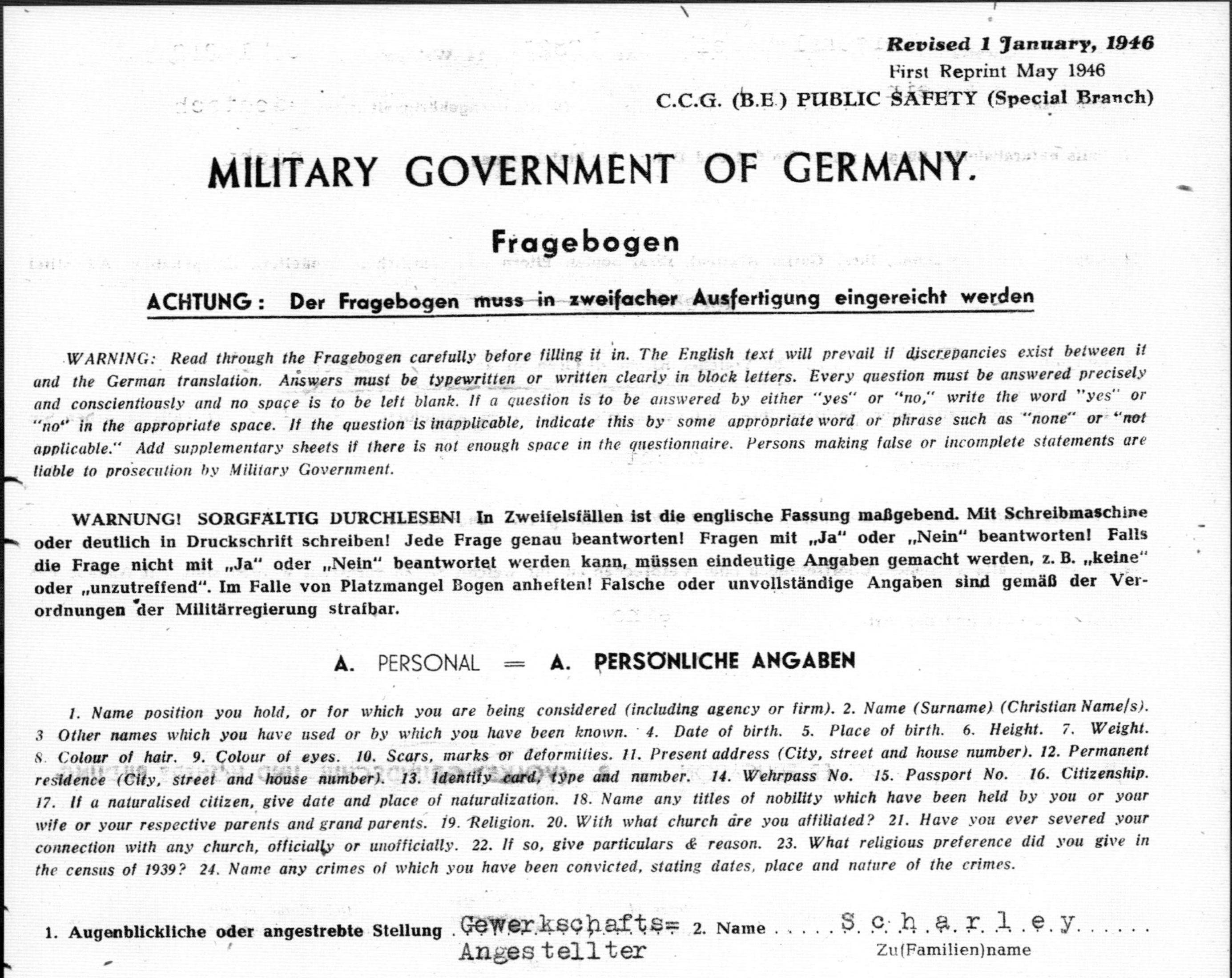

Revised 1 January, 1946
First Reprint May 1946
C.C.G. (B.E.) PUBLIC SAFETY (Special Branch)

MILITARY GOVERNMENT OF GERMANY.

Fragebogen

ACHTUNG: Der Fragebogen muss in zweifacher Ausfertigung eingereicht werden

WARNING: Read through the Fragebogen carefully before filling it in. The English text will prevail if discrepancies exist between it and the German translation. Answers must be typewritten or written clearly in block letters. Every question must be answered precisely and conscientiously and no space is to be left blank. If a question is to be answered by either "yes" or "no," write the word "yes" or "no" in the appropriate space. If the question is inapplicable, indicate this by some appropriate word or phrase such as "none" or "not applicable." Add supplementary sheets if there is not enough space in the questionnaire. Persons making false or incomplete statements are liable to prosecution by Military Government.

WARNUNG! SORGFÄLTIG DURCHLESEN! In Zweifelsfällen ist die englische Fassung maßgebend. Mit Schreibmaschine oder deutlich in Druckschrift schreiben! Jede Frage genau beantworten! Fragen mit „Ja" oder „Nein" beantworten! Falls die Frage nicht mit „Ja" oder „Nein" beantwortet werden kann, müssen eindeutige Angaben gemacht werden, z. B. „keine" oder „unzutreffend". Im Falle von Platzmangel Bogen anheften! Falsche oder unvollständige Angaben sind gemäß der Verordnungen der Militärregierung strafbar.

A. PERSONAL = A. PERSÖNLICHE ANGABEN

1. Name position you hold, or for which you are being considered (including agency or firm). 2. Name (Surname) (Christian Name/s). 3 Other names which you have used or by which you have been known. 4. Date of birth. 5. Place of birth. 6. Height. 7. Weight. 8. Colour of hair. 9. Colour of eyes. 10. Scars, marks or deformities. 11. Present address (City, street and house number). 12. Permanent residence (City, street and house number). 13. Identity card, type and number. 14. Wehrpass No. 15. Passport No. 16. Citizenship. 17. If a naturalised citizen, give date and place of naturalization. 18. Name any titles of nobility which have been held by you or your wife or your respective parents and grand parents. 19. Religion. 20. With what church are you affiliated? 21. Have you ever severed your connection with any church, officially or unofficially. 22. If so, give particulars & reason. 23. What religious preference did you give in the census of 1939? 24. Name any crimes of which you have been convicted, stating dates, place and nature of the crimes.

1. Augenblickliche oder angestrebte Stellung Gewerkschafts= Angestellter **2. Name** S c h a r l e y
Zu(Familien)name

3. Andere von Ihnen benutzte Namen oder solche, unter welchen Sie bekannt waren oder sind) H u b e r t
Vor(Tauf)name(n)

4. Geburtsdatum 11.12.1905 **5. Geburtsort** Gelsenkirchen

6. Größe 1,82 **7. Gewicht** 150 Pfd. **8. Haarfarbe** blond

9. Farbe der Augen blau

10 Besondere Merkmale (Narben, Schmisse, Geburtsmerkmale, Verstümmelungen, Tätowierungen) oder **Entstellungen**

keine

11. Gegenwärtige Anschrift Gelsenkirchen, Bochumerstr. 85
(Stadt, Straße und Hausnummer)

12. Ständiger Wohnsitz Gelsenkirchen, Waldemarstr. 8
(Stadt, Straße und Hausnummer)

[410] Entnazifizierungsfragebogen der Militärregierung, 1946.

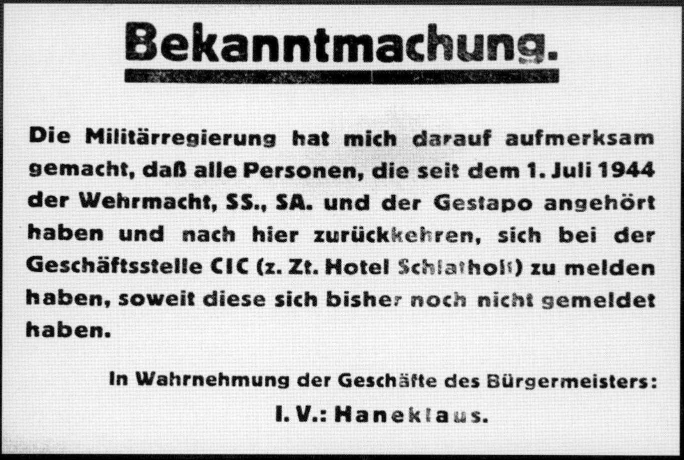

Bekanntmachung.

Die Militärregierung hat mich darauf aufmerksam gemacht, daß alle Personen, die seit dem 1. Juli 1944 der Wehrmacht, SS., SA. und der Gestapo angehört haben und nach hier zurückkehren, sich bei der Geschäftsstelle CIC (z. Zt. Hotel Schlatholt) zu melden haben, soweit diese sich bisher noch nicht gemeldet haben.

In Wahrnehmung der Geschäfte des Bürgermeisters:

I. V.: Haneklaus.

[411] Bekanntmachung der Stadtverwaltung Gelsenkirchen, 1945: Hinter der Abkürzung CIC verbarg sich das Counter Intelligence Corps der US-Armee.

[412] Kanadische Soldaten vor dem äußeren Haupttor des Internierungslagers Esterwegen, 1945.

[413] Angetretene Insassen des Internierungslagers Esterwegen, 1945.

»Zivilinternierten«, darunter auch bekannte Gelsenkirchener Nationalsozialisten wie der stellvertretende Gauleiter Peter Stangier oder Kreisleiter Otto Plagemann, verbrachten bis zu drei Jahre hinter Stacheldraht.

Rasch begaben sich die Briten auch an die Reorganisation der kommunalen Politik. Dabei setzten sie auf unbelastete Akteure aus der Weimarer Zeit wie den früheren Gelsenkirchener Oberbürgermeister Emil Zimmermann. Die Militärregierung ließ bald auch demokratische Parteien, Gewerkschaften und Zeitungen zu. Immer mehr Verantwortung ging in deutsche Hände über, die letzte Kontrolle übte aber die Besatzungsmacht aus.

Der Gelsenkirchener Entnazifizierungsausschuss

Schon 1946 legten die Briten wesentliche Teile des Überprüfungsverfahrens in deutsche Hände. Vor Ort wurden Entnazifizierungsausschüsse geschaffen, denen unbelastete Vertreter der Parteien, der Gewerkschaften und der Wirtschaft, später auch der Verfolgtenverbände angehörten. Das letzte Wort hatte weiter die Militärregierung. Insgesamt wurden 15.000 Personen in Gelsenkirchen überprüft. Die meisten Fälle wurden großzügig gehandhabt und die Berufungsverfahren produzierten viele »Mitläufer«. Der frühere Stadtrat Paul Schossier, der in der NS-Zeit an führender Stelle in der Gelsenkirchener Stadtverwaltung gewirkt hatte, wurde sogar als »Entlasteter« eingestuft. Dagegen protestierte der sozialdemokratische Stadtrat Gerhard Neysters (1885–1952) ebenso vehement wie erfolglos:

»Der deutsche Beamte ist in seiner politischen Auffassung an sich eine politische Komödie und Tragödie, da es einen wirklich unpolitischen Beamten niemals gegeben hat und es auch einen solchen niemals geben wird und kann. Er hat dem Kaiser und damit der Monarchie, der Demokratie und damit der Republik, der Diktatur und damit dem Nationalsozialismus den Treueid geschworen und steht nun im Begriff, jedem den Treueid zu leisten, der es von ihm verlangt. Mit einer Auffassung, die einen derartigen Helfer und Weiteraufbauer des Nationalsozialismusses in führender Position als zuverlässig und tragbar erklärt, wird unser geschlagenes Vaterland niemals zu einer wirklichen Demokratie kommen können [...] Wenn man den Kleinen, der dazu noch Funktionen übernehmen musste, hängen muss, dann soll man den Großen nicht laufen lassen, das wäre Unrecht! [...] Nach der ganzen Lage der Dinge ist anzunehmen, dass mit allen anderen sich seinerzeit Stadtrat Schossier darum der Restverwaltung anschloss, um even-

[414] Pressebericht über die Einrichtung des Gelsenkirchener Entnazifizierungsausschusses, 1946.

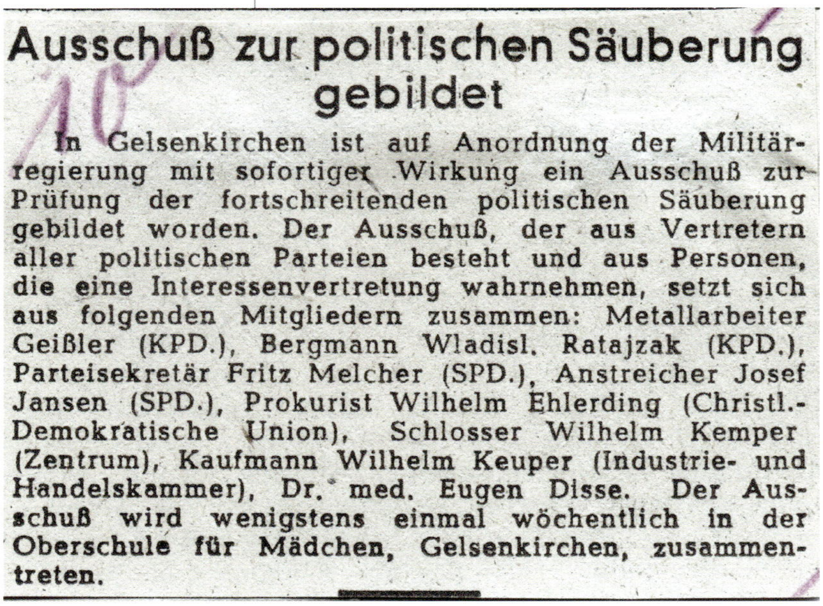

Ausschuß zur politischen Säuberung gebildet

In Gelsenkirchen ist auf Anordnung der Militärregierung mit sofortiger Wirkung ein Ausschuß zur Prüfung der fortschreitenden politischen Säuberung gebildet worden. Der Ausschuß, der aus Vertretern aller politischen Parteien besteht und aus Personen, die eine Interessenvertretung wahrnehmen, setzt sich aus folgenden Mitgliedern zusammen: Metallarbeiter Geißler (KPD.), Bergmann Wladisl. Ratajzak (KPD.), Parteisekretär Fritz Melcher (SPD.), Anstreicher Josef Jansen (SPD.), Prokurist Wilhelm Ehlerding (Christl.-Demokratische Union), Schlosser Wilhelm Kemper (Zentrum), Kaufmann Wilhelm Keuper (Industrie- und Handelskammer), Dr. med. Eugen Disse. Der Ausschuß wird wenigstens einmal wöchentlich in der Oberschule für Mädchen, Gelsenkirchen, zusammentreten.

[415] Der CDU-Politiker Karl Erkelenz war ab 1948 Vorsitzender der 1. Kammer des Gelsenkirchener Entnazifizierungsausschusses. Erkelenz war als Mitglied der »Bekennenden Kirche« selbst mit dem NS-Regime in Konflikt geraten.

tuellen Nachteilen durch die Alliierten aus dem Wege zu gehen. Erst dann, als sich diese Gefahr nicht zeigte, kehrte er zu seinem wirklichen Pflichtenkreis, den er in schwerer Stunde im Stich ließ, zurück, und wurde ihm die Wiederdienstaufnahme verweigert, woraufhin er seine Pensionierung einreichte.«

Letztlich konnte die Entnazifizierung die großen Hoffnungen, die anfangs mit dem Verfahren verbunden gewesen sind, nicht erfüllen. Die Bevölkerung verlor rasch ihr Interesse an dem Ausschuss. Dementsprechend berichtete die Polizei Gelsenkirchen am 25. Juni 1948:

»Eine Interessenlosigkeit der Bevölkerung an den Sitzungen der Entnazifizierungsausschüsse

[416] »Mitläuferfabrik«: Der Jurist Dr. Otto Schäfer (1900–1966), Mitglied in NSDAP und SS, machte ab 1933 Karriere in der Stadtverwaltung Gelsenkirchen. Ab 1938 leitete er das Rechts- und Polizeidezernat. Später arbeitete er in der Besatzungsverwaltung in Estland und der Ukraine. Zunächst als »Minderbelasteter« eingereiht, legte er Widerspruch ein und wurde schließlich als »Mitläufer« entnazifiziert. Seinen Antrag auf Wiederverwendung lehnte die Stadtverwaltung dennoch ab. Vor Gericht erstritt Dr. Schäfer aber volle Pensionsbezüge. Er ließ sich 1951 als Rechtsanwalt in Gelsenkirchen nieder.

BIOGRAFIE

Dr. Friedrich Wendenburg – Verbrechen im Namen von Fortschritt und Wissenschaft

[417] Feierliche Verabschiedung von Dr. Friedrich Wendenburg (Mitte) als Sonderbeauftragter für den Wiederaufbau Gelsenkirchens, 1954.

Dr. Friedrich Wendenburg (1888–1967) wurde nach seiner Facharztausbildung am 1. Juli 1919 Leiter des neu gegründeten Gesundheitsamtes in Gelsenkirchen und Stadtrat für das Gesundheits- und Wohlfahrtwesen. In diesem Amt war er zwischen 1920 und 1941 der entscheidende Akteur der städtischen Gesundheitsfürsorge. Er erneuerte die Familienfürsorge nach dem sogenannten »Gelsenkirchener System«, gründete das Kinderkrankenhaus, die Säuglingspflegeschule sowie die Behindertenfürsorge und förderte die Errichtung vieler anderer sozialer Einrichtungen. Im Jahr 1928 wurde er Beigeordneter der Stadt und blieb dies auch nach der »Machtergreifung«. Er gehörte zunächst lange keiner Partei an, trat aber schließlich 1937 der NSDAP bei. Im Jahr 1941 übernahm er die Stelle des hauptamtlichen Beigeordneten für das Wohlfahrtswesen in Breslau an. In der schlesischen Metropole blieb Wendenburg bis zum Kriegsende.

Wo seine Ziele mit denen des Regimes übereinstimmten, nutzte er die Möglichkeit, seine Ideen schnell zu verwirklichen. Sein Handeln wurde jedoch weniger von der nationalsozialistischen Ideologie als vielmehr von seinen Vorstellungen von einer schnellen Modernisierung geleitet. Dass dabei die Grenzen der Menschlichkeit überschritten wurden, nahm er allerdings bereitwillig in Kauf. So verantwortete Dr. Wendenburg als Leiter des städtischen Gesundheits- und Fürsorgewesens beispielsweise die verbrecherische Umsetzung des »Gesetzes zur Verhütung erbkranken Nachwuchses«. Nachdem er nach Kriegsende zunächst noch für einige Monate Verwaltungsaufgaben für die sowjetischen bzw. polnischen Behörden in Breslau übernommen hatte, kehrte er nach Gelsenkirchen zurück. Im Entnazifizierungsverfahren wurde er als »Mitläufer« eingestuft. Trotz der Bedenken einiger Gelsenkirchener Bürgerinnen und Bürger, die in Wendenburg einen »Wegbereiter« und »Handlanger« des NS-Regimes sahen, fand er eine erneute Anstellung bei der Gelsenkirchener Stadtverwaltung: Ab dem 1. Juli 1946 arbeitete er als Sonderbeauftragter für den Wiederaufbau der Stadt Gelsenkirchen und sorgte unter anderem dafür, dass sich zahlreiche Betriebe der Bekleidungsindustrie in Gelsenkirchen niederließen. Ab 1953 organisierte Dr. Wendenburg den Wiederaufbau Kassels. Für seine Verdienste erhielt er das Bundesverdienstkreuz Erster Klasse.

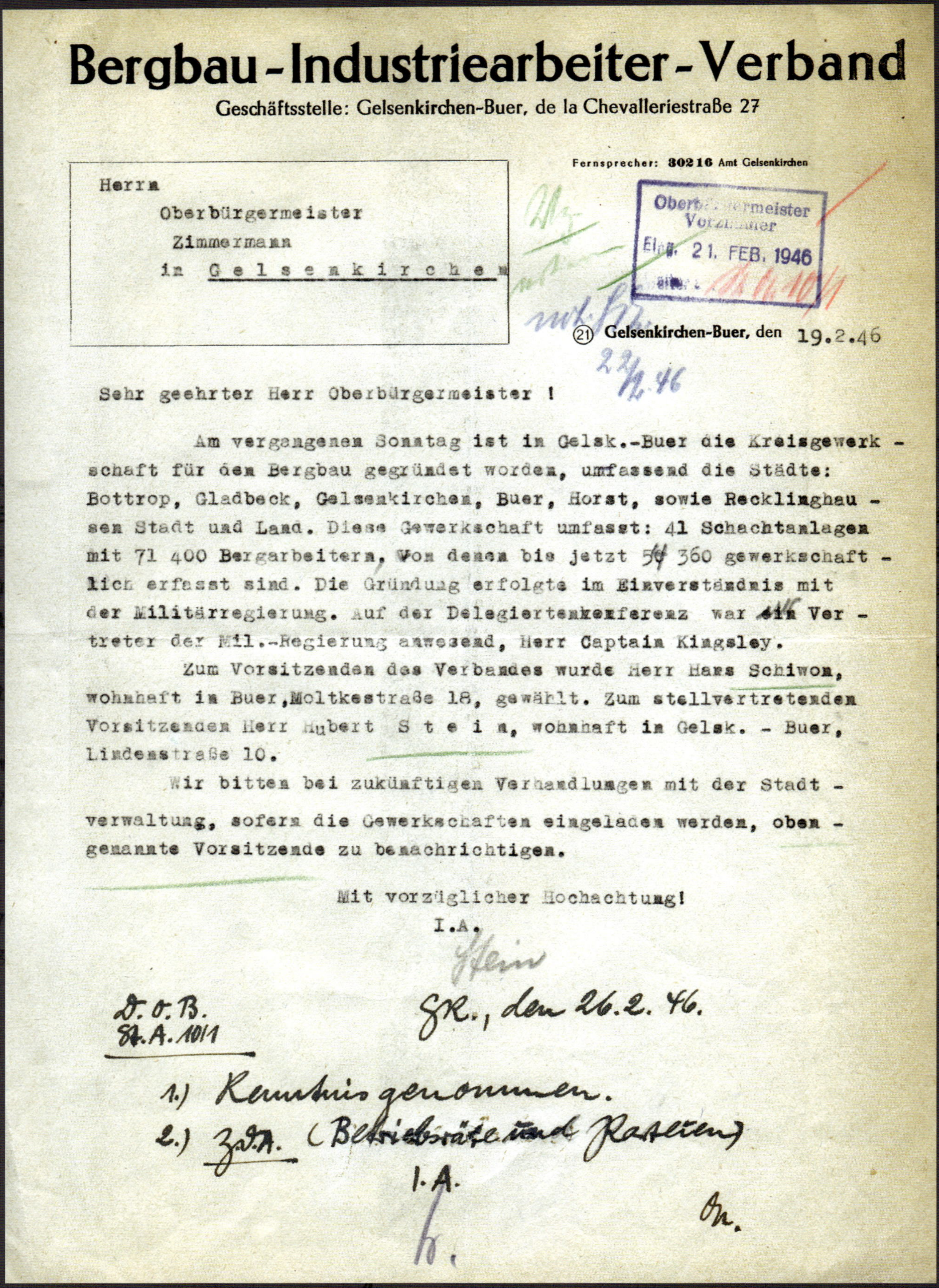

Bergbau-Industriearbeiter-Verband

Geschäftsstelle: Gelsenkirchen-Buer, de la Chevalleriestraße 27

Fernsprecher: 30216 Amt Gelsenkirchen

Herrn
Oberbürgermeister
Zimmermann
in Gelsenkirchen

Oberbürgermeister Vorzimmer Eing. 21. FEB. 1946

Gelsenkirchen-Buer, den 19.2.46

22/2.46

Sehr geehrter Herr Oberbürgermeister !

Am vergangenen Sonntag ist in Gelsk.-Buer die Kreisgewerkschaft für den Bergbau gegründet worden, umfassend die Städte: Bottrop, Gladbeck, Gelsenkirchen, Buer, Horst, sowie Recklinghausen Stadt und Land. Diese Gewerkschaft umfasst: 41 Schachtanlagen mit 71 400 Bergarbeitern, Von denen bis jetzt 54 360 gewerkschaftlich erfasst sind. Die Gründung erfolgte im Einverständnis mit der Militärregierung. Auf der Delegiertenkonferenz war ein Vertreter der Mil.-Regierung anwesend, Herr Captain Kingsley.

Zum Vorsitzenden des Verbandes wurde Herr Hans Schiwon, wohnhaft in Buer, Moltkestraße 18, gewählt. Zum stellvertretenden Vorsitzenden Herr Hubert Stein, wohnhaft in Gelsk. - Buer, Lindenstraße 10.

Wir bitten bei zukünftigen Verhandlungen mit der Stadtverwaltung, sofern die Gewerkschaften eingeladen werden, obengenannte Vorsitzende zu benachrichtigen.

Mit vorzüglicher Hochachtung!
I.A.
Stein

D.O.B.
St.A. 10/1

GK., den 26.2.46.

1.) Kenntnis genommen.
2.) z.d.A. (~~Betriebsräte und~~ Kasetten)
I.A.

[418] Schreiben des Bergbau-Industriearbeiter-Verbandes an den Oberbürgermeister von Gelsenkirchen, 1946: Schon im April 1945 hatte sich in Buer der Freie Deutsche Gewerkschaftsbund – Fachgruppe Bergbau gegründet. Nachdem die Militärregierung im Februar 1946 auch gewerkschaftliche Zusammenschlüsse auf Bezirksebene erlaubt hatte, konstituierte sich in Buer die Kreisgruppe des Bergbau-Industriearbeiter-Verbandes für das gesamte nördliche Ruhrgebiet. Führende Persönlichkeit war der Gelsenkirchener Kommunist Hans Schiwon (1894–1950).

BIOGRAFIE

Elisabeth Nettebeck – eine christliche Politikerin aus Gelsenkirchen

[419] Elisabeth Nettebeck (links) mit Bundeskanzler Konrad Adenauer bei einem Wahlkampfauftritt in Gelsenkirchen, 1957.

Elisabeth Nettebeck (1896–1969) stammte aus einer katholischen Gelsenkirchener Handwerker- und Gastwirtsfamilie. Die ausgebildete Lehrerin leitete ab 1923 den Katholischen Deutschen Frauenbund (KDFB) in Gelsenkirchen. Als Geschäftsführerin dieser katholischen Laienorganisation engagierte sie sich beispielsweise in der christlichen Mädchenerziehung und bemühte sich um die politische Weiterbildung christlicher Frauen. Im »Dritten Reich« geriet das kirchliche Vereinswesen unter Druck. Insbesondere galten fürsorgerische und bildungspolitische Aktivitäten von katholischer Seite als verdächtig. Der KDFB wurde verboten, Elisabeth Nettebeck in die innere Emigration gezwungen.

Nach dem Zweiten Weltkrieg sorgte sie für die Wiedererstehung der katholischen Frauenbewegung in Gelsenkirchen. Elisabeth Nettebeck trat auch in die neu gegründete CDU ein, für die sie 1946 in den Rat der Stadt einzog. Ihre Themen waren vor allem die Sozial- und Kulturpolitik in der Stadt. Bei der ersten Bundestagswahl im August 1949 bewarb sich Elisabeth Nettebeck, die der Öffentlichkeit trotz ihrer 52 Jahre in den Zeitungen als »Fräulein« vorgestellt wurde, um einen Sitz in Bonn. Sie scheiterte knapp, konnte aber bei der Landtagswahl im folgenden Jahr ein Direktmandat im Gelsenkirchener Westen erringen. Bis 1966 gehörte sie dem Düsseldorfer Landtag an. Aber auch auf kommunaler Ebene blieb sie aktiv: Als Vorsitzende des Kulturausschusses setzte sie sich entschieden für ein neues und modernes Theater in der Stadt ein – zwischen 1956 und 1959 wurde es tatsächlich erbaut.

[420] Der ersten Delegation, die im April 1949 die neue Partnerstadt Newcastle besuchte, gehörten wichtige Akteure der Demokratisierung in Gelsenkirchen an: Oberbürgermeister Geritzmann (SPD, 2. von links), Oberstadtdirektor Zimmermann (FDP, ganz rechts) und die Stadtverordneten Karl Surkamp (SPD, 3. von links) und Josef Weiser (Zentrum, 2. von rechts).

[421] Die vormalige *Volksgemeinschaft* nahm sich nach dem Krieg weiter als Opfergemeinschaft wahr. Die neu gegründeten Parteien wussten darum und appellierten in den Wahlkämpfen an dieses Gefühl. Die CDU setzte vor den ersten Bundestagswahlen 1949 unumwunden auf eine Mobilisierung durch antikommunistische Ressentiments, …

[422] … die SPD versprach, sich für die Freilassung der letzten Kriegsgefangenen einzusetzen …

[423] … und die KPD prangerte vor den Landtagswahlen 1947 das angebliche Versagen der Siegermächte und der Zonenverwaltung bei der Versorgung der Bevölkerung an.

zeigt sich darin, daß die öffentlichen Verhandlungen fast gar nicht besucht werden.«

Erste Schritte in die Demokratie

Schon im April 1945 reorganisierten sich in Gelsenkirchen die vom NS-Regime verbotenen Parteien und Gewerkschaften. Selbstbewusst forderten die früheren Verfolgten – Sozialdemokraten, Kommunisten und die neu gegründete »Christliche Vereinigung« – am demokratischen Neuaufbau Gelsenkirchens beteiligt zu werden. Offiziell zugelassen wurden Parteien und Gewerkschaften im Herbst 1945. Ein Jahr später, am 13. Oktober 1946, fand mit der Kommunalwahl die erste freie Abstimmung nach dem Krieg statt, aus der die SPD als Sieger hervorging: Robert Geritzmann (1893-1969) wurde der erste demokratisch legitimierte Oberbürgermeister der Nachkriegszeit. In seiner Antrittsrede am 25. Oktober 1946 blickte Geritzmann nur mit verhaltenem Optimismus in die Zukunft:

»Wir sehen vor uns nur einen schmalen Weg voller Geröll und Unverstand, auf welchem wir die Freiheit und Wohlfahrt, Demokratie und Sozialismus anzusteuern haben.«

BIOGRAFIE

Margarethe Zingler – eine sozialdemokratische Widerstandskämpferin

Margarethe Zingler (1885–1973) kam 1923 gemeinsam mit ihrem Mann Alfred (1885–1944) aus Ostdeutschland nach Gelsenkirchen. Während ihr Ehemann Redakteur der örtlichen SPD-Zeitung wurde und sich besonders im Volkschor und in der sozialdemokratischen Jugend- und Bildungsarbeit engagierte, widmete sich Margarethe Zingler der Arbeit in den sozialdemokratischen Frauengruppen. Zudem gehörte sie zum Vorstand der Arbeiterwohlfahrt (AWO) in Gelsenkirchen. Seit 1928 war sie mit einer kurzen Unterbrechung SPD-Stadtverordnete.

Weil sie bekannte Gegner der Nationalsozialisten waren, sah sich das Ehepaar Zingler 1933 gezwungen, aus Gelsenkirchen zu fliehen. Im Sommer 1933 konnten sie sich im niederländischen Hengelo niederlassen. Von den Niederlanden aus versorgten die Zinglers illegale Zirkel im Ruhrgebiet mit Material des sozialdemokratischen Exilvorstandes und leiteten umgekehrt Informationen aus dem »Dritten Reich« weiter. Nachdem die Wehrmacht im Mai 1940 das Nachbarland besetzt hatte, gingen sie in den Untergrund und konnten sich mit der Unterstützung von Freunden über drei Jahre versteckt halten. Im Sommer 1943 wurden sie jedoch verhaftet und vor den berüchtigten Volksgerichtshof in Berlin gestellt. Während Alfred Zingler zum Tode verurteilt und am 28. August 1944 hingerichtet wurde, erhielt Margarethe Zingler eine dreijährige Haftstrafe. Am 19. April 1945 befreiten sie amerikanische Truppen aus dem Zuchthaus in Leipzig.

Sie kehrte nach Gelsenkirchen zurück, wo sie zu denjenigen gehörte, die die SPD und die Gewerkschaften wiedergründeten. Margarethe Zingler übernahm erneut die Geschäftsführung der Gelsenkirchener AWO, die sie bis in die 1960er Jahre innehatte. Auch als Stadtverordnete zwischen 1946 und 1948 wirkte sie am demokratischen Neuanfang mit.

[424] Margarethe Zingler (links) mit ihrer Nachfolgerin Friedel Pfeiffer bei einer AWO-Veranstaltung, 1955.

ZERSTAMPFET DES UNRECHTS
DRACHENSAAT,
ZERSTÖRT DEN HASS
VON STAAT ZU STAAT,
DIE GANZE WELT
BLUT

nach 1945

Auseinandersetzungen mit der nationalsozialistischen Vergangenheit

Für den Umgang der deutschen Gesellschaft mit dem Erbe des »Dritten Reiches« bürgerte sich in den 1950er Jahren der Begriff der »Vergangenheitsbewältigung« ein. Dahinter verbirgt sich ein mit Konflikten und Problemen verbundener Prozess, der unmittelbar nach Kriegsende einsetzte und bis in die Gegenwart andauert.

Die Aufarbeitung der nationalsozialistischen Vergangenheit umfasste die strafrechtliche Verfolgung der NS-Verbrechen, die 1945 in Nürnberg begann und auch in Gelsenkirchen stattfand, ebenso wie die Wiedergutmachung für die Opfer nationalsozialistischer Gewaltherrschaft, die oftmals unzulänglich blieb. Zur Vergangenheitsbewältigung gehörte es auch, ein stabiles demokratisches Bewusstsein in Deutschland zu entwickeln, zu pflegen und gegen Anfechtungen zu verteidigen. Ihren Ausdruck findet die Auseinandersetzung mit dem Nationalsozialismus in der über Jahrzehnte gewachsenen Erinnerungskultur Gelsenkirchens.

Die Forderung, einen »Schlussstrich« zu ziehen, begleitete die Beschäftigung mit der NS-Vergangenheit nahezu von Beginn an. Der Philosoph Theodor W. Adorno hatte dazu bereits 1963 festgestellt:

»Aufgearbeitet wäre die Vergangenheit erst dann, wenn die Ursachen des Vergangenen beseitigt wären.«

Da dies bis heute nicht der Fall ist, sondern antisemitische, rassistische, nationalistische oder antidemokratische Überzeugungen – offene ebenso wie verborgene – fortbestehen, bleibt es eine wesentliche Aufgabe für gegenwärtige und künftige Generationen, sich der Geschichte des Nationalsozialismus zu stellen.

[425] Hakenkreuzschmierereien am Ehrenmal für die Opfer der nationalsozialistischen Gewaltherrschaft im Gelsenkirchener Stadtgarten, 1959.

7.1 ▸ Vergangenheitsbewältigung per Gesetz

Der »Führer« Adolf Hitler entzog sich 1945 seiner Verantwortung für die Verbrechen des »Dritten Reiches« durch Selbstmord – ebenso wie zahlreiche nachgeordnete NS-Funktionäre, unter anderem der Gauleiter der nordwestfälischen NSDAP, Dr. Alfred Meyer. Aber die Überreste der zertrümmerten *Volksgemeinschaft* wurden von den Alliierten ebenso wie von den ehemaligen Verfolgten in die Pflicht genommen, sich der Vergangenheit zu stellen. Aus ihrer Orientierungslosigkeit heraus mussten sich die Deutschen mit der Schuld der Täter ebenso befassen wie mit einer möglichen Wiedergutmachung für die Opfer.

Mit den Nürnberger Prozessen und der Soforthilfe für die Verfolgten des NS-Regimes begann bereits 1945 die Auseinandersetzung mit den nationalsozialistischen Verbrechen – mit den

12 Jahre Zuchthaus für Tenholt

Freispruch für den Mitangeklagten Graf von Stosch

Am Dienstag wurde im großen Sitzungssaal des Rathauses durch den Vorsitzenden des Schwurgerichts Bochum, Landgerichtsdirektor Scharpenseel, das Urteil im Tenholt-Prozeß verkündet. Der Angeklagte Tenholt wurde zu einer Zuchthausstrafe von 12 Jahren verurteilt, Graf Stosch mangels Beweises freigesprochen.

Im Anschluß an die Urteilsverkündung führte der Vorsitzende aus, in seiner Aufgabe sei das Gericht durch die Disziplin der Zeugen unterstützt worden, die trotz großer Erregung sich bemüht hätten, eine möglichst objektive Darstellung zu geben. Es folgte dann noch einmal eine Stellungnahme zu den 46 Straftaten, die dem Angeklagten zur Last gelegt wurden. In Betrachtung dieser Straftaten folgerte der Vorsitzende: Alles, was geschehen ist, war von Tenholt gewollt und er trägt die Verantwortung. Die Behauptung Tenholts, er habe den Tod der Häftlinge Funk und Förding nicht gewollt und könne daher nicht verantwortlich gemacht werden, wird widerlegt durch die Behauptung mehrerer Zeugen, daß Tenholt bei den Vernehmungen Funks und Fördings anwesend war. Das Gericht hat daher den Angeklagten Tenholt im Sinne der Anklage der Aussagenerpressung und der Körperverletzung im Amt in 46 Fällen sowie der Körperverletzung mit Todeserfolg in zwei Fällen für schuldig befunden. Da er wehrlose Menschen, die seiner Willkür schutzlos preisgegeben waren, nur wegen ihrer politischen Ueberzeugung auf das schwerste mißhandelte, hat er über das Strafgesetzbuch hinaus gegen das Kontrollratsgesetz Nr. 10 verstoßen und sich des Verbrechens gegen die Menschlichkeit schuldig gemacht.

Bezüglich der Strafzumessung sei es nicht leicht, betonte der Vorsitzende, bei dem Angeklagten mildernde Umstände zu finden. Diese wären zunächst in seiner bisherigen Unbescholtenheit begründet. Nicht unbeachtet geblieben seien seine Erlebnisse am Wasserturm in Essen, da dadurch seine Bereitschaft zu diesen Taten gegeben sei. Unter Abwägung aller Umstände sei das Schwurgericht zu diesem Urteil gekommen.

Das Gericht schloß sich der Ansicht des Staatsanwalts an, daß der Angeklagte Graf Stosch für die vor dem 1. 4. 34 geschehenen Straftaten Tenholts nicht verantwortlich zu machen sei, da Tenholt alle Befugnisse inne hatte und Stosch ihm wahrscheinlich koordiniert war. Nicht freizusprechen sei der Angeklagte von einer moralischen und politischen Schuld. Doch es sei nicht Aufgabe des Schwurgerichts, darüber zu urteilen. Nach all diesem beschloß das Gericht den Freispruch des Grafen Stosch mangels Beweises. Der Haftbefehl wurde aufgehoben.

Mit der Verurteilung Tenholts hat eine grausige Episode aus der Geschichte des Vestes Recklinghausen ihren Abschluß gefunden.

Er würfelte mit Pfennigen ...

Arnsberg. Toto-Königin Fortuna hat wieder einmal ihren Segen über Arnsberg gestreut. Ein Arnsberger Tippfanatiker war es endlich leid geworden, „nach Köpfchen" seinen Tipschein auszufüllen, würfelte mit drei Einpfennigstücken, trug nach dem Ergebnis dieser Zufallsspielerei seine Kreuzchen in die Scheine ein und siehe da: Alle 10 waren richtig und 13 117,50 DM warten nun auf den glücklichen Gewinner.

[426] Wilhelm Tenholt (1896–1974) war zwischen 1933 und 1936 der Leiter der Gestapo im Bereich des Polizeipräsidiums Recklinghausen und als solcher auch für Gelsenkirchen zuständig. Der Kriminalrat galt als überzeugter Nationalsozialist und war ein gefürchteter Schläger. Zu seinen Opfern zählten der kommunistische Reichstagsabgeordnete und führende Bergarbeitergewerkschafter Albert Funk (1894–1933) und der Coesfelder KPD-Funktionär Heinrich Vörding (1902–1933). Beide stürzten im April bzw. im Juli 1933 nach schwerer Folter aus einem Fenster im dritten Stockwerk des Polizeipräsidiums Recklinghausen in den Tod. In einem ersten Prozess gegen ihn im Jahr 1947 war Tenholt zunächst nur zu einer milden Strafe verurteilt worden. Dies führte bei der »Vereinigung der Verfolgten des Naziregimes« (VNN) Gelsenkirchen zu Empörung und Protest. Sie beschuldigte ihn zahlreicher Verbrechen und forderte ein neues Verfahren. Im Jahr 1949 wurde Tenholt wegen Aussageerpressung, Körperverletzung im Amt und Körperverletzung mit Todesfolge tatsächlich zu zwölf Jahren Zuchthaus verurteilt. Sein Vorgesetzter Dr. Günther Graf von Stosch (1893–1955), der es nach seiner Zeit bei der Gestapo zum Oberbürgermeister von Bottrop und später zum Regierungspräsidenten in Münster und zuletzt in Minden brachte, wurde aus Mangel an Beweisen freigesprochen.

Mitteln der Justiz und der Bürokratie. Einerseits sollten die NS-Verbrecher für ihre Taten strafrechtlich verfolgt, angeklagt und verurteilt werden. Andererseits wurde nach Wegen gesucht, auch den Opfern Gerechtigkeit widerfahren zu lassen. Dieser Prozess ist bis in die Gegenwart nicht abgeschlossen.

Im Spannungsfeld der Täter-Opfer-Gesellschaft gestalteten sich sowohl die juristische Aufarbeitung als auch die Bemühungen um eine Entschädigung der Opfer hochgradig widersprüchlich und schwierig: Die Täter profitierten oftmals von mangelnder Beweislage, schamlosen Falschaussagen, fortbestehenden Netzwerken und lange Zeit auch vom Wohlwollen der Justiz. Die Opfer standen der Bürokratie teilweise wie abhängige Bittsteller gegenüber. Manche Opfergruppen hatten kaum Chancen, Gehör zu finden.

Nürnberg in Gelsenkirchen

In Nürnberg machten die Alliierten den führenden Vertretern des nationalsozialistischen Deutschland den Prozess. Vor dem Internationalen Militärgerichtshof hatten sich ab Herbst 1945 zunächst die überlebenden Angehörigen der Führungsspitze des »Dritten Reiches«, beispielsweise Hermann Göring oder Dr. Robert Ley, als »Hauptkriegsverbrecher« zu verantworten. Auch Ärzte, Anwälte, Industrielle, hohe NS-Funktionäre und Angehörige der Wehrmacht wurden bis 1949 in Nürnberg angeklagt und teilweise zum Tode oder zu hohen Haftstrafen verurteilt.

Neben den Nürnberger Prozessen fanden in allen Besatzungszonen Verfahren wegen NS-Gewaltverbrechen statt. Auch Gelsenkirchener NS-Täter mussten vor Gericht Verantwortung für ihre Taten übernehmen. Eines der größten Gelsenkirchener Verfahren war der »Pukrop-Prozeß« im Jahr 1947. Insgesamt 18 frühere SA-Männer wurden beschuldigt, im Oktober 1933 über hundert politische Gegner in der Gaststätte »Terboven« an der Cranger Straße »misshandelt und zu Krüppeln geschlagen« (Westfälische Rundschau) zu haben. Helene Badziong, die als Sechzehnjährige Zeugin der Ereignisse wurde und später im Widerstand gegen das NS-Regime aktiv war, erinnerte sich später: »[…] *141 Arbeiter, vor allem Bergleute, wurden verhaftet und im Keller der Gaststätte Terboven zusammengeschlagen. Wir alle hatten keine Tränen mehr, wir waren nur noch geladen vor Wut.*« Nur fünf der früheren SA-Aktivisten wurden verurteilt, darunter die als Haupttäter identifizierten Brüder Erich und Wilhelm Pukrop, die mehrjährige Haftstrafen erhielten.

Wenige Wochen zuvor war bereits der SS-Mann Hugo König, der auch in den »Terboven-Fall«

verwickelt gewesen war, gemeinsam mit dem Gestapo-Beamten Alfred Knuth wegen Misshandlungen im »Zimmer 71« des Rathauses Buer zu mehrjährigen Haftstrafen verurteilt worden. Die verhängten Strafen standen oftmals in keinem Verhältnis zum Ausmaß der Taten. Da *Volksgemeinschaft* und Verbrechen derart eng verknüpft waren, kam es nur selten zu angemessenen Urteilen. Zudem kam ein Großteil der verurteilten Täter nach kurzer Zeit wieder frei. Vielen gelang problemlos, sich in die Nachkriegsgesellschaft zu integrieren.

Wieder gut gemacht?

Ab 1946 wurde die Wiedergutmachung erst durch den »Kreis-Sonder-Hilfsausschuss«, danach durch das Wiedergutmachungsamt Gelsenkirchen bürokratisch organisiert. Gesetzliche Grundlage war später das »Bundesgesetz zur Entschädigung für Opfer der nationalsozialistischen Verfolgung« (BEG) von 1953. Nicht jedes

WESTFÄLISCHE RUNDSCHAU

Die Nazi-Folterkammer im Rathaus Buer

Aburteilung des SS-Verbrechers Hugo König

Die politisch bewegte Zeit nach der sogenannten Machtübernahme 1933 war der Hintergrund eines Strafprozesses vor dem Essener Landgericht, in dem die bestialischen Quälereien an linksgerichteten politischen Gegnern seitens der braunen Machthaber auf dem damals berüchtigten Zimmer 71 des Buerschen Rathauses in erschreckenden Bildern beleuchtet wurden. Es war aufs Haar die gleiche Atmosphäre, die sich hier auftat, wie sie in den großen KZ-Prozessen der letzten Monate sichtbar geworden ist.

Wie erinnerlich, wurde im Herbst 1933 der SA-Mann Josef Woltmann in Buer-Erle ermordet. Diese reine Eifersuchtstat wurde damals von den Nazis natürlich politisch ausgeschlachtet. Zahlreiche Verhaftungen von unbequemen Gegnern wurden damals vorgenommen. Ein für Mitte Juli im Amtsgericht Buer angesetzter Prozeß mit 18 Angeklagten wird diese ganze Angelegenheit noch einmal aufrollen. Die Hauptverantwortlichen jener Tage — darunter SA-Sturmbannführer Schroth, SA-Sturmführer Zurhausen und ein gewisser Jakubek — sind entweder tot oder noch in Gefangenschaft. Sehr erheblich beteiligt war auch der ehemalige SS-Oberscharführer Hugo König aus Buer-Scholven, ein „alter Kämpfer" von 1931. Er war unter allen Buerschen SS-Rabauken einer der gefürchtetsten Schläger, dumm, roh und gemein zugleich. Damals erwerbslos, vertrieb sich der körperlich kräftige Bursche seine Langeweile mit der Aufspürung politischer Gegner und mit deren sehr handgreiflichen „Vernehmung" nach SS-Art. Dieser bewährte Kämpfer, der „dicke König", war es, der nun wegen Verbrechens gegen die Menschlichkeit vor dem Essener Landgericht stand.

Die zwölf ihm zur Last gelegten Fälle von Mißhandlung im einzelnen aufführen, würde zu weit führen. Das Festnahme- und Vernehmungsverfahren war übrigens immer ziemlich gleich. Linksgerichtete politische Gegner wurden aus irgendeinem undurchsichtigen Grunde festgenommen und gleich an Ort und Stelle zum ersten Male und auf dem Wege zum Rathaus Buer noch einmal und wenn nötig, noch öfter verprügelt. Damit waren sie „weich" gemacht zur „Vernehmung" auf Zimmer 71 des Rathauses, wo sich dann 5—6 SA- und SS-Männer mit Gummiknüppeln, Stahlruten und sonstigen „Vernehmungsgeräten" auf ihre Opfer stürzten, um sie solange zu bearbeiten, bis sie besinnungslos zusammenbrachen. Zwischendurch und nachher quetschte man aus den Unglücklichen die gewünschten Aussagen heraus. Die Folge dieser Vernehmungsprozeduren war meist ein mehrwöchiges Krankenlager. Zwei Zeugen des König-Prozesses bewiesen durch ihre Anwesenheit, wie es auf Zimmer 71 zugegangen ist: sie sind durch diese Mißhandlungen lebenslang zu Krüppeln geworden. Daß jemand aus dieser Hölle lebend herauskam, ist ein Wunder. Die in solchen „Vernehmungen" erpreßten Protokolle dienten als Grundlage zu späteren Hochverratsprozessen, die die armen Opfer in Zuchthäuser und Konzentrationslager brachten.

Der Angeklagte Hugo König wagte nur einen der ihm zur Last gelegten Mißhandlungsfälle abzustreiten. Im übrigen aber wurde er auch durch einwandfreie Zeugenaussagen überführt. Wegen schwerer Körperverletzung und wegen Verbrechens gegen die Menschlichkeit wurde er zu dreieinhalb Jahren Gefängnis verurteilt. Wieviel Arbeitern aber wird er zu weit höheren Strafen „verholfen" haben?

[427] Pressebericht über den Prozess gegen Hugo König, 1947: Eduard Schuler, der von König gefoltert worden war, sagte vor der Polizei aus, dass er mit folgenden Worten in das Zimmer 71 im Rathaus Buer gebracht worden war: »Bring ihn hier rüber und hau ihn, daß er in keinen Sarg mehr paßt.«

BIOGRAFIE

Otto Plagemann – ein fanatischer Nationalsozialist mit unbehelligter Nachkriegskarriere

Der Finanzbeamte Otto Plagemann (1903–1998) kam 1929 aus Mecklenburg nach Recklinghausen. Dort schloss er sich noch im gleichen Jahr NSDAP und SA an. Plagemann stieg rasch auf und war bald Ortsgruppenleiter und Adjutant des Kreisleiters. Im Jahr 1934 übernahm er die Leitung des NSDAP-Kreises Recklinghausen-Land, zwei Jahre später auch des Kreises Recklinghausen-Stadt. Im Jahr 1938 wechselte er aus der Finanzverwaltung hauptamtlich in den Parteidienst und ging als Kreisleiter nach Paderborn. Drei Jahre später kehrte Plagemann ins Ruhrgebiet zurück und wurde Kreisleiter Emscher-Lippe mit Sitz in Gelsenkirchen. Während die Stadt in Trümmern versank, forderte er die Gelsenkirchener Bevölkerung unbeirrt zum Durchhalten auf. In der Endphase des Krieges ließ er sogenannte Mordlisten vorbereiten, um noch im letzten Moment mit politischen Gegnern »abzurechnen«. Plagemann selbst setzte sich vor dem Einrücken der US-Truppen aus dem Ruhrkessel ab.
Er tauchte unter und arbeitete als Knecht in Mecklenburg und Niedersachsen. Im Frühjahr 1947 kehrte Plagemann zu seiner Familie nach Recklinghausen zurück und stellte sich den Behörden. Er wurde rund ein halbes Jahr im Lager Recklinghausen-Hillerheide interniert. Im Februar 1948 verurteilte ihn die Spruchkammer Recklinghausen wegen seiner Mitverantwortung für die NS-Verbrechen zu fünf Jahren Haft, die er in der Strafanstalt Esterwegen absitzen sollte. Plagemanns Anwälte legten Revision ein, der kurze Zeit später auch stattgegeben wurde: Seine Strafe wurde auf 17 Monate gemildert. Da der Haftbefehl aufgehoben war, kam Plagemann unter Anrechnung der zuvor verbüßten Haftzeit auf freien Fuß – der Rest der Strafe wurde bald zur Bewährung ausgesetzt. Weitere Verfahren gegen Plagemann, unter anderem wegen der Brandstiftung an der Paderborner Synagoge 1938, wurden aus Mangel an Beweisen eingestellt. Ab 1950 lebte Plagemann in Essen, wo er im Büro eines Steuerberaters arbeitete.

[428] Otto Plagemann, 1940.

4. Krim.- Kommissariat
ST. A. 21 - Polizeiamt -
Tgb. Nr. 209/45

Gelsenkirchen - Buer, den 9. 10. 1945

Freiwillig erscheint der Schweisser Friedrich L u k a s , geb. 4.10.10 zu Buer - Erle, verh. 2 Kinder, evgl. Religion, wohnhaft Buer - Erle, Engernstr. 14 und gibt an:

In der Nacht vom 6. zum 7.10. 33 gegen 24 Uhr, als ich mich auf dem Nachhausewege befand, wurde ich auf der Bismarckstr. von 3 SA.- Leuten -Arends, (beschäftigtbei der Reichspost in Buer), Langhoff, wohnhaft Erle, Hermannstr. (zur Zeit Gefangenschaft) und Pukrop, wohnhaft Buer - Erle, festgenommen, und zum Parteilokal T e r b o v e n gebracht. Unterwegs wurde ich von A r e n d s mit einem Eichenstock geschlagen. Ich wurde in eine Zelle hineingebracht, die ungefähr 2 qm gross war und in dem schon ungefähr 30-40 Personen untergebracht waren. Nach einer gewissen Zeit wurde ich von mehreren SA.- Leuten herausgeholt und in einem anderen Raum hineingeschafft, in welchem sich ungefähr 20 SA.- Leute aufhielten. Als ich hineinkam, standen dieselben auf Tische und Stühle. Sie sprangen auf mich zu und schlugen mit Gummiknüppel auf mich ein. Sie nahmen keine Rücksicht darauf, wo die Schläge hinfielen. Ich brach blutüberströmt zusammen. Nach einer Viertelstunde warf man mich über einen dort stehenden Herd, worauf der SA.- Mann Arends mit dem Eichenstock weiter auf mich einschlug. Man brachte mich darauf wieder in die Zelle zurück. Während des Aufenthalts in der Zelle wurde von 2 SA.- Leuten mehrere Schüsse auf uns abgegeben, mit den Äusserungen, die Türe los, wir schiessen die Hunde alle kaputt. Nach einer Stunde wurde ich wieder herausgeholt und verhört. Da ich aber keine Angaben machen konnte, schlugen die SA.- Leute wieder auf mich ein , bis ich wieder zusammenbrach. Man fragte mich nachträglich, ob ich Schläge bekommen hätte, ich sagte darauf, ja. Darauf fiel die Meute wieder über mich her. Nachdem ich ihre Frage mit nein beantwortet hatte, konnte ich unter den Gruss "Heil Hitler" gehen. Nachdem ich zwei Tage das Bett hüten musste, machte ich mich aus dem Staub, um nicht noch einmal eine ähnliche Prozedur zu erleiden

SA.- Leute, die sich an der Schlägerei beteiligt haben, sind:

Gebrüder P u k r o p, SA.- Mann J e d a, wohnhaft Erle, Darlerstr., SA.- Mann Langhoff, wohnhaft Erle, Hermannstr., SA.- Mann Arends, Erle, Wilhelmstrasse, SA.- Mann E n g e l s , Buer - Mitte, Königgrätzerstr. 17.

Zeugen, welche ebenfalls misshandelt worden sind:

L u k a s , Karl, Buer- Hassel,

v. g. u.
Lukas Fried.
geschlossen:
Pogorski
Krim.- Ass.

[429] Aussage von Friedrich Lukas über die Misshandlungen, die er im Oktober 1933 im SA-Sturmlokal Terboven zu erleiden hatte, 1945.

[430] Im Jahr 1948 wurde der Gelsenkirchener Gestapo-Beamte Gustav Goray wegen Verbrechen gegen die Menschlichkeit, Aussageerpressung und schwerer Körperverletzung im Amt zu fünfeinhalb Jahren Zuchthaus verurteilt.

Gestapo-Henker vor dem Richter

5½ Jahre Zuchthaus für Goray — Furchtbare Unmenschlichkeiten

(Eig. Ber.) Mit dem Jahre 1933 geriet die Abteilung IA des Gelsenkirchener Polizeiamtes, die sogenannte politische Polizei, in das Fahrwasser der braunen Machthaber. Die damals beginnende Aera wurde von dem berüchtigten Leiter der Gestapo in Gelsenkirchen und Recklinghausen, Kriminalrat Tenholt, bestimmt. Seine rechte Hand in Gelsenkirchen war der Kriminalbeamte Gustav Goray. Willkürliche Verhaftungen am laufenden Band sollten Material für immer neue Hochverratsprozesse liefern. Goray gehörte der Gelsenkirchener Schutzpolizei seit 1923 und der Kriminalpolizei seit 1930 an.

Henker und Opfer sehen sich wieder

Ein Bild aus jenen Tagen in der Münckelstraße ergab jetzt eine dreitägige Verhandlung vor der 2. Essener Strafkammer. Rund ein Dutzend Zeugen traten gegen Goray auf, denen die Mißhandlungen vor 14 und 15 Jahren noch so gegenwärtig waren, als wären sie gestern geschehen. Der Angeklagte bestritt zwar mit einer Ausnahme alle ihm zur Last gelegten Missetaten, die Zeugen rekonstruierten jedoch die damaligen Vernehmungen mit so eindringlicher Deutlichkeit, daß kein Zweifel an den tatsächlichen Vorkommnissen aufkommen konnte. Die Mißhandelten kannten ihren Peiniger nur allzu gut wieder. Sie beherrschte bei ihren Darlegungen durchaus nicht das Gefühl der Rache oder des Hasses, sondern lediglich das Bedürfnis nach Sühne für das an ihnen begangene Unrecht.

Mit Gummiknüppel und Stahlrute

Es können hier nicht im einzelnen die Fälle der bewiesenen Straftaten angeführt werden, im wesentlichen unterschieden sie sich auch nur durch den Grad der Härte. Mit Ohrfeigen und Faustschlägen ins Gesicht begannen die Vernehmungen, falls die Vorgeführten nicht das aussagten, was die Gewalthaber zu hören wünschten. Tritte, Schläge mit Gummiknüppeln und Stahlruten bildeten die nächste Steigerung. Und schließlich fielen gleich mehrere dieser Gestapo-Horden über das Opfer her, um es über einen angeschraubten Tisch zu spannen und entsprechend zu bearbeiten, bis die Kleidung in Fetzen herabhing und der Mißhandelte blutüberströmt und bewußtlos in seine Zelle geschafft werden mußte. Selbst einem Schwerbeschädigten wurden bei solcher Gelegenheit beide Schultern ausgerenkt; unter den damals erlittenen Verletzungen krankt er heute noch.

„Familie muß ausgerottet werden"

Frauen, die in höchster Angst um das Schicksal ihrer verhafteten Männer bei Goray vorsprachen, um noch irgend etwas zu retten, erhielten als zynische Antwort von Goray: „Die ganze Familie muß ausgerottet werden. Das ist das beste Abschreckmittel für Gelsenkirchen. Und dafür, daß die anderen die Schnauze halten, dafür muß Ihr Mann sterben!" In der Tat sind auf Grund der von Goray vorgenommenen Vernehmungen 17 Menschen in einem Hochverratsprozeß in Nürnberg zum Tode verurteilt und später hingerichtet worden.

Das Gericht geißelte in scharfen Worten die niederträchtige und gemeine Gesinnung, die Goray bei seinen jede Menschenwürde mißachtenden Handlungen an den Tag gelegt hat und verurteilte ihn wegen Verbrechens gegen die Menschlichkeit in 12 Fällen in Tateinheit mit Aussageerpressung und schwerer Körperverletzung im Amt zu 5½ Jahren Zuchthaus und 5 Jahren Ehrverlust.

*

Eine Million Reichsmark Diebesbeute. Vor der Strafkammer des M.Gladbacher Landgerichts mußte sich eine Einbrecherbande verantworten, deren Beute an Schwarzmarktpreisen eine Million Reichsmark überstieg. Sie räuberte nachts ausschließlich Textilbetriebe aus. Eine erhebliche Menge des Diebesgutes wurde an sechs Personen in Gelsenkirchen verkauft, die Gefängnisstrafen bis zu sieben Monaten erhielten. Die Ehefrau des Haupteinbrechers, der zu 42 Monaten Zuchthaus und Sicherungsverwahrung verurteilt wurde, stammt aus Gelsenkirchen und war dort früher mit einem der Hehler verheiratet.

Gelsenkirchener ...

Bernhard Winkelheide spricht. Zu den Fragen der Währungsreform und des Lastenausgleichs spricht am Mittwoch, dem 4. August, Diözesansekretär B. Winkelheide im Alten Aloysianum um 19.30 Uhr. Veranstalter ist das Bezirkssekretariat der kath. Arbeiter- und Männerbewegung in Gelsenkirchen.

Zweimalige Postzustellung. In Gelsenkirchen erfolgt die Postzustellung ab 2. August werktäglich zweimal. Die Nachmittagszustellung beginnt um 15 Uhr.

Werbeveranstaltung des Kulturkreises. Am 7. August veranstaltet der Kulturkreis Gelsenkirchen eine Werbeveranstaltung um 16 Uhr im „Theater des Westens". Die gesamte Bevölkerung ist dazu eingeladen und hat Gelegenheit, die neuen Kräfte der Städtischen Bühnen und Künstler von Theater und Orchester kennenzulernen.

[431] Angehörige der 2. Kompanie des Reserve-Polizeibataillons 65 in Brunowice bei Krakau, 1942: Die Staatsanwaltschaft Dortmund konnte in dutzenden Fällen nachweisen, dass dieses Bataillon in der Sowjetunion und in Polen an der Umsetzung des Völkermords beteiligt gewesen war. Doch kein Angehöriger dieser Einheit wurde für die verbrecherischen Taten verurteilt. Die weitaus meisten Polizisten kehrten unbehelligt in ihr altes Leben zurück.

[432] Pressebericht über das Revisionsverfahren im Plagemann-Prozess, 1948.

Interessantes Urteil im Plagemann-Prozeß

Gelsenkirchener Kreisleiter stark entlastet — Mildes Urteil und Haftentlassung

(Eig. Ber.) Das Spruchgericht Recklinghausen verhandelte erneut gegen den früheren Kreisleiter von Gelsenkirchen und Recklinghausen, Otto Plagemann, wegen Verbleibs im politischen Führerkorps der NSDAP nach Kriegsbeginn trotz Kenntnis seines verbrecherischen Charakters. Die zweite Verhandlung war notwendig geworden, weil das oberste Spruchgericht in Hamm die Revision des Angeklagten aufgehoben und die Strafsache zurückverwiesen hatte. Damals war auf eine Gefängnisstrafe von fünf Jahren erkannt worden.

Auch in der neuen Verhandlung wurde die ganze Problematik in der Beurteilung des Falles erneut aufgerollt. Sie trat besonders deutlich bei der Vernehmung von Frau Bürgermeister Sewing zutage, die von der Verteidigung als Zeugin geladen war. Sie bezeichnete den Angeklagten als Idealisten und wahren Christen, der nichts Unrechtes gewollt und getan habe. Auf die Frage des Anklägers, wie die Zeugin es sich denn erkläre, daß dieser Christ und Idealist sich lange Jahre an hervorragender Stelle einem verbrecherischen System zur Verfügung gestellt habe, erwiderte die Zeugin, Plagemann habe an seinem Platz Unrecht verhüten wollen und auch verhütet.

Die Verteidigung hatte außerdem neues umfangreiches Beweismaterial herbeigeschafft, daß Pl. gegen den Eindruck in der ersten Verhandlung in einem günstigeren Licht erscheinen ließ. Besonders die Aussagen eines Gelsenkirchener Apothekers und Bergwerksdirektoren, die glaubhaft beweisen konnten, daß Plagemann sowohl den Einsatz des Volkssturmes verhindert und ihn aufgelöst, ferner die befohlenen Sprengungen an Industriewerken nicht durchgeführt habe, wurden als starke Entlastung gewertet. Unter Berücksichtigung dieser neuen Momente ermäßigte der öffentliche Ankläger seinen Strafantrag auf drei Jahre neun Monate Gefängnis bei Anrechnung der Internierungshaft. Das Gericht (ein Richter und zwei Schöffen) wertete die Entlastungsmomente erheblich höher und erkannte auf ein Jahr fünf Monate Gefängnis und 2000 DM Geldstrafe. Rund vierzehn Monate Internierungshaft finden ihre Anrechnung. Plagemann nahm das Urteil an. Mangels weiteren Fluchtverdachts wurde der Haftbefehl aufgehoben.

Aerger über „Hauptmann" soll Diebstahl verhindern

Bis in die kleinsten Einzelheiten hatte der vorbestrafte 45 Jahre alte Gelsenkirchener K. zusammen mit dem 27jährigen M. einen Einbruch ausgearbeitet, der auch genau durchgeführt wurde. K. hatte sich angeblich einmal über einen ehemaligen Hauptmann geärgert, der jetzt Radioreparaturen machte. Dem wollte er eins auswischen. Er wartete ab bis der Radiohändler in die russische Zone gefahren war, dann holte er sich den M. Sie tranken 2 Flaschen Schnaps und brachen ein. Sie holten 2 Karren voll wertvolles Gut und demolierten das Zimmer aufs gründlichste. Das Diebesgut wurde nach Duisburg geschafft, aber die Polizei kam dahinter und nun gab sich K. alle Mühe, den Schaden wieder gutzumachen. Es half alles nichts. Das Gericht betonte, daß bei nochmaligem Diebstahl nur Zuchthaus in Frage käme. Jetzt erhielten K. 7 Monate Gefängnis, M. 4 Monate.

Funkwettschreiben des NWDR Köln. Der rheinisch-westfälische Stenografenverband veranstaltet in Verbindung mit dem Nordwestdeutschen Rundfunk Köln ein Funkwettschreiben am Samstag, 2. Oktober, in der Zeit von 15 bis 15.15 Uhr.

Verfahren schuf Gerechtigkeit und nicht jeder positive Bescheid bedeutete echte Wiedergutmachung – wenn dies überhaupt möglich ist. Die finanzielle Entschädigung erleichterte einigen zumindest den Start in ein neues Leben. Beispielsweise schrieb Fred Diament, der unter anderem das KZ Auschwitz überlebt hatte, im Jahr 1957 an die Abteilung für Wiedergutmachung in Gelsenkirchen:

»Bin nun bereits seit 10 Tagen wieder in Israel zurück, und möchte es nicht versäumen, vor allem Ihnen persönlich und allen Ihren Mitarbeitern auf das herzlichste zu danken! – Nur dank Ihrer tatkräftigen Mithilfe und der vielen Bemühungen Ihrer Mitarbeiter, war es möglich in der kurzen Zeit, die mir in Deutschland zur Verfügung stand, einen grossen Teil meiner Wiedergutmachungsansprüche, und ebenso die Ansprüche meiner Geschwister soweit vorzubereiten, dass sie entscheidungsreif sind und hoffentlich auch bald zur Auszahlung gelangen.«

Andere waren frustriert, fühlten sich unverstanden und schlechter behandelt als die Täter. Zu ihnen zählte Ludwig Hain (1887–1957), der 1933 wegen der Ehe mit seiner jüdischen Frau 1933 seine Arbeit auf einer Gelsenkirchener Zeche verloren hatte. Da er zunächst nicht als Verfolgter des Regimes anerkannt wurde, schrieb er 1952 erbost an die Wiedergutmachungsbehörde:

»Selbst auf die Gefahr hin, dass ich nicht anerkannt werde, bin ich bis heute noch stolz darauf, dass ich mich damals nicht von meiner Frau getrennt habe. Was ist nun richtiger: ICH werde nicht als Verfolgter anerkannt, oder der Nazi-Oberbürgermeister i. R. Karl Böhmer erhält seine Rente, weil er die Gewaltherrschaft der Nazis unterstützt hat.«

Tatsächlich wurde Böhmer, der bis zum Kriegsende Gelsenkirchener Oberbürgermeister war, als »Mitläufer« entnazifiziert. Er musste sich nie vor

Gericht für seine führende Rolle im NS-Regime verantworten. Allerdings weigerte sich die Stadt Gelsenkirchen konsequent, ihm seine Pension auszuzahlen. Bis zu seinem Tod im Jahr 1960 mussten die Gelder durch Zwangsvollstreckung aus der Gelsenkirchener Stadtkasse eingezogen werden.

Während politisch, rassisch und religiös Verfolgte des NS-Regimes bereits früh eine Chance hatten, Wiedergutmachungsleistungen zu erhalten, wurden andere Opfergruppen erst viel später anerkannt. Zu ihnen zählten Zwangssterilisierte, Sinti und Roma oder »Homosexuelle«. Auch für Zwangsarbeiterinnen und Zwangsarbeiter blieb eine Entschädigung bis in die 2000er Jahre völlig aus – auch in Gelsenkirchen.

All diesen Problemen zum Trotz erfolgte bundesweit eine bis heute einmalige Wiedergutmachungsarbeit, die sich zwischen Empathie für die Opfer und effizienter Gesetzeserfüllung bewegte. Bis 1979 bearbeitete allein die »Abteilung für Wiedergutmachung« Gelsenkirchen 3.000 bis 4.000 Anträge und damit ein Drittel aller 12.000 Anträge, die im Regierungsbezirk Münster gestellt wurden.

[433] Fred Diament (1923–2004) kehrte 1945 zunächst in seine Geburtsstadt Gelsenkirchen zurück. Vier Jahre später wanderte er nach Israel aus. Ende der 1950er Jahre stellte er von dort aus erfolgreich einen Antrag auf Wiedergutmachung nach dem BEG.

7.2 Eine städtische Erinnerungskultur

Die nach Gelsenkirchen zurückgekehrten Verfolgten schlossen sich im Sommer 1945 zu einem »Komitee ehemaliger politischer Gefange-

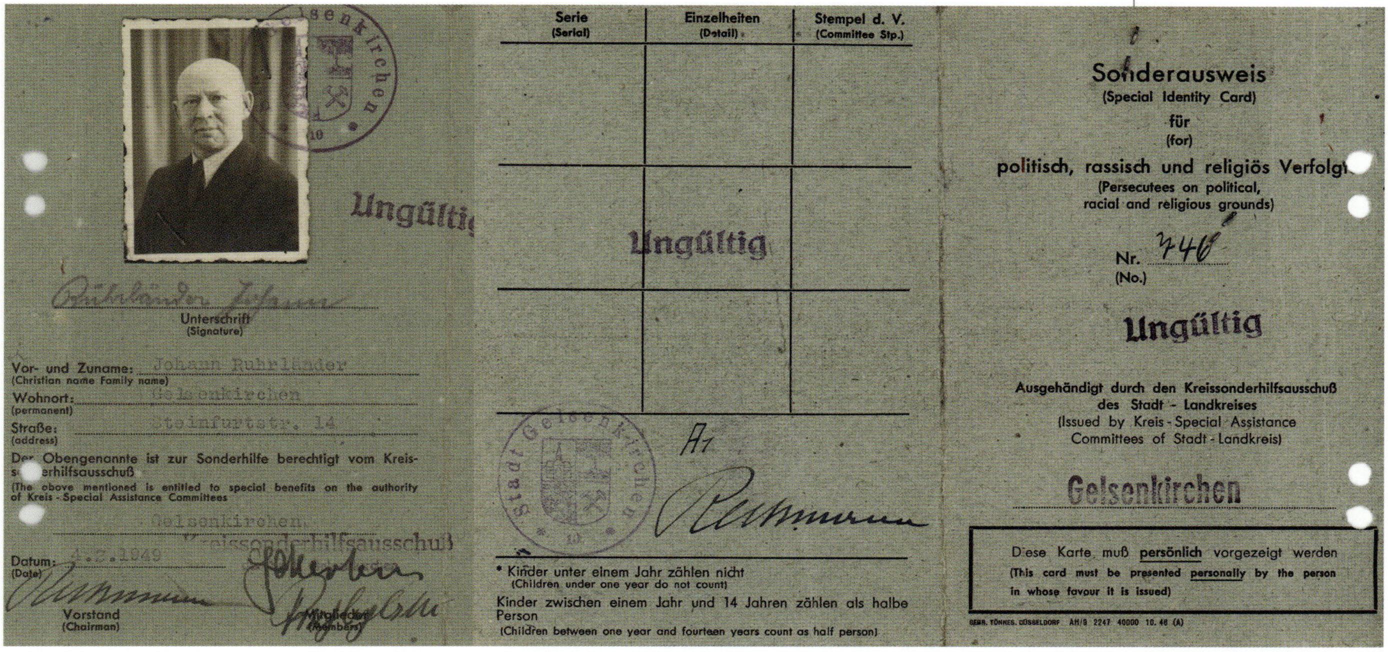

Unterschrift (Signature)

Vor- und Zuname: Johann Ruhrländer
(Christian name Family name)

Wohnort: Gelsenkirchen
(permanent)

Straße: Steinfurtstr. 14
(address)

Der Obengenannte ist zur Sonderhilfe berechtigt vom Kreissonderhilfsausschuß
(The above mentioned is entitled to special benefits on the authority of Kreis-Special Assistance Committees

Gelsenkirchen
Kreissonderhilfsausschuß

Datum: 4.2.1949
(Date)

Vorstand (Chairman)

Mitglieder (Members)

Ungültig

Serie (Serial)	Einzelheiten (Detail)	Stempel d. V. (Committee Stp.)

Ungültig

A1

* Kinder unter einem Jahr zählen nicht
(Children under one year do not count)
Kinder zwischen einem Jahr und 14 Jahren zählen als halbe Person
(Children between one year and fourteen years count as half person)

Sonderausweis
(Special Identity Card)
für
(for)
politisch, rassisch und religiös Verfolgte
(Persecutees on political, racial and religious grounds)

Nr. 746
(No.)

Ungültig

Ausgehändigt durch den Kreissonderhilfsausschuß des Stadt - Landkreises
(Issued by Kreis-Special Assistance Committees of Stadt-Landkreis)

Gelsenkirchen

Diese Karte muß persönlich vorgezeigt werden
(This card must be presented personally by the person in whose favour it is issued)

[434] Sonderausweis für politisch, rassisch und religiös Verfolgte, 1949: Johannes Ruhrländer (1887–1951) war bereits im März 1933 verhaftet worden. Als Kommunist blieb er bis Oktober 1935 in Haft, in der er immer wieder misshandelt wurde. Er stellte bereits 1946 einen Antrag auf Entschädigung und wurde 1948 durch den Kreissonderhilfsausschuss Gelsenkirchen als politisch Verfolgter anerkannt.

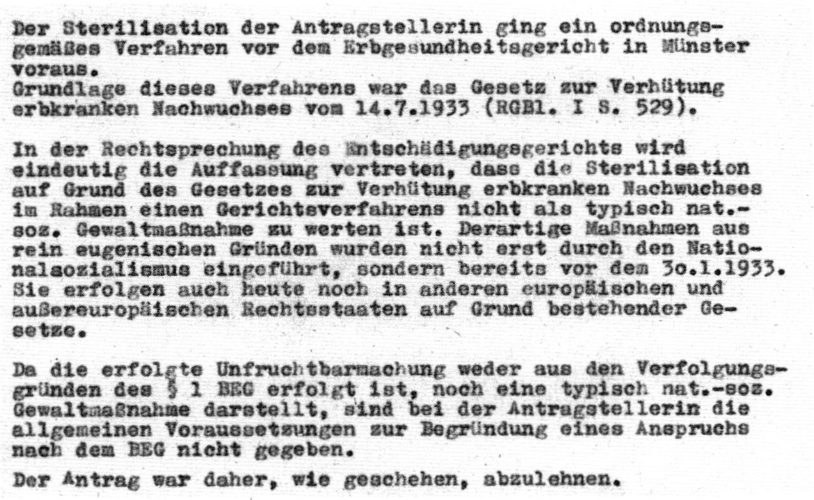

Der Sterilisation der Antragstellerin ging ein ordnungsgemäßes Verfahren vor dem Erbgesundheitsgericht in Münster voraus.
Grundlage dieses Verfahrens war das Gesetz zur Verhütung erbkranken Nachwuchses vom 14.7.1933 (RGBl. I S. 529).

In der Rechtsprechung des Entschädigungsgerichts wird eindeutig die Auffassung vertreten, dass die Sterilisation auf Grund des Gesetzes zur Verhütung erbkranken Nachwuchses im Rahmen einen Gerichtsverfahrens nicht als typisch nat.-soz. Gewaltmaßnahme zu werten ist. Derartige Maßnahmen aus rein eugenischen Gründen wurden nicht erst durch den Nationalsozialismus eingeführt, sondern bereits vor dem 30.1.1933. Sie erfolgen auch heute noch in anderen europäischen und außereuropäischen Rechtsstaaten auf Grund bestehender Gesetze.

Da die erfolgte Unfruchtbarmachung weder aus den Verfolgungsgründen des § 1 BEG erfolgt ist, noch eine typisch nat.-soz. Gewaltmaßnahme darstellt, sind bei der Antragstellerin die allgemeinen Voraussetzungen zur Begründung eines Anspruchs nach dem BEG nicht gegeben.

Der Antrag war daher, wie geschehen, abzulehnen.

[435] Die Wiedergutmachung für Helene K. wurde abgelehnt, da *»die Sterilisation auf Grund des Gesetzes zur Verhütung erbkranken Nachwuchses im Rahmen eine[s] Gerichtsverfahrens nicht als typisch nat.-soz. Gewaltmaßnahme«* gewertet wurde. Die Mitarbeiter des Gelsenkirchener Gesundheitsamtes, die für die Sterilisationen verantwortlich gewesen waren, setzten ihre Arbeit nach 1945 unbeanstandet fort.

ner und Konzentrationäre« zusammen. Wenig später ging daraus die »Vereinigung der Verfolgten des Naziregimes« (VVN) hervor. Die Organisation wollte nicht nur über die Verbrechen der NS-Zeit aufklären, sondern auch dafür sorgen, dass deren Opfer in Erinnerung blieben.

Unter dem unmittelbaren Eindruck der Schreckensherrschaft und maßgeblicher Mitwirkung der VVN entstanden in Gelsenkirchen zwischen 1947 und 1950 eindrucksvolle Gedenkorte für die Opfer des Nationalsozialismus. Ab Ende der

[436] Auf dem alten Friedhof in Buer wurde am 8. Oktober 1947 das erste Mahnmal für die jüdischen Opfer nationalsozialistischer Verfolgung in Gelsenkirchen eingeweiht.

[437] Gedenkfeier für die die jüdischen Zwangsarbeiterinnen aus Ungarn, die 1944 bei der Bombardierung des Gelsenberg-Werkes umkamen, 1954

[438] Seit dem 19. September 1948 erinnert auf dem Friedhof Horst-Süd ein Mahnmal an die Opfer des Kapp-Lüttwitz-Putsches von 1920 ebenso wie an ermordete Gelsenkirchener Widerstandskämpfer der Jahre 1933 bis 1945. Die Inschrift dieses Mahnmals wurde zwei Jahre später auch für das zentrale Mahnmal im Stadtgarten übernommen.

1940er Jahre nahm der Einfluss der VVN ab – die zunehmend von der KPD geprägte Vereinigung galt im antikommunistischen Klima des aufkommenden Kalten Krieges als verdächtig. So trat die Erinnerung an die Opfer der Verfolgung in den 1950er Jahren zeitweise in den Hintergrund, während die vormalige *Volksgemeinschaft* mit der Errichtung verschiedener Mahn- und Ehrenmale das Gedenken an die eigenen Opfer hervorhob: die Gefallenen des Krieges, die Opfer des Luftkrieges und die Kriegsgefangenen. Das gerechtfertigte Anliegen, um die Toten des Krieges zu trauern, verschränkte sich dabei bisweilen mit Geschichtsmythen, die die Verbrechen des Nationalsozialismus verharmlosten oder Opfer gegeneinander aufrechneten. Das Erbe der *Volksgemeinschaft* spiegelte sich in konkurrierenden Gedenkorten und Gedenkpraktiken.

[439] Das am 10. September 1950 eingeweihte Mahnmal im Gelsenkirchener Stadtgarten erinnert seither an alle Opfer der nationalsozialistischen Gewaltherrschaft.

[440] Das Ehrenmal über dem Berger See wurde in den 1950er Jahren durch die Jahreszahlen »1939 1945« ergänzt und so zu einem Erinnerungsort für die Gefallenen beider Weltkriege umgewidmet.

[441] Der »Verband der Heimkehrer, Kriegsgefangenen und Vermißtenangehörigen« weihte 1956 im Gelsenkirchener Stadtgarten ein Denkmal mit der Inschrift »Kriegsgefangene – Mahner der Gegenwart – Rufer der Zukunft« ein.

[442] Einweihung des Ehrenmals für die Opfer des Bombenkrieges auf dem Hauptfriedhof in Buer durch Vertreter des Volksbundes Deutsche Kriegsgräberfürsorge und der Stadt Gelsenkirchen, 1964.

[443] Volkstrauertag auf dem Hauptfriedhof in Buer, 1976: Veteranen der Waffen-SS legten unbehelligt Kränze nieder.

[444] Rabbi Tsorf beim Gottesdienst zur Einweihung des Betsaales der Jüdischen Gemeinde Gelsenkirchen in der Von-der Recke-Straße, 1958.

Der Wiederaufbau der jüdischen Gemeinde in Gelsenkirchen

Nur wenige Holocaust-Überlebende kehrten 1945 nach Gelsenkirchen zurück. Zu ihnen zählte Kurt Neuwald (1906–2001), der 1942 nach Riga deportiert und dessen Familie zum Großteil ermordet worden war. Er wurde in den 1950er Jahren zur treibenden Kraft bei der Erneuerung des jüdischen Lebens in seiner Heimatstadt. Als 1958 ein neuer Betsaal eingeweiht wurde, zählte die jüdische Kultusgemeinde in Gelsenkirchen 110 Mitglieder, nicht einmal ein Zehntel des Standes von 1933. Seit 1963 bzw. 1988 erinnern in der Gildenstraße und in der Maelostraße Gedenksteine an die Synagogen von Gelsenkirchen und Buer, die in der Nacht zum 10. November 1938 in Brand gesetzt worden waren. Im Jahr 2007 entstand am Standort der alten Synagoge in der Gildenstraße ein neues Gotteshaus mit angeschlossenem Gemeindezentrum. Zu diesem Zeitpunkt lebten rund 400 jüdische Bürgerinnen und Bürger in Gelsenkirchen.

[445] Enthüllung der Gedenktafel für die alte Gelsenkirchener Synagoge, 1963: in der Bildmitte Kurt Neuwald, der langjährige Vorsitzende der Jüdischen Gemeinde in Gelsenkirchen.

[446] Das Mahnmal zur Erinnerung an die alte Synagoge in Buer, 1998: Am Standort des früheren jüdischen Gotteshauses befindet sich heute das Hallenbad.

[447] Der Gedenkort für die aus Gelsenkirchen deportierten Mitglieder der Jüdischen Gemeinde in der neuen Synagoge, 2008.

mit Fackeln in einem Schweigemarsch durch Gelsenkirchen, um an die Opfer der sogenannten »Reichskristallnacht« zu erinnern. Horst Zeidler (1930–2001), der Bundesvorsitzende der »Falken«, appellierte an diesem Tag in Gelsenkirchen an das bundesdeutsche Geschichts- und Verantwortungsbewusstsein:

»Nicht aus Rachsucht, sondern um der Gerechtigkeit willen fordern wir mit aller Schärfe und Konsequenz die Verlängerung der Verjährungsfristen für die Verbrechen, begangen an unschuldigen Menschen – Kindern, Greisen, Frauen und Männern!«

[448] Im Jahr 1964 war die Gelsenkirchener Veranstaltung zum Gedenken an die Ereignisse und die Opfer der Novemberpogrome von 1938 eine der ersten dieser Art in der Geschichte der Bundesrepublik.

[449] Zum 50. Jahrestag der Novemberpogrome im Jahr 1988 forderten die Teilnehmerinnen und Teilnehmer der traditionellen Gedenkveranstaltung in Gelsenkirchen unter anderem ein Verbot der NPD.

Die Erinnerung lebendig halten

Seit den 1960er Jahren setzte sich in der von der Arbeiterschaft geprägten Stadt Gelsenkirchen aber mehr und mehr die Erkenntnis durch, dass kein Weg daran vorbei ging, sich kritisch mit der nationalsozialistischen Vergangenheit auseinanderzusetzen.

Am 9. November 1964 zogen etwa 1.500 Mitglieder der Sozialistischen Jugend »Die Falken«

Mit ihrer Demonstration begründeten die »Falken« eine Tradition jährlicher Gedenkveranstaltungen, die bis in die Gegenwart Bestand hat. In dem Bewusstsein, dass ein friedliches Zusammenleben in einer offenen und demokratischen Gesellschaft nur in strikter Abgrenzung zum »Dritten Reich« möglich ist, entstand in Gelsenkirchen eine lebendige Kultur der Erinnerung. In der Stadt gibt es heute eine vielfältige Landschaft von Erinnerungsorten, an denen sich die städtische Gesellschaft mit ihrer nationalsozialistischen Vergangenheit auseinandersetzt.

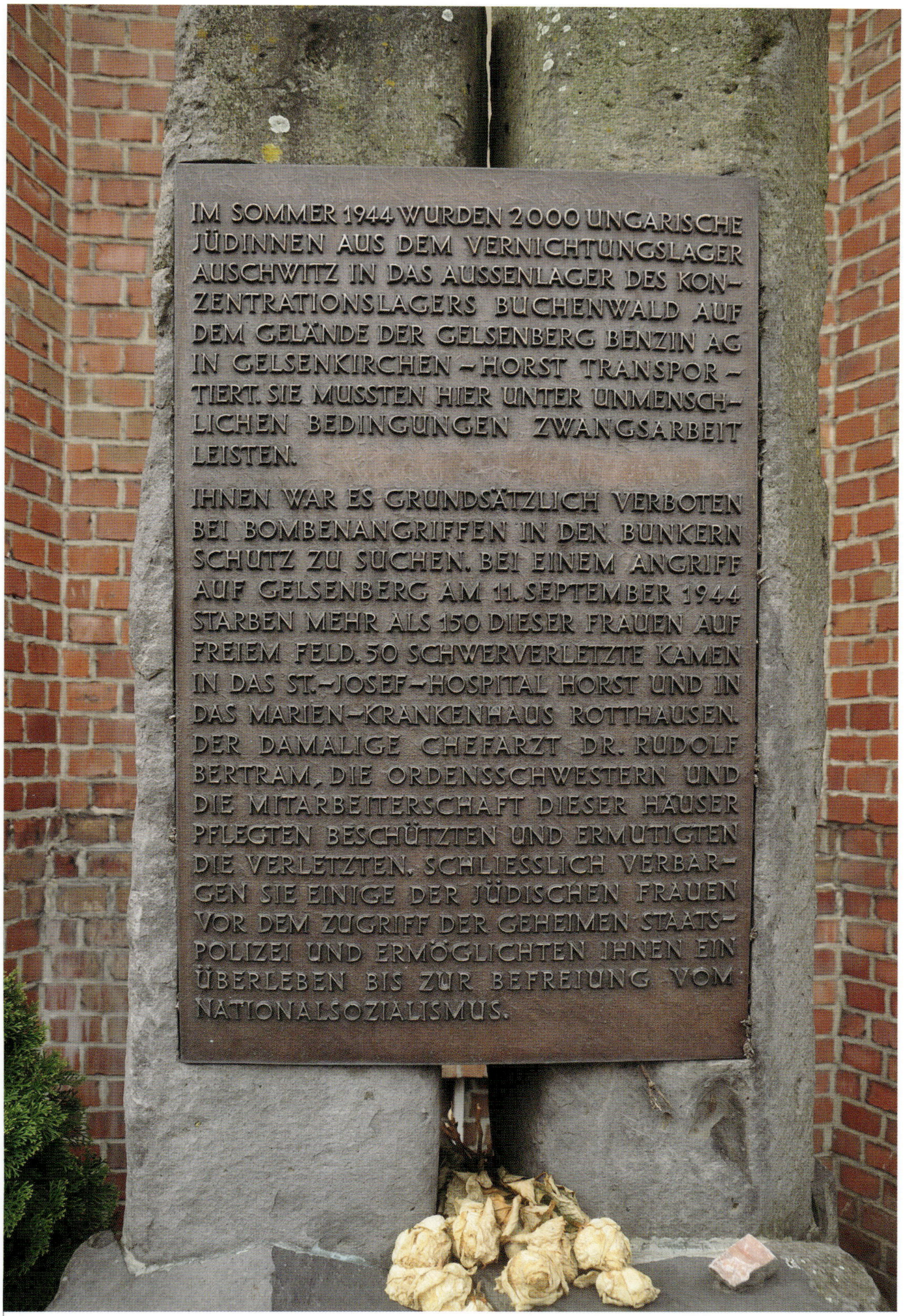

[450] Eine Gedenktafel vor dem St. Josef-Hospital in Horst erinnert heute daran, dass dort und im Marienhospital in Rotthausen in den Jahren 1944 und 1945 mutige Ärzte, Ordensschwestern und Pfleger jüdische Zwangsarbeiterinnen vor dem Zugriff der Gestapo bewahrt haben. Dr. Rudolf Bertram (1893–1975), der Chefarzt des St. Josef-Hospitals, wurde aufgrund dieser Rettungstat später in Israel als »Gerechter unter den Völkern« geehrt.

Auswahlbibliographie

Aly, Götz: Hitlers Volksstaat. Raub, Rassenkrieg und nationaler Sozialismus, Frankfurt a. M. 2005.

Aly, Götz: Die Belasteten. »Euthanasie« 1939–1945. Eine Gesellschaftsgeschichte, Frankfurt a. M. 2013.

Arbeitskreis der NS-Gedenkstätten NRW e. V. (Hrsg.): Gewalt in der Region. Der Novemberpogrom in Rheinland und Westfalen, Düsseldorf 2008.

Ayaß, Wolfgang: »Asoziale« im Nationalsozialismus, Stuttgart 1995.

Bajohr, Frank/Wildt, Michael (Hrsg.): Volksgemeinschaft. Neue Forschungen zur Gesellschaft des Nationalsozialismus, Frankfurt a. M. 2012.

Bajohr, Frank/Löw, Andrea (Hrsg.): Der Holocaust. Ergebnisse und neue Fragen der Forschung, Frankfurt a. M. 2015.

Barbian, Jan-Pieter/Brocke, Michael/Heid, Ludger (Hrsg.): Juden im Ruhrgebiet. Vom Zeitalter der Aufklärung bis in die Gegenwart, Essen 1998.

Bauks, Friedrich Wilhelm: Die evangelischen Pfarrer in Westfalen von der Reformationszeit bis 1945, Bielefeld 1980.

Behrenbeck, Sabine: Der Kult um die toten Helden. Nationalsozialistische Mythen, Riten und Symbole, Vierow 1996.

Benz, Wolfgang: Herrschaft und Gesellschaft im nationalsozialistischen Staat. Studien zur Struktur- und Mentalitätsgeschichte, Frankfurt a. M. 1990.

Benz, Wolfgang: Dimension des Völkermords. Die Zahl der jüdischen Opfer des Nationalsozialismus, München 1991.

Benz, Wolfgang/Pehle, Walter H. (Hrsg.): Lexikon des deutschen Widerstandes, Frankfurt a. M. ²2001.

Benz, Wolfgang/Graml, Hermann/Weiß, Hermann (Hrsg.): Enzyklopädie des Nationalsozialismus, München ⁵2007.

Benz, Wolfgang: Der deutsche Widerstand gegen Hitler, München 2014.

Berger, Sara: Experten der Vernichtung. Das T4-Reinhardt-Netzwerk in den Lagern Belzec, Sobibor und Treblinka, Hamburg 2013.

Bernard, Birgit: »... daß den Reichssender Köln einwandfreie Persönlichkeiten leiten.« Personalpolitik am Westdeutschen Rundfunk 1933–1935, in: Westfälische Forschungen 63 (2013), S. 295–318.

Blank, Ralf/Sollbach, Gerhard E.: Das Revier im Visier. »Heimatfront« und Bombenkrieg im Ruhrgebiet 1939–1945, Hagen 2005.

Blank, Ralf: »Ruhrschlacht«. Das Ruhrgebiet im Kriegsjahr 1943, Essen 2013.

Blank, Ralf: »Bitter Ends«. Die letzten Monate des Zweiten Weltkriegs im Ruhrgebiet 1944/45, Essen 2014.

Bock, Gisela: Zwangssterilisation im Nationalsozialismus. Studien zur Rassenpolitik und Frauenpolitik, Opladen 1986.

Böhnke, Wilfried: Die NSDAP im Ruhrgebiet 1920–1933, Bad Godesberg 1974.

Borsdorf, Ulrich/Jamin, Mathilde (Hrsg.): Über Leben im Krieg. Kriegserfahrungen in einer Industrieregion 1939–1945, Reinbek bei Hamburg 1989.

Bracher, Karl-Dietrich/Lademacher, Horst/Hey, Bernd/Winkler, Heinrich August (Hrsg.): Die nationalsozialistische Machtergreifung. Der 30. Januar 1933 in Rheinland, Westfalen, Lippe, Düsseldorf 1983.

Brechtken, Magnus: Die nationalsozialistische Herrschaft 1933–1939, Darmstadt ²2012.

Breucker, Heike/Gehrke, Renate/Sörgel, Thomas/Stratmann, Hartmut: Die Novemberprogrome in Gelsenkirchen. Dokumente zur Reichskristallnacht, Gelsenkirchen 1988.

Broszat, Martin: Der Staat Hitlers. Grundlegung und Entwicklung seiner inneren Verfassung, München ¹⁰1983.

Centrum Schwule Geschichte (Hrsg.): »Das sind Volksfeinde«. Die Verfolgung von Homosexu-

ellen an Rhein und Ruhr 1933–1945, Köln 1998.
Dams, Carsten/Stolle, Michael: Die Gestapo. Herrschaft und Terror im Dritten Reich, München 2008.
Danker, Uwe: Volksgemeinschaft und Lebensraum. Die Neulandhalle als historischer Lernort, Neumünster/Hamburg 2014.
Diewald-Kerkmann, Gisela: Politische Denunziation im NS-Regime oder die kleine Macht der »Volksgenossen«, Bonn 1995.
Dörner, Bernward: »Heimtücke«: Das Gesetz als Waffe. Kontrolle, Abschreckung und Verfolgung in Deutschland 1933–1945, Paderborn u. a. 1998.
Falter, Jürgen W.: Hitlers Wähler, München 1991.
Faust, Anselm (Hrsg.): Verfolgung und Widerstand im Rheinland und in Westfalen 1933–1945, Köln 1992.
Feyen, Martin: Verbotene Liebe. Die Verfolgung von »Rassenschande« im Ruhrgebiet 1933–1945, in: Essener Beiträge 115 (2003), S. 99–186.
Fings, Karola/Opfermann, Ulrich Friedrich (Hrsg.): Zigeunerverfolgung im Rheinland und in Westfalen 1933–1945. Geschichte, Aufarbeitung und Erinnerung, Paderborn 2012.
Foitzik, Jan: Zwischen den Fronten. Zur Politik, Organisation und Funktion linker politischer Kleinorganisationen im Widerstand 1933 bis 1939/40, Bonn 1986.
Frei, Norbert: Der Führerstaat. Nationalsozialistische Herrschaft 1933 bis 1945, München ^{2}1989.
Frese, Matthias: Betriebspolitik im »Dritten Reich«. Deutsche Arbeitsfront, Unternehmer und Staatsbürokratie in der westdeutschen Großindustrie 1933–1939, Paderborn 1991.
Friedlander, Henry: Der Weg zum NS-Genozid. Von der Euthanasie zur Endlösung, Berlin 1997.
Gailus, Manfred/Nolzen, Armin (Hrsg.): Zerstrittene »Volksgemeinschaft«. Glaube, Konfession und Religion im Nationalsozialismus, Göttingen 2011.
Garbe, Detlev: Zwischen Widerstand und Martyrium. Die Zeugen Jehovas im »Dritten Reich«, München 1994.
Gellately, Robert: Die Gestapo und die deutsche Gesellschaft. Die Durchsetzung der Rassenpolitik 1933–1945, Paderborn 1993.
Gellately, Robert: Hingeschaut und weggesehen. Hitler und sein Volk, Bonn 2003.
Geyer, Michael: Zum Einfluß der nationalsozialistischen Rüstungspolitik auf das Ruhrgebiet, in: Rheinische Vierteljahresblätter 45 (1981), S. 201–264.
Goch, Stefan: Sozialdemokratische Arbeiterbewegung und Arbeiterkultur im Ruhrgebiet. Eine Untersuchung am Beispiel Gelsenkirchen 1848–1975, Düsseldorf 1990.
Graml, Hermann: Reichskristallnacht. Antisemitismus und Judenverfolgung im Dritten Reich, München 1988.
Hachtmann, Rüdiger: Industriearbeit im »Dritten Reich«. Untersuchungen zu den Lohn- und Arbeitsbedingungen in Deutschland 1933–1945, Göttingen 1989.
Hachtmann, Rüdiger: Das Wirtschaftsimperium der Deutschen Arbeitsfront 1933–1945, Göttingen 2012.
Herbert, Ulrich (Hrsg.): Europa und der »Reichseinsatz«. Ausländische Zivilarbeiter, Kriegsgefangene und KZ-Häftlinge in Deutschland 1938–1945, Essen 1990.
Herbert, Ulrich: Fremdarbeiter. Politik und Praxis des »Ausländer-Einsatzes« in der Kriegswirtschaft des Dritten Reiches, Bonn ^{2}1999.
Hering, Hartmut/Käufer, Hugo Ernst/Klaus, Michael (Hrsg.): Für uns begann harte Arbeit: Gelsenkirchener Nachkriegslesebuch, Oberhausen 1986.
Hering, Hartmut/Klaus, Michael (Hrsg.): Und das ist unsere Geschichte: Gelsenkirchener Lesebuch, Oberhausen ^{3}1997.
Hesse, Hans (Hrsg.): »Am mutigsten waren immer wieder die Zeugen Jehovas«. Verfolgung und Widerstand der Zeugen Jehovas im Nationalsozialismus, Bremen 1998.
Hey, Bernd (Hrsg.): Kirche in der Kriegszeit 1939–1945, Bielefeld 2005.
Hilberg, Raul: Die Vernichtung der europäischen Juden. Die Gesamtgeschichte des Holocaust, 3 Bde., Frankfurt a. M. 1990.
Jellonek, Burkhard: Homosexuelle unter dem Hakenkreuz. Die Verfolgung von Homosexuellen im Dritten Reich, Paderborn 1990.
Kenkmann, Alfons: Wilde Jugend. Lebenswelt großstädtischer Jugendlicher zwischen Weltwirtschaftskrise und Währungsreform, Essen 1996.
Kenkmann, Alfons: » (...) typischer Ausdruck des Strebens junger Menschen nach Ungebundenheit«: Edelweißpiraten im »Dritten Reich« in den Städten an Rhein und Ruhr, in:

Informationen zur modernen Stadtgeschichte 2/2015, S. 54–67.
Kershaw, Ian: Der Hitler-Mythos. Volksmeinung und Propaganda im Dritten Reich, Stuttgart 1981.
Kershaw, Ian: Hitlers Macht. Das Profil der NS-Herrschaft, München 1992.
Kershaw, Ian: »Volksgemeinschaft«. Potenzial und Grenzen eines neuen Forschungskonzepts, in: Vierteljahrshefte für Zeitgeschichte 59 (2011), S. 1–17.
Kershaw, Ian: Das Ende. Kampf bis in den Untergang. NS-Deutschland 1944/45, München 2011.
Klemp, Stefan: Freispruch für das »Mord-Bataillon«. Die NS-Ordnungspolizei und die Nachkriegsjustiz, Münster 1998.
Klemp, Stefan: »Nicht ermittelt«. Polizeibataillone und die Nachkriegsjustiz. Ein Handbuch, Essen ^{2}2011.
Köllmann, Wolfgang/Korte, Hermann/Petzina, Dietmar/Weber, Wolfhard (Hrsg.): Das Ruhrgebiet im Industriezeitalter. Geschichte und Entwicklung, 2 Bde., Düsseldorf 1990.
Kramer, Nicole: Volksgenossinnen an der Heimatfront. Politik, soziale Praxis, Erfahrungen und Erinnerungen, Göttingen 2011.
Krumeich, Gerd/Schröder, Joachim (Hrsg.): Der Schatten des Krieges: Die Ruhrbesetzung 1923, Essen 2004.
Lilla, Joachim: Leitende Verwaltungsbeamte und Funktionsträger in Westfalen und Lippe (1918–1945/46). Biographisches Handbuch, Münster 2004.
Longerich, Peter: Politik der Vernichtung. Eine Gesamtdarstellung der nationalsozialistischen Judenverfolgung, München 1998.
Longerich, Peter: »Davon haben wir nichts gewusst!« Die Deutschen und die Judenverfolgung 1933–1945, Bonn 2006.
Luntowski, Gustav: Hitler und die Herren an der Ruhr. Wirtschaftsmacht und Staatsmacht im Dritten Reich, Frankfurt a. M. 2000.
Mason, Timothy W.: Arbeiterklasse und Volksgemeinschaft. Dokumente und Materialien zur deutschen Arbeiterpolitik 1936–1939, Opladen 1975.
Matzerath, Horst: Der Nationalsozialismus und die kommunale Selbstverwaltung, Stuttgart 1970.
Meyer, Franz: Flucht aus Deutschland. Bilder aus dem Exil, Frankfurt a. M. 1984.
Mommsen, Hans: Beamtentum im Dritten Reich. Mit ausgewählten Quellen zur nationalsozialistischen Beamtenpolitik, Stuttgart 1966.
Mommsen, Hans: Der Mythos von der Modernität. Zur Entwicklung der Rüstungsindustrie im Dritten Reich, Essen 1999.
Mommsen, Hans: Alternativen zu Hitler. Studien zur Geschichte des deutschen Widerstands gegen Hitler, München 2000.
Mühlberger, Detlef W.: The rise of National Socialism in Westphalia 1920–1933, Diss., London 1975.
Niethammer, Lutz (Hrsg.): »Die Jahre weiß man nicht, wo man die heute hinsetzen soll.« Faschismuserfahrungen im Ruhrgebiet, Berlin/Bonn 1983.
Noethen, Stefan: Alte Kameraden und neue Kollegen – Polizei in Nordrhein-Westfalen 1945–1953, Essen 2003.
Nolzen, Armin: Die westfälische NSDAP im »Dritten Reich«, in: Westfälische Forschungen 55 (2005), S. 423–469.
Orth, Karin: Das System der nationalsozialistischen Konzentrationslager. Eine politische Organisationsgeschichte, Hamburg 1999.
Paul, Gerhard/Mallmann, Klaus-Michael (Hrsg.): Die Gestapo. Mythos und Realität, Darmstadt 1995.
Paul, Gerhard/Mallmann, Klaus-Michael (Hrsg.): Die Gestapo im Zweiten Weltkrieg. »Heimatfront« und besetztes Europa, Darmstadt 2000.
Peukert, Detlev J. K.: Die KPD im Widerstand. Verfolgung und Untergrundarbeit an Rhein und Ruhr 1933–1945, Wuppertal 1980.
Peukert, Detlev J. K./Reulecke, Jürgen (Hrsg.): Die Reihen fast geschlossen. Beiträge zur Geschichte des Alltags unterm Nationalsozialismus, Wuppertal 1981.
Peukert, Detlev J. K.: Volksgenossen und Gemeinschaftsfremde. Anpassung, Ausmerze und Aufbegehren unter dem Nationalsozialismus, Köln 1982.
Peukert, Detlev J. K./Bajohr, Frank: Spuren des Widerstandes. Die Bergarbeiterbewegung im Dritten Reich und im Exil, München 1987.
Peukert, Detlev J. K.: Die Weimarer Republik. Krisenjahre der Klassischen Moderne, Frankfurt a. M. 1987.
Peukert, Detlev J. K.: Die Edelweißpiraten. Protestbewegungen jugendlicher Arbeiter im »Dritten Reich«, Köln ^{3}1988.

Pohl, Dieter: Verfolgung und Massenmord in der NS-Zeit 1933–1945, Darmstadt [3]2011.

Reichel, Peter: Der schöne Schein des Dritten Reiches. Faszination und Gewalt des Faschismus, München/Wien 1991.

Rohkrämer, Thomas: Die fatale Attraktion des Nationalsozialismus. Über die Popularität eines Unrechtsregimes, Paderborn u. a. 2013.

Reeken, Dietmar von/Thiessen, Malte (Hrsg.): »Volksgemeinschaft« als soziale Praxis. Neue Forschungen zur NS-Gesellschaft vor Ort, Paderborn u. a. 2013.

Scheibe, Dietrich/Wiegold-Bovermann, Margit: »Morgen werden wir die Gewerkschaftshäuser besetzen«. Die Zerschlagung der Gewerkschaften in Rheinland-Westfalen am 2. Mai 1933, Essen 2003.

Schmädeke, Jürgen/Steinbach, Peter (Hrsg.): Der Widerstand gegen den Nationalsozialismus. Die deutsche Gesellschaft und der Widerstand gegen Hitler, München/Zürich [3]1994.

Schmidt, Christoph: Nationalsozialistische Kulturpolitik im Gau Westfalen-Nord. Regionale Strukturen und lokale Milieus (1933–1945), Paderborn u. a. 2006.

Schmidt, Daniel: Schützen und Dienen. Polizisten im Ruhrgebiet in Demokratie und Diktatur 1919–1939, Essen 2008.

Schmiechen-Ackermann, Detlef: Anpassung, Verweigerung und Widerstand. Soziale Milieus, Politische Kultur und der Widerstand gegen den Nationalsozialismus in Deutschland im regionalen Vergleich, Berlin 1997.

Schmiechen-Ackermann, Detlef: Nationalsozialismus und Arbeitermilieus. Der nationalsozialistische Angriff auf die proletarischen Wohnquartiere und die Reaktion in den sozialistischen Vereinen, Bonn 1998.

Schmiechen-Ackermann, Detlef: Nationalsozialistische Herrschaft und der Widerstand gegen das NS-Regime in deutschen Großstädten. Eine Bilanz der lokal- und regionalgeschichtlichen Literatur in vergleichender Perspektive, in: Archiv für Sozialgeschichte 38 (1998), S. 488–554.

Schmiechen-Ackermann, Detlef (Hrsg.): »Volksgemeinschaft«: Mythos, wirkungsmächtige soziale Verheißung oder soziale Realität im »Dritten Reich«?, Paderborn u. a. 2012.

Schneider, Michael: Unterm Hakenkreuz. Arbeiter und Arbeiterbewegung 1933 bis 1939, Bonn 1999.

Schneider, Michael: In der Kriegsgesellschaft. Arbeiter und Arbeiterbewegung 1939 bis 1945, Bonn 2014.

Schneiderman, Judith/Schneiderman, Jennifer: Ich sang um mein Leben. Erinnerungen an Rachov, Auschwitz und den Neubeginn in Amerika, Berlin 2013.

Schoenbaum, David: Die braune Revolution. Eine Sozialgeschichte des Dritten Reiches, Köln 1968.

Schul- u. Kulturdezernat der Stadt Gelsenkirchen (Hrsg.): Beispiele der Verfolgung und des Widerstandes in Gelsenkirchen 1933–1945, Gelsenkirchen [2]1982.

Schulte, Jan Erik (Hrsg.): Konzentrationslager in Rheinland und in Westfalen 1933–1945. Zentrale Steuerung und regionale Initiative, Paderborn u. a. 2004.

Seidel, Hans-Christoph/Tenfelde, Klaus (Hrsg.): Zwangsarbeit im Bergwerk. Der Arbeitseinsatz im Kohlenbergbau des Deutschen Reiches und der besetzten Gebiete im Ersten und Zweiten Weltkrieg, 2 Bde., Essen 2005.

Seidel, Hans-Christoph: Der Ruhrbergbau im Zweiten Weltkrieg. Zechen – Bergarbeiter – Zwangsarbeiter, Essen 2010.

Steber, Martina/Gotto, Bernhard: Volksgemeinschaft im NS-Regime: Wandlungen, Wirkungen und Aneignungen eines Zukunftsversprechens, in: Vierteljahrshefte für Zeitgeschichte 62 (2014), S. 433–468.

Steinbacher, Sibylle (Hrsg.): Volksgenossinnen. Frauen in der NS-Volksgemeinschaft, Göttingen 2007.

Stelbrink, Wolfgang: Die Kreisleiter der NSDAP in Westfalen und Lippe. Versuch einer Kollektivbiographie mit biographischem Anhang, Münster 2003.

Stratmann, Hartmut/Renfordt, Doris: Reichskristallnacht 9./10. November 1938. Arbeitshilfe aus dem Schulreferat im Kirchenkreis Gelsenkirchen, Gelsenkirchen 1978.

Stratmann, Hartmut: Die Synagoge in Buer 1922–1938, Gelsenkirchen 1992.

Stratmann, Hartmut: Die Synagoge in Gelsenkirchen 1885–1938. Aus der Hausakte »Gildenstraße 4/6«, Gelsenkirchen 1995.

Süß, Dietmar/Süß, Winfried (Hrsg.): Das »Dritte Reich«. Eine Einführung, München 2008.

Süß, Dietmar: Tod aus der Luft. Kriegsgesellschaft und Luftkrieg in Deutschland und England, München 2011.

Süß, Winfried: Der »Volkskörper« im Krieg. Gesundheitspolitik, Gesundheitsverhältnisse und Krankenmord im nationalsozialistischen Deutschland 1939–1945, München 2003.

Thamer, Hans-Ulrich: Verführung und Gewalt. Deutschland 1933–1945, Berlin 1986.

Thamer, Hans-Ulrich: Nation als Volksgemeinschaft. Völkische Vorstellungen, Nationalsozialismus und Gemeinschaftsideologie, in: Gauger, Jörg-Dieter/Weigelt, Klaus (Hrsg.): Soziales Denken in Deutschland zwischen Tradition und Innovation, Bonn 1990, S. 112–128.

Thamer, Hans-Ulrich/Erpel, Simone (Hrsg.): Hitler und die Deutschen. Volksgemeinschaft und Verbrechen, Dresden 2010.

Tuchel, Johannes (Hrsg.): Der vergessene Widerstand. Zu Realgeschichte und Wahrnehmung des Kampfes gegen die NS-Diktatur, Göttingen 2005.

Turner, Henry A.: Die Großunternehmer und der Aufstieg Hitlers, Berlin 1985.

Ueberschär, Gerd (Hrsg.): Handbuch zum Widerstand gegen Nationalsozialismus und Faschismus in Europa 1933/39 bis 1945, Berlin 2011.

Urban, Thomas: Überleben und Sterben von Zwangsarbeitern im Ruhrbergbau, Münster 2002.

Volmer-Naumann, Julia: Bürokratische Bewältigung. Entschädigung für nationalsozialistisch Verfolgte im Regierungsbezirk Münster, Essen 2012.

Vossen, Johannes: Gesundheitsämter im Nationalsozialismus. Rassenhygiene und offene Gesundheitsfürsorge in Westfalen 1900–1950, Essen 2001.

Wachsmann, Nikolaus: KL. Die Geschichte der nationalsozialistischen Konzentrationslager, München 2016.

Wagner, Patrick: Volksgemeinschaft ohne Verbrecher. Konzeptionen und Praxis der Kriminalpolizei in der Zeit der Weimarer Republik und des Nationalsozialismus, Hamburg 1996.

Walter, Richard: Ernst Käsemann (1906–1998). Pastor der Bekennenden Kirche in Gelsenkirchen-Rotthausen (1933–1946), in: Pothmann, Alfred/Haas, Reimund (Hrsg.): Christen an der Ruhr. Band 2, Bottrop/Essen 2002, S. 186–214.

Wember, Heiner: Umerziehung im Lager. Internierung und Bestrafung von Nationalsozialisten in der britischen Besatzungszone Deutschlands, Essen 1991.

Werner, Wolfgang Franz: »Bleib übrig!« Deutsche Arbeiter in der nationalsozialistischen Kriegswirtschaft, Düsseldorf 1983.

Wildt, Michael: Volksgemeinschaft als Selbstermächtigung. Gewalt gegen Juden in der deutschen Provinz 1919 bis 1939, Hamburg 2007.

Wildt, Michael: Geschichte des Nationalsozialismus, Göttingen 2008.

Wildt, Michael: »Volksgemeinschaft«. Eine Antwort auf Ian Kershaw, in: Zeithistorische Forschungen/Studies in Contemporary History 8 (2011), S. 102–109.

Wisotzky, Klaus: Der Ruhrbergbau im Dritten Reich: Studien zur Sozialpolitik im Ruhrbergbau und zum sozialen Verhalten der Bergleute in den Jahren 1933 bis 1939, Düsseldorf 1983.

Zimmermann, Michael: Rassenutopie und Genozid. Die nationalsozialistische »Lösung der Zigeunerfrage«, Hamburg 1996.

Zimmermann, Michael (Hrsg.): Die Geschichte der Juden im Rheinland und in Westfalen, Köln 1997.

Zollitsch, Wolfgang: Arbeiter zwischen Weltwirtschaftskrise und Nationalsozialismus: ein Beitrag zur Sozialgeschichte der Jahre 1928 bis 1936, Göttingen 1990.

Veröffentlichungen des ISG zur Geschichte des Nationalsozialismus

Schriftenreihe des Instituts für Stadtgeschichte, Beiträge

Bd. 1 *Priamus, Heinz-Jürgen (Hrsg.):* Deutschlandwahn und Wirtschaftskrise. Gelsenkirchen auf dem Weg in den Nationalsozialismus. Teil 1: Die antidemokratische Allianz formiert sich, Essen 1991.

Bd. 2 *Priamus, Heinz-Jürgen (Hrsg.):* Deutschlandwahn und Wirtschaftskrise. Gelsenkirchen auf dem Weg in den Nationalsozialismus. Teil 2: Demokratie ohne Verteidiger?, Essen 1994.

Bd. 3 *Priamus, Heinz-Jürgen/Goch, Stefan:* Macht der Propaganda oder Propaganda der Macht? Inszenierung nationalsozialistischer Politik im »Dritten Reich« am Beispiel der Stadt Gelsenkirchen, Essen 1992.

Bd. 6 *Knorr, Herbert:* Zwischen Poesie und Leben: Geschichte der Gelsenkirchener Literatur und ihrer Autoren von den Anfängen bis 1945, Essen 1995.

Bd. 8 *Goch, Stefan:* »Mit einer Rückkehr nach hier ist nicht mehr zu rechnen«. Verfolgung und Ermordung von Sinti und Roma während des »Dritten Reiches« im Raum Gelsenkirchen, Essen 1999.

Bd. 11 *Niewerth, Andrea:* Gelsenkirchener Juden im Nationalsozialismus. Eine kollektivbiographische Analyse über Verfolgung, Emigration und Deportation, Essen 2002.

Bd. 12 *Goch, Stefan (Hrsg.):* Städtische Gesellschaft und Polizei. Beiträge zur Sozialgeschichte der Polizei in Gelsenkirchen, Essen 2005.

Bd. 13 *Priamus, Heinz-Jürgen (Hrsg.):* Was die Nationalsozialisten »Arisierung« nannten. Wirtschaftsverbrechen in Gelsenkirchen während des »Dritten Reiches«, Essen 2007.

Bd. 14 *Priamus, Heinz-Jürgen:* Meyer. Zwischen Kaisertreue und NS-Täterschaft. Biographische Konturen eines deutschen Bürgers, Essen 2011.

Bd. 15 *Germann, Holger/Goch, Stefan (Hrsg.):* Künstler und Kunst im Nationalsozialismus – Eine Diskussion um die Künstlersiedlung Halfmannshof, Essen 2013.

Bd. 16 *Goch, Stefan/Escher Gerd (Hrsg.):* Buer – Geschichte(n) einer Stadt. Ein starkes Stück Gelsenkirchen, Essen 2014.

Bd. 17 *Kraus, Alexander/Schmidt, Daniel (Hrsg.):* Stadt auf Kohle. Ein Lesebuch zur Geschichte der Zechen in Gelsenkirchen, Essen 2013.

Bd. 19 *Schmidt, Daniel/Sturm, Michael/Livi, Massimiliano (Hrsg.):* Wegbereiter des Nationalsozialismus. Personen, Organisationen und Netzwerke der extremen Rechten zwischen 1918 und 1933, Essen 2015.

Bd. 20 *Kraus, Alexander/Schmidt, Daniel (Hrsg.):* Eine Geschichte des modernen Gelsenkirchen in 25 Objekten, Essen 2016.

Schriftenreihe des Instituts für Stadtgeschichte, Materialien

Bd. 1 *Priamus, Heinz-Jürgen (Bearb.):* »Wir sehen vor uns nur einen schmalen Weg voller Geröll und Unverstand...«. Wiederanfänge demokratischer Politik in Gelsenkirchen 1945–1949, Gelsenkirchen 1989.

Bd. 2 *Goch, Stefan:* Alfred und Margarethe Zingler – Asylanten. Exemplarische Materialien zum Schicksal politischer Flüchtlinge während des Nationalsozialismus, Essen 1993.

Bd. 3 *Institut für Stadtgeschichte (Hrsg.):* Historische Spuren vor Ort – Gelsenkirchen im Nationalsozialismus, Essen 1998.

Bd. 4 *Priamus, Heinz-Jürgen (Hrsg.):* »Arbeiten und nicht verzweifeln!« Gelsenkirchen 1945–1956. Fotos und Dokumente aus der Frühphase der Bundesrepublik Deutschland, Essen 1999.

Bd. 5 *Institut für Stadtgeschichte (Hrsg.):* Dokumentationsstätte »Gelsenkirchen im Nationalsozialismus«. Katalog zur Dauerausstellung, Essen 2000.

Bd. 6 *Schlenker, Roland:* »Ihre Arbeitskraft ist auf das schärfste anzuspannen«. Zwangsarbeiter und Zwangsarbeitslager in Gelsenkirchen 1940–1945, Essen 2003.

Bd. 7 *Mensing, Wilhelm:* Willy Harzheim 1904–1937 – Arbeiterschriftsteller aus Horst, Essen 2001.

Bd. 8 *Goch, Stefan:* Jüdisches Leben. Verfolgung – Mord – Überleben. Ehemalige jüdische Bürgerinnen und Bürger Gelsenkirchens erinnern sich, Essen 2004.

Bd. 10 *Germann, Holger:* Geht Kunst nach Brot? Die Künstlersiedlung Halfmannshof und deren Wirken in der Zeit des Nationalsozialismus, Essen 2011.

Bd. 11 *Daniel Schmidt (Hrsg.):* »Bin noch gesund und munter«. Gelsenkirchener Feldpost aus dem Großen Krieg 1914–1918, Essen 2014

Sonderveröffentlichungen

Goch, Stefan/Silberbach, Norbert: Zwischen Blau und Weiß liegt Grau – Der FC Schalke 04 im Nationalsozialismus, Essen 2005.

Abkürzungen

AWO	Arbeiterwohlfahrt
BArch	Bundesarchiv
BBG	Gesetz zur Wiederherstellung des Berufsbeamtentums
BDM	Bund Deutscher Mädel
BEG	Bundesgesetz zur Entschädigung für Opfer der nationalsozialistischen Verfolgung
CDU	Christlich Demokratische Union Deutschlands
DAF	Deutsche Arbeitsfront
DDP	Deutsche Demokratische Partei
DDR	Deutsche Demokratische Republik
DFB	Deutscher Fußball-Bund
Dinta	Deutsches Institut für technische Arbeitsschulung
DNVP	Deutschnationale Volkspartei
DP	Displaced Persons
FDP	Freie Demokratische Partei
GBAG	Gelsenkirchener Bergwerks-Aktiengesellschaft
Gekrat	Gemeinnützige Krankentransportgesellschaft
Gestapo	Geheime Staatspolizei
HJ	Hitlerjugend
ISG	Institut für Stadtgeschichte Gelsenkirchen
IST	International Tracing Service/Internationaler Suchdienst
JM	Jungmädelbund
KdF	NS-Gemeinschaft „Kraft durch Freude"
KDFB	Katholischer Deutscher Frauenbund
KJVD	Kommunistischer Jugendverband Deutschlands
KLV	Kinderlandverschickung
KPD	Kommunistische Partei Deutschlands
KZ	Konzentrationslager
LAV	Landesarchiv
LWL	Landschaftsverband Westfalen-Lippe
NRW	Nordrhein-Westfalen
NSDAP	Nationalsozialistische Deutsche Arbeiterpartei
NSF	Nationalsozialistische Frauenschaft
NSLB	Nationalsozialistischer Lehrerbund
NSV	Nationalsozialistische Volkswohlfahrt
ÖFB	Österreichischer Fußball-Bund
RjF	Reichsbund jüdischer Frontsoldaten
SA	Sturmabteilung
SAP	Sozialistische Arbeiterpartei
SD	Sicherheitsdienst des Reichsführers SS
SPD	Sozialdemokratische Partei Deutschlands
SS	Schutzstaffel
StA	Stadtarchiv
USHMM	United States Holocaust Memorial Museum
USPD	Unabhängige Sozialdemokratische Partei Deutschlands
VVN	Vereinigung der Verfolgten des Naziregimes
WHW	Winterhilfswerk

Abbildungsnachweis

[1] ISG, FS I 05071
[2] National-Zeitung, Ausgabe Buer, 6.2.1938
[3] ISG, FS I 06866
[4] ISG, FS I 10379, Foto: Ingrid Albertes
[5] ISG, FS I 10376, Foto: Ingrid Albertes
[6] ISG, Foto: Martin Möller
[7] ISG, FS I 00929
[8] ISG, FS I 06013
[9] Karl Koch: Das Ehrenbuch der SA, Düsseldorf 1934
[10] Buersche Zeitung, 3.8.1914
[11] ISG, S 42
[12] Gelsenkirchener Allgemeine Zeitung, 21.5.1939
[13] ISG, FS I 07281
[14] ISG, FS I 00137
[15] ISG, FS I 00168, Foto: Wiebringhaus
[16] BArch, Plak 002-008-015 / Louis Oppenheim
[17] Postkarte Nationalsozialistischer Verlag Wien. 1923 nicht gelaufen, erstmals publiziert in: Arbeiter Zeitung (Wien), 26.3.1919, Slg. K. Stehle München
[18] ISG, Bu 1267
[19] StA Düsseldorf, 0-1-23-96.0063
[20] Buersche Zeitung, 3.5.1924
[21] BArch, Plak 002-006-040 / unbekannt
[22] ISG, FS I 00169
[23] ISG, FS I 12224
[24] ISG, FS I 00182
[25] Berliner Illustrierte Zeitung, 4.3.1923
[26] BArch, Plak 002-012-025 / Theo Matejko
[27] Arno Schröder: Mit der Partei vorwärts! Zehn Jahre Gau Westfalen-Nord, Detmold 1940
[28] BArch, Bild 183-2005-1129-500 / unbekannt
[29] BArch, B 145 Bild-F051632-0523 / unbekannt
[30] ISG, FS I 06008
[31] Arno Schröder: Mit der Partei vorwärts! Zehn Jahre Gau Westfalen-Nord, Detmold 1940
[32] ISG, FS I 06895
[33] Buersche Zeitung, 6.12.1926
[34] Privatbesitz
[35] ISG, FS I 06889
[36] ISG, FS I 05912
[37] BArch, Plak 002-037-032 / Josef Geis
[38] BArch, Plak 002-023-016 / unbekannt
[39] Arno Schröder: Mit der Partei vorwärts! Zehn Jahre Gau Westfalen-Nord, Detmold 1940
[40] BArch, Plak 002-042-107 / Friesen Wittig
[41] BArch, Plak 002-017-030 / unbekannt
[42] ISG, FS I 06923
[43] Privatbesitz
[44] Karl Koch: Das Ehrenbuch der SA, Düsseldorf 1934
[45] Arno Schröder: Mit der Partei vorwärts! Zehn Jahre Gau Westfalen-Nord, Detmold 1940
[46] Gelsenkirchener Allgemeine Zeitung, 18.7.1931
[47] ISG, FS I 05914, Foto: Franz Donner
[48] Volkswille, 20.7.1932
[49] ISG, FS I 10148
[50] ISG, FS I 06896
[51] Arno Schröder: Mit der Partei vorwärts! Zehn Jahre Gau Westfalen-Nord, Detmold 1940
[52] ISG, FS I 11708
[53] ISG, FS I 06387
[54] Arno Schröder: Mit der Partei vorwärts! Zehn Jahre Gau Westfalen-Nord, Detmold 1940
[55] ISG, FS I 00229
[56] ISG, FS I 00846
[57] ISG, FS I 00847
[58] ISG, FS I 00326
[59] ISG, FS I 03943, Foto: Oskar Ahron
[60] Aus der Serie über den Düsseldorfer Schlegelkeller. Galerie Remmert und Barth, Düsseldorf
[61] Privatbesitz
[62] ISG, FS III 13467, Foto: Kurt Müller
[63] ISG, FS I 00263
[64] Privatbesitz
[65] LAV NRW, Abt. Rheinland, RW 58, Nr. 8502
[66] Niedersächsisches Landesarchiv – Standort Osnabrück, Rep 430 Dez 201 Akz. 5/66 Nr. 18 (fol. 41)
[67] LAV NRW, Abt. Rheinland, RW 58, Nr. 45859
[68] ISG, FS I 07755
[69] ISG, FS I 07550, Foto: Rudolf Majer-Finkes
[70] Gelsenkirchener Allgemeine Zeitung, 8.3.1933
[71] Ruhr-Echo, 21.2.1933
[72] SPD Gelsenkirchen
[73] SPD Gelsenkirchen

[74] SPD Gelsenkirchen
[75] ISG, FS I 11192
[76] ISG, FS I 05923
[77] ISG, FS I 06726
[78] ISG, FS I 09321
[79] ISG, FS I 06932
[80] ISG, FS I 12747
[81] ISG, FS I 01426
[82] LAV NRW, Abt. Rheinland, RWB 31008
[83] ISG, FS I 06254
[84] ISG, FS I 01430, Foto: Franz Donner
[85] Privatbesitz
[86] ISG, FS I 04888
[87] Der Stürmer 12 (1934), Nr. 43, Oktober 1934
[88] ISG, FS I 00264
[89] ISG, FS I 08012, Foto: Oskar Ahron
[90] National-Zeitung, 11.5.1933
[91] ISG, FS I 06106
[92] ISG, FS I 06098
[93] ISG, PA 127
[94] ISG, FS I 06359, Foto: Max Majer
[95] ISG, FS I 01372
[96] ISG, PA 414
[97] ISG, 0/IV/18/1
[98] ISG, FS I 00410
[99] ISG, FS I 06091
[100] ISG, FS I 13075
[101] Volkswille, 27.2.1933
[102] National-Zeitung, 5.5.1935
[103] ISG, FS I 09722
[104] BArch, Plak 003-020-030 / St S
[105] ISG, FS I 09630
[106] Illustrierter Film-Kurier, 1936
[107] National-Zeitung, 16.4.1935
[108] ISG, Pr 179
[109] ISG, FS I 05093, Foto: Kurt Müller
[110] ISG, FS III 7921, Foto: Kurt Müller
[111] National-Zeitung, 20.6.1937
[112] ISG, FS I 05356, Foto: Kurt Müller
[113] Kunsthalle Bremen – Der Kunstverein Bremen, Inv.-Nr. 1927/3, Foto: Lars Löhrisch
[114] Walter Wehrenpfennig u.a. (Hrsg.): Gelsenkirchen – Abbild einer großen Stadt, Essen 1955
[115] ISG, FS I 00995, Foto: Franz Donner
[116] Stadttheater Gelsenkirchen: Spielzeit 1935/36, Gelsenkirchen 1935
[117] ISG, FS I 05519
[118] Stadttheater Gelsenkirchen: Spielzeit 1935/36, Gelsenkirchen 1935
[119] Deutsches Historisches Museum, Berlin, Inv.-Nr.: R 92/715, RA000311
[120] ISG, FS I 05574
[120a] ISG, GE 41/359
[121] ISG, FS I 00787, Foto: Franz Donner
[122] ISG, Ka 143, Gestaltung: Andreas W. Ballin
[123] ISG, Ka 143, Gestaltung: Andreas W. Ballin
[124] ISG, FS I 02558
[125] ISG, FS I 02556, Foto: Kurt Müller
[126] ISG, FS I 02554, Foto: Kurt Müller
[127] BArch, Plak 003-018-028 / Atelier Brach
[128] BArch, Plak 003-018-058 / Christian Minzlaff
[129] BArch, Plak 003-003-031 / Werner von Axster-Heudtlaß
[130] ISG, Ka 143, Gestaltung: Andreas W. Ballin
[131] ISG, FS I 15010, Foto: Wentzler
[132] ISG, FS I 06233
[133] ISG, FS I 05445
[134] ISG, Ka 143, Gestaltung: Andreas W. Ballin
[135] ISG, FS I 06195, Foto: Franz Donner
[136] ISG, FS I 04440, Foto: P. E. Kley
[137] Privatbesitz
[138] ISG, Ka 143, Gestaltung: Andreas W. Ballin
[139] ISG, FS I 01057
[140] ISG, FS I 01076, Foto: Kurt Müller
[141] ISG, FS I 06965
[142] ISG, FS I 06011, Foto: Kurt Müller
[143] ISG, FS I 06969, Foto: Kurt Müller
[144] ISG, FS I 06967
[145] ISG, FS I 06961, Foto: Franz Donner
[146] ISG, Ka 143, Gestaltung: Andreas W. Ballin
[147] Gelsenkirchener Allgemeine Zeitung, 1.5.1934
[148] BArch, Plak 003-018-029 / Werner von Axster-Heudtlaß
[149] ISG, FS I 06904
[150] ThyssenKrupp Konzernarchiv, Hüttenzeitung, Nr. 13 vom 26.6.1931
[151] ISG, Ka 143, Gestaltung: Andreas W. Ballin
[152] ISG, FS I 06888, Foto: Koch
[153] ISG, FS I 07887
[154] ISG, Ka 143, Gestaltung: Andreas W. Ballin
[155] National-Zeitung, 10.1.1935.
[156] ISG, FS I 00849, Foto: Kurt Müller
[157] Gelsenkirchener Allgemeine Zeitung, 20.1.1935
[158] ISG, FS I 00891
[159] ISG, FS I 00886, Foto: H. Werland
[160] ISG, FS I 05154
[161] ISG, FS I 05151
[162] Gelsenkirchener Zeitung, 23.11.1937
[163] ISG, FS I 01539
[164] ISG, FS I 01524
[165] ISG, Ka 143, Gestaltung: Andreas W. Ballin
[166] ISG, FS I 12117
[167] ISG, FS I 00789, Foto: Franz Donner
[168] ISG, FS I 06012, Foto: Kurt Müller

[169] ISG, FS I 04059, Foto: Kurt Müller
[170] Völkischer Beobachter, 10.4.1938
[171] ISG, FS I 12146
[172] ISG, FS I 12105
[173] ISG, FS I 12091
[174] ISG, FS III 4001, Foto: Kurt Müller
[175] ISG, FS III 505, Foto: Kurt Müller
[176] ISG, FS I 06275, Foto: Neumann
[177] ISG, FS I 13033, Foto: Neumann
[178] LAV NRW, Abt. Westfalen, Q233, Nr. 690
[179] LAV NRW, Abt. Westfalen, Q233, Nr. 690
[180] Werkzeitschrift der Deutschen Eisenwerke, Schalker Verein, Nr. 6/1942
[181] Werkzeitschrift der Deutschen Eisenwerke, Schalker Verein, Nr. 14/1940
[182] ISG, FS I 07529, Foto: Franz Donner
[183] ISG, FS I 07744, Foto: Liesen
[184] ISG, FS I 11096
[185] Privatbesitz
[186] ISG, FS I 05824
[187] ISG, GE 71/6
[188] ISG, GE 71/6
[189] ISG, FS I 00928, Foto: Marquardt
[190] Alfred Vogel: Erblehre, Abstammungs- und Rassenkunde in bildlicher Darstellung, Stuttgart 1938
[191] Gelsenkirchener Allgemeine Zeitung, 15.11.1938
[192] Gelsenkirchener Allgemeine Zeitung, 14.9.1934
[193] ISG, GE 71/5
[194] ISG, Ge 0/4018
[195] ISG, FS I 01287
[196] ISG, PA 166
[197] ISG, FS I 06964
[198] ISG, FS I 09205
[199] ISG, Foto: Martin Möller
[200] ISG, FS I 05933, Foto: Franz Weber
[201] ISG, FS I 07912
[202] ISG, FS I 04494
[203] ISG, FS I 02206
[204] LAV NRW, Abt. Westfalen, Q233, Nr. 56
[205] LAV NRW, Abt. Westfalen, Q233, Nr. 56
[206] ISG, FS I 00869
[207] Arno Schröder: Mit der Partei vorwärts! Zehn Jahre Gau Westfalen-Nord, Detmold 1940
[208] ISG, PA 295
[209] ISG, FS I 06031, Foto: Franz Donner
[210] ISG, FS I 13075
[211] ISG, FS I 01503, Foto: Franz Donner
[212] ISG, FS I 00985
[213] ISG, FS I 00904, Foto: Kurt Müller
[214] ISG, FS I 11477
[215] ISG, FS I 07185, Foto: Max Majer
[216] Privatbesitz
[217] ISG, FS I 00916
[218] ISG, FS I 01063, Foto: Kurt Müller
[219] ISG, FS I 00932
[220] ISG, FS I 00937, Foto: Franz Donner
[221] ISG, FS I 00936
[222] ISG, FS I 09662, Foto: Kurt Müller
[223] ISG, FS I 13016
[224] National-Zeitung, 17.3.1937
[225] LAV NRW, Abt. Westfalen, Nr. 208, NSDAP
[226] ISG, FS I 00939, Foto: Franz Donner
[227] Arno Schröder: Mit der Partei vorwärts! Zehn Jahre Gau Westfalen-Nord, Detmold 1940
[228] ISG, FS I 06929, Foto: Franz Donner
[229] ISG, FS I 00940, Foto: Franz Donner
[230] ISG, FS I 01018, Foto: Franz Donner
[231] ISG, FS I 00976
[232] ISG, FS I 01491, Foto: Kurt Müller
[233] ISG, FS I 01050, Foto: Kurt Müller
[234] ISG, FS I 00956
[235] ISG, FS I 01107, Foto: Kurt Müller
[236] Alfred Vogel: Erblehre, Abstammungs- und Rassenkunde in bildlicher Darstellung, Stuttgart 1938
[237] Alfred Vogel: Erblehre, Abstammungs- und Rassenkunde in bildlicher Darstellung, Stuttgart 1938
[238] ISG, FS I 00662
[239] ISG, FS I 03303
[240] ISG, FS I 10437
[241] ISG, GE 53/20
[242] ISG, GE 53/20
[243] ISG, Wgm 806
[244] ISG, GE 53/20
[245] ISG, PA 322
[246] Der Reichsorganisationsleiter der NSDAP (Hrsg.): Organisationsbuch der NSDAP, München ^{2}1937
[247] ISG, Wgm 5119
[248] ITS Digital Archive, Bad Arolsen, 1.1.5.3/7408079
[249] Gelsenkirchener Zeitung, 9.1.1936
[250] BArch, R 165/56
[251] BArch, Bild 146-1987-108-42 / unbekannt
[252] Alfred Vogel: Erblehre, Abstammungs- und Rassenkunde in bildlicher Darstellung, Stuttgart 1938
[253] ISG, Wgm 123
[254] StA Nürnberg, E 39 Nr. 1747/23, Foto: Franz Donner
[255] ISG, GE 32/715
[256] National-Zeitung, 22.8.1935

[257] ISG, FS I 02015
[258] ISG, FS I 04483
[259] ISG, FS I 04491
[260] Privatbesitz
[261] ISG, FS I 06997
[262] Aus der Serie über den Düsseldorfer Schlegelkeller. Galerie Remmert und Barth, Düsseldorf
[263] BArch, Bild 146-1976-086-16 / unbekannt
[264] Franz Meyer: Flucht aus Deutschland. Bilder aus dem Exil, Frankfurt a.M. 1984
[265] Privatbesitz
[266] LAV NRW, Abt. Westfalen, Q233, Nr. 110
[267] Archiv der sozialen Demokratie, Bonn
[268] Archiv der sozialen Demokratie, Bonn
[269] Graphik: ISG
[270] LAV NRW, Abt. Rheinland, RW 58, Nr. 46310
[271] LAV NRW, Abt. Rheinland, RW 58, Nr. 70465
[272] ISG, PA 42
[273] Privatbesitz
[274] Privatbesitz
[275] Eduard Claudius: Ruhelose Jahre. Erinnerungen, Halle/Saale 1968
[276] Privatbesitz
[277] Privatbesitz
[278] ISG, FS I 00032
[279] Privatbesitz
[280] ISG, FS I 06911
[281] Nachlass Weiser, Privatbesitz
[282] LAV NRW, Abt. Rheinland, RW 58, Nr. 45962
[283] LAV NRW, Abt. Westfalen, Q 233, Nr. 489
[284] LAV NRW, Abt. Westfalen, Q 233, Nr. 613
[285] LAV NRW, Abt. Rheinland, RW 58, Nr. 25315
[286] ISG, FS I 00912
[287] ISG, FS I 12764
[288] ISG, FS I 06915
[289] Privatbesitz
[290] BArch, Bild 183-41636-0002
[291] ISG, FS I 04324, Foto: Kurt Müller
[292] ISG, FS I 06253, Foto: Kurt Müller
[293] Privatbesitz
[294] ISG, FS I 06281, Foto: Neumann
[295] BArch, Bild 183-E0406-0022-009
[296] Werkzeitschrift der Deutschen Eisenwerke, Schalker Verein, Nr. 25/1939
[297] ISG, NS-P, unverzeichnet / Mjölnir [Hans Schweitzer]
[298] ISG, FS I 01349
[299] ISG, FS I 06940
[300] Reichsgesetzblatt 1939
[301] ISG, Wgm 551
[302] ISG, Wgm 80
[303] ISG, FS I 06935, Foto: Heinrich Hoffmann
[304] Privatbesitz
[305] ISG, Wgm 505
[306] ISG, Wgm 505
[307] ISG, FS I 03012
[308] Institut für Marxismus-Leninismus beim Zentralkomitee der SED: Deutsche Widerstandskämpfer 1933-1945. Biographien und Briefe, Bd. 2, Berlin 1970
[309] BArch, R 3018 (alt NJ)/1391, Bd. 5, Bl. 23f.
[310] Privatbesitz
[311] ISG, FS I 06912
[312] ISG, FS I 017010, Foto: Krischik
[313] Gelsenkirchener Allgemeine Zeitung, 8.12.1936
[314] LAV NRW, Abt. Rheinland, RW 58, Nr. 13341
[315] LAV NRW, Abt. Rheinland, RWB 29700, Nr. 1
[316] LAV NRW, Abt. Rheinland, Ger. Rep. 17, Nr. 399
[317] Bildarchiv der Stadt Herne
[318] ISG, FS I 01157
[319] LAV NRW, Abt. Rheinland, Ger. Rep. 300, Nr. 668
[320] Regierung Düsseldorf, Dezernat 15, 15. ZK444947 (MS 10075)
[321] ISG, FS I 04995
[322] ISG, FS I 03260
[323] ISG, FS I 06282
[324] ISG, Na 71 5F2
[325] ISG, FS I 06239
[326] ISG, FS I 07017
[327] ISG, FS I 11671
[328] ISG, FS I 04594, Foto: Kurt Müller
[329] Landesamt für Ökologie, Bodenordnung und Forsten/Keele University
[330] ISG, Zwangsarbeiterkartei
[331] ISG, FS I 11669
[332] ISG, FS I 11298, Foto: Kurt Müller
[333] Privatbesitz
[334] BArch, Plak-003-026-017 / Otto Sander-Herweg
[335] ISG, FS I 09728
[336] ISG, FS I 07743
[337] ISG, FS I 07250
[338] ISG, FS I 07092, Foto: Kurt Müller
[339] ISG, FS I 13021
[340] ISG, FS I 13025
[341] ISG, GE 37/519
[342] StA Gladbeck
[343] ISG, NS-P, unverzeichnet
[344] BArch, R 49 Bild-1501, Foto: Wilhelm Holtfreter
[345] BArch, B 162 Bild-00210
[346] BArch, Bild 101I-270-0298-10, Foto: Amthor
[347] BArch, Bild 101I-134-0793-22, Foto: Ludwig Knobloch

[348] BArch, Bild 121-1732, Foto: May
[349] ISG, FS I 11483
[350] LAV NRW, Abt. Westfalen, Q 234 Nr. 3510, Bild 4
[351] LAV NRW, Abt. Westfalen, Q 234 Nr. 3510, Bild 32
[352] BArch, Bild 183-2003-1217-500
[353] LAV NRW, Abt. Westfalen, Q 234 Nr. 3510, Bild 41
[354] Ruhr Nachrichten, 1.9.1978
[354a] Roland Brehm (Bearb.): Chronik der Gelsenkirchener Polizei. Bd. 1, Gelsenkirchen 1978.
[355] LAV Berlin, F Rep. 290, Nr. 0152461, Foto: Walther Köster
[356] BArch, R 3001/24209, Bl. 1
[357] BArch, B 162 Bild-00694
[358] BArch, R 179/19399
[359] LWL-Archivamt für Westfalen, Archiv LWL, Best. 653-1/103
[360] Diözesanarchiv Limburg, Nachlass Pfarrer Hans Becker, Foto: Wilhelm Reusch
[361] Hessisches Hauptstaatsarchiv Wiesbaden, Bildersammlung, Sig. 3008-1012
[362] BArch, B 162 Bild-08169
[363] ISG, FS I 06996
[364] ISG, Wgm 991
[365] BArch, Bild 183-32279-0007
[366] USHMM, courtesy of Yad Vashem, Nr. 77234
[367] USHMM, courtesy of Dokumentationsarchiv des Österreichischen Widerstandes, Nr. 27041
[368] BArch, Bild 183-R69919
[369] USHMM, courtesy of Belarusian State Archive of Documentary Film and Photography, Nr. 66935A
[370] ISG, Deportationslisten der Jüdischen Gemeinde
[371] ISG, FS I 11092, Fotograf: Back
[372] Privatbesitz
[373] BArch, Bild 183-N1212-325, Foto: Otto Donath
[374] ISG, FS I 11907
[375] BArch, Bild 146-1987-107-38
[376] BArch, Bild 146-1987-116-50
[377] ISG, GE 32/871
[378] BArch, R 165, Bild 87-107-24
[379] ISG, GE 32/601
[380] ISG, Wgm 990
[381] Staatliches Museum Auschwitz-Birkenau/ Dokumentations- und Kulturzentrum Deutscher Sinti und Roma (Hrsg.): Gedenkbuch. Die Sinti und Roma im Konzentrationslager Auschwitz-Birkenau, München u.a. 1993
[382] ISG, FS I 06911
[383] BArch, R 165/56
[384] BArch, R 165/56
[385] ISG, FS V 20099, Foto: Kurt Müller
[386] ISG, NS-P, unverzeichnet
[387] ISG, FS I 06870, Foto: Hans Dienberg
[388] National Archives and Records Administration, Washington
[389] LAV NRW, Abt. Rheinland, NW 34, Nr. 17
[390] LAV NRW, Abt. Rheinland, Ger. Rep. 169, Nr. 78
[391] LAV NRW, Abt. Rheinland, Ger. Rep. 169, Nr. 78
[392] ISG, NS-P, unverzeichnet
[393] National Archives and Records Administration, Washington
[394] ISG, FS I 06104, Foto: Fritz Tillner
[395] ISG, FS I 00821, Foto: Kurt Müller
[396] ISG, FS I 03998
[397] Privatbesitz
[398] ISG, FS I 10352, Foto: Dr. Alfred Ledermann
[399] ISG, FS I 02756, Foto: Kurt Müller
[400] ISG, FS I 10338, Foto: Dr. Alfred Ledermann
[401] Privatbesitz
[402] ISG, GE 9/58
[403] ISG, GE 9/58
[404] ISG, FS I 03609
[405] ISG, FS I 03601
[406] ISG, FS I 06887, Foto: Kurt Müller
[407] Westfälisches Volks-Echo, 19.7.1946
[408] ISG, FS I 00223, Foto: Kurt Müller
[409] ISG, FS II 95, Foto: Alfons Kampert
[410] ISG, GE 37/487
[411] ISG, FS I 07543, Foto: Theo Weingandt
[412] Library and Archives Canada, PA 159211, Foto: Charles H. Richer
[413] Library and Archives Canada, PA 159227, Foto: Charles H. Richer
[414] Ruhrzeitung, 23.1.1946
[415] ISG, FS I 09782, Foto: Kurt Müller
[416] ISG, FS I 10318
[417] ISG, FS III 6058, Foto: Kurt Müller
[418] ISG, GE 37/514
[419] ISG, FS I 10793, Foto: Theo Weingandt
[420] ISG, FS I 07707, Foto: Kurt Müller
[421] ISG, BRD-P, unverzeichnet
[422] ISG, BRD-P, unverzeichnet
[423] ISG, BRD-P, unverzeichnet
[424] ISG, FS I 06863, Foto: Kurt Müller
[425] ISG, FS III 10001, Foto: Kurt Müller
[426] Westfälische Rundschau, 12.10.1949
[427] Westfälische Rundschau, 14.6.1947
[428] Arno Schröder: Mit der Partei vorwärts! Zehn Jahre Gau Westfalen-Nord, Detmold 1940
[429] LAV NRW, Abt. Rheinland, Ger. Rep. 105, Nr. 251

[430] Westfalenpost, 3.8.1948
[431] LAV NRW, Abt. Westfalen, Q 234 Nr. 3510, Bild 7
[432] Westfalenpost, 16.9.1948
[433] ISG, GE 32/480
[434] ISG, Wgm 746
[435] ISG, Wgm 5784
[436] ISG, FS I 05160, Foto: Werner Nickel
[437] ISG, FS III 6298, Foto: Kurt Müller
[438] ISG, FS I 11187
[439] ISG, FS V 20893, Foto: Hans Rotterdam
[440] ISG, FS I 05146
[441] ISG, FS III 7916
[442] ISG, FS III 15243, Foto: Kurt Müller
[443] ISG, FS I 11066, Foto: Alfons Kampert
[444] ISG, FS III 9443, Foto: Kurt Müller
[445] ISG, FS I 05186
[446] ISG, FS I 11183
[447] ISG
[448] Westfälische Rundschau, 11.11.1964
[449] ISG, FS I 10619, Foto: Alfons Kampert
[450] ISG, Foto: Sara Demiriz

Personenregister